税务人员和企业培训用书

小企业
会计准则与税法差异
分析及协调

中国税网◎编著

XIAOQIYE
KUAIJI ZHUNZE YU SHUIFA CHAYI
FENXI JI XIETIAO

中国市场出版社
China Market Press

图书在版编目（CIP）数据

小企业会计准则与税法差异分析及协调/中国税网编著. —北京：中国市场出版社，2012.8

ISBN 978-7-5092-0917-2

Ⅰ．①小…　Ⅱ．①中…　Ⅲ．①中小企业-会计制度-对比研究-税法-中国

Ⅳ．①F279.243　②D922.220.4

中国版本图书馆 CIP 数据核字（2012）第 155353 号

书　　名：	小企业会计准则与税法差异分析及协调
作　　者：	中国税网　编著
责任编辑：	胡超平　朱余茹
出版发行：	中国市场出版社
地　　址：	北京市西城区月坛北小街 2 号院 3 号楼（100837）
电　　话：	编辑部（010）68037344　读者服务部（010）68022950
	发行部（010）68021338　68020340　68053489
	68024335　68033577　68033539
经　　销：	新华书店
印　　刷：	河北省高碑店市鑫宏源印刷包装有限责任公司
规　　格：	787×1 092 毫米　1/16　24.75 印张　620 千字
版　　本：	2012 年 8 月第 1 版
印　　次：	2012 年 8 月第 1 次印刷
书　　号：	ISBN 978-7-5092-0917-2
定　　价：	60.00 元

编写说明

　　小企业是我国国民经济和社会发展的重要力量，促进小企业健康发展，是保持国民经济平稳较快发展的重要基础，是关系到民生和社会稳定的重大战略任务。中央高度重视扶持小企业发展，出台了一系列促进小企业发展的政策。为落实国家关于扶持小企业发展的各项法规政策，改善小企业税收和融资环境，加强小企业内部管理，2011 年底，财政部发布了《小企业会计准则》，并将于 2013 年 1 月 1 日开始施行。

　　为帮助广大小企业加深对《小企业会计准则》的相关条款理解，准确掌握《小企业会计准则》与税法差异及协调，中国税网组织财政和税务主管部门相关业务人员编写了《小企业会计准则与税法差异分析及协调》，对《小企业会计准则》的内容进行了全面解读，并重点就准则与税法的差异进行了分析比对，以期能对广大财会、税收人员及其他相关人员学习掌握《小企业会计准则》及其与税法差异有所帮助。

　　本书共分十一章，第一章是总论，阐述了《小企业会计准则》的现实意义、适用范围、主要特点和企业会计准则与税法存在差异的基本原因；第二章至第八章，分别从资产、负债、所有者权益、收入、费用、利润及利润分配和外币业务七个方面，解读了《小企业会计准则》的具体内容，分析了《小企业会计准则》与税法存在的差异；第九章讲解了小企业财务报表的组成及其编制方法；第十章、十一章介绍了相关的会计基础知识和税务管理知识。本书的主要阅读对象为小企业及相关单位的办税人员、财会人员、财务经理等财务一线人员，对小企业管理者也有一定的参考价值，用时也可用作税务干部小企业会计准则的培训教材。

　　限于水平和时间，对书中存在的疏漏或不当之处，敬请广大读者批评指正，有关意见请发至 taxbook@ctaxnews.com.cn。

编　者

2012 年 7 月

目　录

第一章　总　论

第一节　《小企业会计准则》的现实意义

小企业是我国国民经济和社会发展的重要力量，加强小企业管理、促进小企业发展是保持国民经济平稳较快发展的重要基础，是关系民生和社会稳定的重大战略任务。据有关资料统计，在我国所有 477 万户企业中，小企业数量占 97.11%、从业人员占 52.95%、主营业务收入占 39.34%、资产总额占 41.97%。国家高度重视支持小企业发展，先后于 2003 年出台《中小企业促进法》、2005 年出台《鼓励支持和引导个体私营等非公有制经济发展的若干意见》(国发〔2005〕3 号)，特别是 2009 年 9 月，国务院印发《国务院关于进一步促进中小企业发展的若干意见》(国发〔2009〕36 号)，提出了进一步扶持中小企业发展的综合性政策措施。当前，各部门在积极采取措施落实国发 36 号文件等精神。为了规范小企业会计确认、计量和报告行为，促进小企业可持续发展，发挥小企业在国民经济和社会发展中的重要作用，财政部根据有关法律和法规，制定了《小企业会计准则》。

《小企业会计准则》主要依据《中华人民共和国会计法》、《中华人民共和国企业所得税法》、《中华人民共和国企业所得税法实施条例》、《中华人民共和国公司法》、《企业会计准则——基本准则》等法律、法规和相关规定制定，并重点考虑了《中华人民共和国中小企业促进法》、《鼓励支持和引导个体私营等非公有制经济发展的若干意见》(国发〔2005〕3 号)和《国务院关于进一步促进中小企业发展的若干意见》(国发〔2009〕36 号)的要求。《小企业会计准则》通过规范小企业会计的确认、计量和报告行为，有助于进一步提升小企业内部管理水平，有助于为小企业的发展创造良好的税收和筹资环境，有助于落实国家关于扶持小企业发展的法规政策，有助于巩固小企业在我国国民经济和社会发展中的地位，促进小企业继续在实现就业、自主创新、增加税收等方面发挥重要作用，具有重大的社会经济现实意义。

一、《小企业会计准则》的发布实施，有利于夯实经济社会又好又快发展的基础

2011 年以来，我国经济社会发展继续保持良好态势，宏观调控的积极效应逐步显现，经济保持平稳较快增长，价格调控总体有效，经济结构调整积极推进。据统计，2011 年 1—6 月我国 GDP 为 204 459 亿元，按可比价格计算，同比增长 9.6%。在此基础上，

2011 年上半年财政收入增长较快，各项重点支出得到较好保障，2011 年 1—6 月累计财政收入为 56 875.82 亿元，同比增长 31.2%。然而，从全球经济情况来看，需要清醒地认识到，2011 年上半年财政收入增幅较高有多方面原因，包括经济增长带动税收增长、价格上涨带动以现价计算的相关税收增长以及一些特殊增收因素和政策性增收因素。而 2011 年下半年由于受经济增长趋缓和实施个人所得税改革等因素影响，全国财政收入增幅有所回落。综上几方面，要继续保持我国经济平稳较快发展，就要大力促进国民经济细胞——企业的发展。

小企业是我国国民经济和社会发展的重要力量。改革开放以来，在市场机制和政府扶持的共同作用下，我国小企业得到迅猛发展，日益成为改革开放的重要力量，为经济、财政增长提供了加速器，为扩大社会就业提供了蓄水池，为企业技术创新提供了生力军，为经济结构转型提供了试验田。促进小企业发展是保持国民经济平稳较快发展的重要基础，是关系民生、经济转型和社会稳定的重大战略任务。

二、《小企业会计准则》的发布实施，有利于落实国家关于扶持小企业发展的法规政策

促进小企业健康发展是我国长期坚持的重要方针。近年来，我国陆续出台了一系列法律制度、政策措施，加大政策支持，放宽市场准入，完善社会服务，改善小企业融资。2002 年 6 月 29 日，我国发布《中小企业促进法》，为中小企业健康发展提供了法律保障。2005 年 2 月 19 日，国务院出台了《关于鼓励支持和引导个体私营等非公有制经济发展的若干意见》。为应对国际金融危机，2009 年 9 月 19 日，国务院出台了《关于进一步促进中小企业发展的若干意见》，从营造有利于中小企业发展的良好环境、切实缓解融资困难、加大财税扶持力度、加快技术进步和结构调整、改进服务等多方面提出了一揽子扶持性政策措施。2011 年 3 月 16 日，全国人大审议通过的《国民经济和社会发展十二五规划纲要》中特别提出，"大力发展中小企业，完善中小企业政策法规体系"。2011 年 6 月 23 日，工信部、国家统计局、国家发展改革委、财政部联合发布《中小企业划型标准规定》，将企业规模类型进一步细分为大、中、小、微型，其目的就在于更加客观地把握经济发展和行业发展的特点，有利于分类指导，增强政策的针对性和有效性。

财税部门历来高度重视扶持小企业发展，先后出台了多项政策措施。截至 2010 年，中央财政已累计安排专门用于支持中小企业发展的各项专项资金达 433.1 亿元，其中 2010 年安排资金 118.5 亿元。2011 年 10 月 12 日，温家宝总理主持召开国务院常务会议，研究确定了支持小型和微型企业发展的一系列财税政策措施。一是加大对小型微型企业税收扶持力度；二是支持金融机构加强对小型微型企业的金融服务；三是扩大中小企业专项资金规模，更多运用间接方式扶持小型微型企业。同时，还要进一步清理取消和减免部分涉企收费。目前，这些措施都在逐一落实过程中。

发布实施《小企业会计准则》是财税服务小企业发展的切实举措，将为国家扶持小企业发展各项政策措施的落实提供有力制度保障。

三、《小企业会计准则》的发布实施，有利于改善小企业税收环境

依法治税、依率计征是企业所得税征管的基本原则和要求。根据《中华人民共和国企业所得税法实施条例》及《企业所得税汇算清缴管理办法》的规定，企业所得税按年计算、分

期预缴、年终汇算清缴。纳税人应正确核算收入和成本、费用、损失，并按税法规定进行纳税调整，如实申报纳税所得额；税务机关应严格审核企业的应纳税所得额，依率计征所得税。然而，调查结果显示，目前税务部门对相当一部分小企业无法采用查账方式征收企业所得税，而采用的是核定征收方式，其中会计信息质量不高是重要原因之一。另一方面，为扶持小企业发展，企业所得税法规定，对符合条件的小型微利企业减按 20% 的税率征收企业所得税，但 20% 的优惠税率必须以能够建账核算自身应纳税所得额为前提条件，采用核定方式缴纳企业所得税的小企业不得享受 20% 的优惠税率。发布实施《小企业会计准则》，督促小企业建账建制，不断提高核算水平，不仅有助于依法治税、加强小企业税收征管，也有助于税务机关能够根据小企业实际负担能力征税、促进小企业税负公平，还有助于将国家相关税收优惠政策落实到位。

四、《小企业会计准则》的发布实施，有利于改善小企业融资环境

长期以来小企业融资难一直是制约小企业发展的瓶颈，其中既有体制机制的问题，也有小企业自身的问题。为切实缓解中小企业融资困难，国发 36 号文件提出了包括完善小企业信贷考核体系、鼓励建立小企业贷款风险补偿基金、改善对小企业金融服务、拓宽小企业融资渠道、完善小企业信用担保体系等在内的一揽子的政策措施。其中，一项重要的措施就是要发挥信用信息服务在中小企业融资中的作用，建立和完善企业信用信息征集机制和评价体系。会计信息是企业信用信息的重要组成部分，能否提供透明的、高质量的会计信息直接关系到企业的信用评价。发布实施《小企业会计准则》，就是要让小企业自己练好内功，加强管理，提高自身实力，提高信誉度，让银行愿意贷款，从制度上解决小企业融资难、贷款难的问题。

五、《小企业会计准则》的发布实施，有利于改进和加强小企业内部管理

当前我国中小企业发展的总体形势较好，但也面临一些新的情况和问题，主要呈现"四高"、"四难"、"四降"的趋势。"四高"就是利率、汇率、原材料、劳动工资成本大幅提高；"四难"就是用钱难、用工难、用地难、用电难；"四降"就是销售、利润、出口、投资等增幅呈下降趋势。这些困难和问题，固然有小企业经营所处外部环境复杂多变的影响，根本原因在于小企业内部管理基础较为薄弱。同等情况下，企业市场竞争成败的关键在管理。财务管理是现代企业管理的核心，做好财务管理工作，基础在会计。会计通过生成、加工和提供信息，反映和监督企业整个经济活动，从而影响或参与企业制定战略目标、作出生产经营和投融资决策。真实完整的会计信息是企业作出正确决策、如实反映受托责任履行情况的关键。在当前小企业发展面临困难的时期，财政部发布实施《小企业会计准则》，引导和支持小企业加强基础管理，强化风险管理，完善治理结构，推进管理创新，必将为小企业强本固基、化危为机奠定扎实基础。

六、《小企业会计准则》的发布实施，有利于规范市场经济秩序、提升政府经济管理水平

市场经济的发展需要政府不断调整职能，一方面尽可能减少对市场的直接干预，另一方面又需要政府承担更多的公共责任，对市场行为和市场经济秩序进行恰当的规范和必要的监管。建立统一的高质量的会计准则，对企业会计信息实施监管是市场经济体系中政府监管的

题中之义、应尽之责。发布实施《小企业会计准则》，不仅为小企业提供了更科学、更统一的会计标准，增强了会计信息的真实性和完整性，也为政府监管部门和有关经济管理部门提供了更加有力、更加有效的评判准绳和衡量标准，有利于提高整个经济管理工作的质量和效率，有利于会计工作秩序和市场经济秩序的不断规范，也有利于提升政府驾驭宏观经济的能力，是提高执政能力、维护社会公平与效率的具体体现。

第二节　中小企业的划型标准及小企业会计准则的适用范围

一、中小企业划型标准

中小企业是我国国民经济和社会发展的重要力量，促进中小企业发展，是保持国民经济平稳较快发展的重要基础，是关系民生和社会稳定的重大战略任务。受国际金融危机冲击，2008 年下半年以来，我国中小企业生产经营困难。中央及时出台相关政策措施，加大财税、信贷等扶持力度，改善中小企业经营环境，中小企业生产经营出现了积极变化，但发展形势依然严峻，主要表现在：融资难、担保难问题依然突出，部分扶持政策尚未落实到位，企业负担重，市场需求不足，产能过剩，经济效益大幅下降，亏损加大等。为了帮助中小企业克服困难，国务院号召地方政府和各中央部委必须采取更加积极有效的政策措施转变其发展方式，实现又好又快发展，就进一步促进中小企业发展提出了进一步营造有利于中小企业发展的良好环境、切实缓解中小企业融资困难、加大对中小企业的财税扶持力度、加快中小企业技术进步和结构调整、支持中小企业开拓市场、努力改进对中小企业的服务、提高中小企业经营管理水平、加强对中小企业工作的领导的几项意见。而顺利开展这一工作的前提，就是要准确地识别中小微型企业。

为此，工业和信息化部、国家统计局、国家发展改革委、财政部为贯彻落实《国务院关于进一步促进中小企业发展的若干意见》（国发〔2009〕36 号），于 2011 年 6 月 18 日印发了《中小企业规划标准》并即日执行，作为中、小、微型企业划分参考规范。而2003 年国家经贸委、国家计委、财政部和国家统计局颁布的《中小企业标准暂行规定》同时废止。

《中小企业规划标准》将中小企业划分为中型、小型、微型三种类型，具体标准根据企业从业人员、营业收入、资产总额等企业规模指标并结合行业特点制定。《中小企业规划标准》适用的行业包括：农、林、牧、渔业，工业（包括采矿业，制造业，电力、热力、燃气及水生产和供应业），建筑业，批发业，零售业，交通运输业（不含铁路运输业），仓储业，邮政业，住宿业，餐饮业，信息传输业（包括电信、互联网和相关服务），软件和信息技术服务业，房地产开发经营，物业管理，租赁和商务服务业，其他未列明行业（包括科学研究和技术服务业，水利、环境和公共设施管理业，居民服务、修理和其他服务业，社会工作，文化、体育和娱乐业等）。各个行业中、小、微型企业的划分标准如表 1-1 所示。

表 1-1

序号	行业	类型	从业人员（单位：人）	营业收入（单位：万元）	划型关系
1	农、林、牧、渔业	中型		500～20 000	
		小型		50～500	
		微型		50 以下	
2	工业	中型	300～1 000	2 000～40 000	同时满足
		小型	20～300	300～2 000	同时满足
		微型	20 以下	300 以下	满足其一
3	建筑业	中型	资产总额：5 000 万～80 000 万元	6 000～80 000	同时满足
		小型	资产总额：300 万～5 000 万元	300～6 000	同时满足
		微型	资产总额：300 万元以下	300 以下	满足其一
4	批发业	中型	20～200	5 000～40 000	同时满足
		小型	5～20	1 000～5 000	同时满足
		微型	5 以下	1 000 以下	满足其一
5	零售业	中型	50～300	500～20 000	同时满足
		小型	10～50	100～500	同时满足
		微型	10 以下	100 以下	满足其一
6	交通运输业	中型	300～1 000	3 000～30 000	同时满足
		小型	20～300	200～3 000	同时满足
		微型	20 以下	200 以下	满足其一
7	仓储业	中型	100～200	1 000～30 000	同时满足
		小型	20～100	100～1 000	同时满足
		微型	20 以下	100 以下	满足其一
8	邮政业	中型	300～1 000	2 000～30 000	同时满足
		小型	20～300	100～2 000	同时满足
		微型	20 以下	100 以下	满足其一
9	住宿业	中型	100～300	2 000～10 000	同时满足
		小型	10～100	100～2 000	同时满足
		微型	10 以下	100 以下	满足其一
10	餐饮业	中型	100～300	2 000～10 000	同时满足
		小型	10～100	100～2 000	同时满足
		微型	10 以下	100 以下	满足其一
11	信息传输业	中型	100～2000	1 000～100 000	同时满足
		小型	10～100	100～1 000	同时满足
		微型	10 以下	100 以下	满足其一
12	软件和信息技术服务业	中型	100～300	1 000～10 000	同时满足
		小型	10～100	50～1 000	同时满足
		微型	10 以下	50 以下	满足其一
13	房地产开发经营	中型	资产总额：5 000 万～10 000 万元	1 000～200 000	同时满足
		小型	资产总额：2 000 万～5 000 万元	100～1 000	同时满足
		微型	资产总额：2 000 万元以下	100 以下	满足其一
14	物业管理	中型	300～1 000	1 000～5 000	同时满足
		小型	100～300	500～1 000	同时满足
		微型	100 以下	500 以下	满足其一

续表

序号	行业	类型	从业人员（单位：人）	营业收入（单位：万元）	划型关系
15	租赁和商务服务业	中型	100～300	资产总额：8 000～120 000	同时满足
		小型	10～100	资产总额：100～8 000	同时满足
		微型	10 以下	资产总额：100 以下	满足其一
16	其他未列明行业	中型	100～300		
		小型	10～100		
		微型	10 以下		

二、《小企业会计准则》的适用范围

《小企业会计准则》适用于在中华人民共和国境内依法设立的、符合《中小企业划型标准规定》所规定的小型企业标准的企业。

（一）不适用《小企业会计准则》的例外情形

股票或债券在市场上公开交易的小企业、金融机构或其他具有金融性质的小企业、企业集团内的母公司和子公司，这三类小企业应当执行《企业会计准则》，不得执行《小企业会计准则》。

1. 股票或债券在市场上公开交易的小企业

这类小企业实际上已经成为公众公司，承担着社会公众受托责任，受到法律和政府的监管，其财务报表的外部使用者主要是投资者、债权人和社会公众等，这些外部使用者不参与企业的经营管理，而《小企业会计准则》制定的指导思想是"满足税收征管信息需求与有助于银行提供信贷相结合"，因而根据我国有关股票或债券公开发行和交易的规定，这类企业应当按《企业会计准则》编制并报送财务报告。这类小企业具体包括以下五类类型：

（1）已经在深圳证券交易所中小板和创业板上市的小企业。

（2）已经在上海证券交易所和深圳证券交易所发行公司债券的小企业。

（3）已经发行企业债券的小企业。

（4）已经在境外股票上市的小企业。

（5）预期在上海证券交易所或深圳证券交易所或境外上市的小企业和预期发行企业债券或公司债券的小企业。具体包括：作出准备在上海证券交易所、深圳证券交易所或境外上市意图或计划的小企业；作出准备发行企业债券或公司债券意图或计划的小企业；正在向中国证监会报送拟在上海证券交易所或深圳证券交易所上市申请材料的小企业；正在向境外证券监管机构报送拟在境外证券交易所上市申请材料的小企业；正在向国家发展改革委（或中国证监会）报送拟发行企业证券（或公司债券）申请材料的小企业。

2. 金融机构或其他具有金融性质的小企业

这类小企业实质上具有金融业务性质，其共同的特点是：以不同方式受托持有和管理他人的资金，并且对委托人都负有保证资金安全和收益的责任和义务，受到法律和政府的监管，其财务报表的外部使用者主要是投资者、债权人和社会公众等，这些外部使用者不参与企业的经营管理。包括：非上市小型金融机构和具有金融性质的小型基金如小型投资基金等。

3. 企业集团内的母公司和子公司

《企业会计准则第33号——合并财务报表》第二条规定："母公司是指有一个或一个以上子公司的企业（或主体，下同），子公司是指被母公司控制的企业。"这类小企业实际上是需要对外提供合并财务报表或者需要将其财务报表并入合并财务报表的企业。《企业会计准则第33号——合并财务报表》第四条规定："母公司应当编制合并财务报表。"这就意味着，只要存在子公司的企业，不论规模大小，都应编制合并财务报表，以综合反映母公司及其全部子公司形成的企业集团的财务状况、经营成果和现金流量的信息。而母公司要编制合并财务报表，必须执行企业会计准则，依据《企业会计准则第33号——合并财务报表》的规定进行。同时，《企业会计准则第33号——合并财务报表》第十二条规定："母公司应当统一子公司所采用的会计政策，使子公司采用的会计政策与母公司保持一致。子公司所采用的会计政策与母公司不一致的，应当按照母公司的会计政策对子公司财务报表进行必要的调整；或者要求子公司按照母公司的会计政策另行编报财务报表。"这就是说，子公司所采用的会计政策应当与母公司的会计政策保持一致，而母公司必须执行企业会计准则，基于此考虑，为了提高母公司所编制的合并财务报表的质量，同时减轻子公司在母公司编制合并报表时的成本，避免编制两套报表，《小企业会计准则》要求企业集团内的母公司和子公司均执行企业会计准则。

（二）小企业可选择执行《企业会计准则》

除了对于三类特殊小企业有专门的规定以外，《小企业会计准则》要求对符合《中小企业规划标准》规定的小企业既可以执行《小企业会计准则》，也可以执行《企业会计准则》。因为相对于《小企业会计准则》，《企业会计准则》的规定更全面、要求更高、生成的会计信息质量更高，所以小企业应本着"自由选择、单项标准、一以贯之"的执行原则选择会计准则。

所谓"自由选择"原则指的是允许符合《中小企业规划标准》的小企业（除上述提及三类企业）自行确定执行两准则之一的准则；"单项标准"原则指小企业只能在两者中选择其一并且是完整的规定，不能在两套标准中选择性地执行其中的部分规定；所谓"一以贯之"原则是指小企业无论选择执行哪套准则，都必须各期保持一致，不得随意变换。具体来说，执行《企业会计准则》的小企业，不得在执行《企业会计准则》的同时，选择执行《小企业会计准则》的相关规定。

这意味着，小企业在选择会计准则时要严格地遵循"单一标准"原则，不能选择性地执行部分条款。

但是，《小企业会计准则》根据我国小企业的实际情况，规定了小企业在日常经营管理中可能涉及的各类和各项业务，对小企业不太可能遇到的业务并未作规定。为了保证准则的稳健型，同时解决小企业的实际问题，执行《小企业会计准则》的小企业，一旦发生了《小企业会计准则》未规范的交易或事项，可以参照《企业会计准则》中的相关规定进行处理。

（三）《小企业会计准则》与《企业会计准则》的转换

1. 执行《小企业会计准则》的小企业在符合以下情形时应当转为执行《企业会计准则》

（1）公开发行股票或债券的，应当转为执行《企业会计准则》。

（2）因经营规模或企业性质变化导致不符合小企业标准而成为大中型企业或金融企业

的，应当从次年1月1日起转为执行《企业会计准则》。

执行《小企业会计准则》的小企业转为执行《企业会计准则》时，应当按照《企业会计准则第38号——首次执行企业会计准则》等相关规定进行会计处理。

2. 已执行《企业会计准则》的上市公司、大中型企业和小企业，不得转为执行《小企业会计准则》

这项规定体现了准则遵循"从高不就低"的原则。这包含了两种情况：我国所有大中型企业和上市公司都应当执行《企业会计准则》，已经执行了《企业会计准则》的小企业也不得再转为执行《小企业会计准则》；即使大中型企业和上市公司由于生产经营变化，从经营规模上变为小企业，或从上市公司变为非上市小企业，都不得从《企业会计准则》转为执行《小企业会计准则》。

第三节 《小企业会计准则》的主要特点

小企业会计准则主要规范小企业通常发生的交易或事项的会计处理，为小企业处理会计实务提供具体而统一的标准，采用章节体例，分为总则、资产、负债、所有者权益、收入、费用、利润及利润分配、外币业务、财务报表、附则共十章，具体规定了小企业会计确认、计量和报告的全部内容。在具体内容上，《小企业会计准则》注重协调了与《企业所得税法》、《企业会计准则》和《中小主体国际财务报告准则》之间的关系，具有以下鲜明特点和主要创新。

一、既以国际趋同为努力方向，又立足于我国小企业发展的实际情况

放眼当今世界，经济全球化趋势深入发展，科技进步日新月异，国与国之间的经济联系日益加深。在这种发展态势和时代潮流的推动下，国际财务报告准则的影响不断扩大，世界各国会计准则趋同步伐明显加快。我国一直以来密切跟踪国际经济形势及会计工作变化，积极稳妥推进会计准则国际趋同工作，全方位参与国际准则修改与制定，努力扩大国际影响力和话语权。

趋同是方向，是大势所趋，趋同的过程需要与本国国情相适应，需要分层次、分步骤进行。我国于2006年颁布的《企业会计准则》与《国际财务报告准则》实现了实质性趋同，自2007年以来逐步在上市公司、部分非上市金融企业和中央大型国有企业实施，目前已扩大到几乎所有大中型企业。现在，我国制定发布的《小企业会计准则》，是在借鉴了《中小主体国际财务报告准则》简化处理的核心理念的基础上，充分考虑我国小企业规模较小、业务较为简单、会计基础较为薄弱等实际情况"量身定做"而成的。

二、既保持自身体系完整，又与《企业会计准则》有序衔接

小企业会计准则体系由小企业会计准则和应用指南两部分组成。《小企业会计准则》主要规范小企业通常发生的交易或事项的会计处理原则，为小企业处理会计实务问题提供具体而统一的标准；应用指南主要规定会计科目的设置，主要账务处理，财务报表的种类、格式

及编制说明，为小企业执行《小企业会计准则》提供操作性规范。两者相辅相成，相得益彰，共同构成较为完整的小企业会计准则体系。为适应小企业发展壮大和提升管理水平的需要，《小企业会计准则》在准则设计上与《企业会计准则》进行了有序衔接，在准则实施上采取了既积极又稳妥的制度安排。体现在：一方面，允许小企业采用企业会计准则体系，鼓励小企业做大做强，允许《小企业会计准则》中没有作出规定的业务按照《企业会计准则》相关规定处理，确保会计信息高标准高要求，这些要求比《中小主体国际财务报告准则》更积极；已执行《小企业会计准则》的小企业一旦公开发行股票债券或因经营规模或企业性质变化而成为大中型企业或金融企业的，应当转为执行《企业会计准则》；已执行《企业会计准则》的企业，不得转为执行《小企业会计准则》。另一方面，对执行《小企业会计准则》的小企业，又提出了稳妥的要求，目的是把小企业的会计行为先规范起来，夯实会计基础工作，再逐步提升。

三、既满足税收征管信息需求，又有助于银行信贷决策

财务会计报告的目标是向财务会计报告使用者提供与企业财务状况、经营成果和现金流量等有关的会计信息，反映企业管理层受托责任履行情况，有助于财务会计报告使用者作出经济决策。小企业应当提供何种会计信息，关键是看信息使用者的决策需要。大量调研结果表明，我国大多数小企业的所有者同时又是经营者，他们对小企业的财务状况、经营成果和现金流量情况较为清楚，因此，小企业会计信息使用者更侧重于外部使用者的需求，主要是税务部门和银行的信息需求。税务部门主要利用小企业会计信息作出税收决策，包括是否给予税收优惠政策、采取何种征税方式、应征税额等，他们更多希望减少小企业会计与税法的差异；银行主要利用小企业会计信息作出信贷决策，他们更多希望小企业按照国家统一的会计准则制度提供财务报表。为满足这些主要会计信息使用者的需求，《小企业会计准则》最大限度地消除了小企业会计与税法的差异。同时，在信息披露方面，增加了税务部门和贷款银行等信息使用者所关心的信息。

四、既确保行业上全覆盖，又抓住小企业常见业务

随着我国小企业的迅猛发展，小企业几乎涉足各行各业，有的还开展了多元化经营。因此，《小企业会计准则》在规范范围上涵盖了农林牧渔业、工业制造业、建筑业、批发和零售业等各种行业。与此同时，为便于小企业会计人员能够快速掌握和应用准则，《小企业会计准则》主要对小企业常见业务的会计处理原则予以规范，而不涉及投资性房地产、衍生金融工具、股份支付等小企业非经常性发生或者基本不可能发生的交易或事项。小企业一旦发生上述交易或事项，可以参照《企业会计准则》的相关规定进行处理。

第四节　小企业会计准则与税法的差异及协调概述

一、会计准则制度与税法制度适度分离的必然性

由于会计准则与税法的目的不同，基本前提和遵循的原则有差别，为有利于规范会计制

度和税收政策，会计准则与税法制度的适度分离具有必然性。

（一）目的不同

制定与实施企业会计准则制度的目的是为了真实、完整地反映企业的财务情况、经营业绩，以及财务状况变动的全貌，为政府部门、投资者、债权人、企业管理者以及其他的财务报表使用者提供决策有用的信息。因此，根本点在于让投资者或潜在的投资者了解企业资产的真实性和盈利的可能性。

税法的目的主要是取得国家的财政收入，对经济和社会发展进行调节，保护纳税人的权益。

由于会计准则与税法的目的和作用存在差异，两者有时对同一经济行为或事项作出不同的规范要求。如税法为了保障税基不被侵蚀，在流转税法中规定了视同销售事项作为应税收入予以课税，而会计核算规范根据其没有经济资源流入不予以确认收入；又如为了宏观经济调控，所得税法规定符合特定条件的资产损失才能在税前扣除，国库券利息不纳入计税所得等，而会计准则制度要求根据核算规定据实计算损益。因此，企业必须依据企业会计准则制度等会计规范对经济事项进行核算与反映，依据税法计算纳税。

（二）基本前提不同

会计核算的基本前提包括：会计主体、持续经营、会计分期、货币计量。会计核算对象的确定、会计方法的选择、会计数据的搜集等都以会计核算的基本前提为依据。由于会计准则制度与税法目的不同，使得两者的基本前提也不尽相同。

（1）会计主体，是指会计信息所反映的特定单位或组织，它规范了会计工作的空间范围。在会计主体前提下，会计核算应当以企业发生的各项交易或事项为对象，记录和反映企业本身的各项生产经营活动，为会计人员在日常的会计核算中对各项交易和事项作出准确判断、对会计处理方法和程序作出正确的选择提供了依据。会计主体是依据会计信息需求者的要求进行会计核算的单位，可以是一个法律主体，也可以是一个经济主体。

纳税主体，是指依法直接负有纳税义务的基本纳税单位（或自然人），也就是税法规定的独立纳税人。原则上，规范税制下应以法律主体作为纳税主体，当然也有为管理需要特殊规定的例外。例如，总公司和其没有法人资格的分公司承担连带责任，应该作为一个纳税单位自动汇总纳税，但外国分公司就必须作为一个独立纳税单位来处理。各税种的税法中都规定了独立的纳税单位，但是，由于我国企业法人登记管理制度方面存在的种种不规范和财政体制的原因，还没有完全做到按规范的法律主体来界定基本纳税单位。

（2）会计分期将企业持续的经营活动划分为一个个连续的长短相同的期间，据以结算盈亏，按期编报财务会计报告，从而及时向各方面提供有关企业财务状况、经营成果和现金流量的信息。由于企业制度和税法两者的目的不同，对收益、费用、资产、负债等的确认时间和范围也不同，从而导致税前会计利润与应税所得之间产生差异。

（3）企业会计工作要求企业记账准确，会计资料真实、完整，同时内、外部审计都要承担一定的审计责任。而税法上要求纳税人在规定的期限内如实自主申报纳税，税务机关及其税务人员依照税法规定对纳税人履行纳税义务情况进行监督检查。

（三）遵循的原则不同

由于企业会计制度与税法服务目的不同，导致两者为实现各自不同目的所遵循的原则也存在很大的差异。基本原则决定了方法的选择，并且是进行职业判断的依据。原则的差异导致会计和税法对有关业务的处理方法和判断依据产生差别。税法也遵循一些会计核算的基本原则，但基于税法坚持的法定原则、收入均衡原则、公平原则、反避税原则和便利行政管理原则等，在诸如稳健或谨慎性原则等许多会计基本原则的使用中又有所背离。

为实现会计和税收目的而须遵循的基本原则很多，主要原则的对比分析如下：

(1) 客观性原则与真实性原则的比较。客观性原则要求会计核算以实际发生的交易或事项为依据。税法与此相对应的要求是真实性原则，要求企业申报纳税的收入、费用等计税依据必须是真实可靠的。差别在于基于税收目的有些实际发生的交易或事项，由于税法有特殊规定也要受到限制或特殊处理。比如，企业的研究开发费用，如果符合税法规定的条件，可以在企业所得税前加计扣除实际发生费用的 50%。又比如，企业实际发生的捐赠支出，会计上都要真实反映；而申报缴纳企业所得税时要区分是否是公益救济性质，并且有扣除比例的限制。因此，受法定性原则修正，客观性原则在税收中并未完全贯彻。

(2) 相关性原则比较。相关性原则要求企业提供的会计信息能够反映企业财务状况、经营成果和现金流量，以满足会计信息使用者的需要，包括符合国家宏观经济管理的需要，满足有关各方面了解企业财务状况和经营成果的需要，满足企业加强内部经营管理的需要。相关性强调的是会计信息的价值在于满足会计核算目的。税法中的相关性原则强调的是满足征税目的。比如，企业申报扣除的费用必须是与应税收入相关，那些与免税收入直接相关的费用不得申报扣除。

(3) 权责发生制和配比原则的比较。会计核算的权责发生制原则要求，凡是当期已经实现的收入和已经发生或应负担的费用，不论是否实际收到现金或支付现金都应作为当期收入和费用；凡是不属于当期的收入和费用，即使款项已在当期支付，也不应作为当期的收入和费用。

会计核算时强调收入与费用的因果配比和时间配比。税法中对申报纳税也有类似要求。同时，基于不同时期企业享受的税收政策可能不同，因此，特别强调企业收入费用的确认时间不得提前或滞后。但是，为保证财政收入的均衡性和防止避税，税法也可能背离权责发生制或配比原则。比如在利息收入或支出方面、对广告支出的扣除时间规定等。同时，基于对个人纳税能力的考虑，个人所得税一般较多选择收付实现制。比如，营业税对房地产开发企业的预收款征收。比如对跨纳税年度的长期合同（包括工程或劳务），会计上在不能准确应用权责发生制和配比原则时允许采取完成合同法，而税法一般只允许采取完工百分比法，不能准确运用以上两原则核算时，由主管税务机关根据历史情况或一定的计划指标确定纳税额等。

(4) 历史成本原则的比较。历史成本原则要求企业的各项财产在取得时应当按照实际成本计量，各项财产如果发生减值，应当按照规定计提相应的减值准备。除法律、行政法规和国家统一的会计制度另有规定外，企业一律不得自行调整其账面价值。税法强调企业有关资产背离历史成本必须以有关资产隐含的增值或损失按税法规定的适当方式反映或确认为前提。

(5) 谨慎性原则与据实扣除原则和确定性原则的比较。会计上的谨慎性原则是指在存在不确定因素的情况下作出判断时，保持必要的谨慎，既不高估资产或收益，也不低估负债或费用。对于可能发生的损失和费用，应当加以合理估计。税法一般坚持在有关损失实际发生时再申报扣除，费用的金额必须能够准确确定。会计上根据谨慎原则提取各项资产减值或跌价准备，税法原则上都不承认，税法强调的是在有关资产真正发生永久或实质性损害时能得到即时处理。这样规定主要是方便税务管理，防止硬性规定减值比例的不公平以及由企业自行确定减值准备提取比例的不可控性。当然对金融保险等高风险行业有特殊例外。

（6）重要性原则与法定性原则的比较。会计上的重要性原则是指在选择会计方法和程序时，要考虑经济业务本身的性质和规模，根据特定的经济业务对经济决策影响的大小，来选择合适的会计方法和程序。税法中对任何事项的确认都必须依法行事，有据可依，不能估计。法定性原则要求纳税人在记录、计算和缴纳税款时，必须以法律为准绳，企业的税款计算正确与否、缴纳期限正确与否、纳税活动正确与否，均应以税法为判断标准。

（7）实质重于形式原则应用的比较。会计核算强调的实质重于形式原则是指，选择会计核算方法和政策时，经济业务的实质内容重于其具体表现行式，包括法律形式，如合同等。因为有些经济业务的外在法律形式并不能真实反映其实质内容，为了真实反映企业的财务状况和经营成果，就不能仅仅根据经济业务的外在表现形式来进行核算，而要反映其经济实质，如售后回购业务视同融资业务进行会计核算。

各国税收立法和司法实践中也强调实质重于形式原则，特别是许多国家的一般反避税条款和有关企业改组等特殊税收规则都很好地体现了实质至上原则。但是由于税收的法定性，在征税中运用实质重于形式原则必须有明确的税法条款规定，必须对体现立法精神的经济实质明确界定清楚，以防止滥用。我国目前的各税种的税法，在体现实质重于形式原则方面还有很大差距，许多过于依赖形式化条件的税法条款实际上背离了立法精神，成为纳税人滥用税法条款避税的漏洞。因此，有必要在反避税和便于管理之间取得平衡。

因此，会计应用实质重于形式的关键在于会计人员据以进行职业判断的"依据"是否合理可靠。税法中的实质至上要有明确的法律依据。

二、《小企业会计准则》与《企业所得税法》关系的协调

关于如何处理《小企业会计准则》与《企业所得税法》的关系问题，主要存在两种观点。一种观点坚持以税法为导向的原则，制定《小企业会计准则》应当与《企业所得税法》尽可能协调一致。主要理由有：以税法规定为基础制定《小企业会计准则》，可以最大限度地消除会计与税收之间的差异，减少小企业在计税过程中涉及的纳税调整事项，同时减少税务部门对企业的计征成本、提高征管效率，有利于促进小企业实行查账征收。另一种观点坚持会计与税法适当分离的原则，制定《小企业会计准则》应遵循原有的会计原则，而不应过多地考虑税法规定。主要理由：一是税收与会计的目标不同，适当分离是必要的，虽然小企业主要的会计信息使用者是税务部门，但会计以提供真实完整的会计信息为前提，税法以确保税金的强制征收为前提，两者目的、意义、原则均不相同；二是新的所得税法实施以后，税法与会计的差异已大为减少，会计上的很多理念已被税法所采纳，加之小企业本身业务单一，需要纳税调整的事项不多；三是与税法一致，可能导致一些会计处理偏离基本准则的原则要求。

然而前文中亦提到，小企业外部会计信息使用者主要为税务部门和银行。税务部门主要利用小企业会计信息作出税收决策，包括是否给予税收优惠政策、采取何种征税方式、确定应征税额等，他们更多希望减少小企业会计与税法的差异；银行主要利用小企业会计信息作出信贷决策，他们更多希望小企业按照国家统一的会计准则制度提供财务报表。发布实施

《小企业会计准则》，就是要规范小企业会计确认、计量和报告行为，要求其提供能够满足会计信息使用者需求的高质量信息，从而有助于税务部门根据小企业的实际情况征税，有助于银行根据小企业真实的偿债能力作出融资决策。

因此，综合考虑各方面因素，《小企业会计准则》采纳了第一种观点，以满足小企业会计信息使用者（主要为税务部门）的需求为根本出发点，最大限度地消除小企业会计与税法的差异。这样，既有利于提高会计信息的有用性，也有利于在保证会计信息真实可比的前提下降低会计核算和纳税申报的工作量，符合成本效益原则。与此同时，《小企业会计准则》减少了职业判断的内容，强化了有关资产项目、未决诉讼、未决仲裁、对外提供担保事项、纳税调整过程等信息披露的要求。

三、《小企业会计准则》与税法差异的协调

具体来说，与《企业会计准则》相比，《小企业会计准则》在协调与税法差异上，主要从以下十方面简化了核算要求：

（一）统一采用历史成本计量

在会计计量方面，《企业会计准则》规定，企业可以根据实际需要选用历史成本、重置成本、可变现净值、现值或公允价值等会计计量属性对会计要素进行计量。而《小企业会计准则》要求小企业仅采用历史成本对会计要素进行计量。

（1）对小企业的资产要求按照成本计量，不再要求计提资产减值准备，资产实际损失的确定参照了《企业所得税法》中的有关认定标准。

（2）对小企业的长期债券投资不再要求按照公允价值入账，而是要求按照成本（购买价款加上相关税费减去实际支付价款中包含的已到付息期但尚未领取的债券利息）入账；对长期债券投资的利息收入不再要求在债务人应付利息日按照其摊余成本和实际利率计算，而是要求在债务人应付利息日按照债券本金和票面利率计算。

（3）对小企业融资租入固定资产的入账价值不再要求按照租赁开始日租赁资产公允价值与最低租赁付款额现值两者中较低者作为会计计量基础，而是要求按照租赁合同约定的付款总额和在签订租赁合同过程中发生的相关税费等确定。

（4）对小企业的负债不再要求按照公允价值入账，而是要求按照实际发生额入账；对小企业借款利息不再要求按照借款摊余成本和借款实际利率计算，而是要求按照借款本金和借款合同利率计算。

（5）在收入确认方面，不再要求遵循实质重于形式的原则，而是要求小企业采用发出商品或者提供劳务交易完成和收到货款或取得收款权利作为标准，减少关于风险与报酬转移的职业判断，同时就几种常见的销售方式明确规定了收入确认的时点。在收入计量方面，不再要求小企业按照从购买方已收或应收的合同或协议价款或者应收的合同或协议价款的公允价值确定收入的金额，而是要求按照从购买方已收或应收的合同或协议价款确定收入的金额。

（二）统一采用直线法摊销债券的折价或者溢价

在处理长期债券投资（或持有至到期投资）中的债券折价或者溢价的摊销方面，《企业会计准则》规定，债券的折价或者溢价在债券存续期间内于确认相关债券利息收入时采用实际利率法进行摊销。而《小企业会计准则》规定，债券的折价或者溢价在债券存续期间内于确认相关债券利息收入时采用直线法进行摊销。

（三）统一采用成本法核算长期股权投资

在长期股权投资的后续计量方面，《企业会计准则》规定，长期股权投资在持有期间，根据投资企业对被投资单位的影响程度及是否存在活跃市场、公允价值能否可靠取得等情况，分别采用成本法和权益法进行会计处理。而《小企业会计准则》则要求小企业统一采用成本法对长期股权投资进行会计处理。

（四）资本公积仅核算资本溢价（或股本溢价）

《企业会计准则》规定，资本公积包括资本溢价（或股本溢价）和其他资本公积。而《小企业会计准则》规定，资本公积仅包括资本溢价（或股本溢价），是指小企业收到的投资者出资额超过其在注册资本或股本中所占份额的部分。

（五）采用应付税款法核算所得税

《企业会计准则》要求企业采用资产负债表债务法核算所得税，在计算应缴所得税和递延所得税的基础上，确认所得税费用。而《小企业会计准则》要求企业采用应付税款法核算所得税，将计算的应缴所得税确认为所得税费用，大大简化了所得税的会计处理。

（六）取消了外币财务报表折算差额

《企业会计准则》规定，企业对境外经营的财务报表进行折算时，应当遵循下列规定：（1）资产负债表中的资产和负债项目，采用资产负债表日的即期汇率折算，所有者权益项目除"未分配利润"项目外，其他项目采用发生时的即期汇率折算；（2）利润表中的收入和费用项目，采用交易发生日的即期汇率折算，也可以采用按照系统合理的方法确定的、与交易发生日即期汇率近似的汇率折算。按照上述（1）、（2）折算产生的外币财务报表折算差额，在资产负债表中所有者权益项目下单独列示。而《小企业会计准则》要求小企业对外币财务报表进行折算时，应当采用资产负债表日的即期汇率对外币资产负债表、利润表和现金流量表的所有项目进行折算。

（七）固定资产折旧年限考虑税法的规定

《企业会计准则》规定，企业应当根据固定资产的性质和使用情况，合理确定固定资产的使用寿命和预计净残值，而不必考虑税法的规定。而《小企业会计准则》规定，小企业应当根据固定资产的性质和使用情况，并考虑税法的规定，合理确定固定资产的使用寿命和预计净残值。

（八）无形资产摊销考虑税法的规定

《企业会计准则》规定，企业应当于取得无形资产时分析判断其使用寿命；使用寿命有限的无形资产，其应摊销金额应当在使用寿命内系统合理摊销；企业摊销无形资产，应当自无形资产可供使用时起，至不再作为无形资产确认时止。而《小企业会计准则》规定，无形资产的摊销期自其可供使用时开始至停止使用或出售时止；有关法律规定或合同约定了使用年限的，可以按照规定或约定的使用年限分期摊销；小企业不能可靠估计无形资产使用寿命的，摊销期不得低于 10 年。

（九）长期待摊费用处理与税法保持一致

《企业会计准则》规定，"长期待摊费用"科目核算企业已经发生但应由本期和以后各期负担的分摊期限在 1 年以上的各项费用，如以经营租赁方式租入的固定资产发生的改良支出等，其核算内容、摊销期限与《企业所得税法》及其实施条例存在较大的差异。而《小企业会计准则》对长期待摊费用的核算内容、摊销期限均与《企业所得税法》及其实施条例的规定完全一致。《小企业会计准则》规定，小企业的长期待摊费用包括已提足折旧的固定资产的改建支出、经营租入固定资产的改建支出、固定资产的大修理支出和其他长期待摊费用等；长期待摊费用应当在其摊销期限内采用年限平均法进行摊销。

（十）简化了财务报表的列报和披露

小企业的财务报表至少应当包括资产负债表、利润表、现金流量表和附注四个组成部分，小企业不必编制所有者权益（或股东权益）变动表。考虑到小企业会计信息使用者的需求，《小企业会计准则》对现金流量表也进行了适当简化，无需披露将净利润调节为经营活动现金流量、当期取得或处置子公司及其他营业单位等信息。此外，小企业财务报表附注的披露内容大为减少，披露要求也有所降低。

小企业会计处理和企业所得税法的差异与协调的具体内容将在本书后续章节中逐一分析。

第二章 资 产

第一节 资产概述

一、资产的定义

资产是会计六要素中最重要的要素之一，资产定义准确与否事关企业资产的真实性。《小企业会计准则》第五条规定："资产，是指小企业过去的交易或事项形成的、由小企业拥有或控制的、预期会给小企业带来经济利益的资源"。准确理解资产的定义，可以从下面三方面入手。

（一）资产应为小企业拥有或者控制的资源

资产作为一项资源，应当由小企业拥有或者控制，具体是指小企业享有某项资源的所有权，或者虽然不享有所有权，但该资源能被小企业所控制。

小企业享有资产的所有权，通常表明小企业能够排他性地从资产中获取经济利益。一般而言，在判断资产是否存在时，所有权是考虑的首要因素。有些情况下，资产虽然不为小企业所拥有，即小企业并不享有其所有权，但小企业控制了这些资产，同样表明小企业能够从资产中获取经济利益，符合会计上对资产的定义。例如，某小企业以融资租赁方式租入一项固定资产，尽管小企业并不拥有其所有权，但是如果租赁合同规定的租赁期相当长，接近于该资产的使用寿命，表明小企业控制了该资产的使用及其所能带来的经济利益，应当将其作为小企业资产予以确认、计量和报告。

（二）资产预期会给小企业带来经济利益

资产预期会给小企业带来经济利益，是指资产直接或者间接导致现金流入小企业的潜力。这种潜力可以来自小企业日常的生产经营活动，也可以是非日常活动；带来经济利益的形式可以是现金形式，也可以是能转化为现金形式，或者是可以减少现金流出的形式。

资产预期会为小企业带来经济利益是资产的本质特征。例如，小企业采购的原材料、购置的固定资产等可以用于生产经营过程，制造商品或者提供劳务，对外出售后收回货款，货款即为小企业所获得的经济利益。如果某一项目预期不能给小企业带来经济利益，那么就不能将其确认为小企业的资产。前期已经确认为资产的项目，如果不能再为小企业带来经济利益，也不能再确认为小企业的资产。例如，待处理财产损失以及某些短期待摊费用等，由于不符合资产定义，均不应当确认为资产。

（三）资产是由小企业过去的交易或者事项形成的

资产应当由小企业过去的交易或者事项所形成。过去的交易或者事项包括购买、生产、建造行为或者其他交易或事项。换句话说，只有过去的交易或者事项才能产生资产，小企业预期在未来发生的交易或者事项不形成资产。例如，小企业有购买原材料的意愿或者计划，但是购买行为尚未发生，就不符合资产的定义，不能因此而确认存货资产。

将一项资源确认为资产，需要符合资产的定义，还应同时满足以下两个条件：

1. 与该资源有关的经济利益很可能流入小企业。

从资产的定义来看，能够带来经济利益是资产的一个本质特征，但在现实生活中，由于经济环境瞬息万变，与资源有关的经济利益能否流入小企业或者能够流入多少实际上带有不确定性。因此，资产的确认还应与经济利益流入的不确定性程度的判断结合起来。如果根据编制财务报表时所取得的证据，与资源有关的经济利益很可能流入企业，那么就应当将其作为资产予以确认；反之，不能确认为资产。

2. 该资源的成本或者价值能够可靠地计量。

只有当有关资源的成本或者价值能够可靠地计量时，资产才能予以确认。在实务中，小企业取得的许多资产都是发生了实际成本的，例如，企业购买或者生产的存货，企业购置的厂房或者设备等，对于这些资产，只要实际发生的购买成本或者生产成本能够可靠计量，就视为符合了资产确认的可计量条件。

二、资产的分类

小企业资产按照不同的标准可以作不同的分类。按是否具有实物形态，资产可分为有形资产和无形资产；按其来源不同，资产可分为自有资产和租入资产；按其流动性不同，资产可分为流动资产和非流动资产。根据小企业会计准则对交易和事项进行会计处理生成会计信息主要为了满足小企业外部使用者的需要，而财务报表是向外部使用者提供会计信息的主要载体和体现形式，小企业资产负债表中的资产是按照流动资产和非流动资产两大类别进行列示的，在流动资产和非流动资产类别下进一步按照资产性质进行分项列示，这也是长期以来我国各类企业的惯例。因此，准则中按流动性对资产进行了分类。

小企业资产按流动性不同可分为流动资产和非流动资产。所谓流动性，通常按照资产的变现或耗用时间长短或者负债的偿还时间长短来确定。小企业的流动资产，是指预计在 1 年内（含 1 年，下同）或超过 1 年的一个正常营业周期内变现、出售或耗用的资产。流动资产以外的资产就是非流动资产。

三、资产的计量属性

《小企业会计准则》第六条规定："小企业的资产应当按照成本计量，不计提资产减值准备。"这条规定，可以从以下几个方面来理解：

1. 取得资产时，按照实际发生的支出作为历史成本。支出可能表现为现金形式，也可能是非现金形式，如通过资产交换取得的某项资产，其历史成本应按照所换出资产的市场价格或评估价值确定。支出既包括货款，也包括按照税法规定不可抵扣的相关税费。

2. 在持有资产期间，资产的增值或减值在会计上不进行调整，仍维持取得时的历史成本金额。

3. 对固定资产、无形资产和长期待摊费用等资产计提折旧或进行摊销，与按照历史成本计量并不矛盾，事实上是这类非流动资产区别于流动资产的一个重要体现，都是以取得时的历史成本为基础在持有资产的期间内进行合理的分摊。

4. 资产实际发生损失时，根据小企业会计准则对具体资产损失的规定确认资产损失，并进行相关会计处理。

5. 注意合理处理计量属性与特殊会计业务的关系。

在实际执行中，历史成本计量及不计提资产减值准备的规定应与《小企业会计准则》对有关短期投资、应收账款、存货、固定资产项目说明的规定结合起来应用。在日常账务处理中执行用历史成本计量及不计提资产减值准备的规定，但在对外提供年度财务报表时，对短期投资的市场价格、存货的市场价格、应收账款的账龄情况和固定资产的折旧情况还应当在附注中进行单独披露，从而弥补由于历史成本计量可能不能真实反映资产质量的不足。这就要求小企业对于在这四类资产的相关账户中无法直接提供的会计信息，建立备查簿，按照《小企业会计准则》第八十六条对财务报表附注的规定，连续、完整地记录市场价格的信息。

第二节　流动资产的会计处理

一、流动资产概述

小企业的流动资产，是指预计在 1 年内（含 1 年，下同）或超过 1 年的一个正常营业周期内变现、出售或耗用的资产。

流动资产是小企业资产中必不可少的组成部分，由于其流动性较强的特点，加强流动资产的核算与管理，不仅有利于保证小企业生产经营活动的顺利进行，有利于提高企业流动资金的利用效果，而且有利于保持企业资产结构的流动性，提高偿债能力，维护企业信誉。

对流动资产的理解可以从以下几个方面把握：

1. 关于正常营业周期。

正常营业周期是指小企业从购买用于加工的资产起至最终实现现金止的期间。正常营业周期通常短于 1 年，在 1 年内有几个营业周期。但是，也存在正常营业周期长于 1 年的情况，如小企业（经营房地产开发）开发用于出售的商品房等，从购买原材料进入生产，到制造出产品出售并收回现金的过程，往往超过 1 年，在这种情况下，与生产循环相关的产成品、应收账款、原材料尽管是超过 1 年才变现、出售或耗用，仍应作为流动资产列示。

当正常营业周期不能确定时，应当以 1 年（12 个月）作为正常营业周期。

2. 关于变现、出售和耗用。

变现一般针对应收及预付款项、短期投资等而言，指将资产变为现金。

出售一般针对产品等存货而言，指将小企业的产成品、商品，原材料、半成品等对外销售。

耗用一般指将存货由一种形态（如原材料）转变成另一种形态（如产成品）的过程。

3. 考虑到小企业资产规模相对较小、核算内容较为简单，《小企业会计准则》对流动资产的定义作了适当简化。小企业的流动资产包括：货币资金、短期投资、应收及预付款项、存货等。货币资金包括：库存现金、银行存款和其他货币资金。

二、货币资金

货币资金是以货币形态存在的、流动性最强的资产。在小企业的各项经济活动中，货币资金起着非常重要的作用。货币资金按其存放地点和用途不同，分为现金、银行存款和其他货币资金。就会计核算而言，货币资金的核算并不复杂，但是，由于货币资金具有高度的流动性，在组织会计核算过程中，加强货币资金的管理和控制是至关重要的。小企业货币资金会计管理的主要内容是制定并严格执行恰当的货币资金内部控制制度，及时、准确、完整地记录、反映各项货币资金的收入、支出、结存情况。

（一）现金

现金的概念有狭义和广义之分。狭义的现金是指企业的库存现金；广义的现金除了库存现金，还包括银行存款和其他符合现金定义的票证。这里所讲的现金仅指狭义的现金，包括库存的人民币和外币。

1. 现金的管理

现金是货币资金的重要组成部分，是通用的支付手段，也是对其他资产进行计量的一般尺度和会计处理的基础，它可以随时用来购买其他资产、清偿债务、支付有关费用，也可以随时存入银行。由于现金是交换和流通的手段，其流动性又最强，最容易被挪用和侵吞，因此小企业必须建立一套完善而严密的现金管理制度，对现金进行严格的管理和控制，使现金能在经营过程中合理、通畅地流转，提高现金的使用效益，确保现金的安全与完整。

（1）现金的使用范围

根据国务院颁发的《现金管理暂行条例》，允许企业使用现金结算的范围有：①职工工资、津贴；②个人劳务报酬；③根据国家规定颁发给个人的科学技术、文化艺术、体育等各种奖金；④各种劳保、福利费用以及国家规定的对个人的其他支出；⑤向个人收购农副产品和其他物资的价款；⑥出差人员必须随身携带的差旅费；⑦零星支出；⑧中国人民银行确定需要支付现金的其他支出。属于上述现金结算范围的支出，小企业可以根据需要向银行提取现金支付，不属于上述现金结算范围的款项支付一律通过银行进行转账结算。

（2）库存现金的限额

库存现金的限额是指为了保证小企业日常零星开支的需要，允许企业留存现金的最高数额。这一限额由开户银行根据单位的实际需要核定，一般按照单位3～5天日常零星开支的需要确定。边远地区和交通不便地区开户单位的库存现金限额，可按多于5天但不得超过15天日常零星开支的需要确定。经核定的库存现金限额，开户单位必须严格遵守。需要增加或者减少库存现金限额的，应当向开户银行提出申请，由开户银行核定。

（3）现金收支的规定

小企业应当按照中国人民银行规定的现金管理办法和财政部关于各单位货币资金管理和控制的规定，办理有关现金收支业务。办理现金收支业务时，应当遵守以下几项规定：

①小企业现金收入应当于当日送存开户银行。当日送存确有困难的，由开户银行确定送存时间。

②小企业支付现金，可以从本企业库存现金限额中支付或者从开户银行提取，不得从本

企业的现金收入中直接支付（即坐支）。因特殊情况需要坐支现金的，应当事先报经开户银行审查批准，由开户银行核定坐支范围和限额。坐支企业应当定期向开户银行报送坐支金额和使用情况。

③小企业从开户银行提取现金，应当写明用途，由本企业财会部门负责人签字盖章，经开户银行审核后，予以支付现金。

④小企业因采购地点不固定，交通不便以及其他特殊情况必须使用现金的，应向开户银行提出申请，由本企业财会部门负责人签字盖章，经开户银行审核后，予以支付现金。

⑤不准用不符合制度的凭证顶替库存现金，即不得"白条顶库"；不准谎报用途套取现金；不准用银行账户代其他单位和个人存入或支取现金；不准用单位收入的现金以个人名义存储，不准保留账外公款，不得设置"小金库"等。

2. 现金的会计处理

（1）现金日记账的设置

为了加强对现金的管理，随时掌握现金收付的动态和库存余额，保证现金的安全，小企业必须设置"现金日记账"，所发生的现金收支业务必须通过出纳人员，由出纳人员根据审核无误后的收付款凭证，按照业务发生的顺序逐日逐笔序时登记"现金日记账"。"现金日记账"必须做到日清月结，账款相符，严禁"白条"抵充库存现金。每日终了，应计算当日的现金收入合计数、现金支出合计数和账面余额，并将账面余额与实际库存数核对，做到账款相符。如果发现账款不符，应及时查明原因，进行处理。月份终了，现金日记账的余额应与"现金"总账的余额核对相符。

有外币现金的小企业，应当分别就人民币和各种外币设置现金日记账进行明细核算。

（2）现金收支业务的核算

为了总括地反映库存现金的收支和结存情况，小企业应设置"库存现金"科目，该科目借方登记小企业现金的增加，贷方登记现金的减少，期末一般为借方余额，反映小企业实际持有的库存现金余额。"库存现金"科目可以根据现金收付款凭证和银行付款凭证直接登记，对于从银行提取现金的业务，一般只编制银行付款凭证，不再编制现金收款凭证；将现金存入银行，一般只编制现金付款凭证，不再编制银行收款凭证。如果小企业日常现金收支业务量比较大，为了简化核算工作，小企业可以根据实际情况，采用汇总记账凭证、科目汇总表等核算形式定期或于月份终了登记入入账。

从银行提取现金，根据支票存根记载的提取金额，借记"库存现金"科目，贷记"银行存款"科目；将现金存入银行，根据银行退回给收款单位的收款凭证联，借记"银行存款"科目，贷记"库存现金"科目。因支付职工出差费用等原因所需的现金，按支出凭证所记载的金额，借记"其他应收款"等科目，贷记"现金"科目；收到出差人员交回的差旅费剩余款并结算时，按实际收回的现金，借记"库存现金"科目，按应报销的金额，借记"管理费用"等科目，按实际借出的现金，贷记"其他应收款"科目。因其他原因收到现金，借记"库存现金"科目，贷记有关科目；支出现金，借记有关科目，贷记"库存现金"科目。

小企业在核算库存现金时应注意，企业内部各部门、各单位周转使用的备用金，应在"其他应收款"科目核算，或单独设置"备用金"科目核算，不在"现金"科目核算。

（3）现金清查的核算

现金清查是指对库存现金的盘点与核对，包括出纳人员每日终了前进行的现金账款核对和清查小组进行的定期或不定期的现金盘点、核对。现金清查一般采用实地盘点法。清查小组清查时，出纳人员必须在场，清查的内容主要是检查是否挪用现金、白条顶库、超限额留存现金，以及账款是否相符等。对于现金清查的结果，应编制现金盘点报告单，注明现金溢缺的金额，并由出纳人员和盘点人员签字盖章。如果有挪用现金、白条顶库情况，应及时予以纠正；对于超限额留存的现金要及时送存银行。

对于所发现的现金短缺或溢余，应当查明原因，及时处理：如为现金短缺，属于应由责任人赔偿的部分，借记"其他应收款"或"库存现金"等科目，按实际短缺的金额扣除应由责任人赔偿的部分后的金额，借记"管理费用"科目，贷记"库存现金"科目；如为现金溢余，应按实际溢余的金额，借记"库存现金"科目，属于应支付给有关人员或单位的，贷记"其他应付款"科目，现金溢余金额超过应付给有关单位或人员的部分，贷记"营业外收入"科目。

[例 2-1]　2×13 年 1 月 20 日，A 公司从开户银行提取 15 万元现金。A 公司应编制如下会计分录：

　　　借：库存现金　　　　　　　　　　　　　　　　　　　　　　　　　　15 万元
　　　　贷：银行存款　　　　　　　　　　　　　　　　　　　　　　　　　15 万元

2×13 年 1 月 30 日，A 公司将现金存入银行，银行退回给企业的收款凭证上的金额是 35 万元。A 公司应编制如下会计分录：

　　　借：银行存款　　　　　　　　　　　　　　　　　　　　　　　　　　35 万元
　　　　贷：库存现金　　　　　　　　　　　　　　　　　　　　　　　　　35 万元

[例 2-2]　2×13 年 5 月 8 日，A 公司管理人员因出差向单位出纳借款 10 万元现金。A 公司应编制如下会计分录：

　　　借：其他应收款　　　　　　　　　　　　　　　　　　　　　　　　　10 万元
　　　　贷：库存现金　　　　　　　　　　　　　　　　　　　　　　　　　10 万元

2×13 年 5 月 30 日，A 公司管理人员报销差旅费，经核实的差旅费金额为 8 万元，管理人员退回借款 2 万元。A 公司应编制如下会计分录：

　　　借：库存现金　　　　　　　　　　　　　　　　　　　　　　　　　　2 万元
　　　　　管理费用　　　　　　　　　　　　　　　　　　　　　　　　　　8 万元
　　　　贷：其他应收款　　　　　　　　　　　　　　　　　　　　　　　　10 万元

[例 2-3]　2×13 年 5 月 31 日，A 公司会计人员在清查库存现金过程中，发现现金短缺 500 元。A 公司应编制如下会计分录：

　　　借：待处理财产损溢——待处理流动资产损溢　　　　　　　　　　　　　500
　　　　贷：库存现金　　　　　　　　　　　　　　　　　　　　　　　　　　500

查明原因后，该现金短缺系出纳管理不当造成的，A 公司应编制如下会计分录：

　　　借：其他应收款　　　　　　　　　　　　　　　　　　　　　　　　　　500
　　　　贷：待处理财产损溢——待处理流动资产损溢　　　　　　　　　　　　　500

（二）银行存款

1. 银行结算账户的管理

银行存款是小企业存入银行或其他金融机构的货币资金。小企业根据业务需要，在银行开设账户，运用所开设的账户，进行存款、取款以及各种收支转账业务的结算。除按核定的限额保留库存现金外，超过限额的现金必须存入银行；除了在规定的范围内可以用现金直接支付的款项外，在经营过程中所发生的一切货币收支业务，都必须通过银行结算账户进行结算。因此，正确开立和使用银行账户是做好资金结算工作的基础，小企业应按规定在银行开设和使用结算账户。

根据新形势下经济、金融发展的需要，为加强和完善银行结算账户管理，中国人民银行于 2003 年 4 月 10 日发布了《人民币银行结算账户管理办法》。该办法于同年 9 月 1 日起施行，1994 年 10 月 9 日中国人民银行发布的《银行账户管理办法》同时废止。根据新规定，单位银行结算账户按用途分为以下四类：

（1）基本存款账户

基本存款账户是存款人的主办账户，主要用于办理日常的转账结算和现金收付。单位银行结算账户的存款人只能在银行开立一个基本存款账户，其日常经营活动的资金收付及其工资、奖金和现金的支取，应通过该账户办理。

（2）一般存款账户

一般存款账户是存款人因借款或其他结算需要，在基本存款账户开户银行以外的银行营业机构开立的银行结算账户，主要用于办理存款人借款转存、借款归还和其他结算的资金收付。该账户可以办理现金缴存，但不得办理现金支取。

（3）专用存款账户

专用存款账户是存款人按照法律、行政法规和规章，对其特定用途资金进行专项管理和使用而开立的银行结算账户，如基本建设资金、更新改造资金、粮棉油收购资金、证券交易结算资金、期货交易保证金、信托基金、单位银行卡备用金、住房基金、社会保障基金、收入汇缴资金和业务支出资金，以及党、团、工会设在单位的组织机构经费，等等。其中，收入汇缴资金和业务支出资金，是指基本存款账户存款人附属的非独立核算单位或派出机构发生的收入和支出的资金。专用存款账户用于办理各项专用资金的收付。单位银行卡账户的资金必须由其基本存款账户转账存入，该账户不得办理现金收付业务。证券交易结算资金、期货交易保证金和信托基金专用存款账户不得支取现金。基本建设资金、更新改造资金需要支取现金的，应在开户时报中国人民银行当地分支行批准。粮棉油收购资金，社会保障基金，住房基金和党、团、工会经费等专用存款账户支取现金应按照国家现金管理的规定办理。收入汇缴账户除向其基本存款账户（或预算外资金财政专用存款户）划缴款项外，只收不付，不得支取现金。业务支出账户除从其基本存款账户拨入款项外，只付不收，其现金支取必须按照国家现金管理的规定办理。

（4）临时存款账户

临时存款账户是存款人因临时需要并在规定期限内使用而开立的银行结算账户，如设立临时机构、异地临时经营活动、注册验资等。该账户支取现金，应按照国家现金管理的规定办理。注册验资的临时存款账户在验资期间只收不付，注册验资资金的汇缴人应与出资人的名称一致。

《人民币银行结算账户管理办法》突破了账户只能属地开立、属地管理的原则，规定单位或个人只要符合相关条件，均可根据需要在异地开立相应的银行结算账户：①营业执照注册地与经营地不在同一行政区域（跨省、市、县）需要开立基本存款账户的；②办理异地借款和其他结算需要开立一般存款账户的；③存款人因附属的独立核算单位或派出机构发生的收入汇缴或业务支出需要开立专用存款账户的；④异地临时经营活动需要开立临时存款账户的；⑤自然人根据需要在异地开立个人银行结算账户的。

存款人开立基本存款账户、临时存款账户和预算单位开立专用存款账户实行核准制度，经中国人民银行核准后由开户银行核发开户登记证，但存款人因注册验资需要开立的临时存款账户除外。任何单位及个人不得伪造、变造及私自印制开户登记证。银行结算账户的开立和使用应当遵守法律、行政法规，不得利用银行结算账户进行偷逃税款、逃废债务、套取现金及其他违法犯罪活动。存款人不得出租、出借银行结算账户，不得利用银行结算账户套取银行信用。银行结算账户的存款人收到对账单或对账信息后，应及时核对账务并在规定期限内向银行发出对账回单或确认信息。

2. 银行结算方式

为了保证银行结算业务的正常开展，使社会经济活动中各项资金得以通畅流转，根据《中华人民共和国票据法》和《票据管理实施办法》，中国人民银行于1997年9月19日颁布了《支付结算办法》，并自同年12月1日起施行。目前，企业发生的货币资金收付业务可以采用银行汇票、商业汇票、银行本票、支票、汇兑、托收承付、委托收款、银行卡、信用证等方式进行结算。企业采用的支付结算方式不同，其处理手续及有关会计核算也有所不同。

(1) 银行汇票

银行汇票是汇款人将款项交存当地出票银行，由出票银行签发，由其在见票时按照实际结算金额无条件支付给收款人或持票人的票据。银行汇票具有使用灵活、票随人到、兑现性强等特点，单位和个人各种款项结算，均可使用银行汇票。银行汇票可用于转账，填明"现金"字样的银行汇票也可用于支取现金。

企业向出票银行填送"银行汇票申请书"，并将款项交存银行。银行受理银行汇票申请书，收妥款项后签发银行汇票，并将银行汇票和解讫通知一并交给申请人。申请人取得银行汇票后即可向填明的收款单位办理结算。

收款企业在收到付款单位送来的银行汇票时，应在出票金额以内根据实际需要的款项办理结算，并将实际结算金额和多余金额准确、清晰地填入银行汇票和解讫通知的有关栏内，银行汇票的实际结算金额低于出票金额的，其多余金额由出票银行退交申请人。收款人还应填写进账单并在汇票背面"持票人向银行提示付款签章"处签章，然后，将银行汇票和解讫通知、进账单一并交开户银行办理结算，银行审核无误后，办理转账。银行汇票的提示付款期限为自出票日起1个月内。持票人超过期限向代理付款银行提示付款不获付款的，须在票据权利时效内向出票银行作出说明，并提供本人身份证件或单位证明，持银行汇票和解讫通知向出票银行请求付款。银行汇票的收款人可以将银行汇票背书转让给他人。背书转让以不超过出票金额的实际结算金额为限，未填写实际结算金额或实际结算金额超过出票金额的银行汇票不得背书转让。

采用银行汇票方式的，收款单位应当将汇票、解讫通知和进账单送交银行，根据银行退回的进账单和有关的原始凭证编制收款凭证；付款单位应在收到银行签发的银行汇票后，根据"银行汇票申请书（存根联）"编制付款凭证。如有多余款项或因汇票超过付款期等原因而退款时，应根据银行的多余款收账通知编制收款凭证。

(2) 商业汇票

商业汇票是出票人签发的，委托付款人在指定日期无条件支付确定的金额给收款人或者持票人的票据。在银行开立存款账户的法人以及其他组织之间须具有真实的交易关系或债权债务关系，才能使用商业汇票。商业汇票的付款期限由交易双方商定，但最长不得超过 6 个月。商业汇票的提示付款期限为自汇票到期日起 10 日内。

商业汇票可以在出票时向付款人提示承兑后使用，也可以在出票后先使用再向付款人提示承兑。定日付款或者出票后定期付款的商业汇票，持票人应当在汇票到期日前向付款人提示承兑；见票后定期付款的汇票，持票人应当自出票日起 1 个月内向付款人提示承兑。汇票未按规定期限提示承兑的，持票人丧失对其前手的追索权。付款人应当自收到提示承兑的汇票之日起 3 日内承兑或者拒绝承兑。付款人拒绝承兑的，必须出具拒绝承兑的证明。商业汇票可以背书转让。符合条件的商业汇票的持票人可持未到期的商业汇票连同贴现凭证，向银行申请贴现。

商业汇票按承兑人不同分为商业承兑汇票和银行承兑汇票两种。

①商业承兑汇票。商业承兑汇票是由银行以外的付款人承兑。商业承兑汇票可以由付款人签发并承兑，也可以由收款人签发交由付款人承兑。承兑时，购货企业应在汇票正面记载"承兑"字样和承兑日期并签章。承兑不得附有条件，否则视为拒绝承兑。汇票到期时，购货企业的开户银行凭票将票款划给销货企业或贴现银行。销货企业应在提示付款期限内通过开户银行委托收款或直接向付款人提示付款。对异地委托收款的，销货企业可匡算邮程，提前通过开户银行委托收款。汇票到期时，如果购货企业的存款不足支付票款，开户银行应将汇票退还销货企业，银行不负责付款，由购销双方自行处理。

采用商业承兑汇票方式的，收款单位将要到期的商业承兑汇票连同填制的邮划或电划委托收款凭证，一并送交银行办理转账，根据银行盖章退回的收账通知，据以编制收款凭证；付款单位在收到银行的付款通知时，据以编制付款凭证。

②银行承兑汇票。银行承兑汇票由在承兑银行开立存款账户的存款人签发，由银行承兑。承兑银行按票面金额向出票人收取 0.5‰的手续费。购货企业应于汇票到期前将票款足额交存其开户银行，以备由承兑银行在汇票到期日或到期日后的见票当日支付票款。销货企业应在汇票到期时将汇票连同进账单送交开户银行以便转账收款。承兑银行凭汇票将承兑款项无条件转给销货企业，如果购货企业于汇票到期日未能足额交存票款，承兑银行除凭票向持票人无条件付款外，对出票人尚未支付的汇票金额按照每天 0.5‰计收利息。

采用银行承兑汇票方式的，收款单位将要到期的银行承兑汇票连同填制的邮划或电划委托收款凭证，一并送交银行办理转账，根据银行的收账通知，据以编制收款凭证；付款单位在收到银行的付款通知时，据以编制付款凭证。

收款单位将未到期的商业汇票向银行申请贴现时，应按规定填制贴现凭证，连同汇票一并送交银行，根据银行的收账通知，据以编制收款凭证。

（3）银行本票

银行本票是银行签发的，承诺自己在见票时无条件支付确定的金额给收款人或者持票人的票据。银行本票由银行签发并保证兑付，而且见票即付，具有信誉高、支付功能强等特点。无论单位或个人，在同一票据交换区域支付各种款项，都可以使用银行本票。银行本票可用于转账，注明"现金"字样的银行本票可用于支取现金。银行本票分定额本票和不定额本票。

企业向银行填送"银行本票申请书"，并将款项交存银行。申请人或收款人为单位的，不得申请签发现金银行本票。出票银行受理银行本票申请书，并收妥款项后签发银行本票。申请人取得银行本票后，即可向填明的收款单位办理结算。

收款企业收到银行本票后，应该在提示付款时在本票背面"持票人向银行提示付款签章"处加盖预留银行印鉴，同时填写进账单，连同银行本票一并交开户银行转账。银行本票的提示付款期限为自出票日起最长不超过2个月，在付款期内银行本票见票即付。超过提示付款期限不获付款的，在票据权利时效内向出票银行作出说明，并提供本人身份证或单位证明，可持银行本票向银行请求付款。收款单位可以根据需要在票据交换区域内背书转让银行本票。

采用银行本票方式结算的，收款单位按规定受理银行本票后，应将本票连同进账单送交银行办理转账，根据银行盖章退回给收款单位的收款凭证联和有关原始凭证编制收款凭证；付款单位在填送"银行本票申请书"并将款项交存银行，收到银行签发的银行本票后，根据申请书存根联编制付款凭证。因银行本票超过付款期限或其他原因要求退款时，在交回本票和填制的进账单经银行审核盖章后，根据银行退回给收款单位的收款凭证联编制收款凭证。

（4）支票

支票是出票人签发的，委托办理支票存款业务的银行在见票时无条件支付确定的金额给收款人或者持票人的票据。支票是同城结算中应用比较广泛的一种结算方式。单位和个人在同一票据交换区域的各种款项结算，均可以使用支票。支票上印有"现金"字样的为现金支票，只能用于支取现金；支票上印有"转账"字样的为转账支票，只能用于转账；未印有"现金"或"转账"字样的为普通支票，可以用于支取现金也可以转账；在普通支票左上角划两条平行线的，为划线支票，只能用于转账，不得支取现金。存款人领购支票，必须填写"票据和结算凭证领用单"并加盖预留银行印鉴。存款账户结清时，必须将剩余的空白支票全部交回银行注销。

企业财会部门在签发支票之前，出纳人员应该认真查明银行存款的账面结余数额，防止签发超过存款余额的空头支票。签发空头支票，银行除退票外，还按票面金额处以5%但不低于1 000元的罚款；持票人有权要求出票人赔偿支票金额2%的赔偿金。支票的提示付款期限为自出票日起10日内，中国人民银行另有规定的除外。超过提示付款期限提示付款的，持票人开户银行不予受理，付款人不予付款。转账支票可以根据需要在票据交换区域内背书转让。

采用支票方式结算的，收款单位对于收到的支票，应填制进账单连同支票送交银行，根据银行盖章退回给收款单位的收款凭证联和有关的原始凭证编制收款凭证，或根据银行转来由签发人送交银行的支票后，经银行审查盖章的收款凭证联和有关的原始凭证编制收款凭证；付款单位对于付出的支票，应根据支票存根和有关原始凭证编制付款凭证。

（5）汇兑

汇兑是汇款人委托银行将其款项支付给收款人的结算方式。单位和个人的各种款项的结算，均可使用汇兑结算方式。汇兑分为信汇、电汇两种，由汇款人根据需要选择使用。信汇是指汇款人委托银行通过邮寄方式将款项划转给收款人。电汇是指汇款人委托银行通过电报将款项划给收款人。

付款单位汇出款项时，应填写银行印发的汇款凭证，列明收款单位名称、汇款金额及汇款的用途等项目，送达开户银行，委托银行将款项汇往收汇银行。收汇银行将汇款收进单位存款户后，向收款单位发出收款通知。汇款人对汇出银行尚未汇出的款项可以申请撤销；对汇出银行已经汇出的款项可以申请退汇。汇入银行对于收款人拒绝接受的款项，应即办理退汇。汇入银行对于向收款人发出取款通知，经过两个月无法交付的汇款，应主动办理退汇。

采用汇兑结算方式的，收款单位对于汇入的款项，应在收到银行的收账通知时，据以编制收款凭证；付款单位对于汇出的款项，应在向银行办理汇款后，根据汇款回单编制付款凭证。

(6) 委托收款

委托收款是收款人委托银行向付款人收取款项的结算方式。无论单位还是个人都可凭已承兑商业汇票、债券、存单等付款人债务证明，使用委托收款结算方式收取同城或异地款项。在同城范围内，收款人收取公用事业费或根据国务院的规定，可以使用同城特约委托收款。委托收款结算款项划回的方式分为邮寄和电报两种。

收款人办理委托收款应向银行提交委托收款凭证和有关的债务证明。银行接到寄来的委托收款凭证及债务证明，审查无误后办理付款。其中，以银行为付款人的，银行应在当日将款项主动支付给收款人；以单位为付款人的，银行应及时通知付款人，按照有关办法规定，需要将有关债务证明交给付款人的应交给付款人，并签收。付款人应于接到通知的当日书面通知银行付款，付款人未在接到通知的次日起 3 日内通知银行付款的，视同付款人同意付款。付款人审查有关债务证明后，对收款人委托收取的款项需要拒绝付款的，可以办理拒绝付款。

采用委托收款结算方式的，收款单位对于托收款项，根据银行的收账通知，据以编制收款凭证；付款单位在收到银行转来的委托收款凭证后，根据委托收款凭证的付款通知和有关的原始凭证，编制付款凭证。如在付款期满前提前付款，应于通知银行付款之日，编制付款凭证。如拒绝付款的，不作账务处理。

(7) 托收承付

托收承付是根据购销合同由收款人发货后委托银行向异地付款人收取款项，由付款人向银行承认付款的结算方式。办理托收承付结算的款项，必须是商品交易以及因商品交易而产生的劳务供应的款项。代销、寄销、赊销商品的款项，不得办理托收承付结算。

收款人按照购销合同发货后，将托收凭证连同发运证件或其他符合托收承付结算的有关证明和交易单证送交银行，委托银行办理托收。托收承付款项划回方式分为邮寄和电报两种，由收款人根据需要选择使用；托收承付结算每笔的金额起点为 1 万元，新华书店系统每笔金额起点为 1 000 元。

付款人开户银行收到托收凭证及其附件后，应当及时通知付款人。付款人应在承付期内审查核对，安排资金。承付货款分为验单付款和验货付款两种，由收付双方商量选用，并在合同中明确规定。①验单付款的承付期为 3 天，从付款人开户银行发出承付通知的次日算起（承付期内遇法定休假日顺延）。付款人在承付期内未向银行表示拒绝付款，银行即视作承付。②验货付款的承付期为 10 天，从运输部门向付款人发出提货通知的次日算起。对收付双方在合同中明确规定，并在托收凭证上注明验货付款期限的，银行从其规定。付款人收到提货通知后，应立即向银行交验提货通知。付款人在银行发出承付通知的次日起 10 天内未收到提货通知的，应在第 10 天将货物尚未到达的情况通知银行。在第 10 天付款人没有通知银行的，银行即视作已经验货。③不论验单付款还是验货付款，付款人都可以在承付期内提前向银行表示承付，并通知银行提前付款，银行应立即办理划款；因商品的价格、数量或金额变动，付款人应多承付款项的，须在承付期内向银行提出书面通知，银行据以随同当次托收款项划给收款人。付款人不得在承付货款中，扣抵其他款项或以前托收的货款。

付款人开户银行对付款人逾期支付的款项，根据逾期付款金额和逾期天数，按每天0.5‰计算逾期付款赔偿金。赔偿金实行定期扣付，每月计算一次，于次月3日内单独划给收款人。付款人账户余额不足金额支付时，应排列在工资之前，并对该账户采取"只收不付"的控制办法，待一次足额扣付赔偿金后才准予办理其他款项的支付，由此产生的经济后果由付款人自负。

另外，《支付结算办法》中还规定了七种情况，当出现任一情况时，付款人有权在承付期内向银行提出全部或部分拒绝付款。付款人提出拒绝付款时，必须填写"拒绝付款理由书"，注明拒绝付款理由并出具相关证明。银行同意部分或全部拒绝付款的，应在拒绝付款理由书上签注意见，并将拒绝付款理由书连同拒付证明和有关单证邮寄收款人开户银行转交收款人（如果属于部分拒绝付款的，银行仍应照常办理部分付款）。

采用托收承付结算方式的，收款单位对于托收款项，根据银行的收账通知和有关的原始凭证，据以编制收款凭证；付款单位对于承付的款项，应于承付时根据托收承付结算凭证的承付支款通知和有关发票账单等原始凭证，据以编制付款凭证。如拒绝付款，属于全部拒付的，不作账务处理；属于部分拒付的，付款部分按上述规定处理，拒付部分不作账务处理。

（8）银行卡

银行卡，是指由商业银行（含邮政金融机构，下同）向社会发行的具有消费信用、转账结算、存取现金等全部或部分功能的信用支付工具。银行卡与原来所谓的"信用卡"具有相同的意义，不仅包括具有"信用"含义的信用卡，而且也包括不具有"信用"含义的借记卡，并且多为后者。因此，中国人民银行于1999年1月5日发布了《银行卡业务管理办法》，重新界定了信用卡的含义，将原来的"信用卡"改称为"银行卡"，并对银行卡作了较为系统的规定，主要内容如下：

①银行卡的种类。银行卡按发卡银行是否给予持卡人信用额度分为信用卡和借记卡；按币种不同分为人民币卡、外币卡；按发行对象不同分为单位卡（商务卡）、个人卡。

信用卡按是否向发卡银行交存备用金分为贷记卡、准贷记卡。贷记卡是指发卡银行给予持卡人一定的信用额度，持卡人可在信用额度内先消费、后还款的信用卡。准贷记卡是指持卡人须先按发卡银行要求交存一定金额的备用金，当备用金账户余额不足支付时，可在发卡银行规定的信用额度内透支的信用卡。

借记卡按功能不同分为转账卡（含储蓄卡，下同）、专用卡、储值卡。借记卡不具备透支功能。转账卡是实时扣账的借记卡，具有转账结算、存取现金和消费功能。专用卡是具有专门用途、在特定区域使用的借记卡，具有转账结算、存取现金功能。储值卡是发卡银行根据持卡人要求将其资金转至卡内储存，交易时直接从卡内扣款的预付钱包式借记卡。

②银行卡的计息。银行卡的计息包括计收利息和计付利息。发卡银行对准贷记卡及借记卡（不含储值卡）账户内的存款，按照中国人民银行规定的同期同档次存款利率及计息办法计付利息。发卡银行对贷记卡账户的存款、储值卡（含IC卡的电子钱包）内的币值不计付利息。

③银行卡的申领和使用。凡在中国境内金融机构开立基本存款账户的单位，应当凭中国

人民银行核发的开户许可证申领单位卡。单位卡有单位人民币卡和单位外币卡两类：单位人民币卡账户的资金一律从其基本存款账户转账存入，不得存取现金，不得将销货收入存入单位卡账户。单位人民币卡可办理商品交易和劳务供应款项的结算，但不得透支；超过中国人民银行规定起点的，应当经中国人民银行当地分行办理转汇。单位外币卡账户的资金应从其单位的外汇账户转账存入，不得在境内存取外币现钞。除国家外汇管理局指定的范围或区域外，外币卡原则上不得在境内办理外币计价结算。

持卡人在还清全部交易款项、透支本息和有关费用后，可申请办理销户。销户时，单位人民币卡账户的资金应当转入其基本存款账户，单位外币卡账户的资金应当转回相应的外汇账户，不得提取现金。

（9）信用证

信用证，是指开证行依照申请人的申请开出的，凭符合信用证条款的单据支付的付款承诺，并明确规定该信用证为不可撤销、不可转让的跟单信用证。信用证结算方式是国际结算的一种主要方式。经中国人民银行批准经营结算业务的商业银行总行以及经商业银行总行批准开办信用证结算业务的分支机构，也可以办理国内企业之间商品交易的信用证结算业务。

信用证属于银行信用，采用信用证支付，对销货方安全收回货款较有保障；对购货方来说，由于货款的支付是以取得符合信用证规定的货运单据为条件，避免了预付货款的风险。因此，信用证结算方式在一定程度上解决了购销双方在付款和交货问题上的矛盾。信用证结算方式主要有以下几个特点：

①开证银行负第一性付款责任。信用证是一种以开证银行自己的信用作为付款保证的结算方式。信用证开出后，开证行负第一性付款责任，不同于一般担保业务中银行只负第二性的责任。销货方无须先找购货方，而是通过有关银行向信用证上的开证银行交单取款，开证行对受益人的付款责任是一种独立的责任，即使申请人未能履行其义务，只要受益人所提交的单据与信用证条款一致，银行应承担对受益人的第一性付款责任。

②信用证是一项独立文件，不受购销合同的约束。虽然信用证的开立是以购销合同为基础，但一经开出后即与购销合同相分离，在信用证业务处理过程中，各当事人的责任与权利都以信用证为准。即开证银行只对信用证负责，只凭信用证所规定的而又完全符合条款的单据付款，而不管销货方是否履行合同以及履行的程度如何。

③信用证业务只处理单据，一切都以单据为准。信用证业务实质上是一种单据的买卖，银行只凭相符的单据付款，而对货物的真假好坏、是否已装运、是否中途损失、是否到达目的地都不负责任。也就是说，即使单据上表示的货物与实际货物在数量、质量上有所不同，只要单据内容符合信用证规定，银行照样接受。如果购货方发现货物的数量、质量与单证不符，有对受益人提出索赔的理由，但开证银行不能以此作为拒付的理由。

采用信用证结算方式的，收款单位收到信用证后，即备货装运，签发有关发票账单，连同运输单据和信用证，送交银行，根据退还的信用证等有关凭证编制收款凭证；付款单位在接到开证行的通知时，根据付款的有关单据编制付款凭证。

上述各种结算方式的运用，需以加强结算纪律为保证。中国人民银行发布的《支付结算办法》中规定了银行结算纪律，即不准签发没有资金保证的票据或远期支票，套取银行信用；不准签发、取得和转让没有真实交易和债权债务的票据，套取银行和他人资金；不准无理拒绝付款，任意占用他人资金；不准违反规定开立和使用账户等。企业必须严格遵守支付结算办法规定的结算纪律，保证结算业务的正常进行。

3. 银行存款的会计处理

（1）银行存款日记账的设置

为了全面、系统、连续、详细地反映有关银行存款收支的情况，小企业应按开户银行和其他金融机构、存款种类等，分别设置银行存款日记账，由出纳人员根据收付款凭证，按照业务的发生顺序逐笔登记，每日终了应结出余额。以现金存入银行，应根据银行盖章退回的交款回单及时编制现金付款凭证，据以登记"现金日记账"和"银行存款日记账"。向银行提取现金，根据支票存根编制银行存款付款凭证，据以登记"银行存款日记账"和"现金日记账"。"银行存款日记账"应定期与"银行对账单"核对，至少每月核对一次。月度终了，小企业银行存款账面余额与银行对账单余额之间如有差额，必须逐笔查明原因，并按月编制"银行存款余额调节表"调节相符。

有外币存款的小企业，应分别人民币和各种外币设置银行存款日记账进行明细核算。

（2）银行存款的核算

为了总括反映银行存款的收付及其结存情况，小企业应设置"银行存款"科目，该科目借方登记小企业存款的增加，贷方登记存款的减少，期末一般为借方余额，反映小企业期末实际存在银行或其他金融机构的款项。小企业的外埠存款、银行本票存款、银行汇票存款等在"其他货币资金"科目核算，不在"银行存款"科目核算。

小企业将款项存入银行或其他金融机构，借记"银行存款"科目，贷记"库存现金"等有关科目；提取和支出存款时，借记"库存现金"等有关科目，贷记"银行存款"科目。发生的存款利息，根据银行通知及时编制收款凭证，借记"银行存款"科目，贷记"财务费用"科目；如为购建固定资产的专门借款发生的存款利息，在所购建的固定资产达到预定可使用状态之前，应冲减在建工程成本，借记"银行存款"科目，贷记"在建工程"科目。

（3）银行存款的核对

为了及时、准确地掌握银行存款实际金额，防止银行存款账目发生差错，小企业应按期对账。银行存款日记账的核对主要包括三个环节：一是银行存款日记账与银行存款收、付款凭证要互相核对，做到账证相符；二是银行存款日记账与银行存款总账要互相核对，做到账账相符；三是银行存款日记账与银行开出的对账单要互相核对，以便准确地掌握企业可运用的银行存款实有数。

在将银行存款日记账与银行对账单进行逐笔核对时，如发现双方余额不一致，要及时查找原因。属于记账差错的，应立即更正；除记账错误外，还可能是由于未达账项引起的。所谓未达账项，是指企业与银行之间由于凭证传递上的时间差，一方已登记入账，而另一方尚未入账的款项。具体说有四种情况：①银行已记作企业存款增加，而企业尚未接到收款通知从而未记账的款项，如托收货款和银行支付给企业的存款利息等；②银行已记作企业存款减少，而企业尚未收到付款通知从而未记账的款项，如银行代企业支付公用事业费用和向企业收取的借款利息等；③企业已记作银行存款增加，而银行尚未办妥入账手续的款项，如企业存入其他单位的转账支票；④企业已记银行存款减少，而银行尚未支付入账的款项，如企业已开出的转账支票，对方尚未到银行办理转账手续的款项等。

对于上述未达账项，应编制银行存款余额调节表进行检查核对，如没有记账错误，调节后的双方余额应该相等。需要注意的是，银行存款余额调节表只是为了核对账目，并不能作为记账的依据。对于因未达账项而使双方账面余额出现的差异，无须进行账面调整，待结算凭证到达后再进行账务处理，登记入账。

（三）其他货币资金

小企业的经营资金中，有些货币资金的存放地点和用途与库存现金和银行存款不同，如外埠存款、银行汇票存款、银行本票存款、信用卡存款、信用证保证金存款、存出投资款等，对于这些不同的货币资金存放形式，小企业会计准则中单独设置了"其他货币资金"科目进行核算。

小企业应在"其他货币资金"科目下设置"外埠存款"、"银行汇票存款"、"银行本票存款"、"信用卡存款"、"信用证保证金存款"、"存出投资款"等明细科目，并按外埠存款的开户银行、银行汇票或本票的收款单位等设置明细账。

1. 外埠存款

外埠存款，是指小企业到外地进行临时或零星采购时，汇往采购地银行开立采购专户的款项。

小企业汇出款项时，须填写汇款委托书，加盖"采购资金"字样。汇入银行对汇入的采购款项，以汇款单位名义开立采购账户。采购资金存款不计利息，除采购员差旅费可以支取少量现金外，一律转账。采购专户只付不收，付完结束账户。

小企业将款项委托当地银行汇往采购地开立专户时，借记"其他货币资金——外埠存款"科目，贷记"银行存款"科目。收到采购员交来供应单位发票账单等报销凭证时，借记"在途物资"、"原材料"、"库存商品"、"应交税费——应交增值税（进项税额）"等科目，贷记"其他货币资金——外埠存款"科目。采购员完成采购任务，将多余的外埠存款转回当地银行时，根据银行的收账通知，借记"银行存款"科目，贷记"其他货币资金——外埠存款"科目。

2. 银行汇票存款

银行汇票存款，是指小企业为取得银行汇票按规定存入银行的款项。

小企业在填送"银行汇票申请书"并将款项交存银行，取得银行汇票后，根据银行盖章退回的申请书存根联，借记"其他货币资金——银行汇票存款"科目，贷记"银行存款"科目。企业使用银行汇票支付款项后，根据发票账单等有关凭证，经核对无误后编制会计分录，借记"在途物资"、"原材料"、"库存商品"、"应交税费——应交增值税（进项税额）"等科目，贷记"其他货币资金——银行汇票存款"科目；如实际采购支付后银行汇票有多余款或因汇票超过付款期等原因而退回款项，根据开户行转来的银行汇票第四联（多余款收账通知），借记"银行存款"科目，贷记"其他货币资金——银行汇票存款"科目。

3. 银行本票存款

银行本票存款，是指小企业为取得银行本票按规定存入银行的款项。

小企业向银行提交"银行本票申请书"并将款项交存银行，取得银行本票后，根据银行盖章退回的申请书存根联，借记"其他货币资金——银行本票存款"科目，贷记"银行存款"科目。企业使用银行本票支付购货款等款项后，根据发票账单等有关凭证，借记"在途物资"、"原材料"、"库存商品"、"应交税费——应交增值税（进项税额）"等科目，贷记"其他货币资金——银行本票存款"科目。如企业因本票超过付款期等原因而要求退款时，应当填制进账单一式两联，连同本票一并送交银行，根据银行盖章退回的进账单第一联，借记"银行存款"科目，贷记"其他货币资金——银行本票存款"科目。

4. 信用卡存款

信用卡存款，是指小企业为取得信用卡按照规定存入银行的款项。

小企业应按规定填制申请表，连同支票和有关资料一并送交发卡银行，根据银行盖章退回的进账单第一联，借记"其他货币资金——信用卡存款"科目，贷记"银行存款"科目。企业用信用卡购物或支付有关费用，借记有关科目，贷记"其他货币资金——信用卡存款"科目。企业在信用卡使用过程中，需向其账户续存资金的，借记"其他货币资金——信用卡存款"科目，贷记"银行存款"科目。

5. 信用证保证金存款

信用证保证金存款，是指小企业为取得信用证按规定存入银行的保证金。

小企业向银行交付保证金，根据银行退回的进账单第一联，借记"其他货币资金——信用证保证金存款"科目，贷记"银行存款"科目。根据开证行交来的信用证来单通知书及有关单据列明的金额，借记"库存商品"、"应交税费——应交增值税（进项税额）"等科目，贷记"其他货币资金——信用证保证金存款"科目和"银行存款"科目。

6. 存出投资款

存出投资款，是指小企业存入证券公司但尚未进行投资的资金。

小企业向证券公司划出资金时，应按实际划出的金额，借记"其他货币资金——存出投资款"科目，贷记"银行存款"科目；购买股票、债券等时，按实际发生的金额，借记"短期投资"等科目，贷记"其他货币资金——存出投资款"科目。

[例 2-4] A 公司为临时到外地采购原材料，2×13 年 3 月 5 日委托开户银行汇款 100 万元到采购地设立采购专户。3 月 22 日，采购员交来从采购专户付款购入材料的有关凭证，增值税专用发票上的原材料价款为 80 万元，增值税额为 13.6 万元；3 月 28 日收到开户银行的收款通知，该采购专户中的结余款项已经转回。A 公司应编制如下会计分录：

（1）汇出款项：

借：其他货币资金——外埠存款   100 万元

    贷：银行存款   100 万元

（2）采购原材料：

借：原材料   80 万元

    应交税费——应交增值税（进项税额）   13.6 万元

    贷：其他货币资金——外埠存款   93.6 万元

（3）转回余款：

借：银行存款   6.4 万元

    贷：其他货币资金——外埠存款   6.4 万元

（四）备用金

小企业可以对日常开支、零星采购或小额差旅费等需用的现金，建立定额备用金制度来加以控制。备用金是指为了满足小企业内部各部门和职工个人生产经营活动的需要，而暂付给有关部门和职工个人使用的备用现金。

采用定额备用金制度的小企业，由会计部门根据实际情况拨出一笔固定金额的现金，并规定使用范围。备用金由专人经管，经管人员必须妥善保存有关支付备用金的收据、发票等各种报销凭证，并设置备用金登记簿记录各项零星开支。经管人员按规定的间隔日期或在备用金不够周转时，凭有关凭证向会计部门报销，补足至备用金的规定金额。

为了反映和监督备用金的领用和使用情况，小企业应在"其他货币资金"科目下或单独设置"备用金"科目进行核算。会计部门拨付备用金时，借记"其他货币资金——备用金"或"备用金"科目，贷记"库存现金"或"银行存款"科目。自备用金中支付零星支出，应根据有关的支出凭单，定期编制备用金报销清单，会计部门根据内部各单位提供的备用金报销清单，定期补足备用金，借记"管理费用"等科目，贷记"库存现金"或"银行存款"科目。除了增加或减少拨入的备用金外，使用或报销有关备用金支出时不再通过"其他货币资金"或"备用金"科目核算。

[例 2-5]   2×13 年 12 月 1 日，A 公司核定销售部备用金定额为 12 万元，以现金拨付，并规定每月月底由备用金专门经管人员凭有关凭证向会计部门报销，补足备用金。月末，销售部报销日常业务支出 10 万元。A 公司应编制如下会计分录：

（1）拨付备用金：

借：其他货币资金——备用金   12 万元
    贷：库存现金   12 万元

（2）报销日常业务支出，补足备用金：

借：销售费用   10 万元
    贷：其他货币资金——备用金   10 万元
借：其他货币资金——备用金   10 万元
    贷：库存现金   10 万元

三、短期投资

小企业有时会将持有的富余资金用于对外短期投资，如从二级市场上购买股票、债券、基金等。这种投资在很大程度上是为了暂时存放剩余资金，并通过这种投资取得高于银行存款利率的利息收入或价差收入，待需要现金时即可兑换成现金。加强短期投资的会计核算和管理，有利于提高资金使用效率，增加小企业回报。

《小企业会计准则》第八条规定："短期投资，是指小企业购入的能随时变现并且持有时间不准备超过 1 年（含 1 年，下同）的投资，如小企业以赚取差价为目的从二级市场购入的股票、债券、基金等。"

（一）小企业短期投资的特征

短期投资相对于长期债券投资和长期股权投资，通常具有以下三个特征：

1. 投资目的很明确，是小企业为了提高暂时闲置资金的使用效率和效益而进行的对外投资，也包括以赚取差价为目的。

2. 投资时间比较短，小企业通常是为了提高暂时闲置资金的使用效率和效益，其持有时间往往会较短，通常不超过 1 年。

3. 投资品种易变现，短期投资为了能够实现及时变现的目的，通常投资于二级市场上公开交易的股票、债券、基金等，这些资产在市场上极易变现。这些资产既可能是债权性的，也可能是股权性的。

（二）取得短期投资成本的确定

通常小企业都是以支付现金的方式取得短期投资，短期投资的成本包括取得短期投资支付的购买价款和相关税费。在小企业会计准则中，相关税费统一是指小企业在交易过程中按照有关规定应负担的各种税款、行政事业性收费以及手续费、佣金等。

如果在取得短期投资时，实际支付的价款中包含已宣告但尚未发放的现金股利或已到付息期但尚未领取的债券利息，属于购买时暂时垫付的资金，并且在当今社会这些信息都属于公开信息极易取得。因此，不得计入短期投资的成本，应当作为应收股利或应收利息单独核算。即按照扣除所含现金股利或利息收入后的金额作为短期投资的成本。

（三）短期投资持有期间损益的会计处理

1. 取得现金股利

在短期投资持有期间，被投资单位宣告分派现金股利时，按照本企业可分得的金额，确认应收股利和投资收益。

2. 取得债券利息收入

在债务人应付利息日，按照债券投资的票面利率计算应取得的利息收入，确认应收利息和投资收益。

（四）短期投资的处置

1. 出售短期投资实现的投资收益的确定

小企业出售短期投资时，应当将出售价款扣除该短期投资的账面余额（即成本）、出售过程中支付的相关税费的净额计入出售当期的投资收益。

2. 所出售短期投资成本的结转

出售短期投资时，其成本分别不同情况进行结转：（1）一次性全部出售某项短期投资，其成本为短期投资的账面余额；（2）部分出售某项短期投资，可以比照小企业会计准则第十三条有关发出存货成本的方法进行计算结转，如采用先进先出法、加权平均法或者个别计价法结转其所出售短期投资的成本。

[例2-6] 2×13年3月1日，A公司以银行存款购入某上市公司股票1 000万股，作为短期投资，每股成交价9.3元，其中包括0.3元为已宣告但尚未分派的现金股利，另支付相关税费10万元。3月8日，A公司收到上市公司发放的现金股利。10月25日，A公司出售上述股票，售价为12 000万元。A公司应编制如下会计分录：

（1）购入短期投资时：

借：短期投资　　　　　　　　　　　　　　　　　　　　　　9 010万元

　　应收股利　　　　　　　　　　　　　　　　　　　　　　300万元

　　　贷：银行存款　　　　　　　　　　　　　　　　　　　9 310万元

（2）收到现金股利时：

借：银行存款　　　　　　　　　　　　　　　　　　　　　　300万元

　　　贷：应收股利　　　　　　　　　　　　　　　　　　　300万元

（3）出售短期投资时：

借：银行存款　　　　　　　　　　　　　　　　　　　　　　12 000万元

　　　贷：短期投资　　　　　　　　　　　　　　　　　　　9 010万元

　　　　　投资收益　　　　　　　　　　　　　　　　　　　2 990万元

[例2-7] 2×13年10月1日,A公司购入某企业当日发行的3年期债券,作为短期投资,支付价款为280万元,另支付相关税费3万元。该笔债券面值为270万元,票面利率为4%,每季度末付息,到期一次还本。A公司应编制如下会计分录:

(1) 购入债券时:

借:短期投资		283万元
贷:银行存款		283万元

(2) 季末确认债券利息收入时:

借:应收利息		2.7万元
贷:投资收益		2.7万元

(3) 实际收到债券利息时:

借:银行存款		2.7万元
贷:应收利息		2.7万元

四、应收及预付款项

(一)应收及预付款项的特征及构成

应收及预付款项,是指小企业在日常生产经营活动中发生的各项债权,有如下特征:

1. 应收及预付款项是小企业日常生产经营活动中发生的。如销售产成品或商品、外购原材料或商品过程中发生的应收账款或预付账款,职工因公或因私向本企业借款产生的其他应收款,等等。

2. 应收及预付款项的本质是债权。但是,应收款项最终会收到货币资金,预付账款则是收到所购物资或劳务。

应收及预付款项根据产生的原因不同,可分为应收款项和预付账款。应收款项可以理解为"别人欠小企业钱,但钱尚未收到",包括:应收票据、应收账款、应收股利、应收利息和其他应收款等;预付账款则是指小企业按照合同规定预付的款项,如根据合同规定预付的购货款、租金以及外包工程的工程款等。预付账款可以理解为"小企业将钱预先付给对方",但目的是为了取得实物而不是重新收回现金。

(二)应收及预付款项的计量原则

应收及预付款项应当按照实际发生额入账。即在实务中,小企业应当根据合同、协议、发票等凭证列示的金额记录应收款项或预付账款。

(三)应收票据的账务处理

应收票据,是指小企业因销售商品(产成品或材料,下同)、提供劳务等日常生产经营活动而收到的商业汇票,包括银行承兑汇票和商业承兑汇票。

1. 取得应收票据

小企业因销售商品、提供劳务等而收到开出、承兑的商业汇票,按照商业汇票的票面金额,借记"应收票据"科目,按照确认的营业收入,贷记"主营业务收入"等科目。涉及增值税销项税额的,还应按照增值税专用发票上注明的增值税销项税额,贷记"应交税费——应交增值税(销项税额)"科目。

小企业收到商业汇票以抵偿应收账款,应按照商业汇票的票面金额,借记"应收票据"科目,贷记"应收账款"科目。

2. 商业汇票贴现

小企业持有商业汇票，如在票据到期前需要提前取得现金，可以持未到期的商业汇票向银行申请贴现。贴现，是指持票人将未到期的商业汇票背书后送交银行，银行受理后，从票据到期值中扣除按银行贴现率计算确定的贴现利息，将余额付给贴现企业的业务活动。票据贴现实质上是一种融通资金的行为。在贴现中，企业付给银行的利息称为贴现利息，银行计算贴现利息所用的利率称为贴现率，企业从银行获得的票据到期值扣除贴现利息后的货币收入称为贴现所得。有关的计算公式如下：

贴现所得＝票据到期值－贴现利息

贴现利息＝票据到期值×贴现率×贴现期

贴现期＝票据期限－企业已持有票据期限

按照中国人民银行《支付结算办法》的规定，实付贴现金额按票面金额扣除贴现日至汇票到期前1日的利息计算，承兑人在异地的，贴现期限及贴现利息的计算应另加3天的划款日期。

根据票据到期债务人未能偿还时银行是否享有追索权，应收票据贴现的会计处理区分以下两种情况：

（1）商业汇票到期而债务人未能按期偿还时，申请贴现的企业不负有任何偿还责任，即银行无追索权的，应视同出售票据进行会计处理。

小企业持未到期的商业汇票向银行贴现，应根据银行盖章退回的贴现凭证第四联收账通知，按照实际收到的金额（即减去贴现息后的净额），借记"银行存款"科目，按照贴现息，借记"财务费用"科目，按照商业汇票的票面金额，贷记"应收票据"科目。

（2）附追索权的情况。小企业与银行签订的协议中规定，在贴现的商业汇票到期而债务人未能按期偿还时，申请贴现的企业负有向银行还款的责任。即银行有追索权的，应视同以票据为质押取得银行借款。因为这类协议从实质上看，与所贴现商业汇票有关的风险和报酬并未发生实质性转移，商业汇票可能产生的风险仍由申请贴现的企业承担。

小企业持未到期的商业汇票向银行贴现，应根据银行盖章退回的贴现凭证第四联收账通知，按照实际收到的金额（即减去贴现息后的净额），借记"银行存款"科目，按照贴现息，借记"财务费用"科目，按照商业汇票的票面金额，贷记"短期借款"科目。

3. 商业汇票背书转让以取得物资

小企业可以将自己持有的商业汇票背书转让，将汇票权利转让给他人或者将一定的汇票权利授予他人行使。背书是指在票据背面或者粘单上记载有关事项并签章的票据行为。出票人在汇票上记载"不得转让"字样的，汇票不得转让。背书转让的，背书人应当承担票据责任。背书人以背书转让汇票后，即承担保证其后手所持汇票承兑和付款的责任。背书人在汇票得不到承兑或者付款时，应当向持票人清偿下列金额和费用：被拒绝付款的汇票金额；汇票金额自到期日或者提示付款日起至清偿日止，按照中国人民银行规定的利率计算的利息；取得有关拒绝证明和发出通知书的费用。被追索人清偿债务时，持票人应当交出汇票和有关拒绝证明，并出具所收到利息和费用的收据。背书人作为被追索人依照上述规定清偿后，可以向其他汇票债务人行使再追索权，请求其他汇票债务人支付下列金额和费用：已清偿的全部金额；前项金额自清偿日起至再追索清偿日止按照中国人民银行规定的利率计算的利息；

发出通知书的费用。行使再追索权的被追索人获得清偿时，应当交出汇票和有关拒绝证明，并出具所收到利息和费用的收据。

通常情况下，小企业将持有的商业汇票背书转让以取得所需物资时，按照应计入取得物资成本的金额，借记"材料采购"或"原材料"、"库存商品"等科目，按照增值税专用发票上注明的可抵扣的增值税进项税额，借记"应交税费——应交增值税（进项税额）"科目，按照商业汇票的票面金额，贷记"应收票据"科目，如有差额，借记或贷记"银行存款"等科目。

4. 商业汇票到期

商业汇票到期收回款项，应按照实际收到的金额，借记"银行存款"科目，贷记"应收票据"科目。

因付款人无力支付票款，或到期不能收回应收票据，应按照商业汇票的票面金额，借记"应收账款"科目，贷记"应收票据"科目。

应注意的是，小企业应当设置"应收票据备查簿"，逐笔登记商业汇票的种类、号数和出票日、票面金额、交易合同号和付款人、承兑人、背书人的姓名或单位名称、到期日、背书转让日、贴现日、贴现率和贴现净额以及收款日期和收回金额、退票情况等资料。商业汇票到期结清票款或退票后，在备查簿中应予注销。

[例2-8] 2×13年2月8日，A公司对外销售一批商品，开出的增值税专用发票上注明售价为180万元，增值税额为30.6万元；A公司收到购货单位开出的不带息银行承兑汇票一张，票面金额为210.6万元，期限为两个月；商品已发出，该批商品成本为160万元。两个月后，A公司按票面金额收回款项，存入银行。

A公司应编制如下会计分录：

(1) 销售实现时：

借：应收票据   210.6万元
　　贷：主营业务收入   180万元
　　　　应交税费——应交增值税（销项税额）   30.6万元
借：主营业务成本   160万元
　　贷：库存商品   160万元

(2) 收到款项时：

借：银行存款   210.6万元
　　贷：应收票据   210.6万元

(3) 如果两个月后，A公司无法收到应收票据的款项。A公司应编制如下会计分录：

借：应收账款   210.6万元
　　贷：应收票据   210.6万元

[例2-9] 续例2-8，A公司由于急需资金，3月8日将受到的应收票据向银行进行贴现，实际收到银行存款208万元。A公司应编制如下会计分录：

借：银行存款   208万元
　　财务费用   2.6万元
　　贷：应收票据   210.6万元

（四）应收账款的账务处理

应收账款，是指小企业因销售商品、提供劳务等日常生产经营活动而应收取的款项，包括：小企业销售商品或提供劳务等应向购货方或接受劳务方收取的价款或代购货单位垫付的包装费、运杂费等。会计上所指的应收账款有其特定的范围。第一，应收账款是指因销售活动形成的债权，不包括应收职工欠款、应收债务人的利息等应收款项；第二，应收账款是指流动资产性质的债权，不包括长期的债权（如购买的长期债券等）；第三，应收账款是指本企业应收客户的款项，不包括本企业付出的各类存出保证金，如租入包装物支付的保证金等。

1．发生应收账款

应收账款是因赊销业务而产生的，因此，其入账时间与确认收入的时间一致。通常情况下，应收账款的入账价值包括销售商品或提供劳务的价款、增值税，以及代购货方垫付的包装费、运杂费等。另外，还应考虑商业折扣、现金折扣等因素。

小企业因销售商品或提供劳务形成的应收账款，应当按照应收金额，借记"应收账款"科目，按照税法规定应缴纳的增值税销项税额，贷记"应交税费——应交增值税（销项税额）"科目，按照其差额，贷记"主营业务收入"或"其他业务收入"科目。

小企业代购货单位垫付的包装费、运杂费等，借记"应收账款"科目，贷记"银行存款"等科目；收回代垫费用时，借记"银行存款"科目，贷记"应收账款"科目。

2．收回应收账款

小企业收回应收账款，应借记"银行存款"或"库存现金"科目，贷记"应收账款"科目。

小企业应收账款改用商业汇票结算，在收到承兑的商业汇票时，按照票面金额，借记"应收票据"科目，贷记"应收账款"科目。

[例2-10] 2×13年5月20日，A公司采用托收承付结算方式对外销售商品一批，货款800万元，增值税额136万元，以银行存款代垫运杂费6万元，已办理托收手续。商品已发出，该批商品成本为750万元。A公司应编制如下会计分录：

借：应收账款　　　　　　　　　　　　　　　　　　942万元
　　贷：主营业务收入　　　　　　　　　　　　　　800万元
　　　　应交税费——应交增值税（销项税额）　　　136万元
　　　　银行存款　　　　　　　　　　　　　　　　6万元
借：主营业务成本　　　　　　　　　　　　　　　　750万元
　　贷：库存商品　　　　　　　　　　　　　　　　750万元

（五）预付账款的账务处理

预付账款，是指小企业按照合同规定预付的款项，包括根据合同规定预付的购货款、租金、工程款等。

小企业根据购货合同的规定向供应单位预付款项时，借记"预付账款"科目，贷记"银行存款"科目。收到所购物资，按照应计入购入物资成本的金额，借记"在途物资"或"原材料"、"库存商品"等科目，按照税法规定可抵扣的增值税进项税额，借记"应交税费——应交增值税（进项税额）"科目，贷记"预付账款"科目；当预付货款小于采购货物所需支付的款项时，应将不足部分补付，借记"预付账款"科目，贷记"银行存款"科目；当预付货款大于采购货物所需支付的款项时，应收回多余款项，借记"银行存款"科目，贷记"预付账款"科目。

小企业出包工程按照合同规定预付的工程价款，借记"预付账款"科目，贷记"银行存款"等科目。按照工程进度和合同规定结算的工程价款，借记"在建工程"科目，贷记"预付账款"、"银行存款"等科目。

[例 2-11]　2×13 年 4 月 9 日，A 公司根据原材料采购合同约定，向供货单位预付 100 万元货款的 50%。4 月 26 日，A 公司收到供货方发来的原材料，验收无误，增值税专用发票记载的货款为 100 万元，增值税额为 17 万元。A 公司以银行存款补付剩余款项 67 万元。A 公司应编制如下会计分录：

(1) 预付 50% 货款时：

借：预付账款	50 万元
贷：银行存款	50 万元

(2) 收到原材料并验收入库时：

借：原材料	100 万元
应交税费——应交增值税（进项税额）	17 万元
贷：预付账款	117 万元
借：预付账款	67 万元
贷：银行存款	67 万元

(六) 应收股利、应收利息的账务处理

1. 应收股利的账务处理

小企业购入股票，如果实际支付的购买价款中包含已宣告但尚未发放的现金股利，应当按照实际支付的购买价款和相关税费扣除已宣告但尚未发放的现金股利后的金额，借记"短期投资"或"长期股权投资"科目，按照应收的现金股利，借记"应收股利"科目，按照实际支付的购买价款和相关税费，贷记"银行存款"科目。

在短期投资或长期股权投资持有期间，被投资单位宣告分派现金股利或利润，应当按照本企业应享有金额，借记"应收股利"科目，贷记"投资收益"科目。小企业实际收到现金股利或利润时，借记"银行存款"等科目，贷记"应收股利"科目。

2. 应收利息的账务处理

小企业购入债券，如果实际支付的购买价款中包含已到付息期但尚未领取的债券利息，应当按照实际支付的购买价款和相关税费扣除应收的债券利息后的金额，借记"短期投资"或"长期债券投资"科目，按照应收的债券利息，借记"应收利息"科目，按照实际支付的购买价款和相关税费，贷记"银行存款"科目。

长期债券投资持有期间，在债务人应付利息日，按照分期付息、一次还本债券投资的票面利率计算的利息收入，借记"应收利息"科目，贷记"投资收益"科目；按照一次还本付息债券投资的票面利率计算的利息收入，借记"长期债券投资——应计利息"科目，贷记"投资收益"科目。

小企业实际收到债券利息时，借记"银行存款"科目，贷记"应收利息"科目。

(七) 其他应收款的账务处理

其他应收款，是指小企业除应收票据、应收账款、预付账款、应收股利、应收利息等以

外的其他各种应收及暂付款项。主要包括：（1）应收的各种赔款，如因小企业财产等遭受意外损失而应向有关保险公司收取的赔款等；（2）应收的出租包装物租金；（3）应向职工收取的各种垫付款项，如为职工垫付的水电费、应由职工负担的医药费、房租等；（4）存出保证金，如租入包装物支付的押金；（5）其他各种应收、暂付款项。

小企业发生各种其他应收款项时，应借记"其他应收款"科目，贷记"库存现金"、"银行存款"、"固定资产清理"等科目。出口产品或商品按照规定应予退回的增值税款，借记"其他应收款"科目，贷记"应交税费——应交增值税（出口退税）"科目。

收回其他各种应收款项时，借记"库存现金"、"银行存款"、"应付职工薪酬"等科目，贷记"其他应收款"科目。

[例 2-12]　2×13 年 12 月 10 日，A 公司以银行存款替职工垫付应由其个人负担的医疗费 500 元，并从其当月工资中扣回。A 公司应编制如下会计分录：

（1）垫付时：

借：其他应收款　　　　　　　　　　　　　　　　　　　　　　　　　500

　　贷：银行存款　　　　　　　　　　　　　　　　　　　　　　　　　500

（2）扣款时：

借：应付职工薪酬　　　　　　　　　　　　　　　　　　　　　　　　500

　　贷：其他应收款　　　　　　　　　　　　　　　　　　　　　　　　500

[例 2-13]　2×13 年 5 月 1 日，A 公司租入包装物一批，以银行存款向出租方支付押金 10 万元。A 公司应编制如下会计分录：

借：其他应收款　　　　　　　　　　　　　　　　　　　　　　　10 万元

　　贷：银行存款　　　　　　　　　　　　　　　　　　　　　　　10 万元

（八）坏账的确认及账务处理

企业的各项应收及预付款项可能会因购货人拒付、破产、死亡等原因而无法收回。这类无法收回的应收及预付款项就是坏账。

《小企业会计准则》第十条规定，小企业应收及预付款项符合下列条件之一的，减除可收回的金额后确认的无法收回的应收及预付款项，作为坏账损失：

（1）债务人依法宣告破产、关闭、解散、被撤销，或者被依法注销、吊销营业执照，其清算财产不足清偿的。

（2）债务人死亡，或者依法被宣告失踪、死亡，其财产或者遗产不足清偿的。

（3）债务人逾期 3 年以上未清偿，且有确凿证据证明已无力清偿债务的。

（4）与债务人达成债务重组协议或法院批准破产重整计划后，无法追偿的。

（5）因自然灾害、战争等不可抗力导致无法收回的。

（6）国务院财政、税务主管部门规定的其他条件。

应收及预付款项的坏账损失应当于实际发生时计入营业外支出，同时冲减应收及预付款项。

这条规定可以从以下几个方面来理解：坏账损失应在实际发生时确认，而不是预计或预期发生时确认；小企业应收及预付款项符合《小企业会计准则》上述任一条件的，应确认相应的坏账损失；小企业的应收及预付款项出现上述所列情况之一时，应当积极与债务人进行协商，努力收回相关款项，如果确实无法收回，应将该项应收及预付款项的账面余额扣除可收回的金额后的净额，作为坏账损失的金额。

小企业应当按照可收回的金额，借记"银行存款"等科目，按照应收及预付款项的账面余额，贷记"应收账款"、"预付账款"、"其他应收款"等科目，按照其差额，借记"营业外支出"科目。

[例2-14]　2×13年8月2日，因债务人破产，A公司将一笔20万元的应收账款全额确认为坏账损失。A公司应编制如下会计分录：

借：营业外支出　　　　　　　　　　　　　　　　　　　　　20万元
　　贷：应收账款　　　　　　　　　　　　　　　　　　　　　20万元

五、存货

（一）存货的特征及范围

存货，是指小企业在日常生产经营过程中持有以备出售的产成品或商品、处在生产过程中的在产品、将在生产过程或提供劳务过程中耗用的材料和物料等，以及小企业（农、林、牧、渔业）为出售而持有的或在将来收获为农产品的消耗性生物资产。存货区别于固定资产、无形资产等非流动资产的最基本的特征是，企业持有存货的最终的目的是为了出售。存货包括可供直接销售的产成品、商品，以及需经过进一步加工后出售的原材料等。同时，存货相对于非流动资产周转速度较快，通常在1年内变现、出售或耗用。

小企业的存货包括：原材料、在产品、半成品、产成品、商品、周转材料、委托加工物资、消耗性生物资产等。

1. 原材料

原材料这类存货主要是针对工业类小企业而言的。为建造固定资产等工程而储备的各种材料，虽然同属于材料，但是由于用于建造固定资产等各项工程，不符合存货的定义，因此不能作为小企业存货，应计入工程物资。

2. 在产品

在产品是相对产成品而言的，属于中间在制品。

3. 半成品

半成品与在产品在生产制造方面有所类似，都属于在制品，等待下一步继续加工。不同之处在于会计核算方面：一是半成品已交付半成品仓库保管，而在产品仍停留在生产车间而不是专门的保管仓库。二是有些半成品可以单独对外出售或委托外单位进行加工，也有必要在会计核算上区别于在产品进行单独核算。

4. 产成品

小企业接受外来原材料加工制造的代制品和为外单位加工修理的代修品，在制造和修理完成验收入库后应视同小企业的产成品进行管理和核算。

5. 商品

商品与产成品都是小企业的存货，但是也存在区别，主要有两点：一是针对企业主体不同，商品这类存货主要是针对批发业和零售业等商品流通类小企业而言，产成品这类存货主要是针对农、林、牧、渔业，工业，房地产开发经营等制造类小企业而言；二是形成方式不同，商品主要是外购的，由外单位完成了生产制造过程，产成品主要是自制的，由本单位完成生产制造过程。

6. 周转材料

除了直接构成企业产品的原材料外，企业产品的形成还需要其他一些辅助性材料的协助，而这些辅助性材料不直接构成企业产品的实体，它们能够被多次反复使用，其效益和价值的实现也有一个时间过程，这就是周转材料。

具体而言，周转材料包括包装物，低值易耗品，小企业（建筑业）的钢模板、木模板、脚手架等。其中，包装物是指为了包装本企业商品而储备的各种包装容器，如桶、箱、瓶、坛、袋等；低值易耗品是指不符合固定资产确认条件的各种用具物品，如工具、管理用具、玻璃器皿、劳动保护用品以及在经营过程中周转使用的容器等。

需要注意的是，这里的周转材料首先要排除固定资产，如果这些辅助性材料符合固定资产确认条件的，就不应该再被作为周转材料来管理和核算，而应当作为固定资产进行管理和核算。

7. 委托加工物资

委托加工物资在工业制造类和商品流通类小企业都可能存在。

8. 消耗性生物资产

消耗性生物资产这类存货主要是针对农、林、牧、渔业小企业而言的，是指为出售而持有的或在将来收获为农产品的生物资产。消耗性生物资产是劳动对象，包括生长中的大田作物、蔬菜、用材林以及存栏待售的牲畜。消耗性生物资产通常是一次性消耗并终止其服务能力或未来经济利益，因此在一定程度上具有存货的特性。

（二）存货取得成本的计量

小企业取得的存货应当按照成本进行计量。存货的成本包括采购成本、加工成本和其他成本，但是取得存货的来源不同，其成本的构成内容不尽相同。

1. 外购存货成本的确定

小企业外购的存货主要包括材料和商品，其成本主要由采购成本构成。

外购存货的成本，是指小企业物资从采购到入库前所发生的全部支出，包括购买价款、相关税费、运输费、装卸费、保险费以及在外购存货过程中发生的其他直接费用。

（1）购买价款，是指小企业购入的材料或商品的发票账单上列明的价款，但不包括按照税法规定可以抵扣的增值税进项税额。

（2）相关税费，在小企业会计准则中，相关税费统一是指小企业在交易过程中按照有关规定应负担的各种税款、行政事业性收费以及手续费、佣金等。具体到小企业会计准则来讲，相关税费体现为小企业购买、自制或委托加工存货发生的进口关税、消费税、资源税和不能抵扣的增值税进项税额等应计入存货采购成本的税费。

（3）在外购存货过程中发生的其他直接费用，是指除上述各项以外的可归属于存货采购成本的费用，如在存货采购过程中发生的仓储费、包装费、运输途中的合理损耗、入库前的挑选整理费用等。这些费用能分清负担对象的，应直接计入存货的采购成本；不能分清负担对象的，应选择合理的分配方法，分配计入有关存货的采购成本，可按所购存货的数量或采购价格比例进行分配。

对于采购过程中发生的物资毁损、短缺等，除合理的途耗应当作为其他可归属于存货采购成本的费用计入采购成本外，应区别不同情况进行会计处理：

（1）从供货单位、外部运输机构等收回的物资短缺或其他赔款，应冲减所购物资的采购成本。

(2) 因遭受自然灾害等发生的损失或尚待查明原因的途中损耗，暂作为待处理财产损溢进行核算，待查明原因后再作处理。在小企业会计准则中，自然灾害等是指干旱等气象灾害、地震等地质灾害、海啸等海洋灾害、森林草原火灾、重大生物灾害等自然灾害，以及物资自燃、运输工具着火、交通意外事故等。

[**例 2-15**]　2×13 年 2 月 4 日，A 公司购入原材料一批，增值税专用发票上记载的货款为 500 万元，增值税额 85 万元，全部款项已用转账支票付讫，材料已验收入库。A 公司应编制如下会计分录：

借：原材料　　　　　　　　　　　　　　　　　　　　　500 万元
　　应交税费——应交增值税（进项税额）　　　　　　　　85 万元
　　贷：银行存款　　　　　　　　　　　　　　　　　　　585 万元

[**例 2-16**]　2×13 年 7 月 10 日，A 公司采用汇兑结算方式购入原材料一批，发票及账单已收到，增值税专用发票上记载的货款为 200 万元，增值税额 34 万元。另支付保险费 10 万元，材料尚未到达。A 公司应编制如下会计分录：

借：在途物资　　　　　　　　　　　　　　　　　　　　210 万元
　　应交税费——应交增值税（进项税额）　　　　　　　　34 万元
　　贷：银行存款　　　　　　　　　　　　　　　　　　　244 万元

上述购入的原材料已收到，并验收入库。A 公司应编制如下会计分录：

借：原材料　　　　　　　　　　　　　　　　　　　　　210 万元
　　贷：在途物资　　　　　　　　　　　　　　　　　　　210 万元

[**例 2-17**]　2×13 年 7 月 20 日，A 公司采用委托收款结算方式购入原材料一批，材料已验收入库，月末发票账单尚未收到也无法确定其实际成本，暂估价值为 30 万元。A 公司应编制如下会计分录：

借：原材料　　　　　　　　　　　　　　　　　　　　　30 万元
　　贷：应付账款——暂估应付账款　　　　　　　　　　　30 万元

4 月初作相反的会计分录予以冲回：

借：应付账款——暂估应付账款　　　　　　　　　　　　30 万元
　　贷：原材料　　　　　　　　　　　　　　　　　　　　30 万元

上述购入的原材料于 8 月 5 收到发票账单，增值税专用发票上记载的货款为 31 万元，增值税额 5.27 万元，对方代垫保险费 2 万元，已用银行存款付讫。A 公司应编制如下会计分录：

借：原材料　　　　　　　　　　　　　　　　　　　　　33 万元
　　应交税费——应交增值税（进项税额）　　　　　　　5.27 万元
　　贷：银行存款　　　　　　　　　　　　　　　　　　38.27 万元

2. 通过进一步加工取得存货成本的确定

小企业通过进一步加工取得的存货主要包括产成品、在产品、半成品、委托加工物资等，其成本由采购成本和加工成本构成。某些存货还包括使存货达到目前场所和状态所发生的其他成本，如可直接认定的产品设计费用等。通过进一步加工取得的存货成本中采购成本是由所使用或消耗的原材料采购成本转移而来的，因此，确定加工取得的存货成本，重点是要确定存货的加工成本。

存货加工成本由直接人工和制造费用两部分构成，其实质是小企业在加工存货的过程中追加发生的生产成本，不包括直接由材料存货转移来的价值。其中，直接人工，是指小企业在生产产品过程中直接从事产品生产的工人的职工薪酬。直接人工和间接人工的划分依据通常是生产工人是否与所生产的产品直接相关（即可否直接确定其服务的产品对象）。制造费用，是指小企业生产车间（部门）为生产产品和提供劳务而发生的各项间接费用。制造费用是一种间接生产成本，包括小企业生产车间（部门）管理人员的职工薪酬、折旧费、机物料消耗、固定资产修理费、办公费、水电费、劳动保护费、季节性和修理期间的停工损失等。

有关直接人工和制造费用的具体会计处理详见本章生产成本核算的内容。

需要说明的是，经过1年期以上的建造才能达到预定可销售状态的产品在制造完成之前发生的借款利息，也计入该产品的制造费用。借款费用，是指小企业因借款而发生的利息及其他相关成本。包括：借款利息、辅助费用以及因外币借款而发生的汇兑差额等。借款费用资本化金额的确定详见本章自行建造固定资产成本的相关内容。

[例2-18] 2×13年5月6日，A公司委托某企业加工一批包装物，发出原材料一批，实际成本为85万元，以银行存款支付运杂费2.5万元，支付加工费用20万元。8月6日，收回委托加工的包装物，以银行存款支付运杂费3万元，包装物已验收入库。A公司应编制如下会计分录：

（1）发出原材料：

借：委托加工物资　　　　　　　　　　　　　　　　　　　　　　　85万元

　　贷：原材料　　　　　　　　　　　　　　　　　　　　　　　　　85万元

（2）支付运杂费：

借：委托加工物资　　　　　　　　　　　　　　　　　　　　　　　2.5万元

　　贷：银行存款　　　　　　　　　　　　　　　　　　　　　　　　2.5万元

（3）支付加工费：

借：委托加工物资　　　　　　　　　　　　　　　　　　　　　　　20万元

　　贷：银行存款　　　　　　　　　　　　　　　　　　　　　　　　20万元

（4）收回包装物，支付运杂费：

借：委托加工物资　　　　　　　　　　　　　　　　　　　　　　　3万元

　　贷：银行存款　　　　　　　　　　　　　　　　　　　　　　　　3万元

借：周转材料　　　　　　　　　　　　　　　　　　　　　　　　110.5万元

　　贷：委托加工物资　　　　　　　　　　　　　　　　　　　　　110.5万元

3. 投资者投入存货成本的确定

根据公司法的规定，投资者既可以用货币出资，也可以用实物出资，并且应当评估作价，不得高估或者低估。其中，实物包括了可能构成接受投资方的存货和固定资产。因此，遵照公司法的规定，投资者投入的存货、固定资产或无形资产都应当按照评估价值确定其成本。如果涉及增值税进项税额和其他相关税费，还应按照税法规定进行相应会计处理。

在小企业会计准则中，凡涉及评估价值的，该评估价值应当符合国家有关资产评估的规定。

4. 提供劳务成本的确定

（1）劳务的范围

有些小企业的日常生产经营活动主要是对外提供劳务，如从事建筑安装、修理修配、交通运输、仓储租赁、邮电通信、咨询经纪、文化体育、科学研究、技术服务、教育培训、餐饮住宿、中介代理、卫生保健、社区服务、旅游、娱乐、加工以及其他劳务服务活动取得的收入。

小企业在提供这些劳务服务时与制造业小企业生产产品一样也会发生各种成本。在相关劳务收入没有完成之前，这些劳务成本类似于制造业小企业的在产品或产成品，也构成了这类小企业的存货。

（2）劳务成本的确定原则

提供劳务的成本由三部分构成：

①直接相关的人工费。

②直接相关的材料费。

由于劳务通常是无形的，与生产实物产品有很大差别。因此，在确定构成劳务成本时尤其要强调直接相关性原则。只有与某项劳务提供直接相关的人工费和材料费才能计入劳务的成本，否则，应当计入当期管理费用。其中，人工费是指小企业在提供劳务过程中直接从事劳务提供的人员（含管理人员）的职工薪酬。

当然，如果同一拨人或同一批材料同时提供多项劳务，这些人工费和材料费同样符合《小企业会计准则》规定所强调的直接相关性原则的要求，但应当采用科学合理一致的方法在这几项劳务中进行分配。分配方法一经确定，不得随意变更。

③应分摊的间接费用。

所谓提供劳务发生的间接费用，是指除直接相关的人工费和材料费以外的其他与该项劳务提供有关的费用。主要包括所使用固定资产的折旧费、修理费等。对于这些间接费用，也应当采用科学合理一致的方法在相关劳务中进行分配。分配方法一经确定，不得随意变更。

5. 自行栽培、营造、繁殖或养殖的消耗性生物资产成本的确定

自行栽培、营造、繁殖或养殖的消耗性生物资产通常是针对小企业（农、林、牧、渔业）而言的，主要包括生长中的大田作物、蔬菜、用材林以及存栏待售的牲畜等。

（1）成本确定原则。在确定这类存货的成本时应重点把握两个原则：一是直接相关性原则，表现为成本的构成内容；二是时间性原则，表现为成本发生的截止时点。

①成本的构成内容。按照自行繁殖或营造（即培育）过程中发生的直接相关的支出确定，既包括直接材料、直接人工、其他直接费用等直接费用，也包括应分摊的间接费用。其中，直接人工，是指小企业（农、林、牧、渔业）在生产过程中直接从事农业生产的工人和管理人员的职工薪酬。

②成本发生的截止时点。在确定这类存货的成本时，成本发生的截止时点是至关重要的。针对不同的存货生长的特点，主要包括这些时点：在收获前、在郁闭前、在出售前、在入库前。也就是说，在这些时点之前发生的支出可以计入存货的成本，否则，应计入当期管理费用。

（2）自行栽培的大田作物和蔬菜成本的确定

自行栽培的大田作物和蔬菜的成本包括：在收获前耗用的种子、肥料、农药等材料费、人工费和应分摊的间接费用。其中，直接人工，是指小企业（农、林、牧、渔业）在生产过程中直接从事农业生产的工人和管理人员的职工薪酬。应分摊的间接费用主要包括应负担的农业机械的折旧费、修理费，灌溉发生的水电费等。

（3）自行营造的林木类消耗性生物资产成本的确定

自行营造的林木类消耗性生物资产的成本包括：郁闭前发生的造林费、抚育费、营林设施费、良种试验费、调查设计费和应分摊的间接费用。其中，应分摊的间接费用主要包括应负担的林业机械的折旧费、修理费，灌溉发生的水电费，工人和管理人员的职工薪酬等。

郁闭是林木类消耗性生物资产成本确定中的一个重要界限。郁闭为林学概念，通常是指一块林地上的林木的树干、树冠生长达到一定标准，林木成活率和保持率达到一定的技术规程要求。郁闭通常指林木类消耗性资产的郁闭度达 0.20 以上（含 0.20）。郁闭度是指森林中乔木树冠遮蔽地面的程度，它是反映林分密度的指标，以林地树冠垂直投影面积与林地面积之比表示，以分数表示，完全覆盖地面为 1。根据联合国粮农组织规定，郁闭度达 0.20 以上（含 0.20）的为郁闭林 [其中一般以 0.20～0.70（不含 0.70）为中度郁闭，0.70 以上（含 0.70）为密郁闭；0.20 以下（不含 0.20）的为疏林（即未郁闭林）]。

不同林种、不同林分等对郁闭度指标的要求有所不同，比如，生产纤维原料的工业原材料林一般要求郁闭度相对较高；而以培育珍贵大径材为主要目标的林木要求郁闭度相对较低。企业应当结合历史经验数据和自身实际情况，确定林木类消耗性生物资产的郁闭度及是否达到郁闭。各类林木类消耗性生物资产的郁闭度一经确定，不得随意变更。

郁闭是判断消耗性生物资产相关支出（包括借款费用）资本化或者是费用化的时点。郁闭之前的林木类消耗性生物资产处在培植阶段，需要发生较多的造林费、抚育费、营林设施费、良种试验费、调查设计费等相关支出，这些支出应予以资本化计入存货成本；郁闭之后的林木类消耗性生物资产进入稳定的生长期，基本上可以比较稳定地成活，主要依靠林木本身的自然生长，一般只需要发生较少的管护费用，从重要性和谨慎性考虑应当计入当期管理费用。

（4）自行繁殖的育肥畜成本的确定

自行繁殖的育肥畜的成本包括：出售前发生的饲料费、人工费和应分摊的间接费用。其中，人工费，是指小企业（农、林、牧、渔业）在养殖过程中直接从事养殖的工人和管理人员的职工薪酬。应分摊的间接费用主要包括应负担的固定资产（如猪圈、鸡舍、羊圈、牛棚、马厩等）的折旧费、修理费，水电费，卫生防疫费等。

（5）水产养殖的动物和植物成本的确定

水产养殖的动物和植物的成本包括：在出售或入库前耗用的苗种、饲料、肥料等材料费、人工费和应分摊的间接费用。其中，人工费，是指小企业（农、林、牧、渔业）在养殖过程中直接从事养殖的工人和管理人员的职工薪酬。应分摊的间接费用主要包括应负担的固定资产（如网箱等）的折旧费、修理费，水电费，捕捞费等。

6. 盘盈存货成本的确定

小企业在日常生产经营活动中，可能由于计量、管理等原因增加存货，主要表现为实物数量的增加，其特点是存货的实存数大于账存数，这种情况通常是在财产清查的过程中出现的。这类存货也属于小企业的资产，应当加强管理并按照《小企业会计准则》的规定进行核算。对其要进行核算，首要的问题是解决计量问题，即以何种金额入账。《小企业会计准则》对这类存货成本的确定进行了规范。

（1）成本确定的原则

盘盈存货的成本，应当按照同类或类似存货的市场价格或评估价格确定。

（2）市场价格的确定原则

市场是商品等价交换的场所，商品在市场上通过交易价格实现自身的价值，因此市场价格具有客观性和公平性。市场价格可以理解为熟悉情况的买卖双方在公平交易的条件下所确定的价格，或无关联的双方在公平交易的条件下一项资产可以达成的交易价格。在实务中，市场价格有多种表现形式，如股票的开盘价和收盘价、钢材在 A 地和 B 地的销售价格、电视机的购买价格和销售价格、含增值税的市场价格和不含增值税的市场价格等。为了便于客观、公正、统一地确定这类存货的成本，《小企业会计准则》规定，市场价格通常指存货在接受投资方（即小企业）所在地的、不含增值税的购买价格。在这一前提下，小企业通常应当按照下列三个层次的顺序确定盘盈存货的成本：

第一层次：该项存货的市场价格；

第二层次：该类存货的市场价格；

第三层次：类似存货的市场价格。

即小企业接受投资者投入的存货，采用市场价格确定其成本时，首先应当选择该项存货的市场价格；如果该项存货不存在市场价格，其次应当选择该类存货的市场价格；如果该类存货也不存在市场价格，则应当选择类似存货的市场价格。

（3）评估价值的使用

如果盘盈的存货不存在市场价格，无法按照上述市场价格的确定原则确定其金额，在这种情况下，应当采用评估价值确定。

需要强调的是，小企业会计准则中涉及使用同类或类似资产的市场价格或评估价值时，都遵循与《小企业会计准则》相一致的原则，即市场价格优先，如果无法取得市场价格再退其次使用评估价值。但是，如果国家的法律、法规和部门规章对此作了专门规定的，从其规定。

在理解上述各类存货取得成本的计量时，应当注意以下几个方面的问题：

（1）在存货成本的具体构成内容上，《小企业会计准则》仅是针对各类存货普遍发生的支出进行了列举，但不是穷尽，小企业在执行中应当根据这类存货成本的确定原则进行具体把握，但应做到在构成内容的口径上对同一类存货在不同期间应当保持一致，不得随意变更。

（2）下列费用不应计入存货成本，而应在其发生时计入当期损益：

①非正常消耗的直接材料、直接人工和制造费用，应在发生时计入当期损益，不应计入存货成本，如由于自然灾害等而发生的直接材料、直接人工和制造费用。由于这些费用的发生无助于使该存货达到目前场所和状态，不应计入存货成本，而应确认为当期损益。

②仓储费用，指小企业在存货采购入库后发生的储存费用，应在发生时计入当期

损益。

③小企业（批发业、零售业）在购买商品过程中发生的运输费、装卸费、包装费、保险费、运输途中的合理损耗和入库前的挑选整理费等，在发生时直接计入当期销售费用，不计入所购商品的成本。

（3）对材料、产成品和商品在日常核算中既可以采用实际成本法进行核算，也可以采用计划成本法（或标准成本法、售价法等）进行核算，但是，在编制月报或年报时（也就是说对外报告时）应当调整为实际成本。

（三）存货的发出和领用

小企业购入材料是为了生产产品，购入商品是为了销售，但是从使用材料生产完成产品，从购买商品到最终销售商品都会涉及存货在小企业内部转化形态、转移位置，这些日常生产经营活动从会计核算角度来看，都表现为发出存货。发出存货通常指小企业从购入材料、商品到最终生产完成对外销售这段期间内发生的价值转移和变化。

1. 确定发出存货成本允许使用的方法

《小企业会计准则》规定，小企业可用于确定发出存货成本的方法只有三种：分别是先进先出法、加权平均法和个别计价法。其中，加权平均法还可进一步分为移动加权平均法和月末一次加权平均法。从这个意义上讲，小企业在确定发出存货成本时可使用的方法有四种。各种方法的具体内容如下：

（1）先进先出法

先进先出法，是指以先购入的存货应先发出（销售或耗用）这样一种存货实物流动假设为前提，对发出存货进行计价的一种方法。采用这种方法，先购入的存货成本在后购入存货成本之前转出，据此确定发出存货和期末存货的成本。

具体方法是：收入存货时，逐笔登记收入存货的数量、单价和金额；发出存货时，按照"先进先出"的原则逐笔登记存货的发出成本和结存金额。

先进先出法可以随时结转存货发出成本，但较繁琐；如果存货收发业务较多且存货单价不稳定时，其工作量较大。

（2）移动加权平均法

移动加权平均法，是指以每次进货的成本加上原有库存存货的成本，除以每次进货数量与原有库存存货的数量之和，据以计算加权平均单位成本，作为在下次进货前计算各次发出存货成本的依据。

计算公式如下：

$$存货单位成本 = \frac{原有库存存货的实际成本 + 本次进货的实际成本}{原有库存存货数量 + 本次进货数量}$$

本次发出存货的成本 = 本次发出存货数量 × 本次发货前存货的单位成本

本月月末库存存货成本 = 月末库存存货的数量 × 本月月末存货单位成本

采用移动加权平均法能够使小企业及时了解存货的结存情况，计算的平均单位成本以及发出和结存的存货成本比较客观。但由于每次收货都要计算一次平均单价，计算工作量较大，对收发货较频繁的小企业不适用。

（3）月末一次加权平均法

月末一次加权平均法，是指以当月全部进货数量加上月初存货数量作为权数，去除当月全部进货成本加上月初存货成本，计算出存货的加权平均单位成本，以此为基础计算当月发出存货的成本和期末存货的成本的一种方法。

计算公式如下：

$$存货单位成本 = \frac{月初库存存货 + \sum（本月各批进货的实际单位成本 \times 本月各批进货的数量）}{月初库存存货的数量 + 本月各批进货数量之和}$$

本月发出存货的成本 = 本月发出存货的数量 × 存货单位成本

本月月末库存存货成本 = 月末库存存货的数量 × 存货单位成本

或

$$本月月末库存存货成本 = 月初库存存货的实际成本 + 本月收入存货的实际成本 - 本月发出存货的实际成本$$

采用月末一次加权平均法只在月末一次计算加权平均单价，比较简单，有利于简化成本计算工作，但由于平时无法从账上提供发出和结存存货的单价及金额，因此不利于存货成本的日常管理与控制。

（4）个别计价法

个别计价法，亦称个别认定法、具体辨认法、分批实际法，其特征是注重所发出存货具体项目的实物流转与成本流转之间的联系，逐一辨认各批发出存货和期末存货所属的购进批别或生产批别，分别按其购入或生产时所确定的单位成本计算各批发出存货和期末存货的成本。即把每一种存货的实际成本作为计算发出存货成本和期末存货成本的基础。

对于不能替代使用的存货、为特定项目专门购入或制造的存货以及提供的劳务，通常采用个别计价法确定发出存货的成本。

在实际工作中，越来越多的小企业采用计算机信息系统进行会计处理，个别计价法可以广泛应用于发出存货的计价，并且个别计价法确定的存货成本最为准确。

2. 选择发出存货成本的方法应遵循的基本原则

小企业应当根据各类存货的实物流转方式、企业管理的要求、存货的性质等实际情况，合理地选择发出存货成本的计算方法，以合理确定当期发出存货的实际成本。

3. 选择发出存货成本的方法应遵循的具体原则

（1）对于性质和用途相似的存货，应当采用相同的成本计算方法确定发出存货的成本。

本原则实质上是对成本计算方法适用对象一致性的要求。这一具体原则包含了两方面的意思：

①对于性质和用途相似的存货，小企业用于确定其发出存货成本的方法应当相同，不得采用不同的方法。

比如，某小企业有 A 和 B 两种材料（即性质相同或相似），都是用于生产甲产品（即用途相同或相似），如果对 A 材料采用先进先出法计算和结转成本，对 B 材料也应当采用先进先出法；反之亦然。

②如果存货的性质或用途发生了变化，原来采用的成本计价方法出现了不符合基本原则要求的情形，允许小企业对该存货改变成本计价方法。

（2）计价方法一经选用，不得随意变更。

本原则实质上是对成本计算方法同一会计年度各月一致性和前后各年一致性的要求。

《小企业会计准则》规定的这四种成本计价方法，小企业根据实际情况都可以选择使用，既可以使用其中的一种方法，也可以四种方法全部使用，但是，无论采用其中一种方法还是四种方法，这些计价方法对性质和用途相似的存货来讲，一经选用，不得随意变更。

比如，某小企业 2×13 年 6 月份首次购入 A 材料时，根据其性质和用途，在四种方法中决定采用先进先出法作为成本计价方法，则根据《小企业会计准则》的要求，从 2×13 年 6 月份起，该小企业应当一直采用先进先出法计算和确定 A 材料的成本，不得随意改为其他方法。

（3）对于不能替代使用的存货、为特定项目专门购入或制造的存货以及提供的劳务，采用个别计价法确定发出存货的成本。

本原则实际上是对个别计价法适用性的要求。也就是说，个别计价法通常适用于以下四种存货：

①不能替代使用的存货。实际上反映了存货的专用性。

比如，某小企业购入的 D 材料只能用于生产乙产品，不能用于生产其他产品，在这种情况下，对于 D 材料通常应当采用个别计价法，以合理确定 D 材料和乙产品的成本。

②为特定项目专门购入的存货，以合理确定所购入存货的成本和该特定项目的成本。

③为特定项目制造的存货，以合理确定该特定项目所制造的存货的成本。

④提供的劳务，以合理确定所提供劳务发生的成本。

（4）对于周转材料，采用一次转销法进行会计处理，在领用时按其成本计入生产成本或当期损益；金额较大的周转材料，也可以采用分次摊销法进行会计处理。出租或出借周转材料，不需要结转其成本，但应当进行备查登记。

这一原则实质上是对周转材料这类特殊存货确定计价方法的要求。《小企业会计准则》考虑到周转材料是一类介于存货和固定资产之间的特殊存货，因此作了专门规定，具体包括以下三种情况：

①基本原则。对于周转材料，采用一次转销法进行会计处理，在领用时按其成本计入生产成本或当期损益。

即小企业通常都应当采用一次转销法核算周转材料，也就是说，在领用时一次性将成本按照其受益对象计入生产成本或当期损益，如管理费用、销售费用等。

②例外原则。对于金额较大的周转材料，也可以采用分次摊销法进行会计处理。

即对金额较大的周转材料，《小企业会计准则》允许小企业根据其可使用的次数按照受益对象平均计入生产成本或当期损益，而不是在领用时一次性结转成本。至于"金额较大"的标准，由小企业根据实际情况自行确定，但是一经确定，在同一会计年度的各月和前后各年度不得随意变更。

比如，某小企业支付 1 000 元购入某管理用具，该管理用具不符合固定资产的确认条件。因此，将该管理用具作为存货按照周转材料的规定进行核算，并根据企业的实际情况，估计该管理用具可使用 10 次。在这种情况下，小企业每使用一次该管理用具，就应当结转 100 元的成本。

③特殊原则。出租或出借周转材料，不需要结转其成本，但应当进行备查登记。

小企业出于提高资产使用效率的目的，偶尔会将暂时不用的周转材料用于出租或出借。小企业会计准则考虑到周转材料是小企业的一种存货，其成本应当在领用时一次进行结转，出租或出借周转材料是小企业的一种偶发行为，因此不要求对出租或出借的周转材料结转其成本，这种处理原则一是符合存货核算的要求，二是简化核算。也正是基于这种考虑，《小企业会计准则》规定小企业出租周转材料取得的租金作为营业外收入而不是其他业务收入进行核算。但是，从加强实物管理的角度，小企业对出租或出借的周转材料，应当建立备查簿，进行备查登记。

（5）对于已售存货，应当将其成本结转为营业成本。

本原则实质上体现了配比原则的要求。也就是说，小企业对外销售产成品、商品、材料或对外提供劳务时，如果已经根据《小企业会计准则》第五章收入的规定确认了营业收入（即主营业务收入或其他业务收入），应当同时将与其相关的存货成本进行结转，确认为营业成本（即主营业务成本或其他业务成本）；如果没有确认营业收入，则不应当结转相关的成本，继续保留在存货中。

4. 小企业发出存货的简化核算方法

《小企业会计准则》针对存货实际成本的核算进行了规定。在实务中，《小企业会计准则》也允许小企业为简化核算，采用计划成本法核算存货，这类存货主要包括小企业（工业）的原材料、库存商品和周转材料等；或采用售价金额核算法核算存货，这类存货主要包括小企业（零售业）的库存商品。

（1）计划成本法

以下以原材料的核算为例进行说明，库存商品和周转材料类似。

小企业采用计划成本进行原材料日常核算时，日常领用、发出原材料均按照计划成本记账；月末，计算本月领用、发出材料应负担的成本差异并进行分摊，根据领用材料的用途计入生产成本或者当期损益，从而将发出材料的计划成本调整为实际成本。

结转发出材料应负担的材料成本差异，按实际成本大于计划成本的差异，借记"生产成本"、"管理费用"、"销售费用"、"委托加工物资"、"其他业务成本"等科目，贷记"材料成本差异"科目；实际成本小于计划成本的差异作相反的会计分录。

发出材料应负担的成本差异应当按月分摊，不得在季末或年末一次计算。发出材料应负担的成本差异，除委托外部加工发出材料可按照月初成本差异率计算外，应使用本月的实际差异率；月初成本差异率与本月成本差异率相差不大的，也可按照月初成本差异率计算。计算方法一经确定，不得随意变更。

材料成本差异率的计算公式如下：

$$本月材料成本差异率=\frac{月初结存材料的成本差异+本月验收入库材料成本差异}{月初结存材料的计划成本+本月验收入库材料计划成本}\times100\%$$

$$月初材料成本差异率=\frac{月初结存材料的成本差异}{月初结存材料的计划成本}\times100\%$$

$$发出材料应负担的成本差异=发出材料的计划成本\times材料成本差异率$$

（2）售价金额核算法

小企业的库存商品还可以采用售价金额核算法进行日常核算。

售价金额核算法，是指平时商品的购入、加工收回、销售均按售价记账，售价与进价的差额通过"商品进销差价"科目核算，月末计算进销差价率和本期已销售商品应分摊的进销差价，并据以调整本月销售成本的一种方法。计算公式如下：

$$商品进销差价率 = \frac{月末分摊前"商品进销差价"科目的贷方余额}{"库存商品"月末借方余额 + 本月"主营业务收入"贷方发生额} \times 100\%$$

$$\begin{matrix}本月销售商品应分 \\ 摊的商品进销差价\end{matrix} = \begin{matrix}本月"主营业务收入" \\ 科目贷方发生额\end{matrix} \times \begin{matrix}商品进销 \\ 差价率\end{matrix}$$

$$\begin{matrix}本月销售 \\ 商品的成本\end{matrix} = \begin{matrix}本月"主营业务收入" \\ 科目贷方发生额\end{matrix} - \begin{matrix}本月销售商品应 \\ 分摊的商品进销差价\end{matrix}$$

$$\begin{matrix}月末结存商品应分 \\ 摊的商品进销差价\end{matrix} = \begin{matrix}"库存商品"科目 \\ 月末借方发生额\end{matrix} \times \begin{matrix}商品进销 \\ 差价率\end{matrix}$$

$$\begin{matrix}月末结存 \\ 商品的成本\end{matrix} = \begin{matrix}"库存商品"科目 \\ 月末借方余额\end{matrix} - \begin{matrix}月末结存商品应 \\ 分摊的商品进销差价\end{matrix}$$

小企业的商品进销差价率各月之间比较均衡的，也可以采用上月商品进销差价率分摊本月的商品进销差价。年度终了，应对商品进销差价进行核实调整。

从事商业零售业务的小企业（如百货公司、超市等），由于经营的商品种类、品种、规格等繁多，而且要求按商品零售价格标价，采用其他成本计算结转方法均较困难，因此广泛采用这一方法。

月末分摊已销商品的进销差价，借记"商品进销差价"科目，贷记"主营业务成本"科目。

[例 2-19] B 公司采用先进先出法确定发出 M 材料的实际成本，2×13 年 5 月份原材料的收入、发出及购进单位成本如表 2-1 所示。

表 2-1　　　　　　　　　　　　　M 材料明细账　　　　　　　　　　　　金额单位：元

日期		摘要	收入			发出			结存		
月	日		数量	单位	金额	数量	单位	金额	数量	单价	金额
5	1	期初余额							150	100	15 000
	5	购入	100	120	12 000				250		
	11	发出				200			50		
	16	购入	200	140	28 000				250		
	20	发出				100			150		
	23	购入	100	150	15 000				250		
	27	发出				100			150		
	31	本期合计	400		55 000	400			150		

B 公司发出 M 材料成本 = 150×100 + 50×120 + 50×120 + 50×140 + 100×140

= 48 000（元）

B 公司期末 M 材料成本 = 50×140 + 100×150 = 22 000（元）

B 公司 M 材料本期收入、发出和结存情况如表 2-2 所示。

表 2-2   **M 材料明细账（先进先出法）**   金额单位：元

日期		摘要	收入			发出			结存		
月	日		数量	单位	金额	数量	单位	金额	数量	单价	金额
5	1	期初余额							150	100	15 000
	5	购入	100	120	12 000				150 100	100 120	15 000 12 000
	11	发出				150 50	100 120	15 000 6 000	50	120	6 000
	16	购入	200	140	28 000				50 200	120 140	6 000 28 000
	20	发出				50 50	120 140	6 000 7 000	150	140	21 000
	23	购入	100	150	15 000				150 100	140 150	21 000 15 000
	27	发出				100	140	14 000	50 100	140 150	7 000 15 000
	31	本期合计	400		55 000	400		48 000	50 100	140 150	7 000 15 000

假设 B 公司采用加权平均法，则 5 月份 M 材料的平均单位成本为：

    5 月份 M 材料的平均单位成本

$= (150 \times 100 + 100 \times 120 + 200 \times 140 + 100 \times 150)/(150 + 100 + 200 + 100)$

≈ 127.27（元）

5 月份 M 材料的发出成本与期末结存成本分别为：

    5 月份 M 材料的发出成本 $= 400 \times 127.27 = 50\,908$（元）

    5 月份 M 材料的期末结存成本 $= 70\,000 - 50\,908 = 19\,092$（元）

    假设经过具体辨认，本期发出材料的单位成本如下：5 月 11 日发出的 200 件材料中，100 件系期初结存材料，单位成本为 100 元，100 件为 5 日购入材料，单位成本为 120 元；5 月 20 日发出的 100 件材料系 16 日购入，单位成本为 140 元；5 月 27 日发出的 100 件材料中，50 件为期初结存，单位成本为 100 元，50 件为 23 日购入，单位成本为 150 元。则按照个别认定法，B 公司 5 月份 M 材料收入、发出与结存情况如表 2-3 所示。

表 2-3   **M 材料明细账（个别计价法）**   金额单位：元

日期		摘要	收入			发出			结存		
月	日		数量	单位	金额	数量	单位	金额	数量	单价	金额
5	1	期初余额							150	100	15 000
	5	购入	100	120	12 000				150 100	100 120	15 000 12 000
	11	发出				100 100	100 120	10 000 12 000	50	100	5 000

续表

日期		摘要	收入			发出			结存		
月	日		数量	单位	金额	数量	单位	金额	数量	单价	金额
	16	购入	200	140	28 000				50	100	5 000
									200	140	28 000
	20	发出				100	140	14 000	50	100	5 000
									100	140	14 000
	23	购入	100	150	15 000				50	100	5 000
									100	140	14 000
									100	150	15 000
	27	发出				50	100	5 000	100	140	14 000
						50	150	7 500	50	150	7 500
	31	本期合计	400		55 000	400		48 500	100	140	14 000
									50	150	7 500

从表 2-3 中可知，B 公司本期发出材料成本及期末结存存货成本如下：

本期发出材料成本 $= 100 \times 100 + 100 \times 120 + 100 \times 140 + 50 \times 100 + 50 \times 150$

$= 48\ 500$（元）

期末结存材料成本 $= 150 \times 100 + 100 \times 120 + 200 \times 140 + 100 \times 150 - 48\ 500$

$= 21\ 500$（元）

[例 2-20] 2×13 年，A 公司根据"发料凭证汇总表"的记录，生产车间领用原材料 540 万元，车间管理部门领用原材料 50 000 元，企业行政管理部门领用原材料 4 万元，计 549 万元。A 公司应编制如下会计分录：

借：生产成本 540 万元

制造费用 5 万元

管理费用 4 万元

贷：原材料 549 万元

（四）小企业生产成本的核算

1. 生产成本的构成

《小企业会计准则》规定，小企业的生产成本由直接费用和间接费用两部分构成，其中，直接费用包括材料费、人工费，间接费用包括制造费用。

2. 生产成本核算的一般程序

小企业产品成本核算工作的核心在于生产成本的归集与分配，包括各要素费用的归集和分配，以及生产成本在完工产品和在产品之间的归集和分配。因此，小企业进行生产成本核算时，一般应遵循下列程序：

（1）根据生产特点和成本管理的要求，确定成本核算对象。

（2）确定成本项目。小企业计算产品生产成本，一般应当设置直接材料、燃料和动力、直接人工、制造费用四个成本项目。

（3）设置有关成本明细账，如生产成本明细账、制造费用明细账、产成品和自制半成品明细账等。

（4）收集确定各种产品的生产量、入库量、在产品盘存量以及材料、工时、动力消耗等，并对所有已发生成本进行审核。

（5）归集所发生的全部成本，并按照确定的成本核算对象，采用合理的成本计算方法予以分配，按照成本项目计算各种产品的在产品成本、产成品成本和单位成本。

（6）结转产品销售成本。

3. 确定成本核算对象

小企业应当根据生产特点和成本管理的要求，选择适合于本企业的成本核算对象、成本项目和成本计算方法。

成本核算对象，是指确定归集和分配生产成本的具体对象。成本计算对象的确定，是设立成本明细分类账户，归集和分配生产成本以及正确计算成本的前提。具体的成本核算对象主要应根据企业生产的特点加以确定，同时还应考虑成本管理上的要求。

由于产品工艺、生产方式、成本管理等要求不同，产品项目不等于成本核算对象。一般情况下，对小企业（工业）而言，生产一种或几种产品的，以产品品种为成本核算对象；分批、单件生产的产品，以每批或每件产品为成本核算对象；多步骤连续加工的产品，以每种产品及各生产步骤为成本核算对象；产品规格繁多的，可将产品结构、耗用原材料和工艺过程基本相同的各种产品，适当合并作为成本核算对象。

成本核算对象确定后，各种会计、技术资料的归集应当与此一致，一般不应中途变更，以免造成成本核算不实、经济责任不清的弊端。成本核算对象的确定，有利于细化项目成本核算和考核成本管理绩效。

4. 成本项目

为具体反映计入产品的生产成本的各种用途，还应将其进一步划分为若干个项目，即产品生产成本项目，简称"产品成本项目"或"成本项目"。设置成本项目可以反映产品成本的构成情况，满足成本管理的目的和要求，有利于了解企业生产成本的经济用途，便于企业分析和考核产品成本计划的执行情况。

成本项目的设置应根据管理上的要求确定，对于小企业（工业）而言，一般设置"直接材料"、"燃料和动力"、"直接人工"和"制造费用"等成本项目。

（1）直接材料

直接材料，是指小企业在生产产品过程中实际消耗的直接用于产品生产、构成产品实体的原材料、辅助材料、备品配件、外购半成品、周转材料（包装物、低值易耗品）和材料在使用过程中发生的运输、装卸、整理等费用。

对于直接用于产品生产、构成产品实体的原材料，一般按产品领用，根据领退料凭证直接计入相应产品成本的"直接材料"项目。对于不能按产品领用的材料，如化工生产中为几种产品共同耗用的材料，需要采用适当的方法，分配计入各相关产品成本的"直接材料"成本项目。

（2）燃料和动力

燃料和动力，是指小企业直接用于产品生产的外购和自制的燃料和动力。其归集的方法同直接材料。

（3）直接人工

直接人工，是指小企业在生产产品过程中直接从事产品生产工人的职工薪酬。直接人工和间接人工的划分依据通常是生产工人是否与所生产的产品直接相关（即可否直接确定其服务的产品对象）。

　　直接人工的归集，必须有一定的原始记录作为依据：计时工资以考勤记录中的工作时间记录为依据；计件工资以产量记录中的产品数量和质量记录为依据；计时工资和计件工资以外的各种奖金、津贴、补贴等，按照国家和企业的有关规定计算。工资结算和支付的凭证为工资结算单或工资单，为便于成本核算和管理等，一般按车间、部门分别填制，是职工薪酬分配的依据。直接进行产品生产的生产工人的职工薪酬，直接计入产品成本的"直接人工"成本项目；不能直接计入产品成本的职工薪酬应当按照下述有关"直接人工的分配"的规定分配计入各有关产品成本的项目。

　　（4）制造费用

　　制造费用，是指小企业生产车间（部门）为生产产品和提供劳务而发生的各项间接费用。制造费用是一种间接生产成本，包括小企业生产车间（部门）管理人员的职工薪酬、折旧费、机物料消耗、固定资产修理费、办公费、水电费、劳动保护费、季节性和修理期间的停工损失等。

　　制造费用的内容比较复杂，为减少成本项目，简化核算工作，可将性质相同的费用合并设立相应的成本项目，如将用于产品生产的固定资产的折旧费合并设立"折旧费"项目，也可根据费用比重大小和管理上的要求另行设立制造费用项目。但是，为了使各期产品生产成本资料可比，制造费用项目一经确定，不得随意变更。制造费用应通过"制造费用"账户进行归集，月末按照一定的方法分配转入有关成本计算对象。

　　由于生产的特点、各种费用支出的比重及成本管理和核算的要求不同，小企业可根据具体情况，增设"废品损失"、"停工损失"等成本项目。

　　5. 直接人工和制造费用的分配

　　小企业在生产产品的过程中发生的直接人工和制造费用，如果能够直接计入有关的成本核算对象，则应直接计入该成本核算对象。否则，应按照科学合理一致的方法分配计入有关成本核算对象。分配方法一经确定，不得随意变更。

　　（1）直接人工的分配

　　如果小企业生产车间同时生产几种产品，则其发生的直接人工应采用合理方法分配计入各产品成本。由于工资形成的方式不同，直接人工的分配方法也不同。比如，按计时工资或者按计件工资分配直接人工。

　　①按计时工资分配直接人工。计时工资一般是依据生产工人出勤记录和月标准工资计算，因而不能反映生产工人工资的用途。所以，计时生产工人工资一般是以按出勤时间计算的计时工资为基数，以产品生产耗用的生产工时为分配标准。其计算公式如下：

$$直接人工分配率 = \frac{本月发生的直接人工}{各产品耗用的实际工时之和}$$

某产品负担的直接人工 = 该产品耗用的实际工时（或定额工时）数 × 直接人工分配率

　　②按计件工资分配直接人工。计件工资下，直接人工的分配可根据产量和每件人工费率，分别产品进行汇总，计算出每种产品应负担的直接人工。

　　（2）制造费用的分配

　　制造费用一般应先分配辅助生产的制造费用，将其计入辅助生产成本，然后再分配辅助生产成本，将其中应由基本生产负担的制造费用计入基本生产的制造费用，最后再分配基本生产的制造费用。由于小企业各个生产车间（部门）的生产任务、技术装备程度、管理水平和费用标准各不相同，因此，制造费用一般应按生产车间或部门先进行归集，不应将各车间的制造费用汇总，在企业范围内统一分配。

制造费用按车间归集后，再根据制造费用的性质，合理选择方法进行分配。也就是说，小企业所选择的制造费用分配方法，必须与制造费用的发生具有较密切的相关性，并且使分配到每种产品上的制造费用金额科学合理，同时，还应适当考虑计算手续的简便。在各种产品之间分配制造费用的方法，通常有按生产工人工资、按生产工人工时、按机器工时、按耗用原材料的数量或成本、按直接费用（直接材料和直接人工之和）及按产成品产量等。

①按生产工人工资分配制造费用，即按照各种产品的生产工人工资的比例分配制造费用。

②按生产工人工时分配制造费用，即按照各种产品的生产工人工时数的比例分配制造费用。

③按机器工时分配制造费用，即按照各种产品的机器工作小时数的比例分配制造费用。

④按耗用原材料的数量或成本分配制造费用，即按照各种产品所耗用的原材料的数量或成本的比例分配制造费用。

⑤按直接费用（直接材料和直接人工之和）分配制造费用，即按照计入各种产品的直接费用（直接材料和直接人工之和）的比例分配制造费用。

⑥按产成品产量分配制造费用，即按各种产品的实际产量（或标准产量）的比例分配制造费用。其中，某种产品的标准产量，是通过将该种产品的实际产量乘以换算标准产量的系数而求得的。

以上各种分配方法，通常是以各月生产车间或部门的制造费用实际发生额进行分配的。

为简化核算，小企业也可以按预定分配率（或称计划分配率）进行分配。其计算公式如下：

$$\text{某种产品应负担制造费用} = \frac{\text{制造费用全年预计数}}{\text{全年预计业务量（机器工时等）}} \times \text{某种产品的当月实际业务量（机器工时等）}$$

采用这一方法时，全年各月实际生产数与已分配数之间的差额，除其中属于为次年开工生产做准备的可留待明年分配外，其余的都应当在当年年度终了时调整本年度的产品成本。

6. 辅助生产成本的归集与分配

《小企业会计准则》规定，属于辅助生产车间为生产产品提供的动力等直接费用，可以先作为辅助生产成本进行归集，然后按照合理的方法分配计入基本生产成本；也可以直接计入所生产产品发生的生产成本。据此，小企业对辅助生产成本的核算有两种方式可供选择，但一经确定，不得随意变更。

（1）单独核算辅助生产成本

即小企业对辅助生产车间发生的各项成本单独设置"生产成本——辅助生产成本"明细科目或"辅助生产成本"科目进行核算。

辅助生产成本的归集是通过"生产成本——辅助生产成本"明细账或"辅助生产成本"总账及明细账进行的。一般按照车间、产品和劳务设立明细账。当辅助生产发生各项成本时记入"辅助生产成本"总账及所属明细账,一般情况下,辅助生产的制造费用与基本生产的制造费用一样,先通过"制造费用"科目进行单独归集,然后再转入"辅助生产成本"科目。对于辅助生产车间规模很小、制造费用很少且辅助生产不对外提供产品和劳务的,为简化核算工作,辅助生产的制造费用也可以不通过"制造费用"科目,而直接记入"辅助生产成本"科目。辅助生产的分配应通过辅助生产费用分配表进行。辅助生产费用的分配方法很多,通常采用直接分配法、交互分配法、计划成本分配法、顺序分配法和代数分配法等。

（2）不单独核算辅助生产成本

即小企业对辅助生产车间发生的各项成本不单独设置"生产成本——辅助生产成本"明细科目或"辅助生产成本"科目进行核算,而是直接记入"生产成本"科目。

7．产品成本计算方法

小企业在进行产品成本计算时,应当根据其生产经营特点、生产经营组织类型和成本管理要求,确定成本计算方法。成本计算方法主要有品种法、分批法和分步法三种。

（1）品种法

品种法,是指以产品品种作为成本核算对象,归集和分配生产成本,计算产品成本的一种方法。这种方法适用于单步骤、大量生产的小企业,如供水、采掘等小企业。在这种类型的生产中,产品的生产技术过程不能从技术上划分步骤,比如,企业或车间的规模较小,或者车间是封闭的,也就是从材料投入到产品产出的全部生产过程都是在一个车间内进行的,或者生产按流水线组织,管理上不要求按照生产步骤计算产品成本,都可以按照品种计算产品成本。

品种法计算成本的主要特点:一是成本核算对象是产品品种。如果企业只生产一种产品,全部生产成本都是直接成本,可直接计入该产品生产成本明细账的有关成本项目中,不存在在各种成本核算对象之间分配成本的问题。如果生产多种产品,间接生产成本则要采用适当的方法,在各成本核算对象之间进行分配。二是品种法下一般定期（每月月末）计算产品成本。三是如果企业月末有在产品,要将生产成本在完工产品和在产品之间进行分配。

（2）分批法

分批法,是指以产品的批别作为产品成本核算对象,归集和分配生产成本,计算产品成本的一种方法。这种方法主要适用于单件、小批生产的小企业,如造船、重型机器制造、精密仪器制造等,也可用于一般企业中的新产品试制或试验的生产、在建工程以及设备修理作业等。

分批法计算成本的主要特点有:一是成本核算对象是产品的批别。由于产品的批别大多是根据销货订单确定的,因此,这种方法又称订单法。成本核算对象是购买者事先订货或企业规定的产品批别。二是产品成本的计算是与生产任务通知单的签发和结束紧密配合的,因此产品成本计算是不定期的。成本计算期与产品生产周期基本一致,但与财务报告期不一致。三是由于成本计算期与产品的生产周期基本一致,因此在计算月末在产品成本时,一般不存在在完工产品和在产品之间分配成本的问题。

（3）分步法

分步法,是指以生产过程中各个加工步骤（分品种）为成本核算对象,归集和分配生产成本,计算各步骤半成品和最后产成品成本的一种方法。这种方法适用于大量大批的多步骤生产,如冶金、纺织、机械制造等。在这类小企业中,产品生产可以分为若干个生产步骤的成本管理，通常不仅要求按照产品品种计算成本，而且还要求按照生产步骤计算成本，以便为考核和分析各种产品及各生产步骤成本计划的执行情况提供资料。

分步法计算成本的主要特点有：一是成本核算对象是各种产品的生产步骤。二是月末为计算完工产品成本，还需要将归集在生产成本明细账中的生产成本在完工产品和在产品之间进行分配。三是除了按品种计算和结转产品成本外，还需要计算和结转产品的各步骤成本。其成本核算对象是各种产品及其所经过的各个加工步骤。如果小企业只生产一种产品，则成本核算对象就是该种产品及其所经过的各个生产步骤。其成本计算期是固定的，与产品的生产周期不一致。

8. 基本生产成本在完工产品和在产品之间的归集和分配

每月月末，当月生产成本明细账中按照成本项目归集了本月生产成本以后，这些成本就是本月发生的生产成本，但并不是本月完工产品的成本。计算本月完工产品成本，还需要将本月发生的生产成本加上月初在产品成本，然后再将其在本月完工产品和月末在产品之间进行分配，以求得本月完工产品成本。对某个车间或生产步骤而言，在产品只包括该车间或该生产步骤正在加工中的那部分在产品。

完工产品和在产品成本之间的关系如下：

本月完工产品成本＝本月发生的生产成本＋月初在产品成本－月末在产品成本

根据这一关系，结合生产特点，小企业应当根据在产品数量的多少、各月在产品数量变化的大小、各项成本比重的大小以及定额管理基础的好坏等具体条件，采用适当的分配方法将直接材料、直接人工和制造费用等基本生产成本在完工产品和在产品之间进行分配。常用的分配方法有：不计算在产品成本法、在产品按固定成本计价法、在产品按所耗直接材料计价法、约当产量比例法、在产品按定额成本计价法、定额比例法等。这里，重点介绍一下较为常用的约当产量比例法。

采用约当产量比例法，应将月末在产品数量按其完工程度折算为相当于完工产品的产量，即约当产量，然后将产品应负担的全部成本按照完工产品产量与月末在产品约当产量的比例分配计算完工产品成本和月末在产品成本。这种方法适用产品数量较多、各月在产品数量变化也较大，且生产成本中直接材料成本和直接人工等加工成本的比重相差不大的产品。其计算公式如下：

$$在产品约当产量＝在产品数量×完工程度$$

$$单位成本＝\frac{月初在产品成本＋本月发生生产成本}{完工产品产量＋在产品约当产量}$$

$$完工产品成本＝完工产品产量×单位成本$$

$$在产品成本＝在产品约当产量×单位成本$$

需要说明的是，在很多加工生产中，材料是在生产开始时一次投入的。这时，在产品无论完工程度如何，都应和完工产品负担同样的材料成本。如果材料是随着生产过程陆续投入的，则应按照各工序投入的材料成本在全部材料成本中所占的比例计算在产品的约当产量。

9. 联产品的处理

在实务中，小企业在生产产品的过程中，可能出现联产品的情况。联产品，是指使用同种原料，经过同一生产过程同时生产出来的两种或两种以上的主要产品。如炼油厂，通常是投入原油后，经过某个加工过程，可以生产出汽油、轻柴油、重柴油和气体四种联产品。

在分离点以前发生的成本，称为联合成本。分离点，是指在联产品生产中，投入相同原料，经过同一生产过程，分离为各种联产品的时点。分离后的联产品，有的可以直接销售，有的还需进一步加工，才可供销售。

联产品成本的计算，通常分为两个阶段进行：联产品分离前发生的生产费用即联合成本，可按一个成本核算对象设置一个成本明细账进行归集，然后将其总额按一定分配方法（如售价法、实物数量法等）在各联产品之间进行分配；分离后按各种产品分别设置明细账，归集其分离后所发生的加工成本。

（1）售价法

在售价法下，联合成本是以分离点上每种产品的销售价格为比例进行分配的。采用这种方法，要求每种产品在分离点时的销售价格有可靠的计量。

如果联产品在分离点上即可供销售，则可采用销售价格进行分配。如果这些产品尚需要进一步加工后才可供销售，则需要对分离点上的销售价格进行估计。此时，也可以采用可变现净值进行分配。

（2）实物数量法

采用实物数量法时，联合成本是以产品的实物数量为基础分配的。这里的"实物数量"可以是数量、重量。实物数量法通常适用于所生产的产品的价格很不稳定或无法直接确定的情况。

$$单位数量（或重量）成本 = \frac{联合成本}{各联产品的总数量（总重量）}$$

此外，需要说明的是，在分配主产品和副产品的基本生产成本时，通常先确定副产品的基本生产成本，将其差额确定为主产品的基本生产成本。副产品，是指在同一生产过程中，使用同种原料，在生产主要产品的同时附带生产出来的非主要产品。它的产量取决于主产品的产量，随主产品产量的变动而变动，如甘油是生产肥皂这个主产品时的副产品。由于副产品价值相对较低，而且在全部产品生产中所占的比重较小，因而可以采用简化的方法确定其成本；然后从总成本中扣除，其余额就是主产品的成本。比如，副产品可以按预先规定的固定单价确定成本。

[例2-21]　B公司为单步骤连续生产企业，大量生产A产品，根据生产特点和管理要求采用品种法计算产品成本。生产费用采用约当产量比例法在完工产品与月末在产品之间分配，原材料在生产开始时一次投入，其他加工费用发生较为均衡。期末在产品的完工程度平均按50%计算。B公司2×13年12月份有关A产品成本费用资料如下：

（1）月初A在产品产量为220件，直接材料费用为220 000元，直接人工为18 000元，制造费用为24 000元。本月投产产品为780件，本月完工产品为840件，月末在产品为160件。

（2）本月生产A产品发生的有关成本费用资料如下：

①本月生产A产品耗用主要材料700 000元，辅助材料40 000元，车间管理部门耗用材料3 000元；

②本月分配直接生产A产品的工人工资145 800元、福利费18 360元，车间管理人员工资40 000元；

③本月确认车间管理部门水电费 30 700 元，车间生产工人劳保用品费 3 500 元。

B 公司 12 月份 A 产品成本计算单如表 2-4 所示。

表 2-4 　　　　　　　　　　　产品成本计算单

产品名称：A 产品 　　　　　　　　　　　12 月份 　　　　　　　　　　　单位：元

月	日	摘要	产量（件）	直接材料	直接人工	制造费用	合计
12	1	期初在产品成本	220	220 000	18 000	24 000	262 000
	31	本月生产费用	780	740 000	164 160	77 200	981 360
	31	生产费用累计	1 000	960 000	182 160	101 200	1 243 360
		单位成本		960	198	110	1 268
	31	完工产品成本	840	806 400	166 320	92 400	1 065 120
	31	月末在产品成本	160	153 600	15 840	8 800	178 240

B 公司应编制如下会计分录：

借：库存商品 　　　　　　　　　　　　　　　　　　　　　　　1 065 120

　　贷：生产成本 　　　　　　　　　　　　　　　　　　　　　1 065 120

（五）存货的清查

存货清查是指通过对存货的实地盘点，确定存货的实有数量，并与账面结存数核对，从而确定存货实存数与账面结存数是否相符的一种专门方法。由于存货种类繁多、收发频繁，在日常收发过程中可能发生计量误差、计算错误、自然损耗，还可能发生损坏变质以及贪污、盗窃等情况，造成账实不符，形成存货的盘盈盘亏。对于存货的盘盈盘亏，应填写存货盘点报告（如实存账存对比表），及时查明原因，按照规定程序报批处理。存货清查是小企业财产清查和实物管理的重要组成内容，同时也是会计处理和税务处理关注的内容。

1. 存货的损毁

存货毁损是一个很宽泛的概念，是指由于各种原因造成的存货实存数小于账存数的所有情形，主要包括财产清查过程中发生的存货盘亏，自然灾害等以及人为原因造成的存货毁坏，技术标准、质量要求、人为操作等原因造成的存货报废，以及企业被盗造成的存货灭失等。

存货发生毁损后，小企业应当及时进行会计处理，并按照小企业会计准则的规定确定给企业造成的损失。存货毁损损失是一个净损失的概念，基于此，将其计入营业外支出。

在确定存货毁损损失时，应当综合考虑以下因素：

（1）该存货的成本，即账面余额。

（2）相关税费，如不得从增值税销项税额中抵扣的进项税额。

（3）处置收入，如所毁坏或报废存货的残料收入。

（4）责任人的赔偿。

（5）保险公司的保险赔款。

需要说明的是，如果综合考虑以上因素，存货毁损损失最终确定为净收益而不是净损失，则计入营业外收入，而不是冲减营业外支出。

此外，小企业所采购的物资在运输途中因自然灾害等发生的损失或尚待查明的损耗也作为存货毁损进行会计处理。

2. 盘盈盘亏存货的会计处理

盘盈存货即存货的实存数大于账存数，增加了小企业的经济利益，但又不是生产经营活动所直接导致的，基于此，《小企业会计准则》将其计入营业外收入，而不是冲减管理费用或主营业务成本。这一规定，有利于减轻小企业纳税调整的负担。

盘亏存货即存货的实存数小于账存数，减少了小企业的经济利益，但又不是生产经营活动所直接导致的，类比盘盈存货，小企业会计准则将其计入营业外支出，同样有利于减轻小企业纳税调整的负担。

[例 2-22] 2×13 年 10 月 22 日，A 公司在财产清查中盘盈材料 1 000 千克，按同类材料市场价格计算确定的价值为 8 万元。A 公司应编制如下会计分录：

（1）批准处理前：

借：原材料	8 万元
贷：待处理财产损溢——待处理流动资产损溢	8 万元

（2）批准处理后：

借：待处理财产损溢——待处理流动资产损溢	8 万元
贷：营业外收入	8 万元

[例 2-23] 2×13 年 7 月 29 日，A 公司因台风造成一批库存材料毁损，实际成本 5 万元，根据保险责任范围及保险合同规定，应由保险公司赔偿 3 万元，残料已办理入库手续，价值 0.4 万元。A 公司应编制如下会计分录：

（1）批准处理前：

借：待处理财产损溢——待处理流动资产损溢	5 万元
贷：原材料	5 万元

（2）批准处理后：

借：其他应收款	3 万元
原材料	0.4 万元
营业外支出	1.6 万元
贷：待处理财产损溢——待处理流动资产损溢	5 万元

第三节　非流动资产的会计处理

一、非流动资产概述

资产按其流动性不同，可分为流动资产和非流动资产。流动资产是预计在 1 年内（含 1 年）或超过 1 年的一个正常营业周期内变现、出售或耗用的资产。流动资产以外的资产就是非流动资产。

与流动资产相比，非流动资产具有占用资金较多、周转速度较慢、变现能力较差等特点。因此，其资产管理和会计核算也有特殊的要求。

小企业的非流动资产包括：长期债券投资、长期股权投资、固定资产、生产性生物资产、无形资产、长期待摊费用等。

二、长期债券投资

(一) 长期债券投资的定义

长期债券投资，是指小企业准备长期（在一年以上，下同）持有的债券投资。相对于短期投资和长期股权投资，长期债券投资通常具有以下三个特征：

1. 投资目的很明确，是小企业为了赚取高于银行存款利息收入而进行的对外投资。

2. 投资时间比较长，通常会超过 1 年。

3. 投资品种不易变现或持有意图长于 1 年。

(二) 长期债券投资取得成本的确定

长期债券投资的成本由两部分构成：购买价款和相关税费。《小企业会计准则》规定，相关税费，是指小企业在交易过程中按照有关规定应负担的各种税款、行政事业性收费以及手续费、佣金等。

实际支付的价款中包含的已到付息期但尚未领取的债券利息，属于购买时暂时垫付的资金，并且在当今社会这些信息都属于公开信息，极易取得，因此不得计入长期债券投资的成本，应当作为应收利息单独核算。即按照扣除所含利息收入后的金额作为长期债券投资的成本。

[例 2-24]　2×13 年 1 月 3 日，A 公司购入某公司当年 1 月 1 日发行的 5 年期公司债券，票面利率 12%，债券面值 100 元，A 公司按 110 元的价格购入 1 万张，另支付相关税费 5 万元。该债券每年付息一次，最后一年偿还本金并支付最后一次利息。A 公司应编制如下会计分录：

借：长期债券投资——面值　　　　　　　　　　　　　　　　100 万元
　　　　　　　　——溢折价　　　　　　　　　　　　　　　 15 万元
　　贷：银行存款　　　　　　　　　　　　　　　　　　　　115 万元

(三) 长期债券投资持有期间溢价折价及利息的处理

小企业购入长期债券，有的是按债券面值购入，有的按高于或低于债券面值的价格购入。溢价或折价购入是由于债券的票面利率与实际利率不同而引起的。当债券票面利率高于市场利率，表明债券发行人实际支付的利息将高于按市场利率计算的利息，发行人在发行时按照高于债券票面价值的价格发行，即溢价发行，对购买人而言则为溢价购入。溢价发行对投资者而言，是为以后多得利息而事先付出的代价；对于发行人而言，是为以后多付利息而事先得到的补偿。如果债券的票面利率低于市场利率，表明发行人今后实际支付的利息低于按照市场利率计算的利息，则发行人按照低于票面价值的价格发行，即折价发行，对于购买人而言，为折价购入。折价发行对投资者而言，是为今后少得利息而事先得到的补偿；对发行人而言，是为今后少付利息而事先付出的代价。

1. 长期债券投资利息的会计处理

长期债券投资应当在债务人应付利息日，按照债券面值和债券票面利率计算利息收入，并计入当期投资收益。由于债券付息时间不同，应分别以下两种情况进行处理：

(1) 分期付息、一次还本的长期债券投资，在债务人应付利息日按照票面利率计算的应收未收利息收入应当确认为应收利息，不增加长期债券投资的账面余额。其账务处理为：在债务人应付利息日，按照票面利率计算的利息收入，借记"应收利息"科目，贷记"投资收益"科目。待实际收到利息时，冲减应收利息。

（2）持有的一次还本付息的长期债券投资，在债务人应付利息日按照票面利率计算的应收未收利息收入应当增加长期债券投资的账面余额。其账务处理为：在债务人应付利息日，按照票面利率计算的利息收入，借记"长期债券投资——应计利息"科目，贷记"投资收益"科目。待实际收到利息时，冲减长期债券投资的账面余额。

2. 长期债券投资溢折价的会计处理

（1）长期债券投资溢价或折价＝债券初始投资成本－债券面值

比如，某小企业 2×13 年 1 月 1 日，以 816 万元购入 2×13 年 1 月 1 日发行的 5 年期债券，债券年利率 8%，债券面值 800 万元，按年支付利息。则该企业购买该债券的溢价为 16 万元（816－800）。

（2）长期债券投资的溢价或折价在债券存续期间内采用直线法摊销

直线法是指将债券的溢折价按债券的还款期限（或付息期数）平均分摊。直线法下，每期溢折价的摊销数额相等。溢价或折价的摊销，应与确认相关债券利息收入同时进行，并作为计提的利息收入的调整。即，在债务人应付利息日按照债券面值和票面利率计算的应收利息扣除当期摊销的溢价确认为投资收益，或在债务人应付利息日按照债券面值和票面利率计算的应收利息与当期摊销的折价的合计额确认为投资收益。

［例 2-25］ 承例 2-24，A 公司按年计提利息。2×13 年 12 月 31 日 A 公司应编制如下会计分录：

（1）计提债券利息时：

借：应收利息 12 万元

　贷：投资收益 11 万元

　　　长期债券投资——溢折价 1 万元

（2）实际收到债券利息时：

借：银行存款 12 万元

　贷：应收利息 12 万元

（四）长期债券投资的到期和处置

1. 到期收回长期债券投资的会计处理

长期债券投资通常都有到期日，小企业在长期债券投资到期日收回长期债券投资，应当冲减该项长期债券投资的账面余额。由于长期债券投资的账面余额中还包含当初取得时支付的相关税费，因此，在债券投资到期时，收回本金或本息，如果该项长期债券投资还存在余额，应将该余额作为投资损失，结转至投资收益。

2. 处置长期债券投资实现的投资收益的确定

长期债券投资的处置是一个很宽泛的概念，泛指在债券投资到期前减少长期债券投资的一切行为，包括出售、转让、债券本身发生损失等情形。

小企业在长期债券投资到期前处置债券投资时，应当将处置价款扣除该项长期债券投资的账面余额（即成本）、处置过程中支付的相关税费后的净额计入处置当期的投资收益。

（五）长期债券投资损失的认定和处理

1. 长期债券投资损失的确认时点

长期债券投资损失的确认时点是实际发生时，而不是预计或预期发生时。

2. 长期债券投资损失的认定条件

小企业长期债券投资损失实际上也是坏账损失的一种，因此其认定条件与坏账损失的认定条件完全相同。小企业长期债券投资符合下列条件之一的，减除可收回的金额后确认的无法收回的长期债券投资，作为长期债券投资损失：

（1）债务人依法宣告破产、关闭、解散、被撤销，或者被依法注销、吊销营业执照，其清算财产不足清偿的。

（2）债务人死亡，或者依法被宣告失踪、死亡，其财产或者遗产不足清偿的。

（3）债务人逾期 3 年以上未清偿，且有确凿证据证明已无力清偿债务的。

（4）与债务人达成债务重组协议或法院批准破产重整计划后，无法追偿的。

（5）因自然灾害、战争等不可抗力导致无法收回的。

（6）国务院财政、税务主管部门规定的其他条件。

3. 长期债券投资损失金额的确定

小企业的长期债券投资出现上述所列条件之一时，应当积极与债务人进行协商，努力收回相关款项。如果确实无法再收回，应将该长期债券投资的账面余额减除可收回的金额后的净额，确认为长期债券投资损失，计入营业外支出。

4. 长期债券投资损失的账务处理

小企业应当按照可收回的金额，借记"银行存款"等科目，按照长期债券投资的账面余额，贷记"长期债券投资"科目，按照其差额，借记"营业外支出"科目。

三、长期股权投资

（一）长期股权投资的性质和期限

长期股权投资，是指小企业准备长期持有的权益性投资。长期股权投资的性质为权益性投资，在被投资单位享有股份或按出资比例享有所有者权益份额，可以投资者身份从被投资单位获取净利润的分配，通常没有到期日，因而显著地不同于债券投资。

长期股权投资相对于短期投资，其期限会超过 1 年，不包括 1 年，即符合非流动资产的定义。

（二）长期股权投资取得成本的确定

长期股权投资应当按照成本进行计量。

1. 以支付现金取得的长期股权投资的成本确定

以支付现金取得的长期股权投资，应当按照实际支付的购买价款和相关税费作为初始投资成本，但实际支付价款中包含的被投资单位已宣告但尚未发放的现金股利，应当单独确认为应收股利，不构成长期股权投资的成本。

小企业以支付现金取得的长期股权投资，如果实际支付的购买价款中包含已宣告但尚未发放的现金股利，应当按照实际支付的购买价款和相关税费扣除已宣告但尚未发放的现金股利后的金额，借记"长期股权投资"科目，按照应收的现金股利，借记"应收股利"科目，按实际支付的购买价款和相关税费，贷记"银行存款"科目。

2. 通过非货币性资产交换取得的长期股权投资的成本确定

通过非货币性资产交换取得的长期股权投资，根据公司法的规定，实际上是一种用非货币性资产出资的行为，应当对其价值进行评估，因此，《小企业会计准则》要求按照换出非货币性资产的评估价值和相关税费之和作为长期股权投资的成本。

这种处理方式实际上是采用了两笔交易观，视同先将非货币性资产按照市场价格出售，再以所取得的对价购入一项新的资产即长期股权投资。因此，换出非货币性资产为存货的，应当视同商品销售处理，按照评估价值确认为销售商品收入，同时按照其账面余额结转销售商品成本。换出非货币性资产为固定资产、无形资产的，应当视同固定资产或无形资产处置处理，换出资产按照评估价值计价，与其账面余额之间的差额计入营业外收入或营业外支出。换出非货币性资产为投资资产的，应当视同投资资产处置处理，换出资产按照评估价值计价，与其账面余额之间的差额计入投资收益。

换入长期股权投资与换出非货币性资产涉及相关税费的，应按照上述原则区别不同情况进行会计处理：换出存货视同销售应计算销项税额，换出固定资产、无形资产视同转让应缴纳的营业税等，按照相关税收规定计算确定。

以非现金资产取得长期股权投资时，按照同类或者类似非现金资产的市场价格与相关税费之和，借记"长期股权投资"科目，按照非现金资产的账面价值，贷记"固定资产清理"、"无形资产"等科目，按照支付的相关税费，贷记"应交税费"等科目，按照其差额，贷记或借记"营业外收入"或"营业外支出"等科目。

[例 2-26] 2×13 年 6 月 1 日，A 公司以银行存款购买某上市公司的股票 100 万股，作为长期股权投资核算，每股买入价为 10 元，每股价格中包含有 0.2 元的已宣告但尚未发放的现金股利，另支付相关税费 10 万元。数日后，A 公司实际收到上述现金股利。A 公司应编制如下会计分录：

（1）取得投资时：

借：长期股权投资		990 万元
应收股利		20 万元
贷：银行存款		1 010 万元

（2）实际分得现金股利时：

借：银行存款		20 万元
贷：应收股利		20 万元

[例 2-27] 2×13 年 3 月 15 日，A 公司以 1 台专有设备换入一项长期股权投资，该设备账面原价 500 万元，已计提折旧 420 万元，评估价值为 150 万元。假定不考虑相关税费。A 公司应编制如下会计分录：

借：固定资产清理		80 万元
累计折旧		420 万元
贷：固定资产		500 万元
借：长期股权投资		150 万元
贷：固定资产清理		150 万元
借：固定资产清理		70 万元
贷：营业外收入		70 万元

（三）长期股权投资持有期间损益的确定

长期股权投资在持有期间应当按照成本法进行会计处理。采用成本法核算的长期股权投资应当按照初始投资成本计量。追加或收回投资应当调整长期股权投资的成本，除此之外，长期股权投资的账面价值一般应保持不变。

成本法下，长期股权投资持有期间，被投资单位宣告分派现金股利或利润时，投资企业按照应分得的金额确认为当期投资收益，借记"应收股利"科目，贷记"投资收益"科目。

[例2-28]　承例2-27，2×13年5月30日，A公司收到被投资单位宣告发放现金股利的通知，应分得现金股利5 000元。A公司应编制如下会计分录：

借：应收股利　　　　　　　　　　　　　　　　　　　　　　　　　　　　5 000

贷：投资收益　　　　　　　　　　　　　　　　　　　　　　　　　　5 000

（四）长期股权投资的处置

1. 处置长期股权投资损益的确定

小企业处置长期股权投资，应当将处置价款扣除该投资的账面余额（即成本）、出售过程中支付的相关税费的净额计入处置当期的投资收益。

2. 所处置长期股权投资成本的结转

处置长期股权投资时，其成本分别不同情况进行结转：

（1）一次性全部处置某项长期股权投资，其成本为长期股权投资的账面余额；

（2）部分处置某项长期股权投资，可以比照《小企业会计准则》第十三条有关发出存货成本的方法进行计算结转，如采用先进先出法、加权平均法或者个别计价法结转其所处置投资的成本。

[例2-29]　2×13年10月5日，A公司处置部分长期股权投资，出售价款为15万元，另支付相关税费0.5万元，款项已由银行收妥。该长期股权投资处置部分相对应的账面价值为14万元。A公司应编制如下会计分录：

借：银行存款　　　　　　　　　　　　　　　　　　　　　　　　　14.5万元

贷：长期股权投资　　　　　　　　　　　　　　　　　　　　　　14万元

投资收益　　　　　　　　　　　　　　　　　　　　　　　0.5万元

（五）长期股权投资损失的认定和处理

1. 长期股权投资损失确认的时点

长期股权投资损失应在实际发生时确认，而不是在预计或预期发生时确认。

2. 长期股权投资损失的认定条件

小企业长期股权投资符合下列条件之一的，应确认相应的长期股权投资损失：

（1）被投资单位依法宣告破产、关闭、解散、被撤销，或者被依法注销、吊销营业执照的。

（2）被投资单位财务状况严重恶化，累计发生巨额亏损，已连续停止经营3年以上，且无重新恢复经营改组计划的。

（3）对被投资单位不具有控制权，投资期限届满或者投资期限已超过10年，且被投资单位因连续3年经营亏损导致资不抵债的。

（4）被投资单位财务状况严重恶化，累计发生巨额亏损，已完成清算或清算期超过3年以上的。

（5）国务院财政、税务主管部门规定的其他条件。

3. 长期股权投资损失金额的确定

小企业长期股权投资符合上述条件之一的，应将该项长期股权投资的账面余额减除可收回的金额后的净额，作为长期股权投资损失的金额。

4. 长期股权投资损失的账务处理

《小企业会计准则》所指的长期股权投资损失区别于处置长期股权投资所产生的净损失。前者是长期股权投资在持有过程中由于投资环境的变化、被投资单位财务状况严重恶化等原因导致部分或全部长期股权投资无法收回而实际发生的投资损失，对投资企业而言，可认为是一种"被动"的损失，因此，损失金额应计入营业外支出。后者是小企业处置部分或全部长期股权投资，由于所取得价款不足以补偿投资成本及相关税费而发生的净损失，对投资企业而言，可认为是一种"主动"的损失，因此，损失金额应计入投资收益。

小企业实际发生长期股权投资损失时，应当按照可收回的金额，借记"银行存款"等科目，按照长期股权投资的账面余额，贷记"长期股权投资"科目，按照其差额，借记"营业外支出"科目。

四、固定资产

固定资产是小企业非流动资产的重要组成部分，是小企业重要的劳动手段，它以实物形态加入到生产过程，可连续参加多个生产周期，但不构成产品实体，其价值是逐渐地、部分地转移到它所生产的产品成本中。固定资产是小企业从事生产经营活动的必要条件，代表着小企业的生产能力，一个小企业拥有的固定资产的规模、质量、先进程度，决定着该企业产品的质量以及产品在市场上的竞争能力。

《小企业会计准则》第二十七条规定："固定资产，是指小企业为生产产品、提供劳务、出租或经营管理而持有的，使用寿命超过1年的有形资产。"小企业的固定资产包括：房屋、建筑物、机器、机械、运输工具、设备、器具、工具等。

（一）固定资产概述

1. 固定资产的定义及特征

从固定资产的定义看，固定资产具有以下三个特征：

（1）小企业持有固定资产的目的是为了生产商品、提供劳务、出租或经营管理

固定资产是小企业的劳动工具或手段，而不像商品一样为了对外出售。这一特征是固定资产区别于商品等流动资产的重要标志。需要说明的是，小企业以经营租赁方式出租的建筑物也属于固定资产，这不同于大中型企业根据企业会计准则的有关规定需将其单独划分为投资性房地产的会计处理。

（2）小企业使用固定资产的期限较长，使用寿命一般超过一个会计年度

固定资产的收益期超过一年，能在一年以上的时间里为小企业创造经济利益。这一特征表明固定资产属于非流动资产，随着使用和磨损，通过计提折旧方式逐渐减少账面价值。因此，对固定资产计提折旧是对固定资产进行后续计量的重要内容。

（3）固定资产具有实物特征

这一特征将固定资产与无形资产区别开来。有些无形资产可能同时符合固定资产的其他特征，如无形资产为生产商品、提供劳务而持有，使用寿命超过一个会计年度，但是，由于其没有实物形态，所以不属于固定资产。工业企业所持有的工具、用具、备品备件、维修设备等资产，施工企业所持有的模板、挡板、架料等周转材料，以及地质勘探企业所持有的管材等资产，尽管该类资产具有固定资产的某些特征，如使用期限超过1年，也能够带来经济

利益，但由于数量多，单价低，考虑到成本效益原则，在实务中，通常确认为存货。

　　2. 固定资产的分类

　　小企业的固定资产种类繁多、规格不一，为加强管理，便于组织会计核算，有必要对其进行科学、合理的分类。根据不同的管理需要和核算要求以及不同的分类标准，可以对固定资产进行不同的分类，主要有以下几种分类方法：

　　(1) 按经济用途分类

　　按固定资产的经济用途分类，可分为生产经营用固定资产和非生产经营用固定资产。生产经营用固定资产，是指直接服务于企业生产、经营过程的各种固定资产，如生产经营用的房屋、建筑物、机器、设备、器具、工具等。非生产经营用固定资产，是指不直接服务于生产、经营过程的各种固定资产，如职工宿舍等使用的房屋、设备和其他固定资产等。

　　按照固定资产的经济用途分类，可以归类反映和监督小企业生产经营用固定资产和非生产经营用固定资产之间，以及生产经营用各类固定资产之间的组成和变化情况，借以考核和分析小企业固定资产的利用情况，促使小企业合理地配备固定资产，充分发挥其效用。

　　(2) 综合分类

　　按固定资产的经济用途和使用情况等综合分类，可把小企业的固定资产划分为七大类：生产经营用固定资产、非生产经营用固定资产、租出固定资产（指在经营租赁方式下出租给外单位使用的固定资产）、不需用固定资产、未使用固定资产、土地（指过去已经估价单独入账的土地。因征地而支付的补偿费，应计入与土地有关的房屋、建筑物的价值，不单独作为土地价值入账。企业取得的土地使用权，应作为无形资产管理，不作为固定资产管理）；融资租入固定资产（指企业以融资租赁方式租入的固定资产，在租赁期内，应视同自有固定资产进行管理）。

　　(二) 固定资产的取得

　　1. 固定资产计量的基本原则

　　《小企业会计准则》规定，固定资产应当按照成本进行计量，以取得固定资产发生的全部相关支出作为成本。但是，对于不同方式取得的固定资产，其成本构成不尽相同。小企业取得固定资产方式主要有五种：外购、自行建造、投资者投入、融资租入和盘盈。

　　2. 外购固定资产成本的确定

　　《小企业会计准则》规定，小企业外购固定资产的成本包括三部分：

　　(1) 购买价款，这是外购固定资产成本的主体构成部分，是指小企业为购买固定资产所支付的直接对价。

　　(2) 相关税费，包括小企业为购买固定资产而缴纳的税金、行政事业性收费等，如购买车辆而支付的车辆购置税、签订购买合同而缴纳的印花税等，但不包括按照税法规定可以抵扣的增值税进项税额。

　　(3) 相关的其他支出，是指使固定资产达到预定可使用状态前所发生的可直接归属于该项资产的其他支出，如购买固定资产过程中发生的相关运输费、装卸费、安装费、专业人员服务费等。

　　有时，小企业可能以一笔款项购入多项没有单独标价的固定资产，则应当按照各项固定资产市场价格或类似资产的市场价格比例对总成本进行分配，分别确定各项固定资产的成本。如果以一笔款项购入的多项资产中还包括固定资产以外的其他资产，也应按类似的方法予以处理。

[**例 2-30**]　2×13 年 2 月 18 日，A 公司购入 1 台不需要安装即可投入使用的设备，取得的增值税专用发票上注明的设备价款为 30 万元，增值税额为 5.1 万元，另支付运输费 0.5 万元，包装费 0.6 万元，款项以银行存款支付。假设 A 公司属于增值税一般纳税人，增值税进项税额不纳入固定资产成本核算。A 公司应编制如下会计分录：

　　借：固定资产　　　　　　　　　　　　　　　　　　　　31.1 万元
　　　　应交税费——应交增值税（进项税额）　　　　　　　5.1 万元
　　　　贷：银行存款　　　　　　　　　　　　　　　　　　36.2 万元

[**例 2-31**]　2×13 年 3 月 10 日，A 公司用银行存款购入 1 台需要安装的设备，增值税专用发票上注明的设备买价为 20 万元，增值税额为 3.4 元，支付运输费 1 万元，支付安装费 3 万元，A 公司为增值税一般纳税人，增值税进项税额不纳入固定资产成本核算。A 公司应编制如下会计分录：

（1）购入进行安装时：

　　借：在建工程　　　　　　　　　　　　　　　　　　　　21 万元
　　　　应交税费——应交增值税（进项税额）　　　　　　　3.4 万元
　　　　贷：银行存款　　　　　　　　　　　　　　　　　　24.4 万元

（2）支付安装费时：

　　借：在建工程　　　　　　　　　　　　　　　　　　　　3 万元
　　　　贷：银行存款　　　　　　　　　　　　　　　　　　3 万元

（3）设备安装完毕交付使用时：

　　借：固定资产　　　　　　　　　　　　　　　　　　　　24 万元
　　　　贷：在建工程　　　　　　　　　　　　　　　　　　24 万元

3. 自行建造固定资产成本的确定

小企业的固定资产，有些是直接从其他单位或者个人购买的，而有些则是小企业自己建造的，如小企业自己建造的厂房、办公楼、机器、设备等。与外购的固定资产不同，自行建造的固定资产，对于小企业来说，是一个长期的过程，其取得成本的确定相对较为复杂。《小企业会计准则》规定，自行建造固定资产的成本，由建造该项资产在竣工决算前发生的支出构成，包括建造固定资产所需的原材料费用、人工费、管理费、缴纳的相关税费、应予资本化的借款费用等等。只要是固定资产竣工决算之前所发生的，为建造固定资产所必需的，与固定资产的形成具有直接关系的支出，都应作为固定资产成本的组成部分。此外，小企业在建工程在试运转过程中形成的产品、副产品或试车收入冲减在建工程成本。

需要特别强调的是借款费用资本化的问题。借款费用是小企业因借入资金所付出的代价，主要包括小企业向银行或者其他金融机构等借入资金发生的利息、借款过程中发生的手续费或佣金等辅助费用、因外币借款而发生的汇兑差额等。小企业为购置、建造固定资产、无形资产和经过 12 个月以上的建造才能达到预定可销售状态的存货发生借款的，在有关资产购置、建造期间发生的合理的借款费用，应当作为资本性支出计入有关资产的成本。其他借款费用应当在发生时根据其发生额确认为费用，计入当期损益。对此，需要重点把握以下几点：

（1）这里的借款包括各种借款，长期借款和短期借款，银行借款与向第三方借款等。

（2）符合资本化条件的资产，限定为固定资产、无形资产和经过 12 个月以上的建造才能达到预定可销售状态的存货。这些资产通常需要经过相当长时间的建造或生产过程才能达到预定可使用或者可销售状态。

（3）借款费用是指小企业因借款而发生的利息及其他相关成本。包括：借款利息、辅助费用、因外币借款而发生的汇兑差额等。

（4）借款费用资本化期间，是指从借款费用开始发生时至停止资本化时点的期间，包括借款费用暂停资本化的期间。停止资本化时点：竣工决算前、达到预定用途、达到预定可销售状态前。

（5）利息支出要符合下列条件：

①非金融企业向金融企业借款的利息支出、金融企业的各项存款利息支出和同业拆借利息支出、企业经批准发行债券的利息支出；

②非金融企业向非金融企业借款的利息支出，不超过按照金融企业同期同类贷款利率计算的数额的部分。

（6）相关借款所发生的存款利息，停止资本化之前，应冲减资产成本。

（7）房地产开发企业借款计入存货成本。

[例 2-32]　2×13 年 4 月 5 日，A 公司自建办公楼，购入为工程准备的各种物资 50 万元，支付的增值税额为 8.5 万元，全部用于工程建设；领用本企业生产的材料一批，实际成本为 8 万元，税务部门确定的计税价格为 10 万元，增值税税率 17%；工程人员应计工资 10 万元，支付其他费用 3 万元。当年，工程完工并办理竣工决算。A 公司应编制如下会计分录：

（1）购入工程物资时：

借：工程物资		58.5 万元
贷：银行存款		58.5 万元

（2）工程领用工程物资时：

借：在建工程		58.5 万元
贷：工程物资		58.5 万元

（3）工程领用本公司生产的材料时：

借：在建工程		9.7 万元
贷：库存商品		8 万元
应交税费——应交增值税（销项税额）		1.7 万元

（4）分配工程人员工资时：

借：在建工程		10 万元
贷：应付职工薪酬		10 万元

（5）支付工程发生的其他费用时：

借：在建工程		3 万元
贷：银行存款		3 万元

（6）工程完工转入固定资产＝58.5＋9.7＋10＋3＝81.2（万元）。

借：固定资产		81.2 万元
贷：在建工程		81.2 万元

4. 投资者投入固定资产成本的确定

根据公司法的规定，投资者既可以用货币出资，也可以用实物、知识产权、土地使用权出资，并且应当评估作价，不得高估或者低估作价。其中，实物可能构成了接受投资方的固定资产。因此，遵照公司法的规定，投资者投入的固定资产应当按照评估价值确定其成本。如果涉及相关税费，还应按照税法规定进行相应会计处理。

5. 融资租入固定资产成本的确定

融资租赁，是指实质上转移了与资产所有权有关的全部风险和报酬的租赁。虽然融资租赁状态下，融资租赁物的所有权最终可能转移，也可能不转移，但是租赁人实际上负担了租赁物的绝大部分风险，是租赁物实质上的所有人，与租赁人所有的其他资产的性质类似。

因此，小企业会计准则采取了简化的处理方式，即融资租入固定资产的成本，按照租赁合同约定的付款总额和在签订租赁合同过程中发生的相关税费等确定。这里，付款总额是指租赁合同中承租人与出租人双方协议约定的付款总额。相关税费包括承租人为融资租入固定资产发生的印花税、增值税、营业税等税费；另外，承租人为租入固定资产支付的佣金、律师费、差旅费、谈判费、运输费、装卸费、保险费、安装调试费也应计入固定资产成本。

6. 盘盈固定资产成本的确定

盘盈的固定资产是指盘点中发现的账外固定资产。由于固定资产单位价值较高、使用时限较长，对于管理规范的小企业而言，盘盈固定资产的情况应当比较少见。一旦发现，应当立即补登会计账簿。由于盘盈的固定资产往往在小企业以前的会计账簿上没有记载或者记载的相关资料不全等原因，无法有效确定其历史成本，所以《小企业会计准则》规定，盘盈固定资产的成本，应当按照同类或者类似固定资产的市场价格或评估价值，扣除按照该项固定资产新旧程度估计的折旧后的余额确定，相当于采用重置成本计量。

（三）固定资产的折旧

1. 固定资产折旧的概念

固定资产的一个重要属性就是使用期限长，其经济利益的流入是一个长期的过程，不是一次性实现其效益，也就是说固定资产的成本是逐期分摊、逐步转移到它所生产的产品或者提供的劳务中去。因此，固定资产需要按照规定计提折旧，以确定企业所实际发生的成本费用。

小企业应当在固定资产的使用寿命内，按照确定的方法对应计折旧额进行系统分摊。

影响折旧的因素主要有以下几个方面：

（1）固定资产原价，是指固定资产的成本。

（2）预计净残值，是指固定资产预计使用寿命已满，小企业从该项固定资产处置中获得的扣除预计处置费用后的净额。

（3）固定资产的使用寿命，是指小企业使用固定资产的预计期间。

2. 计提折旧的固定资产范围

小企业所有固定资产均应计提折旧，但两种情况除外：

（1）已提足折旧仍继续使用的固定资产。固定资产提足折旧后，不论能否继续使用，均不再计提折旧，提前报废的固定资产也不再补提折旧。所谓提足折旧是指已经提足该项固定资产的应计折旧额。

（2）单独计价入账的土地。

3. 固定资产折旧的计提方法

折旧是在固定资产使用寿命内，按照确定的方法对应计折旧额进行系统分摊，其中，应计折旧额是固定资产原价扣除其预计净残值后的金额。因此，影响折旧的因素至少有：固定资产原价、预计净残值、使用寿命以及折旧方法等。固定资产原价是固定资产初始计量时确定的，后三个因素则是后续计量时需要考虑的。

不同固定资产性质不同、使用方式各异，其使用寿命和预计净残值也有所不同。如果统一规定固定资产的使用寿命、净残值率，难免过于主观、不切实际。因此，为如实反映小企业财务状况和经营成果，应当由小企业根据自身具体情况进行合理的估计。企业所得税法则是从保障国家税收的角度出发，限定了固定资产最低折旧年限，因此，《小企业会计准则》兼顾小企业实际情况和企业所得税法两方面的要求，规定小企业估计使用寿命和预计净残值时，既要根据固定资产性质和使用情况，也要充分考虑税法的规定。

（1）固定资产折旧方法的选择

小企业应当按照年限平均法（即直线法）计提折旧，同时考虑到企业自身实际情况，也给予了小企业选择折旧方法的权利，固定资产由于技术进步等原因确需加速折旧的，可以采用双倍余额递减法和年数总和法。

①年限平均法。又称直线法，是指将固定资产的应计折旧额均衡地分摊到固定资产预计使用寿命内的一种方法。采用这种方法计算的每期折旧额均相等。计算公式如下：

年折旧率＝(1－预计净残值率)÷预计使用寿命(年)×100％

月折旧率＝ 年折旧率÷12

月折旧额＝固定资产原价×月折旧率

[例 2-33]　　B 公司拥有一幢办公楼，原价为 1 000 000 元，预计使用年限为 20 年，预计净残值为 4 000 元，按年限平均法计提折旧。

B 公司每年应计提的折旧额＝（1 000 000－4 000）/20＝49 800（元）

每月应计提的折旧额＝49 800/12＝4 150（元）

②双倍余额递减法。是指在不考虑固定资产预计净残值的情况下，根据每期期初固定资产原价减去累计折旧后的金额和双倍的直线法折旧率计算固定资产折旧的一种方法。应用这种方法计算折旧额时，由于每年年初固定资产净值没有扣除预计净残值，所以在计算固定资产折旧额时，应在其折旧年限到期前两年内，将固定资产净值扣除预计净残值后的余额平均摊销。计算公式如下：

年折旧率＝2÷预计使用寿命(年)×100％

月折旧率＝年折旧率÷12

月折旧额＝(固定资产原价－累计折旧额)×月折旧率

③年数总和法。又称年限合计法，是指将固定资产的原价减去预计净残值后的余额，乘以一个以固定资产尚可使用寿命为分子、以预计使用寿命逐年数字之和为分母的逐年递减的

分数计算每年的折旧额。计算公式如下：

$$年折旧率＝尚可使用年限÷预计使用寿命的年数总和×100\%$$
$$月折旧率＝年折旧率÷12$$
$$月折旧额＝(固定资产原价－预计净残值)×月折旧率$$

[例2-34]　A公司拥有一台管理用设备，原价为30万元，预计使用年限为5年，预计净残值为0.12万元，按双倍余额递减法计提折旧。

A公司每年应计提的折旧额计算如下：

年折旧率＝$2÷5×100\%＝40\%$

第1年应提的折旧额＝$30×40\%＝12$（万元）

第2年应提的折旧额＝$(30－12)×40\%＝7.2$（万元）

第3年应提的折旧额＝$(30－12－7.2)×40\%＝4.32$（万元）

从第4年起改用年限平均法（直线法）计提折旧。

第4年、第5年的年折旧额＝$(30－12－7.2－4.32－0.12)÷2$
$$＝3.18（万元）$$

假设A公司采用年数总和法，计算的各年折旧额如表2-5所示。

表2-5　　　　　　　　　　　　　　　　　　　　　　　　　　　　　　　　　金额单位：元

年份	尚可使用年限	原价－净残值	变动折旧率	年折旧额	累计折旧
1	5	298 800	5/15	99 600	99 600
2	4	298 800	4/15	79 680	179 280
3	3	298 800	3/15	59 760	239 040
4	2	298 800	2/15	39 840	278 880
5	1	298 800	1/15	19 920	298 800

（2）固定资产使用寿命和预计净残值的确定

小企业应当根据固定资产的性质和使用情况，并考虑税法的规定，合理确定固定资产的使用寿命和预计净残值。

固定资产的使用寿命，通常是指小企业使用固定资产的预计期间，有时也指固定资产的工作量。小企业会计准则要求小企业应当根据固定资产的性质和使用情况，并考虑企业所得税法的规定，合理确定固定资产的使用寿命。这里，所谓资产性质主要是指固定资产属于房屋、建筑物，还是生产用机器设备，等等。所谓使用情况主要考虑下列因素：该项资产预计生产能力或实物产量；该项资产预计有形损耗，如设备使用中发生磨损、房屋建筑物受到自然侵蚀等；该项资产预计无形损耗，如因新技术的出现而使现有的资产技术水平相对陈旧、市场需求变化使产品过时等；法律或者类似规定对该项资产使用的限制。企业所得税法则从维护国家税收利益的角度出发，对不同类别的固定资产的折旧年限作了一个最基本的强制规定，即明确了各类固定资产计算折旧的最低年限。具体会计处理时，一方面为了保证相关会计信息的质量，避免因过分延长固定资产折旧年限可能导致的固定资产账面价值虚高；另一方面为了便于小企业实务操作，减轻纳税调整负担，小企业在根据实际情况合理估计的前提下，可以直接采用企业所得税法规定的折旧最低年限作为相关固定资产的折旧年限。

固定资产的预计净残值，是指固定资产预计使用寿命已满，小企业从该项固定资产处置中获得的扣除预计处置费用后的金额。通俗地讲，就是固定资产在报废时预计残料变价收入扣除清理费用后的净值。需要注意的是，无论小企业会计准则还是企业所得税法都没有规定固定资产净残值率，或者是限定一个所有固定资产均适用的净残值率下限，而是将确定固定资产净残值的权利交给了企业。因为每一项固定资产净残值的确定需要考虑很多因素，企业无疑最具有发言权。小企业应当根据固定资产实际情况进行合理的估计，并在固定资产使用寿命内一贯应用。

需要说明的是，《小企业会计准则》虽然没有规定统一的固定资产使用寿命和预计净残值，交由小企业自行确定，但是小企业不得由此而随意确定。通常，小企业应当制定本企业固定资产核算和管理制度，以书面形式明确规定各项固定资产的折旧方法、使用寿命和预计净残值，并且一以贯之地加以执行。

固定资产的折旧方法、使用寿命、预计净残值一经确定，不得随意变更。如果固定资产使用过程中所处环境、使用情况等发生重大变化，导致其折旧方法、使用寿命或者预计净残值确需变更的，应当作为会计估计变更处理。

4. 固定资产折旧的会计处理

固定资产计提的折旧应当记入"累计折旧"科目，并根据固定资产的用途计入相关资产的成本或者当期损益。小企业自行建造固定资产过程中使用的固定资产，其计提的折旧应计入在建工程成本；基本生产车间所使用的固定资产，其计提的折旧应计入制造费用；管理部门所使用的固定资产，其计提的折旧应计入管理费用；销售部门所使用的固定资产，其计提的折旧应计入销售费用；经营租出的固定资产，其应提的折旧额应计入其他业务成本。

小企业应当在固定资产的使用寿命内，按照确定的方法对应计折旧额进行系统分摊。这就必然涉及计提折旧具体时限的问题。

(1) 固定资产折旧期的计算方法是"算尾不算头"

具体来讲，当月增加的固定资产当月不计提折旧，从下月起按月计提折旧；当月减少的固定资产当月继续计提折旧，从下月起停止计提折旧。这样，将计提折旧开始和结束时间前后对应，便于操作，对小企业而言也是公平的。

(2) 当月增加的固定资产的内涵

所谓当月增加的固定资产，包括小企业通过外购、自行建造、投资者投入、融资租入、盘盈等方式新增加的固定资产。其中，自行建造固定资产的，应当于完成竣工决算时将竣工决算前发生的相关支出自"在建工程"科目结转至"固定资产"科目，视为新增加的固定资产。

(3) 当月减少的固定资产的内涵

所谓当月减少的固定资产，包括小企业因出售、报废、毁损、对外投资等原因而减少的固定资产，即固定资产的处置。这些固定资产一旦处置，即意味着在以后期间不能再给小企业带来经济利益，因此也就不应再对其继续计提折旧了。

　　（四）固定资产的后续支出

　　1. 费用化的后续支出

　　一般情况下，固定资产投入使用之后，由于固定资产磨损、各组成部分耐用程度不同，可能导致固定资产的局部损坏，为了维护固定资产的正常运转和使用，充分发挥其使用效能，小企业需要对固定资产进行必要的维护，发生一些日常修理费。

　　（1）固定资产日常修理费的界定

　　固定资产日常修理费，是指小企业为了维护固定资产的正常运转和使用，充分发挥其使用效能，对该固定资产进行必要维护时所发生的相关支出。

　　固定资产日常修理费应当与大修理支出相区分。后者是指同时符合下列条件的支出：修理支出达到固定资产取得成本 50% 以上；修理后固定资产的使用年限延长 2 年以上。

　　（2）固定资产日常修理费的会计处理

　　固定资产的日常修理费，应当在发生时根据固定资产的受益对象计入相关资产成本或者当期损益。小企业生产车间（部门）发生的固定资产修理费用记入"制造费用"科目；行政管理部门发生的固定资产修理费用记入"管理费用"科目；小企业专设销售机构的，其发生的与专设销售机构相关的固定资产修理费用等后续支出，记入"销售费用"科目。

　　[例 2-35]　2×13 年 8 月 12 日，A 公司对现有的一台管理用设备进行日常修理，以银行存款支付维修费用 5 000 元。A 公司应编制如下会计分录：

　　　借：管理费用　　　　　　　　　　　　　　　　　　　　　　　5 000

　　　　贷：银行存款　　　　　　　　　　　　　　　　　　　　　　　5 000

　　2. 资本化的后续支出

　　小企业的固定资产投入使用后，由于各个组成部分耐用程度不同或者使用条件不同，因而往往发生固定资产的局部损坏。为了保持固定资产的正常运转和使用，充分发挥其使用效能，就必须对其进行必要的后续支出。

　　通常情况下，固定资产改建支出能够为小企业带来一定的经济利益流入。固定资产改建支出的会计处理分以下三种情况：

　　（1）一般情况下固定资产改建支出的会计处理

　　一般情况下，固定资产改建支出应当计入固定资产的成本。在对固定资产进行改扩建时，小企业应将该固定资产的原价、已计提的累计折旧转销，将固定资产的账面价值转入在建工程，并停止计提折旧。改扩建过程中发生的相关支出，通过"在建工程"科目核算。改扩建完成办理竣工决算时，再从在建工程转为固定资产，并按重新确定的使用寿命、预计净残值和折旧方法计提折旧。改扩建活动延长固定资产使用寿命的，应适当延长该固定资产的折旧年限。

　　（2）已提足折旧的固定资产改建支出的会计处理

　　对于已提足折旧的固定资产，账面价值仅剩了净残值。也就是说，该项固定资产的可利用价值已全部转移，这时候在这些资产上发生的改建支出，是不能将其计入固定资产成本的，因为此时固定资产的价值形式已经消失，后续支出也已失去了可以附着的载体。所以，应将其作为长期待摊费用，在固定资产预计尚可使用年限内分期摊销。

（3）经营租入固定资产改建支出的会计处理

对于经营租入的固定资产，与该资产相关的风险和报酬并没有转移给承租方，资产的所有权仍属于出租方，承租方只在协议规定的期限内拥有对该资产的使用权，因而对以经营租赁方式租入的固定资产发生的改建支出，不能计入固定资产成本，只能计入长期待摊费用，在合同约定的剩余租赁期限内分期摊销。

（五）固定资产的处置

小企业在生产经营过程中，可能将不适用或不需用的固定资产对外出售转让，或因磨损、技术进步等原因对固定资产进行报废，或因遭受自然灾害而对毁损的固定资产进行处理。对于上述事项在进行会计核算时，应按规定程序办理有关手续，结转固定资产的账面价值，计算有关的清理收入、清理费用及残料价值等。

在《小企业会计准则》中，处置固定资产是一个很宽泛的概念，是指由于各种原因造成固定资产减少的所有情形，主要包括对外出售固定资产，因技术、法律、经济等原因造成报废固定资产以及将固定资产用作对外投资等。

由于小企业持有固定资产的目的主要是自用，尽管有时可能对外出售，因此固定资产不同于存货。基于这种考虑，处置固定资产产生的损益是一个净额的概念，《小企业会计准则》将其计入营业外收入或营业外支出。

在确定处置固定资产损益时，应当综合考虑以下因素：

（1）该固定资产的账面价值，即固定资产原价（成本）扣减累计折旧后的余额。在实务中，固定资产的成本体现在"固定资产"科目，其对应的累计折旧体现在"累计折旧"科目。

（2）相关税费和清理费用，即在处置固定资产过程中发生的有关费用和应支付的相关税费。

（3）处置收入，即出售固定资产的价款、残料价值和变价收入等。有保险赔偿的，小企业计算或收到的应有保险公司或过失人赔偿的款项也应包括在内。

小企业因出售、报废、毁损、对外投资等原因处置固定资产，其会计处理一般经过以下几个步骤：

第一，固定资产转入清理。固定资产转入清理时，按固定资产账面价值，借记"固定资产清理"科目，按已计提的累计折旧，借记"累计折旧"科目，按固定资产账面余额，贷记"固定资产"科目。同时，按照税法规定不得从增值税销项税额中抵扣的进项税额，借记"固定资产清理"科目，贷记"应交税费——应交增值税（进项税额转出）"科目。

第二，发生的清理费用。固定资产清理过程中发生的有关费用以及应支付的相关税费，借记"固定资产清理"科目，贷记"银行存款"、"应交税费"等科目。

第三，出售收入和残料等的处理。小企业收回出售固定资产的价款、残料价值和变价收入等，应冲减清理支出。按实际收到的出售价款以及残料变价收入等，借记"银行存款"、"原材料"等科目，贷记"固定资产清理"科目。

第四，保险赔偿的处理。小企业计算或收到的应由保险公司或过失人赔偿的损失，应冲减清理支出，借记"其他应收款"、"银行存款"等科目，贷记"固定资产清理"科目。

第五，清理净损益的处理。固定资产清理完成后的净损失，借记"营业外支出"科目，贷记"固定资产清理"科目；固定资产清理完成后的净收益，借记"固定资产清理"科目，贷记"营业外收入"科目。

（六）固定资产盘亏的账务处理

固定资产是一种单位价值较高、使用期限较长的有形资产，因此，对于管理规范的小企业而言，盘盈、盘亏的固定资产较为少见。小企业应当健全制度，加强管理，定期或者至少于每年年末对固定资产进行清查盘点，以保证固定资产核算的真实性和完整性，充分挖掘企业现有固定资产的潜力。如果清查中发现固定资产的损溢应及时查明原因，在期末结账前处理完毕。

小企业在财产清查中盘亏的固定资产，通过"待处理财产损溢——待处理非流动资产损溢"科目核算，盘亏造成的损失，通过"营业外支出"科目核算，计入当期损益。

[例 2-36]　2×13 年 9 月 21 日，A 公司出售一座建筑物，原价为 200 万元，已计提折旧 100 万元，实际出售价格为 120 万元，已通过银行收回价款。假定上述出售交易适用的营业税税率为 5%。A 公司应编制如下会计分录：

（1）将出售固定资产转入清理：

借：固定资产清理　　　　　　　　　　　　　　　　　　　100 万元
　　累计折旧　　　　　　　　　　　　　　　　　　　　　100 万元
　　贷：固定资产　　　　　　　　　　　　　　　　　　　200 万元

（2）收回出售固定资产的价款：

借：银行存款　　　　　　　　　　　　　　　　　　　　　120 万元
　　贷：固定资产清理　　　　　　　　　　　　　　　　　120 万元

（3）确认应缴纳的营业税：

借：固定资产清理　　　　　　　　　　　　　　　　　　　6 万元
　　贷：应交税费——应交营业税　　　　　　　　　　　　6 万元

（4）结转出售固定资产实现的利得：

借：固定资产清理　　　　　　　　　　　　　　　　　　　14 万元
　　贷：营业外收入　　　　　　　　　　　　　　　　　　14 万元

[例 2-37]　2×13 年 5 月 30 日，A 公司现有一台设备由于性能等原因决定提前报废，原价 60 万元，已计提折旧 52 万元。报废时的残值变价收入为 2 万元，报废清理过程中发生清理费用 0.8 万元。有关收入、支出均通过银行办理结算。假定不考虑相关税费影响。A 公司应编制如下会计分录：

（1）将报废固定资产转入清理：

借：固定资产清理　　　　　　　　　　　　　　　　　　　8 万元
　　累计折旧　　　　　　　　　　　　　　　　　　　　　52 万元
　　贷：固定资产　　　　　　　　　　　　　　　　　　　60 万元

（2）收回残料变价收入：

借：银行存款　　　　　　　　　　　　　　　　　　　　　2 万元
　　贷：固定资产清理　　　　　　　　　　　　　　　　　2 万元

（3）支付清理费用：

借：固定资产清理　　　　　　　　　　　　　　　　　　　0.8 万元

　　　　贷：银行存款　　　　　　　　　　　　　　　　　　　　　0.8万元

（4）结转报废固定资产发生的净损失：

　　借：营业外支出　　　　　　　　　　　　　　　　　　　　　6.8万元

　　贷：固定资产清理　　　　　　　　　　　　　　　　　　　　6.8万元

五、生产性生物资产

　　对于小企业（农、林、牧、渔业）而言，生物资产通常是其资产的重要组成部分。与其他资产不同，生物资产具有两个显著特征。首先，生物资产是有生命的动物或植物，具有能够进行生物转化的能力。所谓生物转化，是指导致生物资产质量或数量发生变化的生长、蜕化、生产和繁殖的过程。例如，农作物从种植开始到收获前的生长过程；奶牛产奶能力不断下降的蜕化过程；蛋鸡产蛋、奶牛产奶、果树产水果等生产过程；奶牛产牛犊、母猪生小猪等繁殖过程。其次，生物资产与农业生产密切相关，包括种植业、畜牧养殖业、林业和水产业等行业。

　　生物资产的形态、价值以及产生经济利益的方式，都会随着自身的出生、成长、衰老、死亡等自然规律和生产经营活动不断变化，尽管其在所处生命周期中的不同阶段而具体有类似于不同资产类别（存货或固定资产）的特点。但是其会计处理与存货、固定资产等常规资产有所不同，因此有必要对生物资产的确认、计量和披露等会计处理进行单独规范，以更准确地反映企业的生物资产信息。

　　（一）生产性生物资产的定义和构成

　　生产性生物资产，是指小企业（农、林、牧、渔业）为生产农产品、提供劳务或出租等目的而持有的生物资产，生产性生物资产具备自我生长性，能够在持续的基础上予以消耗并在未来的一段时间内保持其服务能力或未来经济利益，属于劳动手段，包括经济林、薪炭林、产畜和役畜等。

　　与消耗性生物资产相比较，生产性生物资产的最大不同在于，生产性生物资产具有能够在生产经营中长期、反复使用，从而不断产出农产品或者是长期役用的特征。消耗性生物资产收获农产品之后，该资产就不复存在；而生产性生物资产产出农产品之后，该资产仍然保留，并可以在未来期间继续产出农产品。因此，通常认为生产性生物资产在一定程度上具有固定资产的特征，如果树每年产水果、奶牛每年产奶等。

　　一般而言，生产性生物资产通常需要生长到一定阶段才开始具备生产的能力。根据其是否具备生产能力（即是否达到预定生产经营目的），可以对生产性生物资产进行进一步的划分。所谓达到预定生产经营目的，是指生产性生物资产进入正常生产期，可以多年连续稳定产出农产品、提供劳务或出租。由此，生产性生物资产可以划分为未成熟和成熟两类，前者指尚未达到预定生产经营目的，还不能够多年连续稳定产出农产品、提供劳务或出租的生产性生物资产，如尚未开始挂果的果树、尚未开始产奶的奶牛等；后者则指已经达到预定生产经营目的的生产性生物资产。

　　（二）生产性生物资产的的取得

　　1. 生产性生物资产计量的基本原则

　　《小企业会计准则》规定，生产性生物资产应当按照成本进行计量，以取得生产性生物资产发生的全部相关支出作为成本。但是，对于不同方式取得的生产性生物资产，其成本构成不尽相同。小企业取得生产性生物资产的方式主要有两种：外购、自行营造或者繁殖。

2. 外购的生产性生物资产成本的确定

外购的生产性生物资产的成本，应当按照购买价款和相关税费确定，包括小企业为购买生产性生物资产支付的价款、缴纳的税金和行政事业性收费、运输费、保险费、场地整理费、装卸费、栽植费、专业人员服务费等。

小企业一笔款项一次性购入多项生物资产时，购买过程中发生的相关税费、运输费、保险费等可直接归属于购买该资产的其他支出，应当按照各项生物资产的价款比例进行分配，分别确定各项生物资产的成本。

3. 自行营造或繁殖的生产性生物资产成本的确定

对自行营造或繁殖的生产性生物资产而言，如小企业自己繁育的奶牛、种猪，自行营造的橡胶树、果树、茶树等，其成本确定的一般原则是按照其达到预定生产经营目的前发生的必要支出确定，包括直接材料、直接人工、其他直接费用和应分摊的间接费用。

自行营造的林木类生产性生物资产的成本，包括达到预定生产经营目的前发生的造林费、抚育费、营林设施费、良种试验费、调查设计费和应分摊的间接费用等必要支出。自行繁殖的产畜和役畜的成本，包括达到预定生产经营目的（成龄）前发生的饲料费、人工费和应分摊的间接费用等必要支出。

值得强调的是，达到预定生产经营目的是区分生产性生物资产成熟和未成熟的分界点，同时也是判断其相关费用停止资本化的时点，是区分其是否具备生产能力，从而是否计提折旧的分界点。小企业应当根据具体情况结合正常生产期的确定，对生产性生物资产是否达到预定生产经营目的进行判断，并以书面形式加以明确。例如，一般就海南橡胶园而言，同林段内离地 100 厘米处、树围 50 厘米以上的芽接胶树，占林段总株数的 50% 以上时，该橡胶园就属于进入正常生产期，即达到预定生产经营目的。

生产性生物资产在达到预定生产经营目的之前，其用途一般是已经确定的，如尚未开始挂果的果树、未开始产奶的奶牛等。但是，如果其未来用途不确定，应当作为消耗性生物资产核算和管理，待确定用途后，再按照用途转换进行处理。

与固定资产类似，生产性生物资产虽然是有生命的动物或者植物，其存活或者使用期限也较长，不是一次性实现其效益的，生产性生物资产的成本也应逐期分摊，转移到它所生产的产品或者提供的劳务中去。因此，生产性生物资产需要按照规定计提折旧，以确定小企业所实际发生的成本。

（三）生产性生物资产的折旧

1. 生产性生物资产折旧的基本要求

（1）所有投入使用的生产性生物资产都应计提折旧

成熟的生产性生物资产进入正常生产期，可以多年连续稳定产出农产品、提供劳务或出租。因此，应当按期计提折旧，与其给企业带来的经济利益流入相配比。例如，已经开始挂果的苹果树的折旧额与从苹果树上采摘的苹果取得的收入相配比，役牛每期的折旧额与其犁地为企业带来的经济利益流入相配比等。

（2）生产性生物资产的折旧方法

《小企业会计准则》只允许采用年限平均法对生产性生物资产计提折旧。主要考虑这种方法计算简便，便于小企业实务操作。

（3）生产性生物资产的折旧额应根据其受益对象加以分配

生产性生物资产的折旧额根据其受益对象分别计入相关资产成本（如将收获的农产品成本）或当期损益。小企业（农、林、牧、渔业）应当结合本企业的具体情况，根据生产性生物资产的类别，制定适合本企业的生产性生物资产目录、分类方法。对于投入使用的生产性生物资产，还应根据生产性生物资产的性质、使用情况，并考虑税法的规定，合理确定生产性生物资产的使用寿命和预计净残值，作为进行生产性生物资产核算的依据。

需要说明的是，《小企业会计准则》虽然没有规定统一的生产性生物资产使用寿命和预计净残值，交由小企业自行确定，但是小企业不得由此而随意确定。通常，小企业应当制定本企业生产性生物资产的核算和管理制度，以书面形式明确规定各项生产性生物资产的折旧方法、使用寿命和预计净残值，并且一以贯之地加以执行。生产性生物资产的使用寿命、预计净残值一经确定，不得随意变更。如果生产性生物资产使用过程中所处环境、使用情况等发生重大变化，导致其使用寿命或者预计净残值确需变更的，应当作为会计估计变更处理。

2. 生产性生物资产应计折旧额的确定

生产性生物资产的折旧，是指在生产性生物资产的使用寿命内，按照确定的方法对应计折旧额进行系统分摊。其中，应计折旧额是指应当计提折旧的生产性生物资产的原价扣除预计净残值后的余额。预计净残值是指预计生产性生物资产使用寿命结束时，在处置过程中所发生的处置收入扣除处置费用后的余额。小企业应当根据生产性生物资产的性质、使用情况和有关经济利益的预期实现方式，合理确定生产性生物资产的预计净残值。

3. 生产性生物资产使用寿命的确定

小企业确定生产性生物资产的使用寿命，应当考虑下列因素：该资产的预计产出能力或实物产量；该资产的预计有形损耗，如产畜和役畜衰老、经济林老化等；该资产的预计无形损耗，如因新品种的出现而使现有的生产性生物资产的产出能力和产出农产品的质量等方面相对下降、市场需求的变化使生产性生物资产产出的农产品相对过时等。实务中，小企业应在考虑这些因素的基础上，结合不同生产性生物资产的具体情况做出判断，例如，在考虑林木类生产性生物资产的使用寿命时，可以考虑诸如温度、湿度和降雨量等生物特征、灌溉特征、嫁接和修剪程序、植物的种类和分类、植物的株间距、所使用初生主根的类型、采摘或收割的方法、所生产产品的预计市场需求等。在相同的环境下，同样的生产性生物资产的预计使用寿命应该基本相同。

具体会计处理时，一方面为了保证相关会计信息的质量，避免因过分拉长生产性生物资产折旧年限可能导致的生产性生物资产账面价值虚高；另一方面为了便于小企业实务操作，减轻纳税调整负担，小企业在根据实际情况合理估计的前提下，可以直接采用企业所得税法规定的折旧最低年限作为相关生产性生物资产的折旧年限。

4. 生产性生物资产预计净残值的确定

生产性生物资产的预计净残值，是指生产性生物资产预计使用寿命已满，小企业从该项生产性生物资产处置中获得的扣除预计处置费用后的金额。通俗地讲，就是生产性生物资产在报废时预计残料变价收入扣除清理费用后的净值。需要注意的是，《小企业会计准则》没有规定生产性生物资产净残值率，或者是限定一个所有生产性生物资产均适用的净残值率下限，而是将确定生产性生物资产净残值的权利交给了企业。因为每一项生产性生物资产净残值的确定需要考虑很多因素，企业无疑最具有发言权。小企业应当根据生产性生物资产的实际使用情况进行合理的估计，并在生产性生物资产使用寿命内一贯应用。

5. 生产性生物资产折旧期的确定

生产性生物资产的折旧期自其投入使用时开始至停止使用或出售时止。其计算方法是"算尾不算头"，即不包括投入使用的当月但包括停止使用的当月。投入使用的生产性生物资产当月不计提折旧，从下月起按月计提折旧；停止使用的生产性生物资产当月继续计提折旧，从下月起停止计提折旧。

六、无形资产

（一）无形资产概述

1. 无形资产的定义

无形资产，是指小企业为生产产品、提供劳务、出租或经营管理而持有的、没有实物形态的可辨认非货币性资产。

随着我国社会主义市场经济的深入发展，知识创新步伐不断加快，无形资产在小企业资产中所占的比重越来越大。无形资产通常表现为某种权利、某项技术或是某种获取超额利润的综合能力，它不具有实物形态，看不见、摸不着，但能够为企业带来经济利益，有些情况下甚至成为企业经济利益的主要来源。

2. 无形资产的基本特征

（1）不具备实物形态

无形资产通常表现为某种权利、某项技术或是某种获取超额利润的综合能力，它们不具有实物形态，如商标权、非专利技术等。无形资产为企业带来经济利益的方式与固定资产等有形资产不同，固定资产是通过实物的价值磨损和转移来为企业带来经济利益，而无形资产很大程度上是通过自身所具有的技术等优势为企业带来经济利益的。

（2）具有可辨认性

能够从小企业中分离或者划分出来，并能单独用于出售或转让等，表明无形资产具有可辨认性；或者，无形资产是产生于合同性权利或其他法定权利，如因签订合同获得的特许使用权，或通过法律程序申请获得的商标权、专利权等。

（3）属于非货币性资产

无形资产由于没有发达的交易市场，一般不容易转化成现金，在持有过程中为企业带来未来经济利益具有不确定性，不属于以固定或可确定的金额收取的资产，属于非货币性资产。

3. 无形资产的构成

小企业无形资产通常包括土地使用权、专利权、商标权、著作权、非专利技术等。

（1）土地使用权，是指国家准许某企业在一定期间内对国有土地享有开发、利用、经营的权利。根据《中华人民共和国土地管理法》的规定，我国土地实行公有制，任何单位和个人不得侵占、买卖或者以其他形式非法转让。企业取得土地使用权的方式大致有以下几种：行政划拨、外购及投资者投入。

有关土地使用权的会计处理应把握以下几项原则：

①小企业取得的土地使用权应确认为无形资产。

②土地使用权用于自行开发建造厂房等建筑物，相关的土地使用权不与地上建筑物合并计算其成本，而仍作为无形资产进行核算，土地使用权与地上建筑物分别进行摊销和计提

折旧。

③小企业（房地产开发经营）将土地使用权用于建造对外出售的房屋建筑物，相关的土地使用权应当计入所建造的房屋建筑物的成本。

④小企业外购的房屋建筑物，实际支付的价款中包含了土地和建筑物的价值，应当按照合理的方法在建筑物和土地使用权之间进行分配；如果确实无法合理分配，应当全部作为固定资产。合理的分配方法通常是按照土地使用权和建筑物的市场价格或评估价值的相应比例进行分配。

（2）专利权，是指国家专利主管机关依法授予发明创造专利申请人，对其发明创造在法定期限内所享有的专有权利，包括发明专利权、实用新型专利权和外观设计专利权。

（3）商标权，是指专门在某类指定的商品或产品上使用特定的名称或图案的权利。

（4）著作权，又称版权，是指作者对其创作的文学、科学和艺术作品依法享有的某些特殊权利。著作权包括作品署名权、发表权、修改权和保护作品完整权，还包括复制权、发行权、出租权、展览权、表演权、放映权、广播权、信息网络传播权、摄制权、改编权、翻译权、汇编权以及应当由著作权人享有的其他权利。

（5）非专利技术，也称专有技术，是指不为外界所知、在生产经营活动中已采用了的、不享有法律保护的、可以带来经济效益的各种技术和诀窍。非专利技术一般包括工业专有技术、商业贸易专有技术、管理专有技术等。

小企业取得的特许经营权也属于无形资产。特许经营权，是指企业在某一地区经营或销售某种特定商品的权利或是一家企业接受另一家企业使用其商标、商号、技术秘密等的权利。通常有两种形式，一种是由政府机构授权，准许企业使用或在一定地区享有经营某种业务的特权，如水、电、邮电通信等专营权、烟草专卖权等；另一种是指企业间按照签订的合同，有限期或无限期使用另一家企业的某些权利，如连锁店分店使用总店的名称等。

（二）无形资产的取得

1. 无形资产初始计量的基本原则

《小企业会计准则》规定，无形资产应当按照成本进行计量，以取得无形资产发生的全部支出作为成本。但是，对于不同方式取得的无形资产，其成本构成不尽相同。小企业取得无形资产方式主要有三种：外购、投资者投入和自行开发。

2. 外购无形资产成本的确定

《小企业会计准则》规定，外购无形资产的成本由三部分构成：

（1）购买价款。

（2）相关税费，即在购买无形资产的过程中发生的直接相关的税费，如购买商品房时缴纳的契税、商标权的注册费等。

（3）相关的其他支出，如购买无形资产过程中发生的专业测试费、使用借款购买无形资产应负担的借款费用。其中，相关的借款费用，是指小企业在购买无形资产时使用了借款，因该借款发生的利息及其他相关成本。

[例 2-38]　2×13 年 12 月 1 日，A 公司购入一项非专利技术，支付的买价和有关费用合计 90 万元，以银行存款支付。A 公司应编制如下会计分录：

借：无形资产　　　　　　　　　　　　　　　　　　　　　　　　　　90 万元

　　贷：银行存款　　　　　　　　　　　　　　　　　　　　　　　　　90 万元

3. 投资者投入无形资产成本的确定

根据公司法的规定，投资者既可以用货币出资，也可以用实物、知识产权、土地使用权出资，并且应当评估作价，不得高估或者低估作价。其中，知识产权和土地使用权构成了接受投资方的无形资产。因此，遵照公司法的规定，投资者投入的无形资产应当按照评估价值确定其成本。如果涉及相关税费，还应按照税法规定进行相应会计处理。

4. 自行开发无形资产成本的确定

（1）小企业自行研究开发项目应划分为研究阶段和开发阶段

研究，是指为获取新的技术和知识等进行的有计划的调查，研究活动的例子包括：意在获取知识而进行的活动，研究成果或其他知识的应用研究、评价和最终选择，材料、设备、产品、工序、系统或服务替代品的研究，新的或经改进的材料、设备、产品、工序、系统或服务的可能替代品的配制、设计、评价和最终选择。

开发，是指在进行商业性生产或使用前，将研究成果或其他知识应用于某项计划或设计，以生产出新的或具有实质性改进的材料、装置、产品等。开发活动的例子包括：生产前或使用前的原型和模型的设计、建造和测试，含新技术的工具、夹具、模具和冲模的设计，不具有商业性生产经济规模的试生产设施的设计、建造和运营，新的或改造的材料、设备、产品、工序、系统或服务所选定的替代品的设计、建造和测试等。

（2）自行研究开发项目在研究阶段的支出全部费用化

研究阶段基本上是探索性的，为进一步的开发活动进行资料及相关方面的准备，在这一阶段不会形成阶段性成果。其研究能否在未来形成成果也有很大的不确定性，因此，《小企业会计准则》规定，研究阶段的支出在发生时应当费用化，直接计入当期损益（管理费用）。

（3）自行研究开发项目在开发阶段的支出符合资本化条件的，计入无形资产的成本；不符合资本化条件的，计入当期损益（管理费用）。

由于开发阶段相对于研究阶段更进一步，且很大程度上形成一项新产品或新技术的基本条件已经具备，所发生的支出如果符合资本化的条件，应当资本化，即确认为无形资产的成本。

（4）自行开发无形资产资本化的条件

小企业自行开发无形资产发生的支出必须同时满足《小企业会计准则》所规定的五个条件才能资本化，确认为无形资产，缺一不可：

①完成该无形资产以使其能够使用或出售在技术上具有可行性的内涵。

这一条件实质上是关于自行开发无形资产技术上可行性的要求。判断无形资产的开发在技术上是否具有可行性，应当以目前阶段的成果为基础，并提供相关证据和材料，证明小企业进行开发所需的技术条件等已经具备，不存在技术上的障碍或其他不确定性。比如，小企业已经完成了全部计划、设计和测试活动，这些活动是使无形资产能够达到设计规划书中的功能、特征和技术所必需的活动或经过专家鉴定等。

②具有完成该无形资产并使用或出售的意图的内涵。

这一条件实质上是关于自行开发无形资产企业管理层意图的要求。小企业自行开发无形资产的意图，无非是两个目的，一是自用，二是对外出售。

小企业开发某项产品或专利技术等，通常是根据企业管理层对该项研发活动的目的或者意图加以确定。也就是说，研发项目形成成果以后，是通过自身使用获取经济利益还是通过对外出售获取经济利益，应当依企业管理层的决定为依据。因此，小企业的管理层应当明确表明其拟开发无形资产的目的，并具有完成该项无形资产开发使其能够使用或出售的可能性。

③能够证明运用该无形资产生产的产品存在市场或无形资产自身存在市场，无形资产将在内部使用的，应当证明其有用性的内涵。

这一条件实质上是关于自行开发无形资产的经济性或有用性的要求。小企业自行开发无形资产的目的是为了实现经济利益，实现的方式主要有三种：一是用于生产产品，通过使用该无形资产生产产品、销售所生产的产品最终实现经济利益；二是出售，就是通过直接将所开发的无形资产对外出售实现经济利益；三是自用，而不是直接用于生产产品。前两种方式共同的特点是最终都需借助市场来完成。

如果有关的无形资产开发完成后是用于形成新产品或新工艺，小企业应对运用该无形资产生产的产品市场情况进行估计，应能够证明所生产的产品存在市场，能够带来经济利益的流入；如果有关的无形资产开发以后是用于对外出售，则小企业应能够证明市场上存在对该类无形资产的需求，开发以后存在外在的市场可以出售并带来经济利益的流入；如果无形资产开发以后不是用于生产产品，也不是用于对外出售，而是在小企业内部使用，则小企业应能够证明在小企业内部使用时对小企业的有用性。

④有足够的技术、财务资源和其他资源支持，以完成该无形资产的开发，并有能力使用或出售该无形资产的内涵。

这一条件实质上是关于自行开发无形资产相关资源支持性的要求。具体包括以下内容：

第一，为完成该项无形资产开发具有技术上的可靠性。开发无形资产并使其形成成果在技术上的可靠性是继续开发活动的关键。因此，必须有确凿证据证明小企业继续开发该项无形资产有足够的技术支持和技术能力。

第二，财务资源和其他资源支持。财务资源和其他资源支持是能够完成该项无形资产开发的经济基础，因此，小企业必须能够说明为完成该项无形资产的开发所需的财务和其他资源，比如资金、专业技术人员、实验室、试验场等，是否能够足以支持完成该项无形资产的开发。

小企业应证明能够获取在开发过程中所需的技术、财务和其他资源，以及小企业获得这些资源的相关计划等。比如，在小企业自有资金不足以提供支持的情况下，是否存在外部其他方面的资金支持，如银行或风险投资基金等方面愿意为该无形资产的开发提供所需资金的声明等来证实。

第三，有能力使用或出售该无形资产，以获取经济利益。这一要求实质上反映了小企业对所开发无形资产的控制力。

⑤归属于该无形资产开发阶段的支出能够可靠地计量的内涵。

这一条件实质上是关于自行开发无形资产成本可计量性的要求。小企业对于研究开发活动发生的支出应单独核算，如发生的研究开发人员的职工薪酬、材料费等。所发生的开发支出同时用于支持多项开发活动的，应按照一定的标准在各项开发活动之间进行分配，无法合理分配的，应予费用化计入当期损益（管理费用），不计入无形资产的成本。

(5) 自行开发无形资产资本化的成本构成

自行开发形成的无形资产的成本,由符合资本化条件后至达到预定用途前发生的支出(含相关的借款费用)构成。具体包括:开发该无形资产时耗费的材料、所使用固定资产的折旧费、参与开发人员的职工薪酬、在开发该无形资产过程中使用的非专有技术等的摊销费、按规定资本化的借款费用,以及为使该无形资产达到预定用途前所发生的其他直接相关的支出。

值得强调的是,内部开发无形资产的成本仅包括在符合资本化条件后至达到预定用途前发生的支出总和,对于同一项无形资产在开发过程中达到资本化条件之前已经费用化计入当期损益的支出不再进行调整。在达到预定用途后发生的支出全部费用化,计入当期损益(管理费用)。

[例 2-39] 2×13 年 3 月 1 日,A 公司自行研究开发一项专利技术,研究开发过程中发生材料费 40 万元、人工工资 10 万元,以及用银行存款支付其他费用 30 万元,总计 80 万元。其中,符合资本化条件的支出为 50 万元。年末,该专利技术达到预定用途。假定不考虑相关税费。A 公司应编制如下会计分录:

(1) 相关费用发生时:

借:研发支出——费用化支出　　　　　　　　　　　　　　　30 万元
　　　　　　——资本化支出　　　　　　　　　　　　　　　50 万元
　贷:原材料　　　　　　　　　　　　　　　　　　　　　　40 万元
　　　应付职工薪酬　　　　　　　　　　　　　　　　　　　10 万元
　　　银行存款　　　　　　　　　　　　　　　　　　　　　30 万元

(2) 年末开发项目达到预定用途形成无形资产:

借:管理费用　　　　　　　　　　　　　　　　　　　　　　30 万元
　　无形资产　　　　　　　　　　　　　　　　　　　　　　50 万元
　贷:研发支出——费用化支出　　　　　　　　　　　　　　30 万元
　　　　　　——资本化支出　　　　　　　　　　　　　　　50 万元

(三) 无形资产的后续计量

小企业持有无形资产的目的是为了实现经济利益,实现的方式主要是自用,当然也可以对外出售。自用就涉及无形资产的摊销问题。

1. 无形资产摊销期确定的基本原则

无形资产的摊销期自其可供使用时开始至停止使用或出售时止。其计算方法是"算头不算尾",即包括可供使用的当月但不包括停止使用或出售的当月。具体应用时应把握好以下几个方面:

(1) 可供使用时,是指无形资产达到了技术上、法律上、经济上可以使用的时点,通常是指达到可供使用的当月。这一点与固定资产计提折旧的起始点不同,当月增加的固定资产,当月不计提折旧,从下月起计提折旧。

(2) 停止使用时,是指无形资产由于技术、法律、经济等方面的原因已经不能再给小企业带来经济利益的时点,通常是指某项无形资产的法律保护期已经失效,某项无形资产由于技术进步导致落后淘汰等。既然停止使用无形资产了,也就不应再对其继续进行摊销了。

（3）出售时，是指无形资产由自用转为对外出售的时点，某项无形资产一旦对外出售，即意味着在以后期间不能再给小企业带来经济利益，因此，就不存在对其进行摊销的问题。

（4）在计算确定摊销期时，均不包括停止使用和出售的当月。在这一点上，与固定资产计提折旧停止的时点不相同。当月减少的固定资产，当月仍计提折旧，从下月起不计提折旧。

2. 无形资产摊销的基本要求及方法

（1）所有的无形资产都应当进行摊销。

（2）无形资产的摊销只允许采用年限平均法（直线法），主要考虑是这种方法计算简便，便于小企业实务操作。

（3）无形资产的摊销额根据无形资产的受益对象计入相关资产成本或者当期损益。具体来讲，可分为五种情况：①如果用于生产产品，则其摊销额应计入该产品的成本；②如果用于日常行政管理，则其摊销额应计入管理费用；③如果用于营销活动，则其摊销额应计入该产品的成本；④如果用于开发某项新技术，则其摊销额应计入该新技术的开发支出；⑤如果用于建造某项固定资产，则其摊销额应计入该固定资产的在建工程成本。

（4）无形资产的残值通常为零，因此，无形资产的应摊销额就是其成本。在这一点上，与固定资产不同，固定资产由于存在实体，通常会保留预计净残值。

3. 无形资产摊销期的具体确定

无形资产的使用寿命包括存在法定寿命和不存在法定寿命两种情况，有些无形资产的使用寿命受法律、规章或合同的限制，称为法定寿命。如我国法律规定发明专利权有效期为20 年，商标权的有效期为 10 年。有些无形资产如永久性特许经营权、非专利技术等的寿命则不受法律或合同的限制。

小企业会计准则为了便于小企业实务操作，区分两种情况规定了无形资产的摊销期。

（1）有关法律规定或合同约定了使用年限的，可以按照规定或约定的使用年限分期摊销

对于该规定，应从以下几个方面来理解：

①确定无形资产摊销期的依据是法律规定和合同约定。

②只要法律有明确的规定，则按照法律规定的期限作为摊销期。比如，某小企业以支付土地出让金方式取得一块土地的使用权，如果企业准备持续持有，在 50 年期间内没有计划出售，该块土地使用权预期为企业带来未来经济利益的期间为 50 年。

③只要合同有明确的约定，则按照合同约定的期限作为摊销期。比如，小企业的某投资者以土地使用权出资，投资合同约定，该小企业的合作经营期为 20 年，则小企业取得的该土地使用权的摊销期应为 20 年。

④如果既有法律规定又有合同约定，通常按照孰短的原则来掌握。

⑤既然遵循了法律的规定和合同的约定，其摊销期就不受 10 年的限制，可以长于 10年，也可以短于 10 年。

（2）小企业能可靠估计无形资产使用寿命的，摊销期不得低于 10 年

对于该规定，应从以下几个方面来理解：

①不能可靠估计无形资产的使用寿命，是指没有法律规定和合同约定无形资产的使用年限。

②在这种情况下，摊销期最短为 10 年。

③如果无合理的技术、法律、经济的理由和确凿的证据，《小企业会计准则》建议对该类无形资产的摊销期选定为 10 年，以提高该类资产的质量，避免虚计资产。

[**例 2-40**]　2×13 年 1 月 1 日，A 公司拥有一项特许权，成本为 48 万元，合同规定受益年限为 10 年，预计净残值为零。A 公司每月应计提的摊销额为：$48 \div 10 \div 12 = 0.4$（万元）。每月摊销时，A 公司应编制如下会计分录：

借：管理费用　　　　　　　　　　　　　　　　　　　　　　　0.4 万元
　　贷：累计摊销　　　　　　　　　　　　　　　　　　　　　　0.4 万元

[**例 2-41**]　2×13 年，A 公司计提无形资产摊销额 10 万元，全部计入管理费用，会计分录如下：

借：管理费用　　　　　　　　　　　　　　　　　　　　　　　10 万元
　　贷：累计摊销　　　　　　　　　　　　　　　　　　　　　　10 万元

（四）无形资产的处置

小企业的无形资产通过使用或出售最终都会退出企业，因此，无形资产的处置也是无形资产会计处理不可或缺的重要组成部分。

1. 处置无形资产的内涵

在《小企业会计准则》中，处置无形资产是一个很宽泛的概念，是指由于各种原因造成无形资产减少的所有情形，主要包括对外出售无形资产，因技术、法律、经济等原因造成报废无形资产以及将无形资产用作对外投资等。

2. 处置无形资产损益的确定

由于小企业持有无形资产的目的主要是自用，尽管有时可能对外出售，因此无形资产不同于存货。基于这种考虑，处置无形资产产生的损益是一个净额的概念，《小企业会计准则》将其计入营业外收入或营业外支出。

在确定处置无形资产损益时，应当综合考虑以下因素：

（1）该无形资产的账面价值，即无形资产的成本扣减累计摊销后的金额。在实务中，无形资产的成本体现在"无形资产"科目，其对应的累计摊销体现在"累计摊销"科目。

（2）相关税费，即在处置无形资产过程中发生的相关税费。

（3）处置收入，即出售无形资产的价款、用于对外投资的无形资产的评估价值，通常报废的无形资产没有处置的价值，可以理解为处置收入为零。

[**例 2-42**]　2×13 年 8 月 31 日，A 公司出售一项专利权，该专利权成本为 80 万元，已计摊销 45 万元，实际取得的转让价款为 50 万元，应交税费 5 万元，款项已存入银行。A 公司应编制如下会计分录：

借：银行存款　　　　　　　　　　　　　　　　　　　　　　　50 万元
　　累计摊销　　　　　　　　　　　　　　　　　　　　　　　45 万元
　　贷：无形资产　　　　　　　　　　　　　　　　　　　　　　80 万元
　　　　应交税费　　　　　　　　　　　　　　　　　　　　　　 5 万元
　　　　营业外收入　　　　　　　　　　　　　　　　　　　　　10 万元

七、长期待摊费用

（一）长期待摊费用的内涵

长期摊销费用也是小企业的一项资产。它指的是小企业已经发生但应由本期和以后各期负担的分摊期在 1 年以上的各项费用，包括：已提足折旧的固定资产的改建支出、经营租入固定资产的改建支出、固定资产的大修理支出、其他长期待摊费用等。

1. 已提足折旧的固定资产的改建支出

（1）对于已提足折旧的固定资产来说，其账面价值仅剩下预计净残值。也就是说，该项固定资产除预计净残值外的价值已全部转移至生产成本或各期损益，这时候在这些资产上发生的改建支出，不能计入原固定资产的成本，由于此时固定资产的价值形式已经消失，这些支出也已失去了可以附着的载体。基于这一考虑，《小企业会计准则》将其作为长期待摊费用，以区别于原来的固定资产和对未提足折旧的固定资产进行的改建支出。

（2）已提足折旧的固定资产的改建支出，仅指改变房屋或者建筑物结构、延长使用年限等发生的支出。否则，发生的相关支出不得作为长期待摊费用，而应直接计入发生当期的损益（管理费用或销售费用）。

2. 经营租入固定资产的改建支出

（1）小企业作为承租人以经营租赁方式租入的固定资产，仍属于出租人的固定资产，小企业仅拥有在租赁期内对该项固定资产的使用权，因而对以经营租赁方式租入的固定资产发生的改建支出，《小企业会计准则》规定不得计入固定资产成本，作为固定资产核算，否则就会出现同一项固定资产在出租人和承租人双方同作核算的问题，但是，这项改建支出能给承租人带来经济利益，因此，《小企业会计准则》将其单独作为长期待摊费用进行核算，以区别于固定资产。

（2）经营租入固定资产的改建支出，仅指改变房屋或者建筑物结构、延长使用年限等发生的支出。否则，发生的相关支出不得作为长期待摊费用，而应直接计入发生当期的损益（管理费用或销售费用）。

3. 固定资产的大修理支出

固定资产的大修理支出必须同时满足以下两个条件：

（1）修理支出达到取得固定资产时的计税基础 50％以上

固定资产的修理支出，是指在已持有固定资产的过程中由于对该项固定资产的使用而发生的支出，包括日常修理费和其他修理支出。其中，日常修理费应当在发生时根据固定资产的受益对象计入相关资产成本或者当期损益。对于其他修理支出，如果其金额达到了该项固定资产取得的计税基础的 50％以上，则符合了作为固定资产大修理支出的第一个条件，否则，也应当比照日常修理费进行会计处理。

计税基础是一个企业所得税法概念。《企业所得税法实施条例》第五十六条规定，企业的各项资产，以历史成本为计税基础。因此，小企业会计准则中所称的计税基础实际上就是固定资产成本或原价。

此外还应注意的是，修理支出通常是一次性发生的，而不是多次发生的累计金额，但是分步骤完成的可以视同为一次性发生。

（2）修理后固定资产的使用年限延长 2 年以上

固定资产的修理支出，往往旨在维持固定资产的使用寿命或延长固定资产的使用寿命，提高其使用价值。作为长期待摊费用的固定资产大修理支出，根据《小企业会计准则》的规定，必须是使固定资产经过修理后，其使用寿命延长 2 年以上，否则就不被当作固定资产大修理支出，而应当比照日常修理费进行会计处理。

4. 其他长期待摊费用的认定

其他长期待摊费用是指企业发生的除上述已提足折旧的固定资产的改建支出、经营租入固定资产的改建支出、固定资产的大修理支出以外，摊销期限在 1 年以上的各项费用。为了便于小企业实务操作，《小企业会计准则》允许小企业根据国务院财政、税务主管部门的相关规定加以具体认定。

需要说明的是，从目前来讲，《小企业会计准则》中作为长期待摊费用核算的仅限于已提足折旧的固定资产的改建支出、经营租入固定资产的改建支出、固定资产的大修理支出这三种情况。

[例 2-43] 2×13 年 6 月 12 日，A 公司对其以经营租赁方式新租入的办公楼进行装修，发生以下有关支出：领用生产用材料 50 万元，购进该批原材料时支付的增值税进项税额为 8.5 万元；有关人员工资等职工薪酬 43.5 万元。年末，该办公楼装修完工，达到预定可使用状态并交付使用。A 公司应编制如下会计分录：

（1）装修领用原材料时：

借：长期待摊费用		58.5 万元
贷：原材料		50 万元
应交税费——应交增值税（进项税额转出）		8.5 万元

（2）确认工程人员职工薪酬时：

借：长期待摊费用		43.5 万元
贷：应付职工薪酬		43.5 万元

（二）长期费用的摊销

1. 长期待摊费用摊销的基本要求及方法

（1）长期待摊费用的摊销方法只有一种，即年限平均法（直线法），主要考虑的是这种方法计算简便，便于小企业实务操作。

（2）长期待摊费用的摊销额根据长期待摊费用的受益对象计入相关资产成本或者管理费用。具体来讲，可分为两种情况：如果用于生产产品或自行开发无形资产，则其摊销额应计入该产品的成本或无形资产的成本；否则，为简化核算，其摊销额应计入管理费用。

（3）为简化核算，长期待摊费用的摊销额，直接冲减长期待摊费用，不必像固定资产和无形资产单独设置"累计折旧"和"累计摊销"科目。

2. 长期待摊费用摊销期确定的基本原则

长期待摊费用自支出发生月份的下月起开始进行摊销。其计算方法是"算尾不算头"，与固定资产的折旧起始点相同。

3. 长期待摊费用摊销期的具体确定

《小企业会计准则》为了便于小企业实务操作，区分以下四种情况规定了长期待摊费用的摊销期。

（1）已提足折旧的固定资产的改建支出，按照固定资产预计尚可使用年限分期摊销

这是因为通过改变房屋或者建筑物的结构，延续了其使用价值和年限，又能为小企业带来一定的经济利益流入，所以应按照该被改建的固定资产预计尚可使用的年限分期摊销改建支出。比如，某小企业生产车间的厂房虽然已经提足折旧，但是其基础结构在技术和质量还符合要求，该小企业对该厂房的结构进行改造和加固，发生支出 50 万元，估计该厂房可供企业再使用 5 年，则该项改建的摊销期为 5 年，每年应摊销 10 万元。

（2）经营租入固定资产的改建支出，按照合同约定的剩余租赁期限分期摊销

此类固定资产所有权仍然属于出租人，而不是作为承租人的改建方，因此，其受益期只能局限于合同约定的剩余租赁期限内，其改建支出也只能在剩余租赁期限内摊销。比如，某小企业为适应生产产品的需要对经营租入的厂房进行了改造，发生支出 20 万元，该厂房的租赁期为 5 年，发生该改建支出的时间为租赁期的第 3 年年初，因此，该项改建支出的摊销期应为剩余的租赁期 3 年，而不是整个租赁期 5 年。

（3）固定资产的大修理支出，按照固定资产尚可使用年限分期摊销

该固定资产的尚可使用年限通常是指大修理时剩余折旧年限加上由于大修理而延长的折旧年限之和。

（4）其他长期待摊费用，自支出发生月份的下月起分期摊销，摊销期不得低于 3 年

即在这种情况下，摊销期最短为 3 年。但是，如果无合理的技术、法律、经济的理由和确凿的证据，《小企业会计准则》建议对该类无形资产的摊销期选定为 3 年，以提高该类资产的质量，避免虚计资产。

[例 2-44]   2×13 年 2 月 1 日，A 公司对其以经营租赁方式新租入的办公楼进行装修，发生以下有关支出：领用生产用材料 50 万元，购进该批原材料时支付的增值税进项税额为 8.5 万元；辅助生产车间为该装修工程提供的劳务支出为 18 万元；有关人员工资等职工薪酬 43.5 万元。2×13 年 11 月 30 日，该办公楼装修完工，达到预定可使用状态并交付使用，按租赁期 10 年开始进行摊销。假定不考虑其他因素，A 公司应编制如下会计分录：

（1）装修领用原材料时：

　　借：长期待摊费用 　　　　　　　　　　　　　　　　　　58.5 万元

　　　　贷：原材料 　　　　　　　　　　　　　　　　　　　　50 万元

　　　　　　应交税费——应交增值税（进项税额转出） 　　　8.5 万元

（2）辅助生产车间为装修工程提供劳务时：

　　借：长期待摊费用 　　　　　　　　　　　　　　　　　　18 万元

　　　　贷：生产成本——辅助生产成本 　　　　　　　　　　18 万元

（3）确认工程人员职工薪酬时：

　　借：长期待摊费用 　　　　　　　　　　　　　　　　　　43.5 万元

　　　　贷：应付职工薪酬 　　　　　　　　　　　　　　　　43.5 万元

（4）2×13 年 12 月摊销装修支出时：

　　借：管理费用 　　　　　　　　　　　　　　　　　　　　1 万元

　　　　贷：长期待摊费用 　　　　　　　　　　　　　　　　1 万元

第四节　资产会计处理与税法的差异

一、资产会计处理与税法差异概述

由于会计与税法的目的不同，基本前提和遵循的原则有差别，为有利于规范会计制度和税收政策，税法与会计制度的适度分离具有必然性。因而这导致了税法对经济事项的确认和计量与企业会计制度在许多方面存在差异。这些差异主要涉及收入确认的差异、成本费用与税前扣除的差异、资产处理的差异、重组业务的差异以及其他项目的差异（包括亏损弥补、关联方交易、会计差错更正差异、资产负债表日后事项处理等）五大类的差异。本节主要介绍资产会计处理与税法的差异。

资产的会计处理包括资产的确认、分类、计价和价值转移实现。

资产确认的一般标准是：第一，符合资产的定义；第二，能够可靠地计量。可靠计量，要求有确凿、可靠的证据，是指交易发生或完成时所形成的各种交易价格。根据以上标准，任何一个项目要确认为是一项资产，既要符合资产定义，又要能够可靠计量。资产的本质特征是能够带来未来经济利益的资源。因此任何一项资源如果不能再为企业带来经济利益，即使耗费巨大，也不能作为资产；已确认为资产的，在不能带来经济利益时也应该进行清理，从资产中剔除。

资产的计量是指入账的资产应按什么样的金额予以记录和报告。目前可供选择的计量方法主要有历史成本、重置成本、公允价值、可变现净值和未来现金流量现值等。为了确保会计信息的真实、完整，会计准则要求必须选择最为真实、可靠的计量方法。历史成本作为资产计量的主要方法，这是因为历史成本是交易双方所认同的价格，人为估计等主观因素程度较低，其真实性、可验证性在所有计量方法中最高。

资产价值的转移实现包括固定资产折旧、无形资产和长期待摊费用的摊销、存货成本的结转以及投资成本的回收等。

会计准则与税法对资产处理的差别也涉及资产确认、计价、价值转移实现和资产的处置等几个环节。

（一）资产的定义和确认

资产也是税法的重点概念，资产交易是最主要的税收交易，资产的增值是所得税征税的基础。但税法中没有对资产进行明确定义，只是列举了资产的类型。资产的基本概念原则上与会计概念相同。特别是对各类资产发生永久性或实质性损害的标准进一步明确细化之后，税法对于资产的界定与会计准则制度更趋于一致。主要差别有两点：

1. 税法与会计在资产范围和口径上的主要差异是资产减值（跌价）准备部分，税法原则上不承认各项资产减值（跌价）准备，对一般企业的坏账准备和金融保险特殊行业的呆坏账准备税法还规定有明确的比例限制。

2. 对固定资产的改良支出与修理支出的界限，会计准则与税法规定有差别，要求资本化为资产成本的标准也略有不同。

（二）资产计量

传统上，会计准则对资产的计价也主要采用历史成本，但近年来逐渐引入了公允价值、重置成本等计量属性。税法对资产的计价基本原则是以历史成本计价，但由于在改组、非货币交易、债务重组等业务中，为保证资产中隐含的增值或损失不逃逸出征税范围之外，税收上对企业资产按评估价值调整原入账价格有严格的限制要求。

（三）资产价值的转移

资产价值转移为费用指的是资产在后续使用过程中初始成本逐渐转移到其他会计项目中的过程，是资产在生产经营过程中的价值实现。例如提取固定资产的折旧，固定资产的部分价值转移到收益的相关项目中，可能是计入了产品的成本，也可能是计入了管理费用等期间费用；又如使用购买的原材料时，原材料的价值转移到产品成本中或者归集到核算使用原材料的企业管理部门的会计项目中；再如资产损毁或者变卖时，资产的价值不再被会计主体拥有，而是转移为损失或者收益的形式等。

关于资产价值的转移，会计准则制度和税法规定在固定资产折旧方法和投资成本回收等多方面都有所不同。

本节后面的部分将对上述差异逐一介绍，而后一节将针对这些差异，逐一列举小企业会计准则在资产会计处理业务方面与税规定的差异以及其所做的协调。

二、资产计量差异

企业会计准则允许企业在对资产计量时可以根据自身情况选择合适的计量方法，但是税法统一了对资产的计量方法，一致采用历史成本作为计税基础。这就是二者的主要差异，具体来看，计量差异体现在如下几个环节：

（一）各项资产取得时的初始成本

企业会计准则和税法对存货、固定资产、无形资产和投资等取得时的初始成本，都规定应当按照实际成本入账（会计准则要求以公允价值进行初始计量的除外）。资产的取得方式一般包括购入资产、自制资产、盘盈资产、融资租赁固定资产、接受捐赠资产、接受投资资产、债务重组获得的资产、以非货币性交易方式换入资产、企业改组获得资产。除债务重组、企业合并、分立等改组以及通过非货币性交易取得的资产的初始成本税法规定与会计准则不同外，在一般情况下，对各项资本的初始成本的确定两者是一致的。

（二）资产入账后的价值调整

税法和会计准则均规定，企业各项资产的入账价值原则上应遵循历史成本原则，不得任意调整。但是，企业会计上发生需要重估的事项，都可能要调整入账价值，并且将调整后的价值与原入账价值的差额确认为资本公积或损失。税法规定，除非原计价错误、国家统一的清产核资或增减资（比如固定资产改良或增加投资等），纳税人的存货、固定资产、无形资产和投资等各项资产的历史成本不得改变，除非在发生合并、分立和资本结构调整等改组活动时，有关资产隐含的增值或损失在税收上已确认。

由上述内容可见，由于会计信息有客观、谨慎和及时的质量要求，在资产入账后价值重估中，会计对资产的跌价或减值处理是一项特有的重要财务处理，而税法对此并不认可，在此重点介绍这一差异。

资产跌价或减值是由于市场价格的波动、市场供需情况的变化等原因，企业资产的价格出现下跌或资产价值减少。企业会计准则规定，企业应当定期或者至少每年年度终了，对各项资产进行全面清查，各项资产以现价为参考，对资产的期末计价进行调整，合理地预计各项资产可能发生的损失，对可能发生的各项资产损失计提资产跌价或减值准备。一般企业主要包括应收账款坏账准备、贷款减值准备、持有至到期投资减值准备、可供出售金融资产减值准备、存货跌价准备、固定资产减值准备、长期股权投资减值准备、无形资产减值准备、在建工程减值准备等。金融企业主要包括应收账款坏账准备、短期投资跌价准备、贷款损失准备、抵债资产准备、固定资产减值准备、长期股权投资减值准备、无形资产减值准备和在建工程减值准备等。

税法规定，存货跌价准备金、投资跌价准备金、风险准备金（包括投资风险准备金）以及国家税收法规规定可提取的准备金之外的任何形式的准备金不得在税前扣除。目前，只有坏账准备金、金融企业的呆坏账准备金按税法规定的比例允许在税前扣除。

由此可见，对资产跌价或减值准备的处理，会计准则与税法规定不同。会计准则要求企业提取资产跌价或减值准备主要基于谨慎性原则考虑，要求估计可能发生的风险和损失，保证企业因市场变化导致资产实际价值的变动能够客观真实地得以反映，防止企业虚增资产。税法主要考虑以下因素，一般不允许企业提取各种形式的准备：一是企业所得税税前允许扣除的项目，原则上必须遵循真实发生的据实扣除原则，企业实际发生的损失，允许在税前扣除；反之，企业非实际发生的损失，一般不允许扣除。二是由于市场复杂多变，税法上难以对各种准备金规定一个合理的提取比例，各行业因市场风险不同，规定提取准备金固定比例会导致税负不公。三是如果不规定统一比例而是向会计制度一样由企业根据实际情况自主决定，又可能失控。因此，企业提取的资产跌价准备或减值准备，尽管在提取年度税前不允许扣除，但企业资产损失实际发生时，在实际发生年度是允许扣除的。

三、资产价值转移的差异

资产价值转移也就是资产在生产经营过程中的价值实现。主要涉及资产的后续计量，包括资产的折旧摊销、加工和处理、改良与修理、处置、损失等。

对资产的折旧摊销，会计准则和税法规定的差异主要体现在对折旧摊销的范围认定、折旧摊销的基数、折旧摊销的方法以及折旧摊销的期限上。例如固定资产的折旧，会计准则和税法对于折旧的期限以及折旧的方法的规定就有一定的差异。相对于税法规定，会计准则给予企业更宽松的选择空间。

资产的加工和处理主要体现在存货的生产和制造、固定资产和无形资产等自用资产的自行构建等业务上，而税法和会计准则规定的差异主要体现在对特殊费用是否计入成本的规定上。

资产改良与处理的主要业务代表是固定资产的修理，会计准则和税法规定的差异主要表现在对费用资本化和费用化的规定上。

资产的处置，由于会计准则和税法对资产减值准备金的规定不一致，导致处置时确认实现的收益有差别，这一差别体现在处置所有提取资产损失准备金的资产的业务中。这一差别也导致了资产损失的会计处理和税务处理不一致。

资产的损失，也指企业在生产经营中实际发生的、与取得应税收入相关的资产损失。2003 年以前，除了应收账款确认坏账，对其他资产判断发生损失的标准，税法一直没有明确。2008年新企业所得税法颁布以后，其对存货、固定资产、无形资产和投资资产等发生永久或实质性损害的标准做了明确。应该说这些标准基本上与会计准则制度的规定是一致的。主要差别是，税法除了规定判断标准外，还提出了详细的审核批准的程序性要求。企业的资产发生可以确认损失的情况时，一般要按资产的账面价值借记已计提的减值准备，借记损失应归集的项目，贷记资产的账面余额，并且应及时报请审批，税务机关应及时审核批准。

当企业有确凿证据证明各项资产已发生永久或实质性损害时，应扣除变价收入、可收回的金额以及责任和保险赔偿后，应确认为财产损失；企业须及时申报扣除财产损失，需要相关税务机关审核的，应及时报核，不得在不同纳税年度人为更改调动。企业非因计算错误或其他客观原因，而有意未及时申报的财产损失，逾期不得扣除。确因税务机关原因未能按期扣除的，经主管税务机关审核批准后，必须调整所属年度的申报表，并相应抵退税款，不得改变财产损失所属纳税年度。税务机关受理的企业申报的各项财产损失，原则上必须在年终申报纳税之前履行审核审批手续，各级税务机关须按规定时限履行审核程序，除非对资产是否发生永久或实质性损害的判断发生争议，不得无故拖延，否则将按《中华人民共和国税收征收管理法》和税收执法责任制的有关规定追究责任；发生争议的，应及时请示上级税务机关。

需要重点强调的是投资的损失。关于投资的损失，税法与会计准则制度的差异较大。税法将投资损失分为债权性投资损失和权益性投资损失，并分别对债权性损失和权益性损失的认证条件进行了列举，只有在符合认证条件的同时才能获得税法上的损失认可。而2006年财政部发布的新的企业会计准则，将资产价格变化较大的金融资产分为四大类：交易性金融资产、持有至到期投资、贷款和应收款项、可供出售金融资产，各类资产采用不同的初始计量方法和后续计量方法，并对资产减值准备和损失的认证条件作了一一规定。而小企业由于持有金融资产的数量和种类较为简单，并且为了核算简便需要，仅将投资资产分为短期投资和长期投资，并且对损失的认证也进行了简化，尽可能与税法协调，这在下一节会做重点介绍。

第五节　资产会计处理与税法差异的协调

一、资产会计处理与税法差异的协调概述

第四节介绍了现行会计准则对资产的会计处理的规定与税法对资产的税务处理规定的差异，主要体现在资产的认定、计量属性（包括减值准备金的认定）、价值转移（包括处置和资产损失）三个方面。《小企业会计准则》为了能够方便小企业进行资产的财务核算，使得财务报告更好地运用于纳税环节，在《企业会计准则》的基础上围绕这三方面对每一项资产的认定、计量属性和价值转移进行了调整。

（一）资产的认定

企业会计准则和税法对资产的认定大都一致，小企业会计准则为了协调税法规定，并且

和企业会计准则有效衔接，也都采取了大体相同的定义。

（二）资产的计量属性

《企业会计准则——基本准则》第四十二条规定："会计计量属性主要包括历史成本、重置成本、可变现净值、现值和公允价值。"第四十三条规定："企业在对会计要素进行计量时，一般应当采用历史成本，采用重置成本、可变现净值、现值、公允价值计量的，应当保证所确定的会计要素金额能够取得并可靠计量。"

《企业所得税法》第十条第（七）项规定："在计算应纳税所得额时，未经核定的准备金支出不得扣除。"《企业所得税法实施条例》第五十五条规定："企业所得税法第十条第（七）项所称未经核定的准备金支出，是指不符合国务院财政、税务主管部门规定的各项资产减值准备、风险准备等准备金支出。"第五十六条规定："企业的各项资产，包括固定资产、生物资产、无形资产、长期待摊费用、投资资产、存货等，以历史成本为计税基础。历史成本，是指企业取得该项资产时实际发生的支出。企业持有各项资产期间资产增值或者减值，除国务院财政、税务主管部门规定可以确认损益外，不得调整该资产的计税基础。"

为了简化核算，便于小企业实务操作，减轻纳税调整的负担，满足汇算清缴的需要，《小企业会计准则》规定小企业的资产应当按照成本进行计量，不计提资产减值准备。这既与《企业所得税法》相一致，尽可能避免由于资产计价不同带来的纳税调整，同时也符合《小企业会计准则》以历史成本为主要计量属性的规定。但是，在这一点上与《企业会计准则》的规定不同。《企业会计准则》要对相关资产计提减值准备。

（三）资产的价值转移

资产的价值转移主要包括资产折旧摊销的处理、资产的处置与损失等。企业会计准则与所得税法的差异主要包含在对折旧摊销的认定范围、提取方法及期限、损失的认定及处理方法等方面，《小企业会计准则》为了简化核算，在某些差异方面尽可能地与税法协调，但是为了会计信息的其他使用者，部分差异参照企业会计准则有所保留，这部分协调和差异后面章节会逐一列举，应注意协调的部分和依然存在差异的部分。

二、各类资产会计处理与税法差异的协调

（一）短期投资

投资资产是企业所得税法所规范的重要内容之一。《企业所得税法》第十四条规定："企业对外投资期间，投资资产的成本在计算应纳税所得额时不得扣除。"《企业所得税法实施条例》第七十一条进一步规定："企业所得税法第十四条所称投资资产，是指企业对外进行权益性投资和债权性投资形成的资产。"

由上可以看出税法上对投资资产的划分是以投资资产性质为标准，分为权益性投资和债券性投资。而旧的会计制度，将投资分为短期投资和长期投资，其目的是通过这种划分将投资进行归类并分别核算；将长期投资划分为长期股权投资和长期债券投资，其目的是为了与会计核算方法相联系。而企业会计准则在结合我国金融市场的发展现状并参考国际会计准则后修改了按权益性和债权性简单划分投资资产的分类方法，更改为根据企业持有投资资产的目的及属性划分为更细致的类别（四类金融资产、投资性房地产等）。小企业会计准则考虑了小企业的规模和业务特点，部分沿用了税法的划分，主要将投资资产划分为短期投资、长期股权投资、长期债券投资，这体现了《小企业会计准则》与税法的协调。

《企业所得税法》第十四条规定，企业在转让或者处置投资资产时，投资资产的成本，准予扣除。投资资产按照以下方法确定成本：（1）通过支付现金方式取得的投资资产，以购买价款为成本；（2）通过支付现金以外的方式取得的投资资产，以该资产的公允价值和支付的相关税费为成本。《企业所得税法实施条例》第十七条规定："企业所得税法第六条第（四）项所称股息、红利等权益性投资收益，是指企业因权益性投资从被投资方取得的收入。股息、红利等权益性投资收益，除国务院财政、税务主管部门另有规定外，按照被投资方作出利润分配决定的日期确认收入的实现。"第十八条规定："企业所得税法第六条第（五）项所称利息收入，是指企业将资金提供他人使用但不构成权益性投资，或者因他人占用本企业资金取得的收入，包括存款利息、贷款利息、债券利息、欠款利息等收入。利息收入，按照合同约定的债务人应付利息的日期确认收入的实现。"

根据小企业资产按成本计量的原则，同时，为了保持与企业所得税法有关规定相一致，短期投资按成本计量，不考虑持有期间的市价波动，持有期间的投资收益按被投资单位宣告分派的现金股利或债务人应付利息日按照票面利率计算的利息收入确认。

但是，这一点应引起足够重视的是，小企业根据规定对短期投资进行会计处理时，会计上要求计入投资收益但税法上允许免税的，需要进行所得税纳税调整。例如，小企业因购买国债所取得的利息收入、直接投资于其他居民企业取得的符合条件的股息或红利等权益性收益，按照税法规定作为免税收入，但按照《小企业会计准则》规定应计入投资收益，两者构成永久性差异。

（二）应收及预付款项

税法对应收及预付款项的定义和计量并无明确的规定，参照会计准则的定义，并采用历史成本核算成本。在这一方面《小企业会计准则》和税法并无差异。但是对于坏账的处理，企业会计准则和税法有较大的不同。

企业的各项应收及预付款项可能会因购货人拒付、破产、死亡等原因而无法收回。这类无法收回的应收及预付款项就是坏账。因坏账而遭受的损失为坏账损失。对坏账损失的会计处理方法有两种，即直接转销法和备抵法。

直接转销法下，日常核算中应收款项可能发生的坏账损失不予考虑，只有在实际发生坏账时，才作为损失计入当期损益，同时冲销应收款项，即借记"营业外支出"科目，贷记"应收账款"科目。这种方法的优点是账务处理简单、实用；缺点是不符合资产的定义和权责发生制的要求。在这种方法下，只有坏账已经发生时，才能将其确认为当期损失，导致各期利润不实；另外，在资产负债表上，应收账款是按其账面余额而不是按账面价值反映，这在一定程度上歪曲了期末的财务状况。

备抵法下，根据实际情况合理估计坏账损失，计入当期损失，同时建立坏账准备，待坏账实际发生时，冲销已提的坏账准备和相应的应收款项。这种方法的优点是符合资产的定义和权责发生制的要求；缺点是对职业判断要求较高，且与企业所得税法规定存在差异，需要进行纳税调整。在这种方法下，坏账损失计入同一期间的损益，避免了企业虚盈实亏；在资产负债表上列示应收款项账面价值，使财务报表使用者能了解企业应收款项的可收回金额。但是，由于企业发生坏账损失带有很大的不确定性，所以只能以过去的经验为基础，参照当前的信用政策、市场环境和行业惯例，估计每期应收款项未来现金流量现值，从而确定当期减值损失金额，计入当期损益。

企业所得税法对应收及预付款项的坏账损失作了规定。《企业所得税法》第十条第（七）项规定："在计算应纳税所得额时，未经核定的准备金支出不得扣除。"《企业所得税法实施条例》第五十五条规定："企业所得税法第十条第（七）项所称未经核定的准备金支出，是指不符合国务院财政、税务主管部门规定的各项资产减值准备、风险准备等准备金支出。"

《财政部 国家税务总局关于企业资产损失税前扣除政策的通知》（财税〔2009〕57 号，以下统称"财税 57 号文件"）第四条规定："企业除贷款类债权外的应收、预付账款符合下列条件之一的，减除可收回金额后确认的无法收回的应收、预付款项，可以作为坏账损失在计算应纳税所得额时扣除：

（1）债务人依法宣告破产、关闭、解散、被撤销，或者被依法注销、吊销营业执照，其清算财产不足清偿的；

（2）债务人死亡，或者依法被宣告失踪、死亡，其财产或者遗产不足清偿的；

（3）债务人逾期 3 年以上未清偿，且有确凿证据证明已无力清偿债务的；

（4）与债务人达成债务重组协议或法院批准破产重整计划后，无法追偿的；

（5）因自然灾害、战争等不可抗力导致无法收回的；

（6）国务院财政、税务主管部门规定的其他条件。"

为简化小企业会计核算，减少所得税纳税调整，关于应收款项的坏账处理小企业会计准则采取了与税法完全一致的坏账损失认定条件和处理方法，即直接转销法。这一点与企业会计准则所规定的备抵法有本质的差异，会计处理方法也完全不同，小企业应当予以注意。

在处理应收款项的损失时，小企业应当注意正确处理好与税收征管的关系，认真按照税收征管的要求作好相关申报工作。

小企业发生的应收及预付款项坏账损失，应当在向主管税务机关提供证据资料证明其已符合法定资产损失确认条件，且会计上已作损失处理的年度申报扣除。坏账损失应按规定的程序和要求向主管税务机关申报后方能在税前扣除，未经申报的损失，不得在税前扣除。

国家税务总局 2011 年 3 月 31 日发布的《企业资产损失所得税税前扣除管理办法》（国家税务总局公告 2011 年第 25 号，以下统称"国税总局第 25 号公告"）第二十二条、第二十三条和第二十四条规定，企业（包括小企业）应收及预付款项坏账损失应依据以下相关证据材料确认：

（1）相关事项合同、协议或说明；

（2）属于债务人破产清算的，应有人民法院的破产、清算公告；

（3）属于诉讼案件的，应出具人民法院的判决书或裁决书或仲裁机构的仲裁书，或者被法院裁定终（中）止执行的法律文书；

（4）属于债务人停止营业的，应有工商部门注销、吊销营业执照证明；

（5）属于债务人死亡、失踪的，应有公安机关等有关部门对债务人个人的死亡、失踪证明；

（6）属于债务重组的，应有债务重组协议及其债务入重组收益纳税情况说明；

（7）属于自然灾害、战争等不可抗力而无法收回的，应有债务人受灾情况说明以及放弃债权申明。

企业逾期三年以上的应收款项在会计上已作为损失处理的，可以作为坏账损失税前扣除，但应说明情况并出具专项报告。企业逾期一年以上，单笔数额不超过五万元或者不超过企业年度收入总额万分之一的应收款项，会计上已经作为损失处理的，可以作为坏账损失税前扣除，但应说明情况并出具专项报告。

（三）存货

1. 存货的认定

《企业会计准则第1号——存货》第三条规定，存货是指企业在日常活动中持有以备出售的产成品或商品、处在生产过程中的在产品、在生产过程或提供劳务过程中耗用的材料和物料等。"《企业会计准则第5号——生物资产》第二条和第三条规定，生物资产是指有生命的动物和植物。生物资产分为消耗性生物资产、生产性生物资产和公益性生物资产。其中，消耗性生物资产，是指为出售而持有的，或在将来收获为农产品的生物资产，包括生长中的大田作物、蔬菜、可用材料以及存栏待售的牲畜等。一般而言，消耗性生物资产要经过培育、长成、处置等阶段，如用材林就要经过培植、郁闭成林和采伐处置等阶段。消耗性生物资产通常是一次性消耗并终止其服务能力或未来经济利益，在一定程度上具有存货的特征，应当作为存货在资产负债表中列报。因此，《小企业会计准则》将消耗性生物资产作为存货看待，没有对其做专门的特殊规定。

《企业所得税法实施条例》第七十二条规定："企业所得税法第十五条所称存货，是指企业持有以备出售的产品或者商品、处在生产过程中的在产品、在生产或者提供劳务过程中耗用的材料和物料等。"

《小企业会计准则》采用了与《企业会计准则》和《企业所得税法实施条例》基本一致的存货定义。

2. 存货的成本

《企业会计准则第1号——存货》第五条规定："存货应当按照成本进行初始计量。存货成本包括采购成本、加工成本和其他成本。"第六条规定："存货的采购成本，包括购买价款、相关税费、运输费、装卸费、保险费以及其他可归属于存货采购成本的费用。"第七条规定："存货的加工成本，包括直接人工以及按照一定方法分配的制造费用。制造费用，是指企业为生产产品和提供劳务而发生的各项间接费用。企业应当根据制造费用的性质，合理地选择制造费用分配方法。在同一生产过程中，同时生产两种或两种以上的产品，并且每种产品的加工成本不能直接区分的，其加工成本应当按照合理的方法在各种产品之间进行分配。"第八条规定："存货的其他成本，是指除采购成本、加工成本以外的，使存货达到目前场所和状态所发生的其他支出。"第十条规定："应计入存货成本的借款费用，按照《企业会计准则第17号——借款费用》处理。"第十一条规定："投资者投入存货的成本，应当按照投资合同或协议约定的价值确定，但合同或协议约定价值不公允的除外。"第十二条规定："收获时农产品的成本、非货币性资产交换、债务重组和企业合并取得的存货的成本，应当分别按照《企业会计准则第5号——生物资产》、《企业会计准则第7号——非货币性资产交换》、《企业会计准则第12号——债务重组》和《企业会计准则第20号——企业合并》确定。"第十三条规定："企业提供劳务的，所发生的从事劳务提供人员的直接人工和其他直接费用以及可归属的间接费用，计入存货成本。"

《企业所得税法实施条例》对存货成本的确定也作出了规定，第七十二条规定："存货按照以下方法确定成本：

（1）通过支付现金方式取得的存货，以购买价款和支付的相关税费为成本；

（2）通过支付现金以外的方式取得的存货，以该存货的公允价值和支付的相关税费为成本；

（3）生产性生物资产收获的农产品，以产出或者采收过程中发生的材料费、人工费和分摊的间接费用等必要支出为成本。"

为了简化核算，便于小企业实务操作，减轻纳税调整负担，满足汇算清缴的需要，《小企业会计准则》关于存货的成本确定与《企业所得税法实施条例》的规定基本一致。

3. 存货的发出

《企业会计准则第1号——存货》第十四条规定："企业应当采用先进先出法、加权平均法或者个别计价法确定发出存货的实际成本。对于性质和用途相似的存货，应当采用相同的成本计算方法确定发出存货的成本。对于不能替代使用的存货、为特定项目专门购入或制造的存货以及提供劳务的成本，通常采用个别计价法确定发出存货的成本。对于已售存货，应当将其成本结转为当期损益，相应的存货跌价准备也应当予以结转。"

企业所得税法实施条例第七十三条规定："企业使用或者销售的存货的成本计算方法，可以在先进先出法、加权平均法、个别计价法中选用一种。计价方法一经选用，不得随意变更。"

《小企业会计准则》采用了与《企业会计准则》和《企业所得税法实施条例》相一致的发出存货的计价方法。由于《小企业会计准则》不要求小企业计提存货跌价准备，因此，对于已售存货，应当直接结转相应的成本，不存在存货跌价准备的结转问题。

此外，与《小企业会计制度》相比，《小企业会计准则》取消了后进先出法。理由是：后进先出法主要是基于一个通货膨胀的市场环境下，物价迅速上涨，为了使存货结转成本更接近现行成本从而达到与现行收入相配比而采取的一种稳健的成本结转方法，以减少虚增利润，从而在一定程度上消除物价变动的影响。但是，这种方法往往并不符合企业存货的实物流转情况。随着企业的连续经营，存货不断流转，以前购进的存货成本可能要等到若干年之后才能得以结转，而若干年之后，这些存货的价值很可能已经面目全非了，这实际上并不利于对存货的管理。因此，我国无论是会计上还是税法上，均取消了后进先出法。

4. 存货的清查

存货的清查一般涉及存货损失和存货盘盈。

对于存货的损失，企业会计准则和企业所得税法都有明确的固定：

《企业会计准则第1号——存货》第二十一条规定："企业发生的存货毁损，应当将处置收入扣除账面价值和相关税费后的金额计入当期损益。存货盘亏造成的损失，应当计入当期损益。"

《企业所得税法》对存货损失作了规定。《企业所得税法实施条例》第三十二条规定："企业所得税法第八条所称损失，是指企业在生产经营活动中发生的固定资产和存货的盘亏、毁损、报废损失，转让财产损失，呆账损失，坏账损失，自然灾害等不可抗力因素造成的损失以及其他损失。企业发生的损失，减除责任人赔偿和保险赔款后的余额，依照国务院财政、税务主管部门的规定扣除。"财税57号文件第七条至第九条规定："对企业盘亏的固定资产或存货，以该固定资产的账面净值或存货的成本减除责任人赔偿后的余额，作为固定资产或存货盘亏损失在计算应纳税所得额时扣除。对企业毁损、报废的固定资产或存货，以该固定资产的账面净值或存货的成本减除残值，保险赔款和责任人赔偿后的余额，作为固定资产或存货毁损、报废损失在计算应纳税所得额时扣除。对企业被盗的固定资产或存货，以该固定资产的账面净值或存货的成本减除保险赔款和责任人赔偿后的余额，作为固定资产或存货被盗损失在计算应纳税所得额中抵扣的进项税额，可以与存货损失一起在计算应纳税所得额时扣除。"

为了简化核算，便于小企业实务操作，减轻纳税调整负担，《小企业会计准则》有关存货清查的会计处理与《企业所得税法实施条例》基本一致。并且，小企业发生的存货损失，应按规定的程序和要求向主管税务机关申报后方能在税前扣除，未经申报的损失，不得在税前扣除。

国税总局第 25 号公告第二十六条规定："存货盘亏损失，为其盘亏金额扣除责任人赔偿后的余额，应依据以下证据材料确认：

（1）存货计税成本确定依据；

（2）企业内部有关责任认定、责任人赔偿说明和内部核批文件；

（3）存货盘点表；

（4）存货保管人对于盘亏的情况说明。"

第二十七规定："存货报废、毁损或变质损失，为其计税成本扣除残值及责任人赔偿后的余额，应依据以下证据材料确认：

（1）存货计税成本的确定依据；

（2）企业内部关于存货报废、毁损、变质、残值情况说明及核销资料；

（3）涉及责任人赔偿的，应当有赔偿情况说明；

（4）该项损失数额较大的应有专业技术鉴定意见或法定资质中介机构出具的专项报告等。"

第二十八条规定："存货被盗损失，为其计税成本扣除保险理赔及责任人赔偿后的余额，应依据以下证据材料确认：

（1）存货计税成本的确定依据；

（2）向公安机关的报案记录；

（3）涉及责任人和保险公司赔偿的，应有赔偿情况说明等。"

在处理存货的损失时，小企业应当注意正确处理好与税收征管的关系，认真按照税收征管的要求作好相关申报工作。

对于盘盈存货，《企业所得税法》在第二十二条规定中将其视为盈余收入。盘盈存货即存货的实存数大于账存数，增加了小企业的经济利益，但又不是生产经营活动所直接产生的。基于此，《小企业会计准则》将其计入营业外收入，而不是冲减管理费用或主营业务成本。这一规定，有利于减轻小企业纳税调整的负担。

（四）长期债券投资和长期股权投资

本节第一部分已经提到，《小企业会计准则》为了协调与所得税法的差异，沿用了旧企业会计制度的划分方法，投资按照投资对象的可变现性和投资项目的分类，分为短期投资和长期投资。易变现并且意图短期持有的投资，归为短期投资；不易变现且意图长期持有的投资，归为长期投资。在短期投资中再按照投资性质分为股票投资、债券投资等，但并不在会计科目上进行进一步划分；在长期投资中也按照投资性质作进一步的分类，分为长期股权投资、长期债券投资。长期股权投资通过投资取得被投资单位的股份；长期债券投资通过投资拥有被投资单位债权。

长期股权投资涉及权益性投资问题，要求采用成本法核算；长期债券投资与长期股权投资的会计核算不同，长期债券投资在会计核算时涉及债券利息的计提和溢折价的摊销等。通过这种划分，可以较清晰地反映小企业不同变现能力的投资和不同性质投资在会计核算中的特殊性。

本部分将分别介绍《小企业会计准则》在长期债券投资和长期股权投资的会计处理方面与税法差异所作的协调。

1. 长期债券投资

（1）长期债券投资的取得成本

《企业所得税法实施条例》第七十一条规定："投资资产是指企业对外进行权益性投资和债权性投资形成的资产。投资资产按照以下方法确定成本：（1）通过支付现金方式取得的投资资产，以购买价款为成本；（2）通过支付现金以外的方式取得的投资资产，以该资产的公允价值和支付的相关税费为成本。税法中所称的公允价值是指按照市场价格确定的价值。"

前文中已经提到，《小企业会计准则》在认定长期债券投资方面已经采取了与税法一致的定义，而取得成本方面也基本与税法一致，细微差异是：取得投资时实际支付的价款中包含的已到付息期但尚未领取的债券利息，会计上单独确认为应收利息，不计入投资成本，而税法上作为购买价款的组成部分计入投资成本。

（2）长期债券投资的后续处理

长期债券投资的后续处理主要涉及利息收入的确认和计量以及债券到期收回本金的会计处理。《小企业会计准则》在处理利息收入时和税法有一定差别。

《企业所得税法实施条例》第十八条规定："利息收入，是指企业将资金提供他人使用但不构成权益性投资，或者因他人占用本企业资金取得的收入，包括存款利息、贷款利息、债券利息、欠款利息等收入。利息收入，按照合同约定的债务人应付利息的日期确认收入的实现。"

《小企业会计准则》与企业所得税法在处理利息收入时存在的差异是：按照企业所得税法规定，企业利息收入金额按照合同名义利率（即债券票面利率）计算确定；而在会计上，如果小企业按照高于或低于债券面值的价格购入长期债券投资时，需要在投资持有期间逐期按直线法分摊溢折价金额，作为投资收益的调整。这一点差别要引起重视，并作纳税调整。

（3）长期债券投资的损失

小企业持有长期债券投资可能会因发行人（即债务人）资不抵债、现金短缺、破产、清算等原因而无法收回本金和收到利息。这类无法收回的长期债券投资而产生的损失为长期债券投资损失。

企业所得税法对资产损失作了规定。《企业所得税法》第十条第（七）项规定："在计算应纳税所得额时，未经核定的准备金支出不得扣除。"《企业所得税法实施条例》第五十五条规定："企业所得税法第十条第（七）项所称未经核定的准备金支出，是指不符合国务院财政、税务主管部门规定的各项资产减值准备、风险准备等准备金支出。"

财税57号文件第四条规定："企业除贷款类债权外的应收、预付账款符合下列条件之一的，减除可收回金额后确认的无法收回的应收、预付款项，可以作为坏账损失在计算应纳税所得额时扣除：（1）债务人依法宣告破产、关闭、解散、被撤销，或者被依法注销、吊销营业执照，其清算财产不足清偿的；（2）债务人死亡，或者依法被宣告失踪、死亡，其财产或者遗产不足清偿的；（3）债务人逾期 3 年以上未清偿，且有确凿证据证明已无力清偿债务的；（4）与债务人达成债务重组协议或法院批准破产重整计划后，无法追偿的；（5）因自然灾害、战争等不可抗力导致无法收回的；（6）国务院财政、税务主管部门规定的其他条件。"

为简便小企业会计核算、减少所得税纳税调整，小企业会计准则采取了与税法完全一致的长期债券投资损失认定条件和处理方法，即直接转销法。这一点与企业会计准则的规定有差异，小企业应当予以注意。

在处理长期债券投资的损失时，小企业应当注意正确处理好与税收征管的关系，认真按照税收征管的要求作好相关申报工作。

国家税务总局第 25 号公告第四十条规定：企业债权投资损失应依据投资的原始凭证、合同或协议、会计核算资料等相关证据材料确认。下列情况债权投资损失的，还应出具相关证据材料：

（1）债务人或担保人依法被宣告破产、关闭、被解散或撤销、被吊销营业执照、失踪或者死亡等，应出具资产清偿证明或者遗产清偿证明。无法出具资产清偿证明或者遗产清偿证明，上述事项超过三年以上的，或债权投资（包括信用卡透支和助学贷款）余额在 300 万元以下的，应出具对应的债务人和担保人破产、关闭、解散证明、撤销文件、工商行政管理部门注销证明或查询证明以及追索记录等（包括司法追索、电话追索、信件追索和上门追索等原始记录）。

（2）债务人遭受重大自然灾害或意外事故，企业对其资产进行清偿和对担保人进行追偿后，未能收回的债权，应出具债务人遭受重大自然灾害或意外事故证明、保险赔偿证明、资产清偿证明等。

（3）债务人因承担法律责任，其资产不足归还所借债务，又无其他债务承担者的，应出具法院裁定证明和资产清偿证明。

（4）债务人和担保人不能偿还到期债务，企业提出诉讼或仲裁的，经人民法院对债务人和担保人强制执行，债务人和担保人均无资产可执行，人民法院裁定终结或终止（中止）执行的，应出具人民法院裁定文书。

（5）债务人和担保人不能偿还到期债务，企业提出诉讼后被驳回起诉的、人民法院不予受理或不予支持的，或经仲裁机构裁决免除（或部分免除）债务人责任，经追偿后无法收回的债权，应提交法院驳回起诉的证明，或法院不予受理或不予支持证明，或仲裁机构裁决免除债务人责任的文书。

（6）经国务院专案批准核销的债权，应提供国务院批准文件或经国务院同意后由国务院有关部门批准的文件。

2. 长期股权投资

（1）长期股权投资的认定

《企业会计准则第 2 号——长期股权投资》所规范的长期股权投资主要包括四类权益性投资：一是对子公司投资，二是对合营企业投资，三是对联营企业投资，四是对被投资单位不具有控制、共同控制或重大影响，并且在活跃市场中没有报价、公允价值不能可靠计量的权益性投资。其他投资适用于《企业会计准则第 22 号——金融工具确认和计量》等相关准则。

企业所得税法没有区分长期投资和短期投资，而只有投资资产这一概念，进而对投资资产的计税基础，以及权益性投资收益和债权性投资利息收入计入应纳税所得额等有关问题作出了规范。《企业所得税法实施条例》第七十一条规定："企业所得税法第十四条所称投资资产，是指企业对外进行权益性投资和债权性投资形成的资产。"

为简化小企业会计核算，《小企业会计准则》仅从小企业准备持有时间角度对权益性投资进行了划分，准备长期持有（在1年以上）的权益性投资为长期股权投资，准备短期持有的为短期投资。这样的划分，无须考虑对被投资单位的影响力，也无须考虑其是否有活跃市场报价、公允价值能否可靠计量。

（2）长期股权投资的取得成本

《企业会计准则第2号——长期股权投资》第三条规定：企业合并形成的长期股权投资，应当按照下列规定确定其初始投资成本：

①同一控制下的企业合并，合并方以支付现金、转让非现金资产或承担债务方式作为合并对价的，应当在合并日按照取得被合并方所有者权益账面价值的份额作为长期股权投资的初始投资成本。长期股权投资初始投资成本与支付的现金、转让的非现金资产以及所承担债务账面价值之间的差额，应当调整资本公积；资本公积不足冲减的，调整留存收益。合并方以发行权益性证券作为合并对价的，应当在合并日按照取得被合并方所有者权益账面价值的份额作为长期股权投资的初始投资成本。按照发行股份的面值总额作为股本，长期股权投资初始投资成本与所发行股份面值总额之间的差额，应当调整资本公积；资本公积不足冲减的，调整留存收益。

②非同一控制下的企业合并，购买方在购买日应当按照《企业会计准则第20号——企业合并》确定的合并成本作为长期股权投资的初始投资成本。

第四条规定：除企业合并形成的长期股权投资以外，其他方式取得的长期股权投资，应当按照下列规定确定其初始投资成本：以支付现金取得的长期股权投资，应当按照实际支付的购买价款作为初始投资成本。初始投资成本包括与取得长期股权投资直接相关的费用、税金及其他必要支出；以发行权益性证券取得的长期股权投资，应当按照发行权益性证券的公允价值作为初始投资成本；投资者投入的长期股权投资，应当按照投资合同或协议约定的价值作为初始投资成本，但合同或协议约定价值不公允的除外；通过非货币性资产交换、债务重组取得的长期股权投资，其初始投资成本应当按照相关会计准则确定。

企业所得税法也对投资资产的税务处理作了规定。《企业所得税法实施条例》第七十一条规定：企业所得税法第十四条所称投资资产，是指企业对外进行权益性投资和债权性投资形成的资产。企业在转让或者处置投资资产时，投资资产的成本，准予扣除。投资资产按照以下方法确定成本：通过支付现金方式取得的投资资产，以购买价款为成本；通过支付现金以外的方式取得的投资资产，以该资产的公允价值和支付的相关税费为成本。

考虑到小企业对外投资相对较少、取得方式较为单一，小企业会计准则在企业会计准则的基础上进行了适当简化，尽可能适应了税法的规定。

与企业所得税法存在的细微差异是：取得投资时实际支付的价款中包含的已宣告但尚未发放的现金股利，会计上单独确认为应收股利，不计入投资成本，而税法上作为购买价款的组成部分计入投资成本。

（3）长期股权投资持有期间的损益

《企业会计准则第 2 号——长期股权投资》第五条和第八条规定，下列长期股权投资应当按照该准则第七条规定，采用成本法核算：①投资企业能够对被投资单位实施控制的长期股权投资；②投资企业对被投资单位不具有共同控制或重大影响，并且在活跃市场中没有报价、公允价值不能可靠计量的长期股权投资。投资企业对被投资单位具有共同控制或重大影响的长期股权投资，应当按照该准则第九条至第十三条规定，采用权益法核算。也就是说，长期股权投资在持有期间，根据投资企业对被投资单位的影响程度及是否存在活跃市场、公允价值能否可靠取得等情况，分别采用成本法及权益法进行核算。

企业所得税法也对长期股权投资的税务处理作了规定。《企业所得税法实施条例》第十七条规定：股息、红利等权益性投资收益，是指企业因权益性投资从被投资方取得的收入。股息、红利等权益性投资收益，除国务院财政、税务主管部门另有规定外，按照被投资方作出利润分配决定时间确认收入的实现。也就是说，税法中对于长期股权投资并没有权益法的概念，投资持有期间取得的股息、红利等收益计入收入总额，转让或处置投资时准予扣除其成本。

为了简化核算，便于小企业实务操作，减轻纳税调整负担，满足汇算清缴的需要，小企业会计准则有关长期股权投资持有期间投资收益的规定与企业所得税法基本一致，即要求小企业长期股权投资一律采用成本法核算。但是关于股息、红利等规定存在一定的差异。

实务工作中，可能需要进行纳税调整的事项：一是根据企业所得税法规定，居民企业直接投资于其他居民企业取得的股息、红利等权益性投资收益为免税收入，即作为投资企业，其在未来期间自被投资单位分得的有关现金股利或利润符合一定条件时，这部分现金股利或利润免税，但会计上仍应当如实地反映投资所取得的收益。二是税法中所称的股息、红利收入包括现金股利和股票股利两种形式，其中，现金股利又称派股，是指企业以现金形式分配给股东的股利；股票股利又称送红股，是指企业以增发股份的方式代替现金方式向股东派息，通常是按照股东所持股份比例分配新股数量，以防止企业的资金流失，保证股东所获得的利润继续作为企业的投资部分，用于扩大再生产等。也就是说，投资企业分得的股票股利，如不符合免税条件的，应当计入应纳税所得额，但会计上投资企业无须进行会计处理，仅作备查登记。《小企业会计准则》与企业会计准则存在的差异是：对长期股权投资统一要求采用成本法进行后续计量，而不论投资企业对被投资单位的影响程度及是否存在活跃市场、公允价值能否可靠取得等情况。

（4）长期股权投资的处置

《企业会计准则第 2 号——长期股权投资》第十六条规定：处置长期股权投资，其账面价值与实际取得价款的差额，应当计入当期损益。采用权益法核算的长期股权投资，因被投资单位除净损益以外所有者权益的其他变动而计入所有者权益的，处置该项投资时应当将原计入所有者权益的部分按相应比例转入当期损益。

企业所得税法对处置长期股权投资的税务处理也进行了规定。《企业所得税法实施条例》第七十一条规定：企业在转让或者处置投资资产时，投资资产的成本，准予扣除。

小企业会计准则有关长期股权投资处置的规定与企业所得税法相一致。与企业会计准则存在的差异：一是由于不要求计提长期股权投资减值准备，因此，处置长期股权投资时所结转的长期股权投资账面价值不考虑减值因素；二是由于小企业长期股权投资一律采用成本法核算，因此，也不存在原计入所有者权益的部分相应结转的问题。

（5）长期股权投资的损失

《企业会计准则第 2 号——长期股权投资》第十六条规定：按照成本法核算的、在活跃市场中没有报价、公允价值不能可靠计量的长期股权投资，其减值应当按照《企业会计准则第 22 号——金融工具确认和计量》处理；其他按照企业会计准则核算的长期股权投资，其减值应当按照《企业会计准则第 8 号——资产减值》处理。《企业会计准则第 22 号——金融工具确认和计量》第四十条规定：企业应当在资产负债表日对以公允价值计量且其变动计入当期损益的金融资产以外的金融资产的账面价值进行检查，有客观证据表明该金融资产发生减值的，应当计提减值准备。《企业会计准则第 8 号——资产减值》第四条、第六条和第十五条规定：企业应当在资产负债表日判断资产是否存在可能发生减值的迹象。资产存在减值迹象的，应当估计其可收回金额。可收回金额的计量结果表明，资产的可收回金额低于其账面价值的，应当将资产的账面价值减记至可收回金额，减记的金额确认为资产减值损失，计入当期损益，同时计提相应的资产减值准备。

企业所得税法对长期股权投资损失的税务处理也进行了规定。《企业所得税法》第十条第（七）项规定：在计算应纳税所得额时，未经核定的准备金支出不得扣除。《企业所得税法实施条例》第五十五条进一步解释：企业所得税法第十条第（七）项所称未经核定的准备金支出，是指不符合国务院财政、税务主管部门规定的各项资产减值准备、风险准备等准备金支出。

财税 57 号文件第六条规定，企业的股权投资符合下列条件之一的，减除可收回金额后确认的无法收回的股权投资，可以作为股权投资损失在计算应纳税所得额时扣除：（1）被投资方依法宣告破产、关闭、解散、被撤销，或者被依法注销、吊销营业执照的；（2）被投资方财务状况严重恶化，累计发生巨额亏损，已连续停止经营 3 年以上，且无重新恢复经营改组计划的；（3）对被投资方不具有控制权，投资期限届满或者投资期限已超过 10 年，且被投资单位因连续 3 年经营亏损导致资不抵债的；（4）被投资方财务状况严重恶化，累计发生巨额亏损，已完成清算或清算期超过 3 年以上的；（5）国务院财政、税务主管部门规定的其他条件。

为了简化核算，便于小企业实务操作，减轻纳税调整负担，小企业会计准则有关长期股权投资发生损失的条件及其处理的规定与企业所得税法相一致。与企业会计准则存在的差异是：不要求计提长期股权投资减值准备，只有当长期股权投资发生实际损失时才予以确认。

在处理长期股权投资的损失时，小企业应当注意正确处理好与税收征管的关系，认真按照税收征管的要求做好相关申报工作。

小企业发生的长期股权投资损失，应当在小企业向主管税务机关提供证据资料证明其已符合法定资产损失确认条件，且会计上已作损失处理的年度申报扣除。长期股权投资损失应按规定的程序和要求向主管税务机关申报后方能在税前扣除，未经申报的损失，不得在税前扣除。

国家税务总局第 25 号公告第四十一条规定，企业（包括小企业）股权投资损失应依据以下相关证据材料确认：

（1）股权投资计税基础证明材料；

（2）被投资企业破产公告、破产清偿文件；

（3）工商行政管理部门注销、吊销被投资单位营业执照文件；

（4）政府有关部门对被投资单位的行政处理决定文件；

（5）被投资企业终止经营、停止交易的法律或其他证明文件；

（6）被投资企业资产处置方案、成交及入账材料；

（7）企业法定代表人、主要负责人和财务负责人签章证实有关投资（权益）性损失的书面申明；

（8）会计核算资料等其他相关证据材料。被投资企业依法宣告破产、关闭、解散或撤销、吊销营业执照、停止生产经营活动、失踪等，应出具资产清偿证明或者遗产清偿证明。

上述事项超过3年以上且未能完成清算的，应出具被投资企业破产、关闭、解散或撤销、吊销等的证明以及不能清算的原因说明。

（五）固定资产

1. 固定资产的确认

《企业会计准则第4号——固定资产》第三条规定：“固定资产是指同时具有下列特征的有形资产：（1）为生产商品、提供劳务、出租或经营管理而持有的；（2）使用寿命超过一个会计年度。”

企业所得税法对固定资产的税务处理也进行了规定。《企业所得税法实施条例》第五十七条规定：固定资产是指企业为生产产品、提供劳务、出租或者经营管理而持有的、使用时间超过12个月的非货币性资产，包括房屋、建筑物、机器、机械、运输工具以及其他与生产经营活动有关的设备、器具、工具等。

小企业会计准则有关固定资产的定义与企业会计准则、企业所得税法一致。

2. 固定资产的取得成本

《企业会计准则第4号——固定资产》第七条至第十一条规定，固定资产应当按照成本进行初始计量。外购固定资产的成本，包括购买价款、相关税费、使固定资产达到预定可使用状态前所发生的可归属于该项资产的运输费、装卸费、安装费和专业人员服务费等。以一笔款项购入多项没有单独标价的固定资产，应当按照各项固定资产公允价值比例对总成本进行分配，分别确定各项固定资产的成本。购买固定资产的价款超过正常信用条件延期支付，实质上具有融资性质的，固定资产的成本以购买价款的现值为基础确定。实际支付的价款与购买价款的现值之间的差额，除按照《企业会计准则第17号——借款费用》应予资本化的以外，应当在信用期间内计入当期损益。自行建造固定资产的成本，由建造该项资产达到预定可使用状态前所发生的必要支出构成。应计入固定资产成本的借款费用，按照《企业会计准则第17号——借款费用》处理。投资者投入固定资产的成本，应当按照投资合同或协议约定的价值确定，但合同或协议约定价值不公允的除外。非货币性资产交换、债务重组、企业合并和融资租赁取得的固定资产的成本，应当分别按照相关会计准则的规定确定。《企业会计准则第21号——租赁》第十一条规定，在租赁期开始日，融资租赁中的承租人应当将租赁开始日租赁资产公允价值与最低租赁付款额现值两者中较低者作为租入资产的入账价值，将最低租赁付款额作为长期应付款的入账价值，其差额作为未确认融资费用。未确认融资费用应当在租赁期内各个期间进行分摊。承租人在租赁谈判和签订租赁合同过程中发生的、可归属于租赁项目的手续费、律师费、差旅费、印花税等初始直接费用，应当计入租入资产价值。

企业所得税法对固定资产的税务处理也进行了规定。《企业所得税法实施条例》第五十八条规定，固定资产按照以下方法确定计税基础：（1）外购的固定资产，以购买价款和支付的相关税费以及直接归属于使该资产达到预定用途发生的其他支出为计税基础；（2）自行建造的固定资产，以竣工结算前发生的支出为计税基础；（3）融资租入的固定资产，以租赁合同约定的付款总额和承租人在签订租赁合同过程中发生的相关费用为计税基础，租赁合同未约定付款总额的，以该资产的公允价值和承租人在签订租赁合同过程中发生的相关费用为计税基础；（4）盘盈的固定资产，以同类固定资产的重置完全价值为计税基础；（5）通过捐赠、投资、非货币性资产交换、债务重组等方式取得的固定资产，以该资产的公允价值和支付的相关税费为计税基础。

为了简化核算，便于小企业实务操作，减轻纳税调整负担，满足汇算清缴的需要，《小企业会计准则》有关固定资产取得成本的规定与企业所得税法基本一致，从而，使小企业固定资产的初始入账成本与其计税基础尽可能一致。

小企业会计准则与企业会计准则存在的差异：一是取消关于固定资产达到预定可使用状态的判断，自行建造固定资产相关支出（包括借款费用）资本化的时点以固定资产竣工决算为准；二是简化延期付款或分期付款购买固定资产的会计处理，不考虑其中隐含的融资费用；三是简化借款费用的会计处理，资本化金额按照资本化期间内借款费用的实际发生额计算确定，也就是说，对借款费用资本化金额的确定，仅限定了借款费用资本化的起止时点（包括暂停资本化的情况），而不考虑购建支出的进度，借款费用资本化金额的确定不与资产支出挂钩；四是简化融资租入固定资产的会计处理，统一按租赁付款额及相关费用确定固定资产成本，由于有合同参照，不需要确定折现率和计算现值，因此这种处理更为直观、简单。

3. 固定资产的折旧

（1）折旧的定义

《企业会计准则第 4 号——固定资产》第十四条规定，企业应当对所有固定资产计提折旧。但是，已提足折旧仍继续使用的固定资产和单独计价入账的土地除外。折旧，是指在固定资产使用寿命内，按照确定的方法对应计折旧额进行系统分摊。应计折旧额，是指应当计提折旧的固定资产的原价扣除其预计净残值后的金额。已计提减值准备的固定资产，还应当扣除已计提的固定资产减值准备累计金额。预计净残值，是指假定固定资产预计使用寿命已满并处于使用寿命终了时的预期状态，企业目前从该项资产处置中获得的扣除预计处置费用后的金额。

企业所得税法对固定资产折旧的税务处理也进行了规定。《企业所得税法》第十一条规定，在计算应纳税所得额时，企业按照规定计算的固定资产折旧，准予扣除。下列固定资产不得计算折旧扣除：①房屋、建筑物以外未投入使用的固定资产；②以经营租赁方式租入的固定资产；③以融资租赁方式租出的固定资产；④已足额提取折旧仍继续使用的固定资产；⑤与经营活动无关的固定资产；⑥单独估价作为固定资产入账的土地；⑦其他不得计算折旧扣除的固定资产。

关于折旧的定义，会计与税法不存在差异。小企业会计准则有关固定资产折旧定义的规定与企业会计准则、企业所得税法相一致。

（2）折旧的计提范围

关于计提折旧的固定资产范围，会计与税法有着不同的出发点。会计上对固定资产计提折旧，是要反映固定资产的价值损耗过程，这种价值损耗既包括固定资产在使用中发生磨损或暴露于自然环境受到侵蚀而引起的有形损耗，也包括由于新技术的出现而使现有的资产技术水平相对较旧、市场需求变化而使产品过时导致的无形损耗。在技术日新月异、市场瞬息万变的今天，无形损耗有可能是决定固定资产价值损耗的主要因素。因此，会计上要求固定资产不论是否投入使用、是否与经营活动相关，均应当计提折旧，这从一方面也有助于促使企业充分利用固定资产、及时处置不需用的固定资产。而税收上允许固定资产折旧扣除，则要考虑相关费用的发生是否有助于应税收入的形成，因此，规定房屋、建筑物以外未投入使用的固定资产、与经营活动无关的固定资产计提的折旧不得扣除。小企业会计准则从会计原则出发，规定小企业应当对所有固定资产计提折旧，已提足折旧仍继续使用的固定资产和单独计价入账的土地除外。与企业所得税法存在的差异为：未投入使用的固定资产、与经营活动无关的固定资产在会计上也应计提折旧。

（3）折旧的计提方法

《企业会计准则第 4 号——固定资产》第十五条、第十七条和第十九条规定，企业应当根据与固定资产有关的经济利益的预期实现方式，合理选择固定资产折旧方法。可选用的折旧方法包括年限平均法、工作量法、双倍余额递减法和年数总和法等。企业应当根据固定资产的性质和使用情况，合理确定固定资产的使用寿命、预计净残值和折旧方法。固定资产的使用寿命、预计净残值和折旧方法一经确定，不得随意变更。企业至少应当于每年年度终了，对固定资产的使用寿命、预计净残值和折旧方法进行复核。使用寿命预计数与原先估计数有差异的，应当调整固定资产使用寿命。预计净残值预计数与原先估计数有差异的，应当调整预计净残值。与固定资产有关的经济利益预期实现方式有重大改变的，应当改变固定资产折旧方法。固定资产使用寿命、预计净残值和折旧方法的改变应当作为会计估计变更。

企业所得税法对固定资产折旧的税务处理也进行了规定。《企业所得税法》第三十二条规定，企业的固定资产由于技术进步等原因，确需加速折旧的，可以缩短折旧年限或者采取加速折旧的方法。《企业所得税法实施条例》第五十九条规定，固定资产按照直线法计算的折旧，准予扣除。企业应当根据固定资产的性质和使用情况，合理确定固定资产的预计净残值。固定资产的预计净残值一经确定，不得变更。《企业所得税法实施条例》第六十条规定，除国务院财政、税务主管部门另有规定外，固定资产计算折旧的最低年限如下：（1）房屋、建筑物，为 20 年；（2）飞机、火车、轮船、机器、机械和其他生产设备，为 10 年；（3）与生产经营活动有关的器具、工具、家具等，为 5 年；（4）飞机、火车、轮船以外的运输工具，为 4 年；（5）电子设备，为 3 年。

为了简化核算，便于小企业实务操作，减轻纳税调整负担，满足汇算清缴的需要，《小企业会计准则》有关固定资产折旧方法选择的规定与企业所得税法基本一致，要求小企业通常按照年限平均法计提折旧，由于技术进步等原因确需加速折旧的，可以采用双倍余额递减法和年数总和法。这样规定的目的是简便计算，同时尽可能避免小企业由于固定资产折旧方法不同而带来的所得税纳税调整。一般认为，年限平均法能够真实反映不同类型企业的生产经营活动实际情况，况且只要确定一个规则统一适用于所有小企业，对小企业来说相对是公平的，会计信息也是相对可比的。

（4）折旧的计提时间

《企业会计准则第 4 号——固定资产》应用指南规定，固定资产应当按月计提折旧，当月增加的固定资产，当月不计提折旧，从下月起计提折旧；当月减少的固定资产，当月仍计提折旧，从下月起不计提折旧。

企业所得税法对固定资产折旧的税务处理也进行了规定。《企业所得税法实施条例》第五十九条第二款规定，企业应当自固定资产投入使用月份的次月起计算折旧；停止使用的固定资产，应当自停止使用月份的次月起停止计算折旧。

小企业会计准则有关固定资产计提折旧具体时限的规定与企业会计准则、企业所得税法实施条例一致。

4. 固定资产的后续支出

（1）费用化支出

《企业会计准则第 4 号——固定资产》第六条规定，与固定资产有关的后续支出，符合固定资产确认条件的，应当计入固定资产成本；不符合固定资产的确认条件的，应当在发生时计入当期损益。

企业所得税法对固定资产修理支出的税务处理也进行了规定。《企业所得税法》第十三条第（三）项规定，固定资产的大修理支出作为长期待摊费用，按照规定摊销的，准予扣除。《企业所得税法实施条例》第六十九条进一步规定，企业所得税法第十三条第（三）项所称固定资产的大修理支出，是指同时符合下列条件的支出：①修理支出达到取得固定资产时的计税基础 50％以上；②修理后固定资产的使用年限延长 2 年。企业所得税法第十三条第（三）项规定的支出，按照固定资产尚可使用年限分期摊销。根据上述税法规定，固定资产的一般修理支出，将不作为长期待摊费用，而被当作收益性支出当期予以扣除。

为了简化核算，便于小企业实务操作，减轻纳税调整负担，满足汇算清缴的需要，小企业会计准则有关固定资产改建支出的会计处理与企业所得税法一致。与企业会计准则存在的差异为：不要求对固定资产后续支出资本化或者费用化进行职业判断，而是统一规定固定资产日常修理费在发生时根据受益对象计入相关资产成本或者当期损益，未提足折旧的固定资产的改建支出计入固定资产成本，已提足折旧的固定资产的改建支出计入长期待摊费用。

（2）资本化支出

《企业会计准则第 4 号——固定资产》第六条规定，与固定资产有关的后续支出，符合固定资产确认条件的，应当计入固定资产成本；不符合固定资产的确认条件的，应当在发生时计入当期损益。

企业所得税法对固定资产改建支出的税务处理也进行了规定。企业所得税法第十三条第（一）项和第（二）项规定，已足额提取折旧的固定资产的改建支出、租入固定资产的改建支出作为长期待摊费用，按照规定摊销的，准予扣除。《企业所得税法实施条例》第五十八条规定，改建的固定资产，除企业所得税法第十三条第（一）项和第（二）项规定的支出外，以改建过程中发生的改建支出增加计税基础。《企业所得税法实施条例》第六十八条进一步解释：企业所得税法第十三条第（一）项和第（二）项所称固定资产的改建支出，是指改变房屋或者建筑物结构、延长使用年限等发生的支出。企业所得税法第十三条第（一）项规定的支出，按照固定资产预计尚可使用年限分期摊销；第（二）项规定的支出，按照合同约定的剩余租赁期限分期摊销。改建的固定资产延长使用年限的，除企业所得税法第十三条第（一）项和第（二）项规定外，应当适当延长折旧年限。

为了简化核算，便于小企业实务操作，减轻纳税调整负担，满足汇算清缴的需要，小企业会计准则有关固定资产改建支出的会计处理与企业所得税法一致。与企业会计准则存在的差异为：不要求对固定资产后续支出资本化或者费用化进行职业判断，而是统一规定固定资产日常修理费在发生时根据受益对象计入相关资产成本或者当期损益，未提足折旧的固定资产的改建支出计入固定资产成本，已提足折旧的固定资产的改建支出计入长期待摊费用。

5. 固定资产的损失

小企业会计准则在对固定资产的损失认定方面与税法没有太大差异，只是在处理固定资产损失业务时，小企业应当注意正确处理好与税收征管的关系，认真按照税收征管的要求做好相关申报工作。

小企业发生的固定资产损失，应当在小企业向主管税务机关提供证据资料证明其已符合法定资产损失确认条件，且会计上已作损失处理的年度申报扣除。固定资产损失应按规定的程序和要求向主管税务机关申报后方能在税前扣除，未经申报的损失，不得在税前扣除。

国家税务总局第 25 号公告第二十九条规定，固定资产盘亏、丢失损失，为其账面净值扣除责任人赔偿后的余额，应依据以下证据材料确认：（1）企业内部有关责任认定和核销资料；（2）固定资产盘点表；（3）固定资产的计税基础相关资料；（4）固定资产盘亏、丢失情况说明；（5）损失金额较大的，应有专业技术鉴定报告或法定资质中介机构出具的专项报告等。

第三十条规定，固定资产报废、毁损损失，为其账面净值扣除残值和责任人赔偿后的余额，应依据以下证据材料确认：（1）固定资产的计税基础相关资料；（2）企业内部有关责任认定和核销资料；（3）企业内部有关部门出具的鉴定材料；（4）涉及责任赔偿的，应当有赔偿情况的说明；（5）损失金额较大的或自然灾害等不可抗力原因造成固定资产毁损、报废的，应有专业技术鉴定意见或法定资质中介机构出具的专项报告等。

第三十一条规定，固定资产被盗损失，为其账面净值扣除责任人赔偿后的余额，应依据以下证据材料确认：（1）固定资产计税基础相关资料；（2）公安机关的报案记录，公安机关立案、破案和结案的证明材料；（3）涉及责任赔偿的，应有赔偿责任的认定及赔偿情况的说明等。

第三十二条规定，在建工程停建、报废损失，为其工程项目投资账面价值扣除残值后的余额，应依据以下证据材料确认：（1）工程项目投资账面价值确定依据；（2）工程项目停建原因说明及相关材料；（3）因质量原因停建、报废的工程项目和因自然灾害和意外事故停建、报废的工程项目，应出具专业技术鉴定意见和责任认定、赔偿情况的说明等。

第三十三条规定，工程物资发生损失，可比照本办法存货损失的规定确认。

（六）生产性生物资产

1. 生产性生物资产的认定

《企业会计准则第 5 号——生物资产》第三条规定，生物资产分为消耗性生物资产、生产性生物资产和公益性生物资产。其中，生产性生物资产，是指为产出农产品、提供劳务或出租等目的而持有的生物资产，包括经济林、薪炭林、产畜和役畜等。

企业所得税法对生产性生物资产的税务处理也进行了规定。《企业所得税法实施条例》第六十二条规定，生产性生物资产，是指企业为生产农产品、提供劳务或者出租等而持有的生物资产，包括经济林、薪炭林、产畜和役畜等。

小企业会计准则关于生产性生物资产的定义及构成的规定与企业会计准则和企业所得税法的完全一致。需要指出的是，企业会计准则中单设了生物资产准则项目，规范与农业生产相关的生物资产的确认、计量和相关信息的披露；小企业会计准则则分散在不同章节中予以规范，其中消耗性生物资产作为存货处理，公益性生物资产实际上将相关支出直接费用化，没有特别规定，生产性生物资产放在固定资产中具体规定。

2. 生产性生物资产的取得成本

《企业会计准则第 5 号——生物资产》第六条、第七条和第九条规定，生物资产应当按照成本进行初始计量。外购生物资产的成本，包括购买价款、相关税费、运输费、保险费以及可直接归属于购买该资产的其他支出。自行营造或繁殖的生产性生物资产的成本，应当按照下列规定确定：（1）自行营造的林木类生产性生物资产的成本，包括达到预定生产经营目的前发生的造林费、抚育费、营林设施费、良种试验费、调查设计费和应分摊的间接费用等必要支出；（2）自行繁殖的产畜和役畜的成本，包括达到预定生产经营目的（成龄）前发生的饲料费、人工费和应分摊的间接费用等必要支出。达到预定生产经营目的，是指生产性生物资产进入正常生产期，可以多年连续稳定产出农产品、提供劳务或出租。

企业所得税法也对生产性生物资产的税务处理作了规定。《企业所得税法实施条例》第六十二条规定，生产性生物资产按照以下方法确定计税基础：（1）外购生产性生物资产，以购买价款和支付的相关税费为计税基础；（2）通过捐赠、投资、非货币性资产交换、债务重组等方式取得的生产性生物资产，以该资产的公允价值和支付的相关税费为计税基础。

为了在账面上完整反映小企业生产性生物资产的价值，充分体现小企业的生产经营能力，小企业会计准则采用了与企业会计准则一致的初始计量原则。同时，考虑到小企业取得生产性生物资产通常有外购和自行营造或繁殖两种途径，小企业会计准则分别这两种取得方式规定了生产性生物资产的成本确定原则。与企业所得税法存在的主要差异为：企业所得税法没有对企业自行营造或者繁殖的生产性生物资产的计税基础作出规定，也就是说，对于自行营造或者繁殖的生产性生物资产在营造或者繁殖的过程中所发生的成本，税法允许计入当期费用税前扣除。

3. 生产性生物资产的折旧

《企业会计准则第 5 号——生物资产》第十七条至第二十条规定，企业对达到预定生产经营目的的生产性生物资产，应当按期计提折旧，并根据用途分别计入相关资产的成本或当期损益。企业应当根据生产性生物资产的性质、使用情况和有关经济利益的预期实现方式，合理确定其使用寿命、预计净残值和折旧方法。可选用的折旧方法包括年限平均法、工作量法、产量法等。生产性生物资产的使用寿命、预计净残值和折旧方法一经确定，不得随意变更。企业确定生产性生物资产的使用寿命，应当考虑下列因素：（1）该资产的预计产出能力或实物产量；（2）该资产的预计有形损耗，如产畜和役畜衰老、经济林老化等；（3）该资产的预计无形损耗，如因新品种的出现而使现有的生产性生物资产的产出能力和产出农产品的质量等方面相对下降、市场需求的变化使生产性生物资产产出的农产品相对过时等。企业至少应当于每年年度终了对生产性生物资产的使用寿命、预计净残值和折旧方法进行复核。使用寿命或预计净残值的预期数与原先估计数有差异的，或者有关经济利益预期实现方式有重大改变的，应当作为会计估计变更处理，调整生产性生物资产的使用寿命或预计净残值或者改变折旧方法。

企业所得税法也对生产性生物资产的税务处理作了规定。《企业所得税法实施条例》第六十三条至第六十四条规定，生产性生物资产按照直线法计算的折旧，准予扣除。企业应当自生产性生物资产投入使用月份的次月起计算折旧；停止使用的生产性生物资产，应当自停止使用月份的次月起停止计算折旧。企业应当根据生产性生物资产的性质和使用情况，合理确定生产性生物资产的预计净残值。生产性生物资产的预计净残值一经确定，不得变更。生产性生物资产计算折旧的最低年限如下：（1）林木类生产性生物资产，为 10 年；（2）畜类生产性生物资产，为 3 年。

为简化小企业会计核算，减轻小企业纳税调整的负担，小企业会计准则的规定与企业所得税法基本一致，要求生产性生物资产一律按照年限平均法计提折旧，同时要求小企业在估计生产性生物资产使用寿命和预计净残值时，不仅要考虑相关资产的性质和使用情况，还要考虑税法的规定。与企业会计准则存在的主要差异为：一是统一要求采用年限平均法计提折旧，不允许选用工作量法、产量法等其他折旧方法；二是不要求对生产性生物资产计提减值准备，因此生产性生物资产的应计折旧额为其原价扣除预计净残值后的余额，不必考虑减值因素；三是不要求至少在每年年度终了对生产性生物资产的使用寿命、预计净残值和折旧方法进行复核。

（七）无形资产

1. 无形资产定义

税法和企业会计准则对无形资产的定义一致，都是强调无形资产是企业长期使用、拥有或控制的没有实物形态的资产。小企业会计准则沿用这一定义。

2. 无形资产的取得成本

《企业会计准则第 6 号——无形资产》第十二条至第十四条规定，无形资产应当按照成本进行初始计量。外购无形资产的成本，包括购买价款、相关税费以及直接归属于使该项资产达到预定用途所发生的其他支出。自行开发的无形资产，其成本包括达到预定用途前所发生的支出总额，但是对于以前期间已经费用化的支出不再调整。投资者投入无形资产的成本，应当按照投资合同或协议约定的价值确定，但合同或协议约定价值不公允的除外。

企业所得税法也对无形资产的税务处理作了规定。《企业所得税法实施条例》第六十六条规定，无形资产按照以下方法确定计税基础：

（1）外购的无形资产，以购买价款和支付的相关税费以及直接归属于使该资产达到预定用途发生的其他支出为计税基础；

（2）自行开发的无形资产，以开发过程中该资产符合资本化条件后至达到预定用途前发生的支出为计税基础；

（3）通过捐赠、投资、非货币性资产交换、债务重组等方式取得的无形资产，以该资产的公允价值和支付的相关税费为计税基础。

为简化小企业会计核算，减轻小企业纳税调整的负担，小企业会计准则的规定与企业所得税法基本一致。

与企业所得税法可能存在差异的是，企业所得税法为鼓励企业自主创新规定了加计扣除的优惠政策，即研究开发支出未形成无形资产计入当期损益的，按照研究开发费用的 50%加计扣除；形成无形资产的，按照无形资产成本的 150%摊销。与企业会计准则存在的主要差异为：一是简化了延期付款或分期付款购买无形资产的会计处理，不考虑其中所含的融资费用；二是对于投资者投入的无形资产，根据公司法的要求引入了评估价值来确定其成本；三是简化了借款费用资本化金额的确定方法。

对于自行开发无形资产取得的成本，会计准则和税法都进行了规定。

《企业会计准则第 6 号——无形资产》第七条至第九条规定，企业内部研究开发项目的支出，应当区分研究阶段支出与开发阶段支出。研究是指为获取并理解新的科学或技术知识而进行的独创性的有计划调查。开发是指在进行商业性生产或使用前，将研究成果或其他知识应用于某项计划或设计，以生产出新的或具有实质性改进的材料、装置、产品等。企业内部研究开发项目研究阶段的支出，应当于发生时计入当期损益。企业内部研究开发项目开发阶段的支出，同时满足下列条件的，才能确认为无形资产：

（1）完成该无形资产以使其能够使用或出售在技术上具有可行性；

（2）具有完成该无形资产并使用或出售的意图；

（3）无形资产产生经济利益的方式，包括能够证明运用该无形资产生产的产品存在市场或无形资产自身存在市场，无形资产将在内部使用的，应当证明其有用性；

（4）有足够的技术、财务资源和其他资源支持，以完成该无形资产的开发，并有能力使用或出售该无形资产；

（5）归属于该无形资产开发阶段的支出能够可靠地计量。

企业所得税法也对无形资产开发支出的税务处理作了规定。《企业所得税法实施条例》第六十六条规定，自行开发的无形资产，以开发过程中该资产符合资本化条件后至达到预定用途前发生的支出为计税基础。

为简化小企业会计核算，减轻小企业纳税调整的负担，小企业会计准则的规定与企业所得税法的规定一致。

3. 无形资产的后续计量

《企业会计准则第 6 号——无形资产》第十七条至第十九条规定，使用寿命有限的无形资产，其应摊销金额应当在使用寿命内系统合理摊销。企业摊销无形资产，应当自无形资产可供使用时起，至不再作为无形资产确认时止。企业选择的无形资产摊销方法，应当反映与该项无形资产有关的经济利益的预期实现方式。无法可靠确定预期实现方式的，应当采用直线法摊销。无形资产的摊销金额一般应当计入当期损益，其他会计准则另有规定的除外。无形资产的应摊销金额为其成本扣除预计残值后的金额。已计提减值准备的无形资产，还应扣除已计提的无形资产减值准备累计金额。使用寿命有限的无形资产，其残值应当视为零，但下列情况除外：（1）有第三方承诺在无形资产使用寿命结束时购买该无形资产。（2）可以根据活跃市场得到预计残值信息，并且该市场在无形资产使用寿命结束时很可能存在。使用寿命不确定的无形资产不应摊销。

企业所得税法也对无形资产摊销的税务处理作了规定。《企业所得税法实施条例》第六十七条规定，无形资产按照直线法计算的摊销费用，准予扣除。无形资产的摊销年限不得低于 10 年。作为投资或者受让的无形资产，有关法律规定或者合同约定了使用年限的，可以按照规定或者约定的使用年限分期摊销。

为简化小企业会计核算，减轻小企业纳税调整的负担，小企业会计准则的规定与企业所得税法一致。与企业会计准则存在的主要差异为：一是在无形资产分类上，没有区分使用寿命有限的无形资产和使用寿命不确定的无形资产；二是规定无法合理估计使用寿命的无形资产按照不低于 10 年的期间摊销；三是统一要求采用年限平均法摊销，不允许选用产量法等其他摊销方法。

4. 无形资产的处置

《企业会计准则第 6 号——无形资产》第二十二条至第二十三条规定，企业出售无形资产，应当将取得的价款与该无形资产账面价值的差额计入当期损益。无形资产预期不能为企业带来经济利益的，应当将该无形资产的账面价值予以转销。

企业所得税法也对处置无形资产的税务处理作了规定。《企业所得税法实施条例》第三十二条规定，企业所得税法第八条所称损失，是指企业在生产经营活动中发生的固定资产和存货的盘亏、毁损、报废损失，转让财产损失，呆账损失，坏账损失，自然灾害等不可抗力因素造成的损失以及其他损失。企业发生的损失，减除责任人赔偿和保险赔款后的余额，依照国务院财政、税务主管部门的规定扣除。

为了简化核算，便于小企业实务操作，减轻纳税调整负担，满足汇算清缴的需要，小企业会计准则有关处置无形资产的会计处理与企业所得税法实施条例一致。

（八）长期待摊费用

《企业会计准则——应用指南》规定，"长期待摊费用"科目核算企业已经发生但应由本期和以后各期负担的分摊期限在 1 年以上的各项费用，如以经营租赁方式租入的固定资产发生的改良支出等。

企业所得税法也对长期待摊费用的税务处理作了规定。《企业所得税法》第十三条规定，在计算应纳税所得额时，企业发生的下列支出作为长期待摊费用，按照规定摊销的，准予扣除：

（1）已足额提取折旧的固定资产的改建支出；

（2）租入固定资产的改建支出；

（3）固定资产的大修理支出；

（4）其他应当作为长期待摊费用的支出。

《企业所得税法实施条例》第六十八条规定，《企业所得税法》第十三条第（一）项和第（二）项所称固定资产的改建支出，是指改变房屋或者建筑物结构、延长使用年限等发生的支出。

为了简化核算，便于小企业实务操作，减轻纳税调整负担，满足汇算清缴的需要，小企业会计准则有关长期待摊费用的构成和界定标准与企业所得税法一致。与企业会计准则存在的主要差异为：根据《企业会计准则第 4 号——固定资产》中关于固定资产后续支出的会计处理原则，企业发生的固定资产大修理费用，有确凿证据表明符合固定资产确认条件的部分，可以计入固定资产成本，不符合固定资产的确认条件的应当费用化，计入当期损益。也就是说，执行《企业会计准则》的企业，不得将大修理支出作待摊处理，并且大修理支出的认定标准也不同。

长期待摊费用作为小企业的一项非流动资产，能够在超过 1 年以上的期间为小企业带来经济利益，因此，其价值应在摊销期内进行摊销，并由其受益对象承担。

企业所得税法也对长期待摊费用摊销的税务处理作了规定。企业所得税法实施条例第六十八条至第七十条规定，《企业所得税法》第十三条第（一）项规定的支出，按照固定资产预计尚可使用年限分期摊销；第（二）项规定的支出，按照合同约定的剩余租赁期限分期摊销。企业所得税法第十三条第（三）项规定的支出，按照固定资产尚可使用年限分期摊销。企业所得税法第十三条第（四）项所称其他应当作为长期待摊费用的支出，自支出发生月份的次月起，分期摊销，摊销年限不得低于 3 年。

为了简化核算，便于小企业实务操作，减轻纳税调整负担，满足汇算清缴的需要，小企业会计准则有关长期待摊费用摊销的会计处理与企业所得税法一致。

第三章 负 债

第一节 负债概述

一、负债的概念

小企业为维持其正常的生产经营活动，需要拥有或控制一系列必要的资源，而这些资源从来源来看，无外乎来自两个方面：（1）投资者提供或小企业经营所得；（2）债权人提供。这些由过去的交易或者事项形成的，预期会导致经济利益流出小企业的现时义务，就称为负债。其中，现时义务是指企业在现行条件下已承担的义务，如果是未来发生的交易或者事项形成的义务，则不属于现时义务，也不应当确认为负债。

二、负债的特征

小企业的负债应同时具有以下三个特征：

（一）负债会导致经济利益流出小企业

预期会导致经济利益流出小企业是小企业负债的一个本质特征，因为负债通常需要在未来某个时点用经济利益偿付，从而引起小企业经济利益的流出。当然，这种流出的形式可以是多种多样。比如，用现金偿还或以实物资产形式偿还；以提供劳务形式偿还；以部分转移资产、部分提供劳务形式偿还；将负债转为资本等。但是，只有小企业在履行义务时会导致经济利益流出小企业的，才符合小企业负债的定义。

（二）负债是小企业的现时义务

负债所引起的经济利益流出小企业的义务是现时义务。其中，现时义务是指小企业在现行条件下已承担的义务。未来发生的交易或者事项形成的义务，不属于现时义务，不应当确认为负债。而义务可以是法定义务，也可以是推定义务。其中，法定义务，是指具有约束力的合同或者法律法规规定的义务，通常必须依法执行。比如，小企业购买原材料形成应付账款，向银行借入款项形成借款，按照税法规定应当交纳的税款等。推定义务，是指根据小企业多年来的习惯做法、公开的承诺或者公开宣布的政策而导致小企业将承担的责任，这些责任也使有关各方形成了小企业将履行义务解脱责任的合理预期。

（三）负债是因过去的交易或者事项的发生所引起的

负债应当由小企业过去的交易或者事项所形成，过去的交易或者事项包括购买、生产、建造行为或者其他交易或事项，预期未来发生的交易或事项将产生的债务，不能确认为小企业的负债。

三、负债的确认条件

将一项现时义务确认为负债，除了需要符合负债的定义，还应当同时满足以下两个条件：

（一）与该义务有关的经济利益很可能流出小企业

负债预期会导致经济利益流出小企业，但是履行义务所需流出的经济利益带有不确定性，尤其是与推定义务相关的经济利益通常需要依赖于大量的估计。因此，小企业负债的确认应当与经济利益流出的不确定性程度的判断结合起来。如果有确凿证据表明，与现时义务有关的经济利益很可能流出小企业，就应当将其作为负债予以确认；反之，如果小企业承担了现时义务，但是导致经济利益流出小企业的可能性若已不复存在，就不符合负债的确认条件，不应将其作为负债予以确认。

（二）未来流出的经济利益的金额能够可靠地计量

未来流出的经济利益的金额应当能够可靠计量。对于与法定义务有关的经济利益流出金额，通常可以根据合同或者法律规定的金额予以确定，考虑到经济利益流出的金额通常在未来期间，有时未来期间较长，有关金额的计量需要考虑货币时间价值等因素的影响。对于与推定义务有关的经济利益流出金额，小企业应当根据履行相关义务所需支出的最佳估计数进行估计，并综合考虑有关货币时间价值、风险等因素的影响。

四、负债的分类

负债一般分为流动负债和非流动负债两类。负债的流动性，一般可以理解为负债偿还速度或偿还时间的长短。流动负债是指将在 1 年内或者超过 1 年的一个营业周期内偿还的债务，包括短期借款、应付票据、应付账款、预收账款、应付职工薪酬、应交税费、应付股利、其他应付款等。非流动负债是指流动负债以外的负债，包括长期借款、长期应付款和递延收益等。

第二节　流动负债

一、流动负债概述

（一）流动负债的定义

小企业的流动负债是负债的重要组成部分，它是指预计在 1 年内或者超过 1 年的一个正常营业周期内清偿的债务，包括：短期借款、应付及预收款项、应付职工薪酬、应交税费、应付利息等。

（二）流动负债的构成

按债权人划分，小企业流动负债的主体主要包括银行等金融机构、税务机关、发生业务往来的企业、单位以及个人。按经营活动划分，小企业流动负债的原因包括融资而产生的短期借款和应付利息；因购买货物或劳务，应付但尚未付给有关单位和人员的款项，包括应付及预收款项、应付职工薪酬等；以及由于发生销售商品和提供劳务等应税行为，承担的向税收机关缴纳的营业税、企业所得税等。具体分类如下：

（1）短期借款，是指小企业向银行或其他金融机构等借入的期限在1年内的各种借款。

（2）应付票据，是指小企业因购买材料、商品和接受劳务供应等日常生产经营活动开出、承兑的商业汇票。在银行承兑汇票方式下，商业汇票应由在承兑银行开立存款账户的存款人签发，由银行承兑。在商业承兑汇票方式下，承兑人应为付款人，承兑人对这项债务在一定时期内支付的承诺，作为小企业的一项负债。

（3）应付账款，是指小企业因购买材料、商品或接受劳务等日常生产经营活动应支付的款项。这是买卖双方在购销活动中由于取得物资与支付货款在时间上不一致而产生的负债。

（4）预收账款，是指小企业按照合同规定预收的款项。包括：预收的购货款、工程款等。这是买卖双方协议商定，由购货方预先支付货款给供货方而发生的一项负债。预收账款虽然表现为货币资金的增加，但并不是小企业的收入，其实质为一项负债，要求小企业在短期内以某种商品、劳务或服务来了结。

（5）应付职工薪酬，是指小企业为获得职工提供的服务而给予的各种形式的报酬以及其他相关支出。

（6）应交税费，是指小企业按照税法等规定计算应交纳的各种税费。包括：增值税、消费税、营业税、城市维护建设税、企业所得税、资源税、土地增值税、城镇土地使用税、房产税、车船税和教育费附加、矿产资源补偿费、排污费以及代扣代缴的个人所得税等。

（7）应付利息，是指小企业按照合同约定应支付的利息费用。即，小企业使用了他人的资金只要按照合同约定应负担利息费用，不论是银行等金融机构借款还是向第三方借款，也不论是长期借款还是短期借款，都应当作为应付利息进行核算和管理。

（8）应付利润，是指小企业向投资者分配的利润。小企业根据相关法律法规等的规定或根据投资协议或合同约定应向投资者分配利润，在未支付给投资者之前，形成了小企业的一项负债。

应付利润与应付利息的区别在于：应付利润是针对投资者而言，其来源是小企业实现的净利润；应付利息是针对债权人而言，其来源是小企业实现的营业利润。

（9）其他应付款，是指小企业除应付账款、预收账款、应付职工薪酬、应交税费、应付利息、应付利润等以外的其他各项应付、暂收的款项，如应付租入固定资产和包装物的租金、存入保证金等。也就是说，其他应付款实质上是小企业流动负债中的一个兜底会计科目和报表项目，只要归不到上述8项负债的其他流动负债，即全部作为其他应付款进行核算和管理。

（三）流动负债的计量原则

小企业各项流动负债应当按照其实际发生额入账，即小企业所发生的流动负债，不需要考虑时间价值因素和市价因素，只需按照实际发生额入账。而小企业的流动负债一旦入账，在流动负债的存续期间不允许按照市价或其他公允价值进行调整。另外，小企业发生的确实无法偿付的应付款项，应当计入营业外收入。

二、短期借款

（一）短期借款及其特征

短期借款，是指小企业向银行或其他金融机构等借入的期限在1年内的各种借款。通常利用短期借款解决流动资金周转的问题。从短期借款的定义可以看出，小企业的短期借款有以下几个基本特征：

（1）其债权人不仅包括银行，还包括其他金融机构，如小额贷款公司等。如果在实务中，小企业向第三方（如个人）借入款项并且应负担利息费用，也视同短期借款进行会计处理，但如果期限超1年，则应视同长期借款进行会计处理。

（2）借款期限较短，为1年以内（含1年）。

（3）不仅应偿还借款本金，根据货币时间价值，还应支付相应的利息费用。

（4）短期借款不仅包括人民币借款，还包括外币借款。

（二）短期借款利息费用的会计处理

对于短期借款利息费用的会计处理，关键要把握两点：

（1）短期借款利息费用的计提时点：借款合同所约定的应付利息日，既不是实际支付利息日，也不是资产负债表日（如月末、季末、年末），即不需要预提利息费用。

（2）短期借款利息费用全部计入财务费用，即不需要考虑借款费用资本化的问题。

[**例3-1**]　A公司于2×13年10月1日向银行借入一笔生产经营用短期借款，共计240万元，期限为9个月，年利率为4%。根据与银行签署的借款协议，该项借款的本金到期后一次归还，利息按季支付。A公司应编制如下会计分录：

（1）借入短期借款：

借：银行存款　　　　　　　　　　　　　　　　　　　　　240万元
　　贷：短期借款　　　　　　　　　　　　　　　　　　　　240万元

（2）按季计提借款利息：

借：财务费用　　　　　　　　　　　　　　　　　　　　　2.4万元
　　贷：应付利息　　　　　　　　　　　　　　　　　　　　2.4万元

（3）实际支付借款利息：

借：应付利息　　　　　　　　　　　　　　　　　　　　　2.4万元
　　贷：银行存款　　　　　　　　　　　　　　　　　　　　2.4万元

三、应付及预收款项

（一）应付票据

应付票据是指企业购买材料、商品和接受劳务供应等而开出、承兑的商业汇票，由出票人出票，委托付款人在指定日期无条件支付确定的金额给收款人或者票据的持票人，包括商业承兑汇票和银行承兑汇票。如承兑人是银行的票据，则为银行承兑汇票；如承兑人为购货单位的票据，则为商业承兑汇票。

商业汇票按照是否带息，分为带息票据和不带息票据。不带息票据，其面值就是企业到期时应付的金额。带息票据的票面金额仅表示本金，票据到期时除按面值支付外，还应另行支付利息。

（二）应付账款

应付账款是指因购买材料、商品或接受劳务供应等经营活动应支付的款项。这是买卖双方在购销活动中由于取得物资与支付货款在时间上不一致而产生的负债，一般应在与所购买物资所有权相关的主要风险和报酬已经转移，或者所购买的劳务已经接受时确认。在实务中，应付账款的确认要根据情况分别处理：

（1）在物资和发票账单同时到达的情况下，应付账款一般待物资验收入库后，才按发票账单登记入账。这主要是为了确认所购入的物资是否在质量、数量和品种上都与合同上订明的条件相符，以免因先入账而在验收入库时发现购入物资错、漏、破损等问题再行调账。

（2）在物资和发票账单未同时到达的情况下，由于应付账款需根据发票账单登记入账，有时货物已到，发票账单要间隔较长时间才能到达，由于这笔负债已经成立，应作为一项负债反映。为在资产负债表上客观反映企业所拥有的资产和承担的债务，在实际工作中采用在月份终了将所购物资和应付债务估计入账，待下月初再用红字予以冲回的办法。

（三）预收账款

预收账款是指企业按照合同规定向购货单位预收的款项。与应付款项不同，预收款所形成的负债不是以货币偿付，而是以货物偿付。企业可以通过该科目核算预收账款的取得、偿付等情况。

四、应付职工薪酬

（一）应付职工薪酬的定义

在我国，小企业是解决城乡就业的重要力量，其职工或雇用的人员呈多元化。在实践中，由于小企业人工成本的范围或要素不明确，口径差异较大，缺乏可比性，所以如何定义小企业的应付职工薪酬是非常重要的。从性质上，凡是小企业为获得职工提供的服务而给予或付出的各种形式的对价，都构成职工薪酬，作为一种耗费构成人工成本，与这些服务产生的经济利益相匹配。其中，职工包括与小企业订立了固定期限、无固定期限和以完成一定的工作为期限的劳动合同的所有人员；而职工提供的服务，是指职工在小企业内部所从事的具体工作和岗位，即职工为小企业提供的服务是通过从事具体工作和岗位来体现和实现的。

（二）职工薪酬的构成

小企业职工薪酬的构成包括八个部分：

（1）职工工资、奖金、津贴和补贴。

工资是指计时工资和计件工资。计时工资，是指按计时工资标准和工作时间支付给职工的劳动报酬。计件工资，是指对已做工作按计件单价支付的劳动报酬。

奖金是指支付给职工的超额劳动报酬和增收节支的劳动报酬，如生产奖，包括质量奖、安全奖、考核各项经济指标的综合奖、年终奖、劳动分红等。

津贴和补贴是指为了补偿职工特殊或额外的劳动消耗和因其他特殊原因支付给职工的津贴，以及为了保证职工工资水平不受物价影响支付的物价补贴，包括补偿职工特殊或额外劳动消耗的津贴、保健津贴、技术性津贴、工龄津贴及其他津贴。

需要注意的是，根据国家法律、法规和政策规定，因病、工伤、产假、计划生育、婚丧假、探亲假、事假、定期休假、停工学习、执行国家和社会义务等原因应支付的工资也包括在内。

（2）职工福利费，主要包括职工因公负伤赴外地就医路费、职工生活困难补助、未实行医疗统筹小企业职工医疗费用，以及按规定发生的其他职工福利支出。

（3）医疗保险费、养老保险费、失业保险费、工伤保险费和生育保险费等社会保险费，是指小企业按照国务院、各地方人民政府规定的基准和比例计算，向社会保险经办机构缴纳的医疗保险费、养老保险费、失业保险费、工伤保险费和生育保险费。即通常所讲的"五险"。

（4）住房公积金，是指小企业按照国家规定的基准和比例计算，向住房公积金管理机构缴存的住房公积金。

（5）工会经费和职工教育经费，是指小企业根据《中华人民共和国工会法》的规定，为了改善职工文化生活、为职工学习先进技术和提高文化水平和业务素质，用于开展工会活动和职工教育及职业技能培训等相关支出。

（6）非货币性福利，是指小企业以自己的产品或外购商品作为福利发放给职工等。需要注意的是，小企业无论是以自产产品还是外购商品作为福利发放给职工，在进行账务处理时，都应当先通过"应付职工薪酬"科目归集当期应计入生产成本或当期损益的职工薪酬金额，以确定完整准确的小企业人工成本金额。

（7）因解除与职工的劳动关系给予的补偿，是指小企业在职工劳动合同尚未到期之前解除与职工的劳动关系等情况下根据国家有关规定给予职工的经济补偿，即辞退福利。

（8）其他与获得职工提供的服务相关的支出，是指除上述七种薪酬以外的其他为获得职工提供的服务而给予的薪酬。

（三）职工薪酬的分配

小企业应当在职工为其提供服务的会计期间，将应付的职工薪酬确认为负债，并根据职工提供服务的受益对象，区分进行会计处理。

1. 小企业职工薪酬分配的基本原则

小企业应当在职工为其提供服务的会计期间，按照职工所处的"岗位"而不是"身份"进行分配。在实际应用时，应把握以下三点：

（1）分配的期间：职工为企业提供服务的会计期间，通常是按月来确定。也就是说，小企业既不能提前（比如，职工还没有为企业提供服务），也不能推后（比如，职工已经为企业提供了服务）确认职工薪酬。

（2）受益对象：职工为小企业提供服务所实现的工作成果，比如生产的产品、销售的产品或商品、对外提供的劳务、所管理的生产经营活动、建造的固定资产、自行研发的无形资产等。

（3）报酬的表现形式：货币和非货币两种形式。

2. 按受益对象区分进行会计处理

（1）应由生产产品、提供劳务负担的职工薪酬，计入产品成本或劳务成本。小企业在生产产品、提供劳务过程中直接从事产品生产的工人以及生产车间管理人员和直接提供劳务的人员发生的职工薪酬，作为直接人工成本计入生产成本或劳务成本，即构成存货成本。在具体进行账务处理时，小企业在生产产品、提供劳务过程中生产车间管理人员发生的职工薪酬，先通过"制造费用"科目进行归集，月末再分配结转至"生产成本"科目。

（2）应由在建工程负担的职工薪酬，计入固定资产成本。小企业自行建造固定资产过程中直接从事工程建造和管理的人员发生的职工薪酬，只要是在竣工决算前发生的，就应当计入建造固定资产成本；在竣工决算后发生的，应当计入管理费用。在具体进行账务处理时，小企业自行建造固定资产过程中，直接从事工程建造和管理的人员发生的职工薪酬，先通过"在建工程"科目进行归集，在办理竣工决算手续后再结转至"固定资产"科目。

（3）应由无形资产开发项目负担的职工薪酬，计入无形资产成本。小企业自行开发无形资产过程中，直接从事开发项目的人员发生的职工薪酬，只要符合资本化条件，就应当计入所开发无形资产成本；但是不符合资本化条件的，应当计入管理费用。在具体进行账务处理时，小企业自行开发无形资产过程中直接从事开发项目的人员发生的职工薪酬，先通过"研发支出"科目进行归集，在达到预定用途时再结转至"无形资产"科目。

（4）其他职工薪酬（含因解除与职工的劳动关系给予的补偿），计入当期损益。除直接生产人员、直接提供劳务人员、生产车间管理人员、建造固定资产人员、无形资产开发人员等以外的职工，包括小企业行政管理部门人员的职工薪酬，以及难以确定直接对应的受益对象的人员的职工薪酬，均应当在发生时计入当期损益。

[例3-2]　A公司分配2×13年应负担的职工薪酬69.2万元（不包括在建工程、研发项目、长期待摊项目应负担的薪酬），其中，产品生产人员薪酬为56万元，车间管理人员薪酬为5万元，公司行政管理人员薪酬为6万元，销售人员薪酬为2.2万元。A公司应编制如下会计分录：

借：生产成本　　　　　　　　　　　　　　　　56万元
　　制造费用　　　　　　　　　　　　　　　　5万元
　　管理费用　　　　　　　　　　　　　　　　6万元
　　销售费用　　　　　　　　　　　　　　　　2.2万元
　　贷：应付职工薪酬　　　　　　　　　　　　69.2万元

[例3-3]　2×13年，甲公司以银行存款支付职工薪酬36万元。甲公司应编制如下会计分录：

借：应付职工薪酬　　　　　　　　　　　　　　36万元
　　贷：银行存款　　　　　　　　　　　　　　36万元

五、应交税费

企业根据税法规定应缴纳各种税费。在会计处理中，企业通过"应交税费"科目，总括反映各种税费的缴纳情况，并按照应交税费的种类进行明细核算。

（一）增值税

增值税是以商品（含应税劳务）在流转过程中产生的增值额作为计税依据而征收的一种流转税。如果小企业是小规模纳税人，则在处理增值税时应当按照不含税销售额和规定的增值税征收率计算缴纳增值税，销售货物或提供应税劳务时只能开具普通发票，不能开具增值税专用发票。另外，其也不享受进项税额的抵扣权，其购进货物或接受应税劳务支付的增值税直接计入有关货物或劳务的成本。

小企业若被认定为一般纳税人，就会遇到增值税销项税、进项税等概念，收入和成本核算应采取价税分离方法。在理解相关税收概念的同时，会计核算上应注意：

一是价外税。即纳税人取得的货款包括销售款和税款两部分。销售款应确认为销售收入，税款应确认为增值税销项税额。增值税款是在销售收入之外收取的，从本质上来说，是代收代付款项。核算时，要注意将收到的货款还原为不含税收入。税款计算公式为：增值税销项税款＝销售款×税率。

二是增值税款一般不构成税前扣除成本。纳税人销售商品和提供应税劳务会向买方（劳务接受方）收取销项税额，该税额不构成销售收入；购进商品和应税劳务时会向卖方（劳务提供方）支付进项税额，该税额也不构成存货、固定资产等的成本，不计入当期损益。小企业当期销项税与进项税的差额，如为正数，作为应纳税款缴纳增值税；如为负数，作为留抵税额结转下期继续抵扣。因此，正常的增值税税款不允许在企业所得税税前扣除。只有当发生不允许抵扣进税、进项税转出等情形时，小企业已支付的相关进项税税额可以计入税前扣除成本，在企业所得税税前扣除。

以下简单介绍应交增值税的账务处理：

1. 应设置的专栏

小企业应当在"应交增值税"明细科目中分别设置"进项税额"、"销项税额"、"出口退税"、"进项税额转出"、"已交税金"等应交增值税专栏。但是，小规模纳税人只需设置"应交增值税"明细科目，不需要在"应交增值税"明细科目中设置上述专栏。

2. 采购物资发生的增值税进项税额

小企业采购物资等（包括原材料、机器设备等），按照应计入采购成本的金额，借记"材料采购"或"在途物资"、"原材料"、"库存商品"等科目，按照税法规定可抵扣的增值税额，借记"应交税费——应交增值税（进项税额）"科目，按照应付或实际支付的金额，贷记"应付账款"、"银行存款"等科目。购入物资发生退货，作相反的会计分录。

3. 销售商品发生的增值税销项税额

（1）小企业销售商品（提供劳务），按照收入金额和应收取的增值税销项税额，借记"应收账款"、"银行存款"等科目，按照税法规定应交纳的增值税销项税额，贷记"应交税费——应交增值税（销项税额）"科目，按照确认的营业收入金额，贷记"主营业务收入"、"其他业务收入"等科目。发生销售退回，作相反的会计分录。

（2）小企业随同商品出售但单独计价的包装物，应当按照实际收到或应收的金额，借记"银行存款"、"应收账款"等科目，按照税法规定应交纳的增值税销项税额，贷记"应交税费——应交增值税（销项税额）"科目，按照确认的其他业务收入金额，贷记"其他业务收入"科目。

（3）小企业将自产的产品等（包括所购商品）用作福利发放给职工，应视同产品销售计算应交增值税的，借记"应付职工薪酬"科目，贷记"主营业务收入"、"应交税费——应交增值税（销项税额）"等科目。

（4）由于工程而使用本企业的产品或商品，应当按照成本，借记"在建工程"科目，贷记"库存商品"科目。同时，按照税法规定应交纳的增值税销项税额，借记"在建工程"科目，贷记"应交税费——应交增值税（销项税额）"科目。

4. 出口产品或商品退回的增值税

（1）实行"免、抵、退"管理办法的小企业，按照税法规定计算的当期出口产品不予免征、抵扣和退税的增值税额，借记"主营业务成本"科目，贷记"应交税费——应交增值税（进项税额转出）"科目。按照税法规定计算的当期应予抵扣的增值税额，借记"应交税费——应交增值税（出口抵减内销产品应纳税额）"科目，贷记"应交税费——应交增值税（出口退税）"科目。

出口产品按照税法规定应予退回的增值税款，借记"其他应收款"科目，贷记"应交税费——应交增值税（出口退税）"科目。

（2）未实行"免、抵、退"管理办法的小企业，出口产品实现销售收入时，应当按照应收的金额，借记"应收账款"等科目，按照税法规定应收的出口退税，借记"其他应收款"科目，按照税法规定不予退回的增值税额，借记"主营业务成本"科目，按照确认的销售商品收入，贷记"主营业务收入"科目，按照税法规定应交纳的增值税额，贷记"应交税费——应交增值税（销项税额）"科目。

5. 不得从增值税销项税额中抵扣的进项税额

（1）小企业购入材料等（包括机器设备）按照税法规定不得从增值税销项税额中抵扣的进项税额，其进项税额应计入材料等（包括机器设备）的成本，借记"材料采购"或"在途物资"、"在建工程"或"固定资产"等科目，贷记"银行存款"等科目。

（2）小企业购进的物资、在产品、产成品因盘亏、毁损、报废、被盗，以及购进物资改变用途等原因按照税法规定不得从增值税销项税额中抵扣的进项税额，其进项税额应转入有关科目，借记"待处理财产损溢"等科目，贷记"应交税费——应交增值税（进项税额转出）"科目。

6. 交纳增值税

小企业交纳的增值税，借记"应交税费——应交增值税（已交税金）"科目，贷记"银行存款"科目。

[例3-4]　2×13年1月20日，A公司购入原材料一批，货款50万元，增值税8.5万元，对方代垫运杂费0.1万元。材料已运到并验收入库，款项尚未支付。甲公司应编制如下会计分录：

借：原材料　　　　　　　　　　　　　　　　　　　　　50.1万元
　　应交税费——应交增值税（进项税额）　　　　　　　　8.5万元
　贷：应付账款　　　　　　　　　　　　　　　　　　　　58.6万元

（二）消费税

消费税是指在我国境内生产、委托加工和进口应税消费品的单位和个人，按其流转额缴纳的一种税。消费税有从价定率和从量定额两种征收方法。采取从价定率方法征收的消费税，以不含增值税的销售额为税基，按照税法规定的税率计算。企业的销售收入包含增值税的，应先将其转换为不含税的销售额。而采取从量定额计征的消费税，根据按税法确定的企业应税消费品的数量和单位应税消费品应缴纳的消费税计算确定。

下面简单介绍应交消费税的账务处理：

（1）小企业销售需要交纳消费税的物资应交的消费税，借记"营业税金及附加"等科目，贷记"应交税费——应交消费税"科目。

（2）小企业以生产的产品用于在建工程、非生产机构等，按照税法规定应交纳的消费税，借记"在建工程"、"管理费用"等科目，贷记"应交税费——应交消费税"科目。

小企业随同商品出售但单独计价的包装物，按照税法规定应交纳的消费税，借记"营业税金及附加"科目，贷记"应交税费——应交消费税"科目。小企业出租、出借包装物逾期未收回没收的押金应交的消费税，借记"营业税金及附加"科目，贷记"应交税费——应交消费税"科目。

（3）小企业需要交纳消费税的委托加工物资，由受托方代收代缴税款（受托加工或翻新改制金银首饰按照税法规定由受托方交纳消费税除外）。小企业（作为受托方）按照应交税款金额，借记"应收账款"、"银行存款"等科目，贷记"应交税费——应交消费税"科目。

委托加工物资收回后，直接用于销售的，小企业（作为委托方）应将代收代缴的消费税计入委托加工物资的成本，借记"库存商品"等科目，贷记"应付账款"、"银行存款"等科目；委托加工物资收回后用于连续生产，按照税法规定准予抵扣的，按照代收代缴的消费税，借记"应交税费——应交消费税"科目，贷记"应付账款"、"银行存款"等科目。

（4）有金银首饰零售业务的以及采用以旧换新方式销售金银首饰的小企业，在营业收入实现时，按照应交的消费税，借记"营业税金及附加"科目，贷记"应交税费——应交消费税"科目。有金银首饰零售业务的小企业因受托代销金银首饰按照税法规定应交纳的消费税，借记"营业税金及附加"科目，贷记"应交税费——应交消费税"科目；以其他方式代销金银首饰的，其交纳的消费税，借记"营业税金及附加"科目，贷记"应交税费——应交消费税"科目。

（5）需要交纳消费税的进口物资，其交纳的消费税应计入该项物资的成本，借记"材料采购"或"在途物资"、"库存商品"、"固定资产"等科目，贷记"银行存款"等科目。

（6）小企业（生产性）直接出口或通过外贸企业出口的物资，按照税法规定直接予以免征消费税的，可不计算应交消费税。

（7）小企业交纳的消费税，借记"应交税费——应交消费税"科目，贷记"银行存款"科目。

（三）营业税

营业税是对在我国境内提供应税劳务、转让无形资产或销售不动产的单位和个人征收的流转税。营业税以营业额作为计税依据。营业额是指纳税人提供应税劳务、转让无形资产和销售不动产而向对方收取的全部价款和价外费用。税率从3%～20%不等。

应交营业税的账务处理如下：

（1）小企业按照营业额和税法规定的税率，计算应交纳的营业税，借记"营业税金及附加"等科目，贷记"应交税费——应交营业税"科目。

（2）小企业出售原作为固定资产管理的不动产应交纳的营业税，借记"固定资产清理"等科目，贷记"应交税费——应交营业税"科目。

（3）小企业交纳的营业税，借记"应交税费——应交营业税"科目，贷记"银行存款"科目。

另外，营业税纳税人是按照营业额和规定的税率计算缴纳营业税的。在会计核算上有两个特点：

一是价内税。即营业税纳税人取得的货款就是销售款，形成销售收入，而税款由销售款来承担并从中扣除。税款计算公式为：营业税款＝销售款×税率。

二是营业税款构成税前扣除成本。即纳税人承担的营业税借记"营业税金及附加"科目，贷记"应交税费——应交营业税"科目。相应地，营业税税金允许在企业所得税税前扣除。

（四）企业所得税

企业所得税是对我国企业和经营单位的生产经营所得和其他所得征收的一种税。企业所得税纳税人即所有实行独立经济核算的中华人民共和国境内的企业或其他组织。企业所得税的征税对象是纳税人取得的所得，包括销售货物所得、提供劳务所得、转让财产所得、股息红利所得、利息所得、租金所得、特许权使用费所得、接受捐赠所得和其他所得。

应交企业所得税的账务处理如下：

（1）小企业按照税法规定应交的企业所得税，借记"所得税费用"科目，贷记"应交税费——应交企业所得税"科目。

（2）小企业交纳的企业所得税，借记"应交税费——应交企业所得税"科目，贷记"银行存款"科目。

（五）城市维护建设税和教育费附加

城市维护建设税是以增值税、消费税、营业税为计税依据征收的一种税。其纳税人为缴纳增值税、消费税、营业税的单位和个人，税率因纳税人所在地不同从1%～7%不等。

城市维护建设税的计算公式为：

$$应纳税额＝（应交增值税＋应交消费税＋应交营业税）×适用税率$$

教育费附加是为了发展教育事业而向企业征收的附加费用，企业按应交流转税的一定比例计算缴纳。

应交城市维护建设税和教育费附加的账务处理如下：

（1）小企业按照税法规定应交的城市维护建设税、教育费附加，借记"营业税金及附加"科目，贷记"应交税费——应交城市维护建设税"、"应交税费——应交教育费附加"科目。

（2）小企业交纳的城市维护建设税和教育费附加，借记"应交税费——应交城市维护建设税"、"应交税费——应交教育费附加"科目，贷记"银行存款"科目。

（六）资源税

资源税是对在我国境内开采矿产品或者生产盐的单位和个人征收的税。资源税按照应税产品的课税数量和规定的单位税额计算。开采或生产应税产品对外销售的，以销售数量为课税数量；开采或生产应税产品自用的，以自用数量为课税数量。

应交资源税的账务处理如下：

（1）小企业销售商品按照税法规定应交纳的资源税，借记"营业税金及附加"科目，贷记"应交税费——应交资源税"科目。

（2）小企业自产自用的物资应交纳的资源税，借记"生产成本"科目，贷记"应交税费——应交资源税"科目。

（3）小企业收购未税矿产品，按照实际支付的价款，借记"材料采购"或"在途物资"等科目，贷记"银行存款"等科目；按照代扣代缴的资源税，借记"材料采购"或"在途物资"等科目，贷记"应交税费——应交资源税"科目。

（4）小企业外购液体盐加工固体盐：在购入液体盐时，按照税法规定所允许抵扣的资源税，借记"应交税费——应交资源税"科目，按照购买价款减去允许抵扣的资源税后的金额，借记"材料采购"或"在途物资"、"原材料"等科目，按照应支付的购买价款，贷记"银行存款"、"应付账款"等科目；加工成固体盐后，在销售时，按照销售固体盐应交纳的资源税，借记"营业税金及附加"科目，贷记"应交税费——应交资源税"科目；将销售固体盐应交资源税抵扣液体盐已交资源税后的差额上交时，借记"应交税费——应交资源税"科目，贷记"银行存款"科目。

（5）小企业交纳的资源税，借记"应交税费——应交资源税"科目，贷记"银行存款"科目。

（七）土地增值税

土地增值税是指在我国境内有偿转让土地使用权及地上建筑物和其他附着物产权的单位和个人，就其土地增值额征收的一种税。土地增值额是指转让收入减去规定扣除项目金额后的余额。

应交土地增值税的账务处理如下：

（1）小企业转让土地使用权应交纳的土地增值税，土地使用权与地上建筑物及其附着物一并在"固定资产"科目核算的，借记"固定资产清理"科目，贷记"应交税费——应交土地增值税"科目。

土地使用权在"无形资产"科目核算的，按照实际收到的金额，借记"银行存款"科目，按照应交纳的土地增值税，贷记"应交税费——应交土地增值税"科目，按照已计提的累计摊销，借记"累计摊销"科目，按照其成本，贷记"无形资产"科目，按照其差额，贷记"营业外收入——非流动资产处置净收益"科目或借记"营业外支出——非流动资产处置净损失"科目。

（2）小企业（房地产开发经营）销售房地产应交纳的土地增值税，借记"营业税金及附加"科目，贷记"应交税费——应交土地增值税"科目。

（3）小企业交纳的土地增值税，借记"应交税费——应交土地增值税"科目，贷记"银行存款"科目。

（八）土地使用税、房产税、车船税

土地使用税是国家为了合理利用城镇土地，调节土地级差收入，提高土地使用效益，加强土地管理而开征的一种税，以纳税人实际占用的土地面积为计税依据，依照规定税额计算征收。

房产税是国家对在城市、县城、建制县和工矿区征收的由产权所有人缴纳的一种税。房产税依照房产原值一次减除 $10\%\sim30\%$ 的余额计算缴纳。没有房产原值作为依据的，由房产所在地税务机关参考同类房产核定；房产出租的，以房产租金收入为房产税的计税依据。

车船税由拥有并且使用车船的单位和个人按照适用税额计算缴纳。

应交城镇土地使用税、房产税、车船税的账务处理如下：

（1）小企业按照规定应交纳的城镇土地使用税、房产税、车船税借记"营业税金及附加"科目，贷记"应交税费——应交城镇土地使用税"、"应交税费——应交房产税"、"应交税费——应交车船税"科目。

（2）小企业交纳的城镇土地使用税、房产税、车船税，借记"应交税费——应交城镇土地使用税"、"应交税费——应交房产税"、"应交税费——应交车船税"科目。

（九）个人所得税

根据规定小企业应该为其员工按规定计算并代扣代缴职工的个人所得税，相关账务处理如下：

（1）小企业按照税法规定应代扣代缴的职工个人所得税，借记"应付职工薪酬"科目，贷记"应交税费——应交个人所得税"科目。

（2）小企业交纳的个人所得税，借记"应交税费——应交个人所得税"科目，贷记"银行存款"科目。

（十）不通过"应交税费"科目核算的税费——印花税、契税

印花税是以经济活动中签立的各种合同、产权转移书据、营业账簿、权利许可证照等应税凭证文件为对象所征的税。

契税是以所有权发生转移变动的不动产为征税对象，向产权承受人征收的一种财产税。应缴税范围包括：土地使用权出售、赠与和交换，房屋买卖，房屋赠与，房屋交换等。

以上两种税费不需要预计应缴数的税金，不通过"应交税费"科目核算。待税费发生时直接计入当期损益即可。

第三节　非流动负债

一、非流动负债概述

（一）非流动负债的定义

小企业的非流动负债，是指流动负债以外的负债。在这里，非流动负债的定义实际上采用了"二分法"，即一项负债只要不属于流动负债，就是非流动负债，但是前提是先认定是否为流动负债。非流动负债除具有负债的共同特征外，与流动负债相比，还具有债务金额大、偿还期限长、可以分期偿还等特点。常见的非流动负债有长期借款、应付债券、长期应付款等。

（二）非流动负债的构成

小企业的非流动负债主要包括长期借款、长期应付款，如存在政府补助，还会涉及递延收益。

（1）长期借款，是指小企业向银行或其他金融机构等借人的期限在 1 年以上的各种借款。

（2）长期应付款，是指小企业除长期借款以外的其他各种长期应付款项。包括：小企业由采用融资租赁方式租入固定资产所形成的应付融资租入固定资产的租赁费、以分期付款方式购入固定资产发生的应付款项等。有关融资租赁的规定详见本准则第二十八条的释义。

（3）递延收益，主要是由于小企业收到与资产相关的政府补助所产生的。

（三）非流动负债的计量原则

小企业各项非流动负债应当按照其实际发生额入账，即小企业所发生的非流动负债，不

需要考虑时间价值因素和市价因素，只需按照实际发生额入账。而小企业的非流动负债一旦入账，在非流动负债的存续期间不允许按照市价或其他公允价值进行调整。

二、长期借款

(一) 长期借款的定义

长期借款是企业从银行或其他金融机构借入的期限在 1 年以上（不含 1 年）的款项。一般用于固定资产的构建、改扩建工程、大修理工程、对外投资以及为了保持长期经营能力等方面。它是企业长期负债的重要组成部分。

(二) 长期借款利息费用的会计处理

对于长期借款利息费用的会计处理，关键要把握两点：

(1) 长期借款利息费用的计提时点：借款合同所约定的应付利息日，既不是实际支付利息日，也不是资产负债表日（如月末、季末、年末），即小企业对长期借款不需要预提利息费用。

(2) 长期借款利息费用要区分两种情况进行会计处理：

符合资本化条件的，应计入相关资产的成本，比如固定资产、无形资产、存货等。

不符合资本化条件的，应计入财务费用。

[**例 3-5**] A 公司于 2×13 年 1 月 1 日，从银行借入资金 100 万元用于补充流动资金，借款期限为 3 年，年利率为 8.6%，按年付息，到期一次还本，所借款项已存入银行。A 公司应编制如下会计分录：

(1) 取得借款时：

借：银行存款　　　　　　　　　　　　　　　　　　　　　　　　　100 万元

　　贷：长期借款　　　　　　　　　　　　　　　　　　　　　　　　100 万元

(2) 按年计提长期借款利息：

借：财务费用　　　　　　　　　　　　　　　　　　　　　　　　　8.6 万元

　　贷：应付利息　　　　　　　　　　　　　　　　　　　　　　　　8.6 万元

(3) 年末实际支付借款利息：

借：应付利息　　　　　　　　　　　　　　　　　　　　　　　　　8.6 万元

　　贷：银行存款　　　　　　　　　　　　　　　　　　　　　　　　8.6 万元

三、长期应付款及应付债券

(一) 长期应付款

长期应付款是指企业除长期借款和应付债券以外的其他各种长期应付款项，包括应付融资租入固定资产的租赁费、以分期付款方式购入固定资产发生的应付款项等。

1. 应付融资租赁款

应付融资租赁款，是指企业采用融资租赁方式租入固定资产而形成的应付款，是在租赁开始日承租人应向出租人支付的最低租赁付款额。

融资租入固定资产时，在租赁期开始日，按应计入固定资产成本的金额（租赁开始日租赁资产公允价值与最低租赁付款额现值两者中较低者，加上初始直接费用），借记"在建工程"或"固定资产"账户，按最低租赁付款额，贷记"长期应付款"账户，按发生的初始直接费用，贷记"银行存款"等账户，按其差额，借记"未确认融资费用"账户。按期支付融资租赁费时，借记"长期应付款——应付融资租赁款"账户，贷记"银行存款"账户。

2. 具有融资性质的延期付款购买资产

企业如果延期支付购买资产的价款超过正常信用条件，实际是具有融资性质的，所购资产的成本应当以延期支付购买价款的现值为基础确定。应按购买价现值，借记"在建工程"或"固定资产"账户，按应支付价款总额，贷记"长期应付款"，按其差额，借记"未确认融资费用"账户。

（二）应付债券

应付债券是指企业为筹集（长期）资金而发行的债券。企业发行债券以取得资金是以将来履行归还购买债券的本金和利息的义务作为保证的。

债券的发行，首先涉及发行价格、市场利率和实际利率。债券的发行价格受众多因素影响，包括公司的信用，所发行债券的面值、期限，以及资本市场上的利率水平、供求关系等。若债券按其面值的价格出售，则称为面值发行；若以高于其面值价格出售，则称为溢价发行；若以低于其面值价格出售，则称为折价发行。债券发行时，发行企业与债券投资者双方均能接受的利率，称为该债券的市场利率，它与发行价格紧密相连。债券的实际利率是指将债券在预期存续期间内的未来现金流量折算为该债券当前账面价值所使用的利率。

1. 发行债券

企业按面值发行债券时，按实际收到的款项，借记"银行存款"、"现金"等科目，按债券票面价值，贷记"应付债券——面值"；溢价或折价发行的债券，还应按发行价格与票面价值之间的差额，贷记或借记"应付债券——利息调整"。

2. 发生债券利息

发行长期债券的企业，应按期计提利息。溢价或折价发行债券，其债券发行价格总额与债券面值总额的差额，应当在债券存续期间分期摊销。摊销方法可以采用实际利率法，也可以采用直线法。

分期计提利息及摊销溢价、折价时，应当区别情况处理：

面值发行债券应计提的利息，借记"在建工程"、"财务费用"科目，贷记"应付债券——应计利息"。溢价发行债券，按应摊销的溢价金额，借记"应付债券——债券溢价"，按应计利息与溢价摊销的差额，借记"在建工程"、"财务费用"等科目，按应计利息，贷记"应付债券——应计利息"。

折价发行债券，按应摊销的折价金额和应计利息之和，借记"在建工程"、"财务费用"等科目，按应摊销的折价金额，贷记"应付债券——债券折价"，按应计利息，贷记"应付债券——应计利息"。

3. 债券还本付息

债券到期，支付债券本息时，借记"应付债券——面值"、"应付债券——应计利息"，贷记"银行存款"等科目。

第四节　负债的会计处理与税法的差异及协调

企业所得税法和企业所得税法实施条例是为了保证国家税收收入而拟定的，主要从收入、费用扣除和资产的税务处理几个方面对应纳税所得额进行了规定，有关负债的规定主要体现在费用上。小企业会计准则在负债处理上与税法的协调主要体现在利息费用的确认时点和计量金额上。

企业会计准则规定，短期借款的利息费用计算应当采用实际利率法，即按照金融资产或金融负债（含一组金融资产或金融负债）的实际利率计算其摊余成本及各期利息收入或利息费用的方法。实际利率，是指将金融资产或金融负债在预期存续期间或适用的更短期间内的未来现金流量，折现为该金融资产或金融负债当前账面价值所使用的利率。在确定实际利率时，应当在考虑金融资产或金融负债所有合同条款（包括提前还款权、看涨期权、类似期权等）的基础上预计未来现金流量，但不应当考虑未来信用损失。金融资产或金融负债合同各方之间支付或收取的、属于实际利率组成部分的各项收费、交易费用及溢价或折价等，应当在确定实际利率时予以考虑。金融资产或金融负债的未来现金流量或存续期间无法可靠预计时，应当采用该金融资产或金融负债在整个合同期内的合同现金流量。

企业所得税法实施条例规定，企业在生产经营活动中发生的下列利息支出，准予扣除：（1）非金融企业向金融企业借款的利息支出、金融企业的各项存款利息支出和同业拆借利息支出、企业经批准发行债券的利息支出；（2）非金融企业向非金融企业借款的利息支出，不超过按照金融企业同期同类贷款利率计算的数额的部分。同时，第十八条规定：企业所得税法第六条第（五）项所称利息收入，是指企业将资金提供他人使用但不构成权益性投资，或者因他人占用本企业资金取得的收入，包括存款利息、贷款利息、债券利息、欠款利息等收入。利息收入，按照合同约定的债务人应付利息的日期确认收入的实现。

为简便小企业会计核算、减轻所得税纳税调整负担，小企业会计采取了与企业所得税法相一致的规定，即在应付利息日计提利息费用，这一点与企业会计准则的规定有差异，小企业应当予以注意。

第四章　所有者权益

第一节　所有者权益概述

小企业为维持其正常的生产经营活动所需的资源除来源于负债外，主要来自于投资者投入。对于投资者提供的资源，就形成了小企业的所有者权益。因此，所有者权益是小企业会计准则中的一个重要概念和组成部分。

一、所有者权益的定义

所有者权益是指企业资产扣除负债后由所有者享有的剩余权益，公司的所有者权益又称为股东权益，其来源包括所有者投入的资本、直接计入所有者权益的利得和损失、留存收益等。所有者权益项目金额取决于资产和负债的计量，应列入资产负债表。

相对于负债而言，所有者权益具有以下特征：

（1）所有者权益通常不像负债那样需要偿还。除非小企业发生减资、清算，否则小企业不需要将所有者权益返还给其投资者。

（2）小企业清算时，负债将优先偿还，而所有者权益只有在负债得到偿还后，才能得到返还。

（3）所有者权益能够分享利润，而负债通常不能参与利润的分配。因此，所有者权益是所有者对小企业资产的剩余索取权，既可反映所有者投入资本的保值增值情况，又体现了保护债权人权益的理念。

二、所有者权益的构成

（一）所有者投入的资本

所有者投入的资本是指所有者投入小企业的资本部分，它既包括构成小企业注册资本或者股本部分的金额，即实收资本；也包括投入资本超过注册资本或者股本部分的溢价金额，即资本公积。

（二）留存收益

留存收益是小企业历年实现的净利润留存于小企业的部分，包括盈余公积和未分配利润。

三、所有者权益的确认条件

所有者权益的确认、计量主要取决于资产、负债、收入、费用等其他会计要素的确认和计量。所有者权益即为小企业的净资产，是小企业资产总额中扣除债权人权益后的净额，反映所有者（股东）财富的净增加额。通常，小企业收入增加时，会导致资产的增加，相应地会增加所有者权益；小企业发生费用时，会导致负债增加，相应地会减少所有者权益。因此，小企业日常经营的好坏和资产负债的质量直接决定着小企业所有者权益的增减变化和资本的保值增值。

第二节　实收资本

一、实收资本概述

实收资本，是指投资者按照合同协议约定或相关规定投入到小企业、构成小企业注册资本的部分。小企业在对实收资本进行会计处理时应当注意以下两个方面：

（1）小企业收到投资者以现金或非货币性资产投入的资本，应当按照其在本企业注册资本中所占的份额计入实收资本，超出的部分，应当计入资本公积。

（2）投资者根据有关规定对小企业进行增资或减资，小企业应当增加或减少实收资本。

二、实收资本的计量

实收资本的计量，取决于投资者的出资方式，应区分以下两种情况分别确定。

（一）以现金方式出资的计量

现金出资方式包括投入的人民币和各种外币。小企业收到投资者以外币投入资本的，应当按收到外币出资额当日的即期汇率折算为人民币。小企业收到投资者的货币出资，应当按照其在小企业注册资本或股本中所占的份额确认实收资本，实际收到或者存入小企业开户银行的金额超过实收资本的差额，确认为资本公积。

（二）以非货币性资产出资的计量

对于投资者以非货币性资产出资，小企业应当区别取得资产的计量和实收资本的计量分别加以确定。其中，取得的非货币性资产的金额根据公司法的要求，应采用评估价值确定；而实收资本的金额应根据投资合同协议或公司章程的约定按照投资者在其中所占份额来确定，超出部分应当计入资本公积。

三、实收资本增减变动的会计处理

小企业的实收资本应与其在公司登记机关依法登记的注册资本始终保持相一致，因此应当相对固定不变。但在某些情况下，根据相关法律规定或投资者之间的约定，实收资本也可以发生增减变动。比如，根据公司法规定，有限责任公司增加股本，只要股东会议（但必须经过代表 2/3 以上表决权的股东通过）决议，并修改公司章程即可。

（一）实收资本增加的会计处理

通常，小企业增加资本的途径主要有三种：

（1）将资本公积转为实收资本。在账务处理上，借记"资本公积"科目，贷记"实收资本"科目。

（2）将盈余公积转为实收资本。在账务处理上，借记"盈余公积"科目，贷记"实收资本"科目。资本公积和盈余公积均属所有者权益，转为实收资本时，如为独资小企业，直接结转即可；如为有限责任公司，应按股东原持股份同比例增加各股东的股权，除非股东之间另有约定。

（3）所有者（包括小企业原所有者和新投资者）投入。小企业应在收到投资者投入的出资时，借记"银行存款"、"固定资产"、"原材料"等科目，贷记"实收资本"、"资本公积"等科目。

（二）实收资本减少的会计处理

一般情况下小企业的实收资本不能随意减少，尤其是法律禁止投资者在企业成立后从企业抽逃出资。但是，个别情况下可以依法减资。小企业实收资本减少的原因主要有两种：一是资本过剩；二是小企业发生重大亏损，短期内无力弥补而需要减少实收资本。资本减少应符合相关条件：

（1）减资应事先通知所有债权人，债权人无异议方允许减资；

（2）经股东会议同意，并经有关部门批准；

（3）公司减资后的注册资本不得低于法定注册资本的最低限额。

实收资本减少的账务处理为：借记"实收资本"、"资本公积"科目，贷记"库存现金"、"银行存款"等科目。

另外，在实务操作中，还应该注意以下方面：一是中外合作经营的小企业根据合同规定在合作期间归还投资者的投资，实质上是一种减资行为，应当减少实收资本，但又不同时减少注册资本。二是考虑到我国实行注册资本制并且投资者各方通常都是按照各方在注册资本中所占份额享有所有者权益，因此，为了保持小企业的实收资本始终同注册资本相一致，应在"实收资本"科目下单独设置"已归还投资"明细科目进行核算，并且在资产负债表中在"实收资本（或股本）"项目下增加"减：已归还投资"项目单独列示，以清晰地反映小企业的注册资本和已归还投资的情况。在账务处理上，应当按照用利润实际归还投资的金额，借记"实收资本——已归还投资"科目，贷记"银行存款"等科目；同时，借记"利润分配——利润归还投资"科目，贷记"盈余公积——利润归还投资"科目。

[例 4-1] 2×13 年 2 月 5 日，为扩大经营规模，经批准，A 公司注册资本增加 900 万元，通过吸收新投资者实现。新的投资者投入现金 600 万元以及专用设备一台，设备经评估确定的价值为 400 万元，增值税进项税额为 68 万元。A 公司应编制如下会计分录：

借：银行存款	600 万元
固定资产	400 万元
应交税费——应交增值税（进项税额）	68 万元
贷：实收资本	900 万元
资本公积	168 万元

第三节 资本公积

一、资本公积的性质与内容

资本公积是指由股东投入、但不能构成"股本"或"实收资本"的资金部分，主要包括股本溢价、接受捐赠实物资产、投入资本汇兑损益、法定财产重估增值以及投资准备金等。资本公积又称为准资本，是企业接受投资人投入资产时，与资本有关，但不能直接计入所有者投资的资金，资本公积属于非收益转化而形成的公积金，作为一项准资本归由企业所有者所有，可以按法定程序转增资本金。

我国目前实行的是"法定资本制"，我国称之为"注册资本制度"。由于采用注册资本制度，因而需要设立"资本公积"账户，对超过法定注册资本部分的资本进行核算。对于采取"授权资本制"的国家，并不设置"资本公积"科目，而是将资本公积的核算项目分别列示，如"缴入资本溢价"等。而采取"法定资本制"的大陆法系国家规定"公司章程：中所载明的公司资本额在公司设立时必须由认股人全部认购完毕，否则公司不得成立"。公司如增加资本必须修改章程。我国是在以资本信用为核心的基础上构建的法律体系，在资本形成制度中采用了法定资本制度，确定最低资本额、出资形式和对资本变化的严格限制。这些制度的确立旨在维护社会交易安全和经济秩序。严格的法定资本制度体系，充分体现资本确定、资本维持和资本不变三原则。公司设立时必须在公司章程中明确规定资本总额并一次性发行、募足。资本确定原则是指发起人在设立公司时，必须在公司章程中对公司总额作出明确的规定，而且，由章程规定的资本总额必须由发起人和认股人全部认足并募足，否则，公司不能成立。资本维持原则是指公司在其存续过程中，应经常保持与其注册资本相当的现实财产。资本不变原则是指公司注册资本一经确定，非依法定程序变更不得改变。我国《企业法人登记管理条例》规定，除国家另有规定外，企业的注册资金应当与实收资金相一致。注册资本以企业在工商行政管理部门登记注册的资本为限，所以注册资本亦称为法定资本。企业在其经营期内，非经法定程序不得随意增减注册资本，以保证债权人的合法权益。由于我国对资本的这些限制，投资人在缴足出资额后，企业的实收资本等于注册资本，不得再随意变更。因此，我国设置"资本公积"科目，来核算投资者投入资金超过注册资本的金额，以及不能构成注册资本的企业资本变动。可见"资本公积"源于资本制度体系。

目前构成资本公积的内容为：投资者投入但不能构成企业实收资本的资金和其他不形成净利润的特殊收入。从我国目前资本公积核算的内容看，它既有投资者投入资本产生的股本溢价，又有与投入资本无关的利得。除美国以外的大多数国家的会计准则或制度都赋予资本公积所有者权益形式。这是因为，这种利得最终将转入资产负债表的所有者权益，且能够避免其对当前正常收益的干扰，若计入当期损益可能误导报表使用者对当期财务报表的判断和对未来预期收益的评价。

二、资本公积的来源

资本公积的来源按其用途主要包括两类：一类是可以直接用于转增资本的资本公积，包括资本（或股本）溢价、接受现金捐赠、拨款转入、外币资本折算差额和其他资本公积等。其中，资本（或股本）溢价，是指企业投资者投入的资金超过其在注册资本中所占份额的部分，在股份有限公司中称之为股本溢价；接受现金捐赠，是指企业因接受现金捐赠而增加的资本公积；拨款转入，是指企业收到国家拨入的专门用于技术改造、技术研究等的拨款，项目完成后，按规定转入资本公积的部分，企业应按转入金额入账；外币资本折算差额，是指企业因接受外币投资所采用的汇率不同而产生的资本折算差额；其他资本公积，是指除上述各项资本公积以外所形成的资本公积，以及从资本公积各准备项目转入的金额，其中包括债权人豁免的债务。另一类是不可以直接用于转增资本的资本公积，包括接受捐赠非现金资产准备和股权投资准备等。其中，接受捐赠非现金资产准备，是指企业因接受非现金资产捐赠而增加的资本公积；股权投资准备，是指企业对被投资单位的长期股权投资采用权益法核算时，被投资单位因接受捐赠等原因增加资本公积，投资企业按其持股比例或投资比例相应增加的资本公积。

下面以资本（股本）溢价为例，说明小企业增加资本公积的会计处理。

除股份有限公司外的其他类型的企业，在企业创立时，投资者认缴的出资额与注册资本一致，一般不会产生资本溢价。但在企业重组或有新的投资者加入时，常常会出现资本溢价。对于一般企业（包括有限责任公司），在收到投资者投入的资金时，应按实际收到的金额或确定的价值，借记"银行存款"、"固定资产"或有关存货等科目，按其在注册资本中所占的份额，贷记"实收资本"科目，按其差额贷记"资本公积"科目。

[例 4-2]　A 公司由两位投资者各投资 100 万元设立。一年后，为扩大经营，A 被批准增加注册资本到 300 万元，并引入第三位投资者。按照协议，新投资者需缴入 120 万元，同时享有公司三分之一股份。A 公司现已收到该现金投资。

A 公司应编制如下会计分录：

借：银行存款　　　　　　　　　　　　　　　　　　　120 万元
　　贷：实收资本　　　　　　　　　　　　　　　　　　100 万元
　　　　资本公积——资本溢价　　　　　　　　　　　　 20 万元

股份有限公司是以发行股票的方式筹集股本的，股票可按面值发行，也可按溢价发行，我国目前不准折价发行。与其他类型的企业不同，股份有限公司可能会溢价发行股票，因而成立之初，就可能产生股本溢价。股本溢价的数额等于股份有限公司发行股票时实际收到的款额超过股票面值总额的部分。

在按面值发行股票的情况下，企业发行股票取得的收入，应全部作为股本处理；在溢价发行股票的情况下，企业发行股票取得的收入，等于股票面值部分作为股本处理，超出股票面值的溢价收入应作为股本溢价处理。

发行股票相关的手续费、佣金等交易费用，如果是溢价发行股票的，应从溢价中抵扣，冲减资本公积；无溢价发行股票或溢价金额不足以抵扣的，应将不足抵扣的部分冲减盈余公积和未分配利润。

[例 4-3]　A 股份有限公司首次公开发行了普通股 500 万股，每股面值 1 元，每股发行价格 5 元。A 公司与受托单位约定，按发行收入的 3% 收取手续费，从发行收入中扣除。假定收到的股款已存入银行。A 公司应编制如下会计分录。

公司收到受托发行单位的现金 = 500 × 5 × (1 − 3%) = 2 425(万元)

应记入"资本公积"科目的金额＝溢价收入－发行手续费＝500×（5－1）－500×5×3‰＝1 925（万元）

借：银行存款   2 425 万元

  贷：股本   500 万元

    资本公积——股本溢价   1 925 万元

三、资本公积的用途

资本公积是企业来源于盈利以外的那部分积累，是企业的"准资本"，它的唯一用途是依法转增资本，不得作为利润或股利进行分配，也不得用于弥补亏损。企业按法定程序将资本公积转增资本，属于所有者权益内部结构的变化，并不改变所有者权益的总额，一般也不会改变每一位投资者在所有者权益总额中所占的份额。小企业用资本公积转增资本时，应当冲减资本公积。即减少资本公积的同时，增加实收资本或股本。其账务处理为：借记"资本公积"科目，贷记"实收资本"科目。

[例4-4] 2×13 年 11 月 10 日，经批准，A 公司按原出资比例将资本公积 200 万元转增资本。A 公司应编制如下会计分录：

借：资本公积   200 万元

  贷：实收资本   200 万元

另外，小企业用资本公积转增资本时，还应该注意以下两个问题：

（1）小企业收到投资者以外币投入的资本，应当采用交易发生日的即期汇率折算，不得采用合同约定汇率和交易当期的平均汇率折算。即外币投入资本与相应的货币性项目的记账本位币之间不产生外币资本折算差额。但是如果折算后金额超出其在注册资本或股本中所占份额，超过部分应当计入资本公积，但是在其他期间不会再产生由汇率不同而导致的折算差额。

（2）资本公积不得出现借方余额的情况，即资本公积的结转至零为止。

第四节 盈余公积

小企业实现了利润应当根据法律法规、公司章程和投资者之间的协议等进行分配，既满足小企业生产经营的需要，也要向投资者提供合法合理的回报。盈余公积，就是指小企业按照法律规定在税后利润中提取的法定公积金和任意公积金。若小企业用盈余公积弥补亏损或者转增资本，应当冲减盈余公积。另外，小企业的盈余公积还可以用于扩大生产经营。

一、盈余公积的来源

盈余公积来源于小企业实现的利润。盈余公积是小企业按照法律规定在税后利润中提取的法定公积金和任意公积金。相对于未分配利润而言，盈余公积可以理解为限定用途的利润，而未分配利润是未限定用途的利润。

（一）法定盈余公积的提取

《公司法》第一百六十七条对公司制小企业法定公积金提取作了规定，具体包括以下四层意思：

（1）提取法定公积金的基础是小企业当年实现的税后利润，即净利润。

（2）提取法定公积金的比例为10%。

（3）提取法定公积金的最低限额：法定公积金累计额达到公司注册资本的50%以上时，可以不再提取。

（4）提取法定公积金的顺序：法定公积金不足以弥补以前年度亏损的，应当先用当年净利润弥补亏损后，如有余额，再按照上述规定提取法定公积金。

（二）任意盈余公积的提取

《公司法》第一百六十七条对公司制小企业任意公积金提取作了规定，具体包括以下五层意思：

（1）提取任意公积金的基础是小企业当年实现的税后利润，即净利润。

（2）提取任意公积金的比例：公司法没有规定提取的具体比例，而是根据公司自治的立法精神，由企业自行确定。

（3）提取任意公积金的最低限额：公司法没有规定任意公积金的提取的最低限额。

（4）提取任意公积金的顺序：提取法定公积金后，再提取任意公积金。

（5）有权决定提取任意公积金的机构：只能是由小企业的股东会或股东大会决议。

[例4-5]　A股份公司2×13年的税后利润3 500万元，根据《中华人民共和国公司法》的规定，按10%提取法定盈余公积。同时公司章程规定，按5%计提任意盈余公积。A股份公司的会计处理如下：

借：利润分配　　　　　　　　　　　　　　　　　　　　525万元

　　贷：盈余公积——法定盈余公积金　　　　　　　　　　350万元

　　　　　　　　——任意盈余公积金　　　　　　　　　　175万元

二、盈余公积的用途

小企业提取的盈余公积，根据《公司法》等法律的规定，主要用于以下三个方面。

（一）弥补亏损

小企业发生亏损时，根据所得税法的规定，企业发生的亏损，准予向以后年度结转，用以后年度的所得弥补，但结转年限最长不得超过5年；经过5年期间未能足额弥补的，未弥补亏损应由小企业税后利润弥补；此外，由公司制小企业股东会或股东大会批准后，还可以用盈余公积弥补亏损。其账务处理为：借记"盈余公积——盈余公积补亏"科目，贷记"利润分配——盈余公积补亏"科目。

[例4-6]　经股东大会批准，A股份有限公司用以前年度提取的盈余公积弥补当年亏损，当年弥补亏损的数额为5 000万元。假定不考虑其他因素，A公司的会计处理如下：

借：盈余公积　　　　　　　　　　　　　　　　　　　5 000万元

　　贷：利润分配——盈余公积补亏　　　　　　　　　　5 000万元

（二）转增资本

小企业将盈余公积转增资本时，必须经股东会或股东大会决议。在实际将盈余公积转增资本时，要按照股东原有持股比例进行结转，除非股东之间另有约定。其账务处理为：借记"盈余公积——盈余公积转增资本"科目，贷记"实收资本"科目。

需要注意的是，用盈余公积转增资本时，转增后留存的法定公积金不得少于转增前公司注册资本的 25%。

[例 4-7]　　A 股份有限公司为了扩大经营规模，经股东大会批准，将 60 万元盈余公积转增股本。假定不考虑其他因素，A 股份公司会计处理如下：

借：盈余公积　　　　　　　　　　　　　　　　　　　　60 万元
　　贷：股本　　　　　　　　　　　　　　　　　　　　60 万元

（三）扩大生产经营

盈余公积是小企业所有者权益的一个组成部分，也是小企业生产经营的一个重要资金来源。提取盈余公积并不是单独将这部分资金从小企业资金周转过程中抽出，它同小企业其他来源形成的资金一样循环周转，用于小企业的生产经营。在实务中，不需要进行专门的账务处理。

另外，在实务中进行会计处理时还应注意以下几个方面：

（1）外商投资小企业根据有关法律规定，在税后利润中提取的储备基金、企业发展基金也应作为盈余公积进行会计处理，在"盈余公积"科目单独设置"储备基金"和"企业发展基金"明细科目进行核算。其账务处理为：小企业（外商投资）按照规定提取的储备基金、企业发展基金，借记"利润分配——提取储备基金、提取企业发展基金"科目，贷记"盈余公积——储备基金、企业发展基金"科目。

（2）外商投资小企业根据有关法律规定，在税后利润中提取的职工奖励及福利基金不作为盈余公积进行会计处理，而作为应付职工薪酬。应在"应付职工薪酬"科目单独设置"职工奖励及福利基金"明细科目进行核算。其账务处理为：小企业（外商投资）按照规定提取的职工奖励及福利基金，借记"利润分配——提取职工奖励及福利基金"科目，贷记"应付职工薪酬——职工奖励及福利基金"科目。

（3）中外合作经营小企业依据有关法律，根据合同规定在合作期间归还投资者的投资，实质上为了保护外方投资者的权益向外方投资者单方面分配利润，但是根据法律上同股同权的原则，也应同时向中方投资者分配利润，但是并不直接进行支付，因此，应增加同等金额的盈余公积，用于以后期间向投资者分配。应在"盈余公积"科目单独设置"利润归还投资"明细科目进行核算。其账务处理为：小企业（中外合作经营）根据合同规定在合作期间归还投资者的投资，应按照实际归还投资的金额，借记"实收资本——已归还投资"科目，贷记"银行存款"等科目；同时，借记"利润分配——利润归还投资"科目，贷记"盈余公积——利润归还投资"科目。

（4）小企业的盈余公积不得出现借方余额的情况，即盈余公积的结转至零为止。

第五节　未分配利润

未分配利润与盈余公积共同构成了小企业的留存收益，其实质上都来源于小企业实现的利润，是实现的利润在企业内部的积累，为企业的生存和发展壮大提供资金和其他资源支持。小企业实现了利润，向投资者进行分配，是维护投资者合法权益的应有之义。

一、未分配利润的含义

未分配利润，是指小企业实现的净利润，经过弥补亏损、提取法定公积金和任意公积金、向投资者分配利润后，留存在本企业的、历年结存的利润。也就是年初未分配利润，加上本年实现的税后利润和其他转入，减去提取的各种盈余公积和分出利润后的余额。未分配利润有两层含义：一是留待以后年度使用的利润；二是未限定特定用途的利润。

二、未分配利润的会计处理

（一）未分配利润期末结转

企业期（月）末结转利润时，应将各损益类科目的余额全部转入"本年利润"科目，结平各损益类科目。结转后"本年利润"的贷方余额为当期实现的净利润，借方余额为当期发生的净亏损。年度终了，应将本年收入和支出相抵后结出的本年实现的净利润或净亏损，自"本年利润"科目转入"利润分配——未分配利润"科目。同时，将"利润分配"科目所属的其他明细科目的余额转入"未分配利润"明细科目。结转后，"利润分配"科目所属其他明细科目应无余额，"未分配利润"明细科目的贷方余额就是未分配利润的金额；如出现借方余额，则表示未弥补亏损的金额。

（二）分配股利或利润

公司制小企业经股东大会或类似机构决议，根据有关规定分配给股东或投资者的现金股利或利润，借记"利润分配——应付利润"科目，贷记"应付股利"科目。公司制小企业经股东大会或类似机构决议，分配给股东的股票股利，应在办理增资手续后，借记"利润分配——转作股本的股利"科目，贷记"股本"科目。

（三）弥补亏损

小企业在生产经营过程中既可能实现盈利，也有可能出现亏损。小企业在当年发生亏损的情况下，与实现利润的情况相同，应当将本年发生的亏损自"本年利润"科目转入"利润分配——未分配利润"科目，借记"利润分配——未分配利润"科目，贷记"本年利润"科目，结转后"利润分配"科目的借方余额，即为未弥补亏损的数额。然后通过"利润分配"科目核算有关亏损的弥补情况。

由于未弥补亏损形成的时间长短不同等原因，以前年度未弥补的亏损有的可以用当年实现的税前利润（即利润总额）弥补，有的则须用税后利润（即净利润）弥补。小企业用当年实现的利润弥补以前年度结转的未弥补亏损，不需要进行专门的账务处理。小企业应将当年实现的利润自"本年利润"科目转入"利润分配——未分配利润"科目的贷方，"利润分配——未分配利润"科目的贷方发生额与"利润分配——未分配利润"的借方余额自然抵补。无论是以税前利润还是以税后利润弥补亏损，其账务处理方法均相同。但是，两者在计算交纳所得税的处理上是不同的。在以税前利润弥补亏损的情况下，其弥补的数额可以抵减企业当年的应纳税所得额；而以税后利润弥补的数额，则不能在计算应纳税所得额时作扣除处理。

[例 4-8]　A 股份有限公司年初未分配利润为 130 万元，本年实现净利润 400 万元，该

公司按净利润的 10% 提取法定盈余公积，按净利润 5% 提取任意盈余公积，宣告发放 160 万元的现金股利。假定不考虑其他因素，A 股份有限公司会计处理如下：

（1）结转本年利润：

借：本年利润		400 万元
贷：利润分配——未分配利润		400 万元

（2）提取法定盈余公积和任意公积，宣告发放股利：

借：利润分配——提取法定盈余公积	40 万元
——提取任意盈余公积	20 万元
——应付现金股利	160 万元
贷：盈余公积——法定盈余公积	40 万元
——任意盈余公积	20 万元
应付股利	160 万元

同时，

借：利润分配——未分配利润	220 万元
贷：利润分配——提取法定盈余公积	40 万元
——提取任意盈余公积	20 万元
——应付现金股利	160 万元

第五章　收　入

第一节　收入概述

在市场经济条件下，收入是小企业生存和发展的必要条件，是利润的重要组成部分，是企业的投资者取得投资回报、债权人（如银行）收取利息和本金的主要来源。因此，收入是小企业会计准则规范的重要对象，也是企业所得税法规范的重点。

一、收入的定义和特征

收入，是指小企业在日常活动中形成的、会导致所有者权益增加、与所有者投入资本无关的经济利益的总流入，包括销售商品收入和提供劳务收入。

收入是小企业在日常活动中形成的，日常活动是指小企业为完成其经营目标所从事的经常性活动以及与之相关的活动。例如，农业小企业生产和销售农产品，工业小企业制造和销售产品，建筑业小企业建筑房屋，零售业小企业销售商品，交通运输业小企业提供道路货物运输服务，仓储业小企业提供货物仓储服务，邮政业小企业提供小件物品的收集、运输和发送服务，住宿业小企业提供旅馆住宿服务，餐饮业小企业提供快餐服务，信息传输业小企业通过互联网为客户提供信息服务，软件和信息技术服务业小企业为客户提供计算机软件设计、程序编制、分析、测试、修改和咨询服务，房地产开发经营业小企业进行房屋建设并销售商品房，物业管理业小企业向业主提供物业服务，租赁业小企业开展建筑工程机械租赁业务，商务服务业小企业为某政府机关提供后勤服务，等等，均属于小企业的日常活动。

小企业的日常活动通常可以划分为生产、销售、管理、融资等活动。明确界定日常活动是为了将收入与营业外收入相区分，日常活动是确认收入的重要判断标准，凡是日常活动所形成的经济利益的流入（如销售商品取得现金或应收账款）应当确认收入，反之，非日常活动所形成的经济利益的流入不能确认为收入，而应当计入营业外收入。比如，小企业转让固定资产属于非日常活动，这是因为小企业持有固定资产的主要目的是通过使用生产产品而不是为了出售。因此，转让固定资产所形成的经济利益的流入就不应确认为收入，而应计入营业外收入。

收入具有以下两项基本特征：

（一）收入会导致所有者权益的增加

与收入相关的经济利益的流入应当会导致小企业所有者权益的增加，不会增加小企业所有者权益的经济利益的流入不符合收入的定义，不应确认为收入。例如，小企业向银行借入款项，尽管也导致了经济利益流入小企业，表现为增加了小企业的现金或银行存款，但该笔借款的取得并不会增加小企业的所有者权益，反而会使小企业承担了一项现时义务，表现为对银行的欠款。因此，不应将其确认为收入，而应当确认为一项负债。基于本特征，收入区别于负债。收入也不包括为第三方或客户代收的款项。如小企业代税务机关向客户收取的增值税（即销项税额）。这些代收的款项，一方面增加小企业的资产（如现金），一方面增加小企业的负债，而不是增加小企业的所有者权益，也不属于该小企业的经济利益，不能作为该小企业的收入。

（二）收入是与所有者投入资本无关的经济利益的总流入

收入的本质表现：一是导致经济利益流入了小企业，体现为增加了小企业的资产（如现金、银行存款、应收账款等）；二是总流入是一个全额而不是净额的概念，通俗来讲，是毛收入，不需要扣除费用；三是收入不是小企业的投资者投入的资本，或者说，小企业投资者投入的资本不能作为小企业的收入。例如，小企业销售商品，应当在收到客户支付的现金或者在未来有权收到客户支付的现金，从而增加了小企业的资产，才表明该交易符合收入的定义。但是，小企业经济利益的增加有时是由其所有者投入资本所导致的，所有者投入资本的增加不应当确认为收入，应当将其直接确认。

二、收入的分类

根据不同的标准可以对收入进行不同的分类。

（一）按收入产生的来源分类

按收入产生的来源分类，收入分为销售商品收入、提供劳务收入和让渡资产使用权收入三类。小企业会计准则采用了这个分类标准。同时，考虑到让渡资产使用权收入主要表现为金融企业对外贷款形成的利息收入和企业转让无形资产（如商标权、专利权、专营权、版权）等资产的使用权形成的使用费收入，而小企业会计准则不适用于金融企业。再者，目前，我国小企业无形资产种类较少，通常以自用为主，金额较小，在资产中所占比例较低。因此，小企业会计准则仅将收入分为销售商品收入和提供劳务收入两类，没有引入让渡资产使用权收入这一类。

（1）销售商品收入。销售商品收入中所指的商品是一个宽泛的概念，不仅指批发业和零售业小企业销售的商品，还包括制造业小企业生产和销售的产成品、代制品、代修品以及小企业销售的其他构成存货的资产，如原材料、周转材料（包装物、低值易耗品）、消耗性生物资产。

（2）提供劳务收入。提供劳务收入是指企业从事建筑安装、修理修配、交通运输、仓储租赁、金融保险、邮电通信、咨询经纪、文化体育、科学研究、技术服务、教育培训、餐饮住宿、中介代理、卫生保健、社区服务、旅游、娱乐、加工以及其他劳务服务活动取得的收入。

（二）按小企业经营业务的主次分类

按小企业经营业务的主次分类，收入分为主营业务收入和其他业务收入。主营业务，是指小企业日常活动中的主要活动，可以根据小企业营业执照上注明的主要业务范围来确定。例如，零售业小企业的主营业务是销售商品，交通运输业小企业的主营业务是提供道路货物运输和公路旅客运输。主营业务形成的收入就称为主营业务收入。其他业务，是指小企业除主营业务以外的其他日常活动，可以通过小企业营业执照上注明的兼营业务范围来确定。例如，工业小企业销售材料、提供非工业性劳务等。其他业务形成的收入，通常称作其他业务收入。

第二节 销售商品收入的确认与计量

一、销售商品收入确认的条件

小企业会计准则根据收入的定义并考虑便于小企业实务操作和所得税汇算清缴，对销售商品收入确认作了原则性规定：一般情况下，小企业应当在发出商品且收到货款或取得收款权利时，确认销售商品收入。这一收入确认原则表明，确认销售商品收入有两个标志：一是物权的转移，表现为发出商品；二是收到货款或取得收款权利。小企业销售商品同时满足这两个条件时，通常就应当确认收入。发出商品通常是指小企业将所售商品交付给购买方或购买方已提取所购商品，但是所售商品是否离开企业并不是发出商品的必要条件。如果小企业已经完成销售手续，如购买方直接采取交款提货方式，在发票已经开出，货款已经收到，提货单也已经交给购买方时，无论商品是否已被购货方提取，都应作为发出商品处理。因为此时商品所有权已经转移给购买方，购买方随时可以凭单提货，销售方此时只是起代购买方保管商品的作用。

二、各种销售方式下销售商品收入确认的时点

本准则根据我国小企业现阶段销售商品的常见方式，分别规定了其确认收入的时点：

（一）一般商品销售的收入确认

（1）采用现金、支票、汇兑、信用证等方式销售商品，由于不存在购买方承付的问题，商品一经发出即收到货款或取得收款权利，因而在商品办完发出手续时即应确认收入。在这种销售方式下，发出商品是确认收入的重要标志。企业因某项固定资产暂时闲置而出租取得的租金收入属于小企业的日常活动所形成的，应当确认为收入。

（2）托收承付销售商品，是指小企业根据合同发货后，委托银行向异地购买方收取款项，购买方根据合同验货后，向银行承诺付款的销售方式。在这种销售方式下，小企业发出商品且办妥托收手续时，通常表明小企业已经取得收款的权利。因此，可以确认收入。

在这种销售方式下，办妥托收手续是确认收入的重要标志。

（3）商品需要安装和检验的销售，是指售出的商品需要经过安装、检验等过程的销售方式。在这种销售方式下，所售商品的安装和检验工作是销售合同或协议的重要组成部分。在购买方接受交货以及安装和检验完毕前，销售方一般不应确认收入，只有在购买方接受商品以及安装和检验完毕时才能确认收入。但如果安装程序比较简单，可以在发出商品时确认收入。如某电梯生产企业销售电梯，电梯已发出，发票账单已交付购买方，购买方已预付部分货款。但根据合同约定，销售方须负责安装且在销售方安装并经检验合格后，购买方才支付

余款。在此例中，销售方发出电梯时不能确认收入，而应当在安装完毕并检验合格后才确认收入。

在这种销售方式下，完成安装和检验是确认收入的重要标志。

（二）特殊商品销售的收入确认

（1）预收款销售商品，是指购买方在商品尚未收到前按合同或协议约定分期付款，销售方在收到最后一笔款项时才交货的销售方式。在这种销售方式下，小企业发出商品即意味着小企业作为销售方已经收到了购买方支付的最后一笔款项，应将收到的货款全部确认为收入，在此之前预收的货款应确认为负债，如确认为预收账款。

在这种销售方式下，收到最后一笔款项是确认收入的重要标志。

（2）分期收款销售商品，是指商品已经交付，但货款分期收回的销售方式。企业所得税法实施条例考虑到在整个回收期内企业确认的收入总额是一致的，同时考虑到与增值税政策的衔接，规定以分期收款方式销售货物的，按照合同约定的收款日期确认收入的实现。为了简化核算，便于小企业实务操作，小企业会计准则对分期收款销售商品的收入确认时点，采用了与企业所得税法实施条例相同的规定，但与企业会计准则的规定不同。企业会计准则要求在发出商品时确认收入，其理由在于企业会计准则认为按照合同约定的收款日期分期收回货款，强调的只是一个结算时点，与收入确认所强调的风险和报酬的转移没有关系。

在这种销售方式下，小企业按照合同约定开出销售发票是确认收入的重要标志。

（3）采用支付手续费方式委托代销商品，是指委托方和受托方签订合同或协议，委托方根据代销商品数量和金额向受托方支付手续费的销售方式。在这种销售方式下，委托方发出商品时，并不知道受托方能否将商品销售出去，能够销售多少。因此，委托方在发出商品时通常不应确认收入，而在收到受托方开出的代销清单时，能够确定受托方销售商品的数量、金额。因此，可以确认收入。

在这种销售方式下，取得受托方开出的代销清单是确认收入的重要标志。

受托方应在所受托商品销售后，将按合同或协议的约定计算确定收取的手续费确认为收入。

（4）以旧换新销售商品，是指销售方在销售商品的同时回收与所售商品相同的旧商品或其他旧商品。在这种销售方式下，应将销售和回收分别进行会计处理：销售的商品作为商品销售进行处理确认收入，回收的商品作为购进商品处理，即作为存货采购处理。

在这种销售方式下，发出新商品和取得旧商品是确认收入的重要标志。

（5）产品分成，是指多家企业在合作进行生产经营的过程中，合作各方对合作生产出的产品按照约定进行分配，并以此作为生产经营收入。由于产品分成是以实物代替货币作为收入的，而产品的价格又随着市场供求关系而波动，因此，只有在分得产品之日按照产品的市场价格确认收入的实现，才能够体现生产经营的真实所得。但是，如果所分得的产品不存在市场价格或市场价格显失公允，应当请专业评估机构对其价值进行评估确定。

在这种销售方式下，分得产品是确认收入的重要标志。

（6）附有销售退回条件的商品销售，即购买方依照有关合同或协议有权退货的销售方式。在这种销售方式下，如果小企业能够按照以往的经验对退货的可能性作出合理的估计，可以在发出商品时，将估计不会发生退货的部分确认收入，估计可能发生退货的部分，不确认销售收入也不结转销售成本，作为发出商品处理，仅表现商品库存的减少，单独设置"发出商品"科目进行核算；如果小企业不能合理地确定退货的可能性，则应当在售出商品退货期满时才确认收入。

（三）其他应该注意的问题

（1）小企业发生非货币性资产交换、偿债，以及将货物用于捐赠、赞助、集资、广告、样品、职工福利和利润分配，应当作为小企业与外部发生的交易，属于收入实现的过程，视同销售商品，按上述规定确认收入。

（2）小企业在建工程、管理部门等内部部门领用所生产的产成品、原材料等，应当作为小企业内部发生的经济事项，属于小企业内部不同资产之间相互转换，不属于收入实现的过程，不应确认收入，应当按照成本进行结转。

三、商品销售收入的账务处理

小企业应当设置"主营业务收入"和"其他业务收入"两个会计科目。小企业如果销售商品属于主营业务（如销售商品、产成品），则通过"主营业务收入"科目核算；如果销售商品属于兼营业务（如销售材料），则通过"其他业务收入"科目核算。小企业如果存在附有销售退回条件的商品销售的情况，小企业应在本准则所附会计科目的基础上增设"发出商品"会计科目。本科目核算小企业未满足收入确认条件但已发出商品的实际成本或售价。采用支付手续费方式委托其他单位代销的商品，也可以单独设置"委托代销商品"科目。本科目可按购货单位、商品类别和品种进行明细核算。

发出商品时，对于未满足收入确认条件的发出商品，应按发出商品的实际成本或售价，借记"发出商品"，贷记"库存商品"科目。发出商品满足收入确认条件时，应结转销售成本，借记"主营业务成本"或"其他业务成本"科目，贷记本科目。采用售价核算的，还应结转应分摊的商品进销差价。发出商品发生退回的，应按退回商品的实际成本或售价，借记"库存商品"科目，贷记"发出商品"科目。"发出商品"科目期末借方余额，反映小企业发出商品的实际成本或售价。

[例 5-1] 2×13 年 1 月 18 日，A 公司采用托收承付结算方式销售一批商品，开出的增值税专用发票上注明售价为 80 万元，增值税额为 13.6 万元；商品已经发出，并已向银行办妥托收手续；该批商品的成本为 50 万元。A 公司应编制如下会计分录（单位：万元）：

借：应收账款　　　　　　　　　　　　　　　　　　　　　　　　93.6 万元
　　贷：主营业务收入　　　　　　　　　　　　　　　　　　　　　80 万元
　　　　应交税费——应交增值税（销项税额）　　　　　　　　　13.6 万元
借：主营业务成本　　　　　　　　　　　　　　　　　　　　　　　50 万元
　　贷：库存商品　　　　　　　　　　　　　　　　　　　　　　　50 万元

[例 5-2] 2×13 年 4 月 5 日，A 公司与购货单位签订协议，采用预收款方式向购货单位销售一批商品。该批商品的实际成本为 50 万元。协议约定，该批商品销售价格为 80 万元，增值税额为 13.6 万元；购货单位应在协议签订时预付 60% 的货款（按销售价格计算），剩余货款于 2 个月后支付。A 公司应编制如下会计分录（单位：万元）：

（1）收到 60% 货款时：

借：银行存款　　　　　　　　　　　　　　　　　　　　　　　　48 万元
　　贷：预收账款　　　　　　　　　　　　　　　　　　　　　　　48 万元

（2）收到剩余货款及增值税税款并交付商品时：

借：预收账款　　　　　　　　　　　　　　　　　　48 万元

　　银行存款　　　　　　　　　　　　　　　　　　45.6 万元

　　贷：主营业务收入　　　　　　　　　　　　　　　　80 万元

　　　　应交税费——应交增值税（销项税额）　　　13.6 万元

借：主营业务成本　　　　　　　　　　　　　　　　50 万元

　　贷：库存商品　　　　　　　　　　　　　　　　　50 万元

[例 5-3] 2×13 年 5 月 10 日，A 公司委托 B 公司销售商品 200 件，商品已经发出，每件成本为 60 元。合同约定 B 公司应按每件 100 元对外销售，A 公司按售价的 10% 向 B 公司支付手续费。当年，B 公司对外实际销售 100 件，开出的增值税专用发票上注明的销售价格为 1 万元，增值税额为 1 700 元，款项已收到。12 月 30 日，A 公司收到 B 公司开具的代销清单时，B 公司开具一张相同金额的增值税专用发票。假定 A 公司发出商品时纳税义务尚未发生；A 公司采用实际成本核算，B 公司采用进价核算代销商品。

A 公司应编制如下会计分录（单位：万元）：

（1）发出商品时：

借：委托代销商品　　　　　　　　　　　　　　　　1.2 万元

　　贷：库存商品　　　　　　　　　　　　　　　　　1.2 万元

（2）收到代销清单时：

借：应收账款　　　　　　　　　　　　　　　　　　1.17 万元

　　贷：主营业务收入　　　　　　　　　　　　　　　　1 万元

　　　　应交税费——应交增值税（销项税额）　　　0.17 万元

借：主营业务成本　　　　　　　　　　　　　　　　0.6 万元

　　贷：委托代销商品　　　　　　　　　　　　　　　0.6 万元

借：销售费用　　　　　　　　　　　　　　　　　　0.1 万元

　　贷：应收账款　　　　　　　　　　　　　　　　　0.1 万元

（3）收到 B 公司支付的货款时：

借：银行存款　　　　　　　　　　　　　　　　　　1.07 万元

　　贷：应收账款　　　　　　　　　　　　　　　　　1.07 万元

B 公司应编制如下会计分录：

（1）收到商品时：

借：受托代销商品　　　　　　　　　　　　　　　　　2 万元

　　贷：受托代销商品款　　　　　　　　　　　　　　　2 万元

（2）对外销售时：

借：银行存款　　　　　　　　　　　　　　　　　　1.17 万元

　　贷：受托代销商品　　　　　　　　　　　　　　　　1 万元

　　　　应交税费——应交增值税（销项税额）　　　0.17 万元

（3）收到增值税专用发票时：

借：应交税费——应交增值税（进项税额）　　　　0.17 万元

　　贷：应付账款　　　　　　　　　　　　　　　　　0.17 万元

借：受托代销商品款   1 万元
  贷：受托代销商品   1 万元
（4）支付货款并计算代销手续费时：
借：应付账款   1.17 万元
  贷：银行存款   1.07 万元
    其他业务收入   0.1 万元

四、销售商品收入的计量

（一）销售商品收入金额的计量原则

小企业应当按照从购买方已收或应收的合同或协议价款，确定销售商品收入金额。小企业向购买方销售商品通常会根据《中华人民共和国合同法》签订销售合同或协议，其中有关所售商品的价格、数量、规格和价款的约定是销售合同或协议的重要组成内容，并且是经过交易双方充分协商，按照公平交易原则达成的，充分体现了交易双方的意愿。因此，可以作为销售商品收入金额的确定依据。该价款收到与否不影响对其收入金额的确定。但是，如果销售商品的合同或协议价款中包含了不属于销售方的金额，如小企业作为增值税一般纳税人销售商品应向购买方收取的增值税销项税额，在计量收入金额时应当从价款中扣除。如销售商品涉及现金折扣的，应当按照扣除现金折扣前的金额确定销售商品收入金额。现金折扣应当在实际发生时，计入当期损益。

（二）现金折扣与商业折扣

（1）现金折扣，是指债权人为鼓励债务人在规定的期限内付款而向债务人提供的债务扣除。现金折扣通常发生在小企业以赊销方式销售商品中。小企业为了鼓励购买方提前支付货款，与购买方即债务人达成协议，债务人在不同的期限内付款可享受不同比例的折扣。小企业销售商品如果涉及现金折扣，由于现金折扣是否会提供给购买方要等到规定的各个不同期限分别到期时才能最终确定，这一时间通常会晚于销售商品收入确认的时点。因此，为了简化核算，便于小企业实务操作，小企业会计准则规定应当按照销售价款直接确定收入金额，而不需要对现金折扣进行扣除。待到实际发生现金折扣时，将所授予购买方的现金扣除金额计入财务费用，视为小企业销售商品过程中发生的融资费用。

（2）商业折扣，是指小企业为促进商品销售而在商品标价上给予的价格扣除。商业折扣与现金折扣的区别在于，商业折扣是在确定所售商品价款之前已存在的因素，而现金折扣则是在确定所售商品价款之后在结算过程中出现的因素。小企业销售商品如果涉及商业折扣，在确定销售商品收入的金额时应当扣除向购买方提供的商业折扣。因为商业折扣是销货方给予购货方的一种价格优惠，是影响最终成交价格的一个重要因素。例如，甲小企业的销售策略是客户订购商品在 1 000 件以上的，给予 20% 的价格优惠，该商品的正常销售价格是每件 100 元，如果某客户订购了 1 200 件商品，甲小企业对该笔商品销售确定收入金额应为 96 000 元，其确定过程为每件商品按照 80 元（100-100×20%）计价，即扣除了所提供的商业折扣。

[例 5-4] A 公司于 2×13 年 3 月 1 日销售商 10 000 件，每件商品的标价为 50 元（不含增值税），每件商品的实际成本为 35 元，适用的增值税税率为 17%；由于是成批销售，A 公司给予购货方 10% 的商业折扣，并在销售合同中规定现金折扣条件为 2/10，1/20，

N/30；商品于 3 月 1 日发出，购货方于 3 月 9 日付款。假定计算现金折扣时考虑增值税。

本例涉及现金折扣和商业折扣问题，首先需要计算确定销售商品收入的金额。根据销售商品收入金额确定的有关规定，销售商品收入的金额应是未扣除现金折扣但扣除商业折扣后的金额，现金折扣应在实际发生时计入当期财务费用。因此，A 公司应确认的销售商品收入金额为 45 万元，增值税销项税额为 7.65 万元。购货方在销售实现后的 10 日内付款，享有的现金折扣为 1.053 万元。A 公司应编制如下会计分录（单位：万元）：

（1）3 月 1 日销售实现时：

借：应收账款 52.65 万元
　　贷：主营业务收入 45 万元
　　　　应交税费——应交增值税（销项税额） 7.65 万元
借：主营业务成本 35 万元
　　贷：库存商品 35 万元

（2）3 月 9 日收到货款时：

借：银行存款 51.597 万元
　　财务费用 1.053 万元
　　贷：应收账款 52.65 万元

若购货方于 3 月 19 日付款，则享受的现金折扣为 0.526 5 万元，A 公司在收到货款时的会计分录为：

借：银行存款 52.123 5 万元
　　财务费用 0.526 5 万元
　　贷：应收账款 52.65 万元

若购货方于 3 月 31 日付款，则应按全额付款。A 公司在收到货款时的会计分录为：

借：银行存款 52.65 万元
　　贷：应收账款 52.65 万元

（三）销售退回与销售折让

小企业销售的商品在质量、品种、规格等方面不符合合同或协议要求时，小企业对所售出的商品就可能负有退货的责任。这种情况下，小企业为了切实履行合同或协议，或者为了尽可能减少损失，通常会采取两种措施，一是同意退货；二是不退货但在价格上作出适当减让。

1. 销售退回的会计处理

销售退回，是指小企业售出的商品由于质量、品种不符合要求等原因而发生的退货。这种情况实际上是销售失败的体现。小企业将商品销售给购买方，如果购买方发现该商品在质量、品种不符合合同或协议要求，并且影响其使用或对外销售，可能会要求向销售方退货。从发生退货的商品的销售时间来看，可能有两种情况：第一种情况是当期（如当月、当年）销售的商品在当期发生了退货，具体可分为三种情形：当月销售当月退货；上月销售本月退货；年初销售年底退货。第二种情况是以前期间（如以前年度）销售的商品在本年度发生了退货。从发生退货的商品的销售数量来看，也有两种情形：一是所售商品全部退货；二是所售商品部分退货。

对于已确认销售商品收入的售出商品发生销售退回的，不论此销售业务是发生在本年度还是以前年度，小企业均应当在该笔退货实际发生时冲减退货当期（通常为当月）的销售商品收入。这一规定体现了简化核算的要求。

[例5-5]　A公司于2×13年2月20日销售商品一批，增值税专用发票上注明售价为65万元，增值税额为11.05万元；该批商品成本为30万元。该批商品于2月20日发出，购货方于3月1日付款。A公司对该项销售确认了销售收入。3月15日，该商品质量出现严重问题，购货方将该批商品全部退回给A公司。A公司同意退货，于退货当日支付了退货款，并按规定向购货方开具了增值税专用发票（红字）。A公司应编制如下会计分录（单位：万元）：

(1) 销售实现时：

借：应收账款　　　　　　　　　　　　　　　　　　　76.05万元

　　贷：主营业务收入　　　　　　　　　　　　　　　　65万元

　　　　应交税费——应交增值税（销项税额）　　　　11.05万元

借：主营业务成本　　　　　　　　　　　　　　　　　30万元

　　贷：库存商品　　　　　　　　　　　　　　　　　　30万元

(2) 收到货款时：

借：银行存款　　　　　　　　　　　　　　　　　　　76.05万元

　　贷：应收账款　　　　　　　　　　　　　　　　　　76.05万元

(3) 销售退回时：

借：主营业务收入　　　　　　　　　　　　　　　　　65万元

　　应交税费——应交增值税（销项税额）　　　　　　11.05万元

　　贷：银行存款　　　　　　　　　　　　　　　　　　76.05万元

借：库存商品　　　　　　　　　　　　　　　　　　　30万元

　　贷：主营业务成本　　　　　　　　　　　　　　　　30万元

2. 销售折让的会计处理

销售折让，是指小企业因售出商品的质量不合格等原因而在售价上给予的减让。小企业将商品销售给购买方，如果购买方发现该商品在质量、规格等方面不符合合同或协议要求，但不影响其使用或对外销售，可能会要求销售方在价格上给予一定的减让。这一价格减让会影响到已确认收入的金额。

对于已确认销售商品收入的售出商品发生销售折让的，不论此销售业务是发生在本年度还是以前年度，小企业均应当在该笔折让实际发生时冲减当期（通常为当月）的销售商品收入。这一规定也体现了简化核算的要求。

3. 需要注意的问题

(1) 这里指的销售退回和销售折让，其前提都是小企业已经确认了销售商品收入，销售已经完成。通俗地讲，就是小企业已经在"主营业务收入"或"其他业务收入"科目进行了登记，记账的时间可能是当月、当年，也可能是以前年度。因此，这里规定的销售退回和销售折让与仅是发出商品但还没有登记收入账的退回或价格减让不同，后面这两种情况，从会计准则的角度来看，实际上销售并未完成，不涉及销售商品收入的会计处理，仅仅表现为商品库存的增减变动或交易价格的协商确定。

比如，附有销售退回条件的商品销售，即购买方依照有关合同或协议有权退货的销售方式。在这种销售方式下，如果小企业能够按照以往的经验对退货的可能性作出合理的估计，可以在发出商品时，将估计不会发生退货的部分确认收入，估计可能发生退货的部分，不确认销售收入也不结转销售成本，作为发出商品处理，仅表现商品库存的减少，单独设置"发出商品"科目进行核算；如果小企业不能合理地确定退货的可能性，则应当在售出商品退货期满时才确认收入。

又如，对于未确认收入的售出商品发生销售退回的，小企业应按已记入"发出商品"科目的商品金额（即商品的实际成本或售价），借记"库存商品"科目，贷记"发出商品"科目。

（2）小企业发生销售退回时，对于已发生的现金折扣或商业折扣，应同时冲减销售退回当期的财务费用或主营业务收入。如果该项销售退回允许扣减增值税税额，应同时调整"应交税费——应交增值税（销项税额）"科目的相应金额。

[例5-6] 2×13年7月12日，A公司销售一批商品，开出的增值税专用发票上注明的售价为20万元，增值税税额为3.4万元。该批商品的成本为14万元。购货方验货时发现商品质量不合格，要求在价格上给予5%的折让。经确认，购货方提出的销售折让要求符合原合同的约定，A公司同意并办妥了相关手续，开具了增值税专用发票（红字）。假定此前A公司已确认该批商品的销售收入，销售款项尚未收到，发生的销售折让允许扣减当期增值税销项税额。A公司应编制如下会计分录（单位：万元）：

（1）销售实现时：

借：应收账款　　　　　　　　　　　　　　　　23.4万元
　贷：主营业务收入　　　　　　　　　　　　　　　20万元
　　　应交税费——应交增值税（销项税额）　　　　3.4万元
借：主营业务成本　　　　　　　　　　　　　　　14万元
　贷：库存商品　　　　　　　　　　　　　　　　14万元

（2）发生销售折让时：

借：主营业务收入　　　　　　　　　　　　　　　1万元
　　应交税费——应交增值税（销项税额）　　　　0.17万元
　贷：应收账款　　　　　　　　　　　　　　　1.17万元

（3）实际收到款项时：

借：银行存款　　　　　　　　　　　　　　　22.23万元
　贷：应收账款　　　　　　　　　　　　　　22.23万元

第三节　提供劳务收入的确认和计量

一、劳务收入的范围

劳务是无形的商品，是指为他人提供服务的行为，包括体力和脑力劳动。小企业提供劳务的收入所涉及的行业较为广泛，既包括工业，也包括第三产业等。具体包括建筑安装、修理修配、交通运输、仓储租赁、邮电通信、咨询经纪、文化体育、科学研究、技术服务、教育培训、餐饮住宿、中介代理、卫生保健、社区服务、旅游、娱乐、加工以及其他劳务服务活动等。

各项劳务的具体内涵：

1. 建筑安装。属于建筑业范畴，指建筑物主体工程竣工后，建筑物内各种设备的安装活动，以及施工中的线路敷设和管道安装。不包括工程收尾的装饰，如对墙面、地板、天花板、门窗等处理活动。

2. 修理修配。通常是指受托方对损伤和丧失功能的货物进行修复，使其恢复原状和功能的业务。所涉及的行业很多，例如，机动车、电子产品和日用产品修理，金属制品、机械和设备修理业等。

3. 交通运输。包括：（1）铁路运输业，指铁路客运、货运及相关的调度、信号、机车、车辆、检修、工务等活动；（2）道路运输业，包括公路旅客运输、道路货物运输、道路运输辅助活动等；（3）水上运输业，包括水上旅客运输、水上货物运输、水上运输辅助活动；（4）航空运输业，包括航空客货运输、通用航空服务、航空运输辅助活动；（5）管道运输业；（6）装卸搬运和运输代理业等。

4. 仓储租赁。包括仓储和租赁两部分。仓储指专门从事货物仓储、货物运输中转仓储，以及以仓储为主的物流送配活动。例如谷物、棉花等农产品仓储。租赁包括两类：一是机械设备租赁，指不配备操作人员的机械设备的租赁服务，包括汽车租赁、农业机械租赁、建筑工程机械与设备租赁、计算机及通讯设备租赁、其他机械与设备租赁等；二是文化及日用品出租，包括图书及音像制品出租、其他文化及日用品出租等。

5. 邮电通信。包括邮电和通信两部分。邮政业和交通运输、仓储列为一类，主要包括国家邮政，即国家邮政系统提供的邮政服务，以及其他寄递服务，即国家邮政系统以外的单位所提供的包裹、小件物品的收集、运输、发送服务。通信包括电信、广播电视和卫星传输服务，互联网和相关服务等。

6. 咨询经纪。咨询业包括会计、审计及税务服务、社会经济咨询以及其他专业咨询；经纪业是指商品经纪人等活动。

7. 文化体育。文化业包括新闻和出版业，广播、电视、电影和影视录音制作业，文化艺术业等，体育业包括体育组织、体育场馆及其他体育活动。

8. 科学研究。主要指为了增加知识（包括有关自然、工程、人类、文化和社会的知识），以及运用这些知识创造新的应用所进行的系统的、创造性的活动。该活动仅限于对新发现、新理论的研究，新技术、新产品、新工艺的研制。研究和试验发展包括基础研究、应用研究和试验发展，即自然科学研究和试验发展、工程和技术研究和试验发展、农业科学研究和试验发展、医学研究和试验发展、社会人文科学研究和试验发展等。

9. 技术服务。包括专业技术服务业和科技推广和应用服务业两类。前者包括气象服务、地震服务、海洋服务、测绘服务及技术监测、环境监测、工程技术与规划管理等；后者包括技术推广服务、科技中介服务和其他科技服务。

10. 教育培训。包括学前教育、初等教育、中等教育、高等教育以及其他教育（职业技能培训、特殊教育等）。

11. 餐饮住宿。餐饮业包括正餐服务、快餐服务、饮料及冷饮服务以及其他餐饮服务；住宿业包括旅游饭店、一般旅馆及其他住宿服务。

12. 中介代理。中介包括房地产中介服务、职业中介服务等，代理包括贸易、金融领域的代理等。

13. 卫生保健。包括医院、卫生院及社区医疗活动、门诊部医疗活动、计划生育技术服务活动、妇幼保健活动、专科疾病防治活动、疾病预防控制及防疫活动以及其他卫生保健活动。

14. 社区服务。主要包括居民服务业和其他服务业。

15. 旅游。包括旅行社服务业，指为社会各界提供商务、组团和散客旅游的服务。包括向顾客提供咨询、旅游计划和建议、日程安排、导游、食宿和交通等服务。

16. 娱乐。包括室内娱乐活动、游乐园、休闲健身娱乐活动及其他娱乐活动。

17. 加工。属于制造业的范畴，包括农副食品加工业，木材加工和木、竹、藤、棕、草制品业，石油加工、炼焦及核燃料加工业、黑色金属冶炼和压延加工业、有色金属冶炼和压延加工业，废弃资源综合利用业等。

二、劳务收入确认与计量的原则

小企业提供劳务的种类很多，提供劳务的内容不同，完成劳务的时间也不等。有的需要耗费较长时间才能完成，如建筑安装、教育培训、技术服务等，有的一次就能完成且一般为现金交易，如修理修配、餐饮住宿、旅游等。根据小企业完成劳务的时间不同，以一个会计年度为限，区分同一会计年度开始并完成的劳务（即不跨会计年度的劳务）以及劳务的开始和完成分属不同会计年度（即跨会计年度的劳务）分别对相关劳务收入确认的时点和金额作了原则性规定。

(一) 同一会计年度开始并完成的劳务

同一会计年度内开始并完成的劳务，应当在提供劳务交易完成且收到款项或取得收款权利时，确认提供劳务收入。提供劳务收入的金额为从接受劳务方已收或应收的合同或协议价款。这一确认原则包含了两个条件，并且应当同时具备：

(1) 收入确认的前提是劳务已经完成；

(2) 收到款项或取得收款的权利，表明收入金额能够可靠确定并且该经济利益能够流入小企业。

由于不跨会计年度的劳务与销售商品非常类似，只是所提供商品的形态不同，一个是不具有实物形态，一个是具有实物形态。因此，对不跨会计年度的劳务收入的确认和计量原则与销售商品收入的确认和计量原则完全相同。

(二) 跨会计年度完成的收入

劳务的开始和完成分属不同会计年度的，应当按照完工进度确认提供劳务收入。年度资产负债表日，按照提供劳务收入总额乘以完工进度扣除以前会计年度累计已确认提供劳务收入后的金额，确认本年度的提供劳务收入；同时，按照估计的提供劳务成本总额乘以完工进度扣除以前会计年度累计已确认营业成本后的金额，结转本年度营业成本。在这种方法下，确认的提供劳务收入金额能够提供不同会计年度关于提供劳务交易及其业绩的有用信息。其关键是合理确定所提供劳务的完工进度。

小企业确定提供劳务交易的完工进度，可以选用下列方法：

(1) 已完工工作量的测量，如完成的工程形象进度。比如某小企业负责为某社区盖居民活动中心大楼，一共 3 层，在 18 个月的时间内完成，第 1 年年底盖完了 2 层，则第 1 年完成的工程进度为 66.7%。

（2）已经提供的劳务量占应提供劳务总量的比例，如已挖土石方量占总土石方量的比例。比如，某小企业负责为某工地挖地基，总土方石量为 1 000 立方米，时间为 2×13 年 7 月 1 日至 2×14 年 6 月 30 日，在 2×13 年 12 月 31 日，经测算共挖土石方量为 600 立方米，则 2×13 年完成的工程进度为 60%。

（3）已经发生的成本占估计的提供劳务成本总额的比例。比如，某工程概算成本为 100 万元，分 3 年完工，第 1 年实际发生的工程成本为 30 万元，则第 1 年完成的工程进度为 30%。

劳务的开始和完成分属不同会计年度的，在年度资产负债表日，按照提供劳务收入总额乘以完工进度扣除以前会计年度累计已确认提供劳务收入后的金额，确认本年度提供劳务收入；同时，按照估计的提供劳务成本总额乘以完工进度扣除以前会计年度累计已确认劳务成本后的金额，结转营业成本。

（1）确认劳务收入和结转劳务成本的时点均为年度资产负债表日，也就是年末（12 月 31 日）。

（2）规定了劳务收入金额的确定方法，按照提供劳务收入总额乘以完工进度扣除以前会计年度累计已确认提供劳务收入后的金额，确认本年度提供劳务收入。在按照该方法具体确定劳务收入金额时，把握两个关键点，一是完工进度；二是提供劳务收入总额。完工进度按照以上解释来应用。下面重点解释提供劳务收入总额的确定。

提供劳务收入总额一般根据交易双方签订的合同或协议注明的交易总金额确定。也就是说，提供劳务收入总额通常在合同或协议中规定了明确的金额，即合同金额。但是也不排除随着劳务的提供可能会根据实际情况增加或减少交易总金额。在这种情况下，小企业作为劳务提供方应当及时调整劳务收入总额并且区分不同情况进行会计处理，如果该调整金额相对原合同金额比例较小（如不超过 10%），为简化核算，便于小企业实务操作，可以将该调整金额直接计入最后一个会计年度的收入，不需要在不同会计年度之间进行重新分配；反之，应当将该调整金额在调整所在会计年度和以后剩余的会计年度之间进行重新分配。

本年提供劳务收入金额可按照下列公式计算确定：

$$\text{本年确认的提供劳务收入金额} = \text{提供劳务收入总额} \times \text{截至本年末劳务的完工程度} - \text{以前年度已确认的提供劳务收入累计金额}$$

（3）规定了应结转提供劳务成本金额的确定方法，按照估计的提供劳务成本总额乘以完工进度扣除以前会计年度累计已确认营业成本后的金额，结转本年度营业成本。在按照该方法具体确定本年度提供劳务应结转的营业成本金额时，也需要把握两个关键点，一是完工进度；二是提供劳务成本总额。完工进度与确定提供劳务收入所使用的完工进度完全相同。

提供劳务成本总额在劳务最终完成之前实际上是一个估计的金额，只有等到劳务最终完成时才能确定实际发生的劳务成本总额。由于这类劳务属于跨会计年度的劳务，按照完工百分比法确认提供劳务收入的同时，应当结转所提供劳务相应的营业成本。因此，就需要在劳务提供的过程中计算确定应结转的营业成本。在这种情况下，可行的做法只能是采用估计的提供劳务成本总额。基于此考虑，本条规定中采用"估计的提供劳务成本总额"这一概念。

提供劳务成本总额既然是一个估计金额，根据提供劳务的成本发生的不同特点，提供劳务成本总额可以采用两种方法进行估计：

方法一："完全估计法"，即在劳务开始提供之前，小企业根据有关因素确定的该劳务的概算成本。

方法二："实际发生＋部分估计法"，即按照至年度资产负债表日止已经实际发生的成本和完成劳务以后年度将要发生的成本来确定，其中"至年度资产负债表日止已经实际发生的成本"可以从"生产成本"或"劳务成本"科目的借方发生额分析取得。但是无论采用哪一种方法确定劳务成本总额，同样不排除随着劳务的提供可能会根据实际情况增加或减少劳务成本总额。在这种情况下，小企业作为劳务提供方应当及时调整劳务成本总额并且区分不同情况进行会计处理，如果该调整金额相对原劳务成本总额比例较小（如不超过10%），为简化核算，便于小企业实务操作，可以将该调整金额直接计入最后一个会计年度的营业成本之中，不需要在不同会计年度之间进行重新分摊；反之，应当将该调整金额在调整所在会计年度和以后剩余的会计年度之间进行重新分摊。

本年由提供劳务应结转营业成本的金额可按照下列公式计算确定：

$$\text{本年结转的营业成本金额} = \text{估计的提供劳务成本总额} \times \text{截至本年末劳务的完工程度} - \text{以前年度已结转的营业成本累计金额}$$

[例 5-7] 2×13 年 12 月 1 日，A 公司与 B 公司签订一项为期 6 个月的非工业性劳务合同，合同总收入为 420 万元，当天预收劳务款 300 万元；12 月 31 日，实际发生劳务成本 500 万元（以银行存款支付），估计为完成合同还将发生劳务成本 250 万元。假定 A 公司按实际发生的成本占估计总成本的比例确定劳务的完工进度。A 公司应编制如下会计分录（单位：万元）：

(1) 预收劳务款时：

借：银行存款   300 万元
　贷：预收账款   300 万元

(2) 实际发生劳务成本时：

借：劳务成本   500 万元
　贷：银行存款   500 万元

(3) 12 月 31 日确认提供劳务收入并结转劳务成本时：

借：预收账款   70 万元
　贷：其他业务收入   70 万元
借：其他业务成本   500 万元
　贷：劳务成本   500 万元

三、劳务和商品混合合同的分拆

小企业在日常经济活动中，可能会发生一项合同或协议既包含销售商品又包含提供劳务的混合销售情况。这种情况相对于单纯的销售商品或提供劳务来讲，比较复杂。比如，销售电梯的同时负责安装工作、销售农机具的同时负责培训工作、销售财务软件后继续提供技术支持、设计产品同时负责生产等。混合销售既带来了会计问题又带来了税法问题。税法问题既包括所得税问题，又包括流转税问题，如增值税和营业税问题。

对劳务和商品混合合同的分拆的问题，可以从以下几个方面来理解：

（一）"能拆尽拆"原则

先应当考虑将销售商品和提供劳务尽可能分拆开，也就是做到"一个合同、两笔交易"，分别确认销售商品收入和提供劳务收入。如果实在无法进行分拆，再作为"一笔交易"即将整个合同视为销售商品确认收入。

（二）"可计量"原则

在对混合销售进行分拆时，相对来讲，可以从交易形式或完成交易结果等方面比较容易地区分销售商品和提供劳务，但是在实际确定或分配其各自的交易金额时有时候是存在困难的，在这种情况下，只有单独计量销售商品的金额和提供劳务的金额时，才能按照"能拆尽拆"原则作为"两笔交易"分别确认收入。本条所称"单独计量"，是指能够客观、合理、公正地确定相关金额。客观就是要尽可能避免人为干扰和操纵，合理就是要尽可能做到有理有据，符合交易实际情况，如实反映交易，公正就是要尽可能实现不偏不倚，既不夸大销售商品，也不贬低提供劳务，反之亦然。

（三）"简化"原则

为了简化核算，便于小企业实务操作，减少纳税调整负担，满足汇算清缴以及流转税的需要，销售商品部分和提供劳务部分实在分拆不开，一是不能区分；二是虽能区分但不能单独计量，应当将整个销售合同全部作为销售商品处理。

第四节　收入会计处理与税法的差异

收入或所得是经济学、会计学和税法中的重要概念。一般来说，经济学认为，收入或所得是指期初与期末财产价值的变化或各种消费权力的市价，体现为"净增值观"；会计学认为，某一时期内的所得等于该期间内一切完成了的交易所实现的收入减去取得这些收入而消耗的成本费用。会计上收入概念以完成了的交易为基础，体现了"交易观"；税法中的收入概念以经济学为基础，在立法实践中基本上以会计上的"交易观"为出发点。但基于行政管理的可行性，税收收入的均衡，保证公平合理，防止避税等原则考虑，在收入的"实现、完成"程度的判断上，在费用证实的方法上与会计上有所差异。

一、会计与税法关于收入的概念

（一）会计关于收入的概念

会计关于收入的概念一般分为日常经营活动取得的收入（会计上通常称为"收入"）和利得。

收入是指企业在销售商品、提供劳动及让渡资产使用权等日常活动中所形成的经济利益的总流入，包括销售商品收入、提供劳务收入、利息收入、租金收入、股利收入等，但不包括为第三方或者客户代收的款项。其中：日常活动是指企业为完成其经营目标而从事的所有活动，以及与其相关的其他活动。因此，收入属于企业主要的经常性的业务收入。收入和相关成本在会计报表中应分别反映。

利得是指收入以外的其他收益，通常从偶发的经济业务中取得，属于那种不经过经营过程就能取得或不曾期望获得的收益，如企业接受捐赠或政府补助取得的资产、因其他企业违约收取的罚款、处理固定资产或无形资产形成的净收益、流动资产价值的变动等。利得属于偶发性、边缘性的收益，在报表中通常以净额反映。

（二）税法关于收入的概念

税法对收入没有作出原则性、总括性的规定，而是根据不同税种税收政策待遇的差别对企业的应税收入进行了划分。

现行增值税、消费税、营业税暂行条例及其实施细则分别规定，纳税人的应税收入为销售货物、应税消费品或提供应纳营业税的劳务、转让无形资产、销售不动产向买方收取的全部价款和价外费用。企业所得税暂行条例及其实施细则规定，纳税人的收入总额包括：生产、经营收入；财产转让收入；利息收入；租赁收入；特许权使用费收入；股息收入；其他收入。

企业所得税是综合税制，为体现公平和保护税基的立法精神，企业所得税的收入总额概念是指纳税人从各种来源、以各种方式取得的全部收入，除非税法明确规定的不征税的除外。因此，税法收入总额概念包括以下 4 个要素。一是收入的各种来源，如销售收入、劳务收入、资产使用收入、境内、境外收入；二是收入的各种方式，包括货币性资产、非货币性资产和有价证券等；三是任何收入不作为应税收入或不申报纳税需要有法律依据；四是收入包括一切经济利益。

二、收入会计处理与税法的差异分析

（一）收入确认的原则不同

会计核算的主要目的是向管理者、投资者、债权人和潜在的投资者全面、真实、准确地反映企业的财务状况、经营成果及财务状况的变动情况。因此，会计核算要遵循客观性原则、实质重于形式的原则和谨慎性原则，注重收入的实质性的实现，而不仅仅是收入法律上的实现。

税法的目的是对纳税人在一定时期内所获得的经济收入进行测定，从而对此课征一定量的税收，以保证国家的财政收入，满足政府实现经济和社会职能的需要。因此，税款的征收要遵循法律性原则和确保收入的原则，注重界定和准确计算应纳税额的计税依据。具体而言：

（1）税法和会计制度虽然在收入的核算上都遵循配比原则，但两者也是有区别的，前者是从保护税基、公平税负的角度对有关的成本、费用和损失加以规定；后者是从准确地反映企业的经营成果和财务状况的角度，确认收入与成本的配比，包括对象的配比和期间的配比。

（2）会计上强调收入的重要性原则，而税法不承认会计上的重要性原则，只要是应纳税收入，不论其业务事项是否重要，也不论其涉及的金额大与小，一律按税法的规定计算应税收入和应税所得。

（3）对一些收入的处理上，会计上通常要充分考虑这些收入将来要承担的潜在义务，以确保能准确反映一个实体的真正的长期获利能力。但税法上特别是所得税法一般情况下却不考虑纳税人潜在的负债可能性，纳税人的经营风险国家不应承担。只要纳税人对盈利或潜在的盈利有控制权时，税法就会对纳税人的所得加以确认。当然有时税法会根据社会经济政策需要，限制或推迟收入的确认及收入时间的确认。

（二）收入确认的条件差异

企业会计准则规定，收入确认的基本条件包括经济利益流入的可能性和收入计量的可靠性。而税法应税收入确定的基本条件是经济交易完成的法律要件是否具备，是否取得交换价值，强调发出商品、提供劳务，同时收讫价款或索取价款的凭据。

（三）会计收入与分税种的应税收入不同

企业会计准则为便于不同行业会计信息的比较，按经济业务的性质划分会计收入，包括主营业务收入、其他业务收入、营业外收入、投资收益和补贴收入。而各个流转税和所得税的应税收入与会计收入不对称，如不同企业的主营业务收入会涉及不同税种的应税收入，如工业企业和交通运输企业的主营业务收入分别缴纳增值税和营业税。因此，企业会计核算时，按会计分类确认并计量会计收入，纳税时，按照各税种的应税收入的规定计税。

（四）收入确认范围的不同

企业会计准则对销售商品收入、提供劳务收入、让渡资产使用权收入提出了明确的确认标准。税法规定，企业应在发出商品、提供劳务，同时收取价款或者取得收取价款的凭据时，确认收入的实现。可见，税法确认的收入范围要大于会计准则确认收入的范围。税法确认的应税收入不仅包括会计收入，还包括会计上不作收入的价外费用及视同销售。税法的规定主要是出于公平税负和征管上的需要，如为平衡外购与自制货物增值税的税负，增值税条例规定，纳税人将自产货物用于在建工程、职工福利等方面，要视同销售，征收增值税。再如，就增值税链条式课税方式而言，由于增值税是逐环节对增值额课税，并凭增值税发票抵扣进项税，为了保证链条的连续、完整，就必须对委托他人代销和销售代销货物等会计上不作收入的行为，视同销售，征收增值税。

（五）收入确认时间的不同

会计准则规定只要符合会计上的确认收入的条件，当期就要确认收入。税法上一般在纳税申报表中反映确认为应税收入。对应税收入的时间区分不同的税种作出不同的规定，增值税、营业税、消费税和企业所得税都分别规定了应税收入的确认时间。同时在同一税种下，应税收入的确认还要区分不同的交易性质。如纳税人同样是采用预收款方式销售商品，增值税、消费税确认收入的时间，均为发出货物或应税消费品的当天；营业税采用预收款方式销售不动产时，其收入的确认时间为收到预收款的当天。再如，就增值税而言，采用委托银行收款和分期收款方式销售货物，收入确认的时间，前者为发出货物并办妥托收手续的当天，后者为合同约定的收款日期的当天。

（六）收入确认选择方式的不同

税法在确认收入时，要求纳税人必须严格遵守税法的相关规定，会计处理办法与国家有关税收规定有抵触的，应当按照有关税收的规定计算纳税。同时，税务会计的处理方法一经确定，不得随意变动。但我国企业会计准则允许企业选择自身的会计政策和会计方法，允许会计人员对收入的确认作出职业上的判断。

第五节　收入会计处理与税法差异的协调

一、收入定义的差异协调

小企业会计准则从我国小企业实际出发，根据基本会计准则的要求，将收入作为小企业会计的一项要素，从收入的性质角度，即与负债、所有者权益相区分的角度，对小企业的收入作出了定义。小企业会计准则关于收入的定义与企业所得税关于收入的界定有共同之处，也有不同的方面。

两者相同之处在于，都强调了收入能够给小企业带来经济利益，表现为货币形式或非货币形式的经济利益；两者不同的地方在于，分类基础或标准不同，从而出现了交叉或分离的情况，但是从对当期利润的影响来看，又是一致的。

在小企业会计准则中，除销售商品收入、提供劳务收入、租金收入（出租固定资产取得的租金收入）和特许权使用费收入以外，企业所得税法所规定的收入不作为会计上的收入来认定，而是在其他章节中进行规定。例如，企业所得税法所规定的股息、红利等权益性投资收益，转让财产收入（转让股权、股票、债券取得的收入）以及利息收入（债券利息收入）不在小企业会计准则的收入章节予以规定。企业所得税法所规定的转让财产收入（转让固定资产、生物资产、无形资产等财产取得的收入）、租金收入（出租包装物和商品取得的租金收入）、接受捐赠收入和其他收入作为小企业非日常活动取得的收入在小企业会计准则的其他章节进行规范。小企业会计准则作这种与企业所得税法在收入上不同的处理，主要原因在于，两者对收入的分类基础不同，企业所得税法按照收入的来源分类以体现税收政策待遇的不同，小企业会计准则按照收入的稳定性和经常性（或者说日常活动和非日常活动）分类以反映小企业盈利能力的稳定性和可持续性。

二、收入确认的差异协调

(一) 商品销售收入确认的差异协调

为小企业合理合规确认收入、反映企业生产经营成果提供基础，同时切实减轻小企业的纳税调整负担，便于小企业会计人员实际操作，小企业会计准则在制定过程中，充分考虑了企业所得税法对应纳税所得额中销售货物收入确认条件，力争做到与税法相协调。企业所得税法实施条例第九条规定："企业应纳税所得额的计算，以权责发生制为原则，凡是属于当期的收入，不论款项是否收取，均应作为当期的收入；不属于当期的收入，即使款项已经在当期收取，均不作为当期的收入。"小企业会计准则对销售商品收入的确认条件采用了与税法一致的原则，并使各种销售方式销售商品收入确认的时点实现了与企业所得税法规定相一致。

(二) 劳务收入确认的差异协调

小企业提供劳务的种类很多，提供劳务的内容不同，完成劳务的时间也不等。有的需要耗费较长时间才能完成，如建筑安装、教育培训、技术服务等，有的一次就能完成且一般为现金交易，如修理修配、餐饮住宿、旅游等。为简化核算，便于小企业实务操作，小企业会计准则根据小企业完成劳务的时间不同，以一个会计年度为限，区分同一会计年度开始并完成的劳务（即不跨会计年度的劳务）以及劳务的开始和完成分属不同会计年度（即跨会计年度的劳务）分别对相关劳务收入确认的时点和金额作了原则性规定，与企业所得税法实施条例的规定相一致。

三、收入计量的差异协调

（一）商品销售收入计量的差异协调

小企业会计准则对小企业销售商品收入金额的计量作了原则性规定：应当按照从购买方已收或应收的合同或协议价款确定销售商品收入的金额。小企业向购买方销售商品通常会根据《合同法》签订销售合同或协议，其中有关所售商品的价格、数量、规格和价款的约定是销售合同或协议的重要组成内容，并且是经过交易双方充分协商，按照公平交易原则达成的，充分体现了交易双方的意愿。因此，可以作为销售商品收入金额的确定依据。该价款收到与否不影响对其收入金额的确定。但是，如果销售商品的合同或协议价款中包含了不属于销售方的金额，如小企业作为增值税一般纳税人销售商品应向购买方收取的增值税销项税额，在计量收入金额时应当从价款中扣除。

小企业会计准则关于销售商品收入金额的计量原则及计量销售商品收入金额时应考虑的因素与企业所得税法实施条例的规定相一致。

（二）劳务与商品混合销售收入计量的差异协调

小企业在日常经济活动中，可能会发生一项合同或协议既包含销售商品又包含提供劳务的混合销售情况。这种情况相对于单纯的销售商品或提供劳务来讲，比较复杂。比如，销售电梯的同时负责安装工作、销售农机具的同时负责培训工作、销售财务软件后继续提供技术支持、设计产品同时负责生产等。混合销售既带来会计问题又带来了税法问题。税法问题既包括所得税问题，又包括流转税问题，如增值税和营业税问题。《中华人民共和国增值税暂行条例实施细则》第六条规定："纳税人的下列混合销售行为，应当分别核算货物的销售额和非增值税应税劳务的营业额，并根据其销售货物的销售额计算缴纳增值税，非增值税应税劳务的营业额不缴纳增值税；未分别核算的，由主管税务机关核定其货物的销售额。"同时，第五条规定："除了本细则第六条的规定外，从事货物的生产、批发和零售的企业、企业性单位和个体工商户的混合销售行为，视为销售货物，应当缴纳增值税；其他单位和个人的混合销售行为，视为销售非增值税应税劳务，不缴纳增值税。"即对于一笔交易中既包含销售商品又包含提供劳务的，在增值税的规定上主要是根据企业资质（是否为增值税的纳税人）来规定其分拆标准。小企业会计准则根据第五十八条至第六十三条的规定，对这种混合销售的收入确认作出了原则性规定，并且与企业所得税法实施条例的相关规定相一致。

（三）销售退回和销售折让的差异协调

小企业销售的商品在质量、品种、规格等方面不符合合同或协议要求时，小企业对所售出的商品就可能负有退货的责任。这种情况下，小企业为了切实履行合同或协议，或者为了尽可能减少损失，通常会采取两种措施，一是同意退货；二是不退货但在价格上作出适当减让。小企业会计准则对小企业在销售完成后出现的这两种情况的会计处理作出了规定。为了简化核算，减少纳税调整负担，满足汇算清缴的需要，采用了与企业所得税法实施条例和增值税暂行条例实施细则相一致的会计处理原则。

第六章 费 用

第一节 费用概述

一、费用的定义与特征

(一) 费用的定义与内容

费用，是指小企业在日常生产活动中发生的、会导致所有者权益减少、与向所有者分配利润无关的经济利益的总流出。

小企业的费用包括：营业成本、营业税金及附加、销售费用、管理费用、财务费用等。

1. 营业成本，是指小企业所销售商品的成本和所提供劳务的成本。

2. 营业税金及附加，是指小企业开展日常生产经营活动应负担的消费税、营业税、城市维护建设税、资源税、土地增值税、城镇土地使用税、房产税、车船税、印花税和教育费附加、矿产资源补偿费、排污费等。

3. 销售费用，是指小企业在销售商品或提供劳务过程中发生的各种费用。包括：销售人员的职工薪酬、商品维修费、运输费、装卸费、包装费、保险费、广告费、业务宣传费、展览费等费用。

小企业（批发业、零售业）在购买商品过程中发生的费用（包括：运输费、装卸费、包装费、保险费、运输途中的合理损耗和入库前的挑选整理费等）也构成销售费用。

4. 管理费用，是指小企业为组织和管理生产经营发生的其他费用。包括：小企业在筹建期间内发生的开办费、行政管理部门发生的费用（包括：固定资产折旧费、修理费、办公费、水电费、差旅费、管理人员的职工薪酬等）、业务招待费、研究费用、技术转让费、相关长期待摊费用摊销、财产保险费、聘请中介机构费、咨询费（含顾问费）、诉讼费等费用。

5. 财务费用，是指小企业为筹集生产经营所需资金发生的筹资费用。包括：利息费用（减利息收入）、汇兑损失、银行相关手续费、小企业给予的现金折扣（减享受的现金折扣）等费用。

(二) 费用的特征

1. 费用是小企业在日常活动中发生的

费用必须是小企业在其日常活动中所发生的，这些日常活动的界定与收入定义中涉及的日常活动的界定相一致。因日常活动所发生的费用通常包括营业成本、销售费用、财务费用、管理费用等。将费用界定为日常活动所发生的，目的是为了将其与营业外支出（即损失）相区分，小企业非日常活动所形成的经济利益的流出不能确认为费用，而应当计入营业外支出（即损失）。

2．费用会导致所有者权益的减少

与费用相关的经济利益的流出（如支付现金和银行存款、承担债务等）应当会导致所有者权益的减少。不会导致所有者权益减少的经济利益的流出不符合费用的定义，不应确认为费用。比如小企业为第三方代收代付的款项，如代收的水电费，表现为小企业现金的增加和负债的增加，但不会产生费用。

3．费用是与向所有者分配利润无关的经济利益的总流出

费用的发生应当会导致经济利益的流出，从而导致资产的减少或者负债的增加（最终也会导致资产的减少）。其表现形式包括现金或银行存款的支付，存货、固定资产和无形资产等的销售、转让或者消耗等。小企业向所有者分配利润也会导致经济利益流出小企业，而该经济利益的流出属于对投资者投资回报的分配，是所有者权益的直接抵减项目，不应确认为费用，应当将其排除在费用的定义之外。

二、费用的分类

小企业的费用可按不同标准进行分类。在会计上，有两种分类：一是按照费用功能进行分类，分为从事生产经营业务发生的成本、销售费用、管理费用和财务费用，这种分类有助于小企业财务报表的使用者了解费用发生的活动领域，更能揭示小企业经营业绩的主要来源和构成；二是按照费用性质进行分类，分为耗用的材料费、职工薪酬费用、折旧费、摊销费等，这种分类有助于小企业财务报表的使用者预测小企业未来现金流量。

小企业的日常活动通常可以划分为生产、销售、管理、融资等活动，每一种活动上所发生的费用发挥的功能并不相同。因此，小企业会计准则按照费用功能对小企业的费用进行了分类，具体分为：营业成本、营业税金及附加、销售费用、管理费用、财务费用等。通俗地讲，营业成本主要发生在生产和销售活动中，营业税金及附加主要发生在生产、销售和管理活动中，销售费用主要发生在销售活动中，管理费用主要发生在管理活动中，财务费用主要发生在融资活动中。

（一）营业成本

营业成本，是指小企业所销售商品的成本和所提供劳务的成本。

1．营业成本可以是小企业所销售商品的成本

这种营业成本主要是针对制造业小企业和批发、零售业小企业而言。小企业（工业）使用材料、人工、机器设备生产产品，最终通过销售产品实现收入和利润。产品未完成之前，生产所耗费的材料费、人工费、机器设备的折旧费和修理费以及生产车间的制造费用等构成了产品的成本，体现为存货（如生产成本、库存商品）。小企业对外销售了所生产的产品，实现了销售收入，在这种情况下，应结转所售产品的生产成本，就构成了销售产品的当期营业成本。

小企业（批发业、零售业）购入商品是为了对外销售，实现收入和利润。该类小企业所购入商品未对外销售之前体现为存货（如库存商品）。小企业对外销售了所购入的商品，实

现了销售收入，在这种情况下，应结转所售商品的购入成本，就构成了销售商品的当期营业成本。

2. 营业成本也可以是小企业所提供劳务的成本

这种营业成本主要是针对服务业小企业而言。小企业（交通运输业等）通过对外提供服务实现收入和利润。小企业在对外提供服务过程中也要耗费材料、人工和机器设备等，在服务未履行完成之前，形成了小企业的存货（如劳务成本）。小企业履行完成了服务，实现了收入，在这种情况下，应结转所提供服务的成本，就构成了提供劳务的当期营业成本。

（二）销售费用

销售费用，是指小企业在销售商品或提供劳务过程中发生的各种费用。

1. 销售费用是小企业在销售商品或提供劳务过程中发生的各种费用。这是区分销售费用与营业成本、管理费用和财务费用的关键所在。销售费用包括：销售人员的职工薪酬、商品维修费、运输费、装卸费、包装费、保险费、广告费、业务宣传费和展览费等。

2. 小企业（批发业、零售业）在购买商品过程中发生的费用（包括：运输费、装卸费、包装费、保险费、运输途中的合理损耗和入库前的挑选整理费等）也构成销售费用。这一规定与企业会计准则的规定不同，企业会计准则要求这些费用计入所购入商品的成本，在所购入商品未对外销售之前一同构成企业的存货。但是，企业所得税法规定这些费用在计算应纳税所得额时企业可以直接计入当期销售费用。因此，小企业会计准则为了简化核算，便于小企业执行，减轻纳税调整负担，也将这些作为销售费用的组成部分来规定。

3. 小企业在实务中如果实际发生了销售佣金、代销手续费、经营性租赁费、销售部门的差旅费等费用也计入销售费用。

（三）管理费用

管理费用，是指小企业为组织和管理生产经营发生的其他费用。

1. 管理费用是小企业为组织和管理生产经营发生的其他费用。这是区分管理费用与营业成本、销售费用和财务费用的关键所在。管理费用实际上也是一个兜底概念，小企业发生的费用，在具体界定其类型时，如果既不属于营业成本、营业税金及附加和销售费用，也不属于财务费用，则应全部归为管理费用，从而保证了小企业费用范围的完整性。管理费用所包括的内容非常广泛，不仅仅指小企业行政管理部门发生的费用，具体包括以下几个方面：

（1）小企业在筹建期间内发生的开办费。

（2）行政管理部门发生的费用，包括固定资产折旧费、修理费、办公费、水电费、差旅费、管理人员的职工薪酬等。

（3）业务招待费。

（4）研究费用、技术转让费。

（5）相关长期待摊费用摊销。

（6）财产保险费。

（7）法律、会计事务方面的费用，包括聘请中介机构费、咨询费（含顾问费）、诉讼费。

（8）其他费用。

2. 对于小企业在筹建期间内发生的开办费，《国家税务总局关于企业所得税若干税务事项衔接问题的通知》（国税函〔2009〕98号）规定："新税法中开（筹）办费未明确列作长期待摊费用，企业可以在开始经营之日的当年一次性扣除，也可以按照新税法有关长期待摊费用的处理规定处理，但一经选定，不得改变"。小企业会计准则为了简化核算，同时考虑资产定义的要求，规定小企业在筹建期间内发生的开办费直接作为管理费用，计入筹建当期的管理费用，而不得分期计入管理费用。这样做，一是符合企业所得税法的相关规定；二是考虑了资产和费用的定义要求；三是有助于维护小企业债权人利益；四是与企业会计准则保持了一致。

3. 小企业行政管理部门的管理人员的职工薪酬的内涵参见职工薪酬的有关规定。

4. 管理费用中的聘请中介机构费是指小企业聘请会计师事务所或资产评估事务所进行查账、验资、资产评估、清账等发生的费用。咨询费是指小企业向有关咨询机构进行生产技术经营管理咨询所支付的费用或支付给其经济顾问、法律顾问和技术顾问的费用。诉讼费是指小企业向人民法院起诉或应诉而支付的费用。

5. 管理费用中相关长期待摊费用摊销，是指小企业按照小企业会计准则对相关长期待摊费用进行摊销时，计入管理费用的金额。这里强调"相关长期待摊费用摊销"意味着，并非所有长期待摊费用的摊销金额全部计入管理费用。这是因为，小企业会计准则规定，小企业的长期待摊费用包括：已提足折旧的固定资产的改建支出、经营租入固定资产的改建支出、固定资产大修理支出和其他长期待摊费用等。长期待摊费用应当在其摊销期限内采用年限平均法进行摊销，计入相关资产的成本或管理费用，也就是说，长期待摊费用的摊销额的列支渠道取决于其受益对象，如果受益对象是小企业的生产车间或生产的产品，则其摊销额应计入生产成本或制造费用；如果受益对象是小企业的销售机构，则其摊销额应计入销售费用；如果受益对象是小企业的行政管理部门，则其摊销额应计入管理费用。

6. 小企业在实务中如果实际发生了行政管理部门的物料消耗和低值易耗品摊销、土地使用费、土地补偿损失费、消防费、绿化费、外事费和商标注册费等费用也计入管理费用。与企业所得税法实施条例第三十条对管理费用的规定相一致。

（四）财务费用

财务费用，是指小企业为筹集生产经营所需资金发生的筹资费用。包括：利息费用（减利息收入）、汇兑损失、银行相关手续费、小企业给予的现金折扣（减享受的现金折扣）等费用。

理解小企业的财务费用时，应注意以下几点：

1. 小企业的利息费用既包括小企业向金融企业借款的利息费用，也包括向非金融企业或个人借款的利息费用；既包括短期借款的利息费用，也包括长期借款的利息费用，还包括小企业将持有的未到期商业汇票向银行贴现支付的贴现利息。

2. 小企业从金融企业或非金融企业取得的利息收入，应冲减当期财务费用。这里的利息收入仅指小企业取得的存款利息收入和欠款利息收入。存款利息是小企业将自有资金存入银行，从而由银行向其定期支付的利息收入。欠款利息是其他企业或个人不能按期履行对小企业支付款项的义务，而使得本来应该属于小企业的资金在一段时间内仍属于有支付款项义务的企业或个人所有而支付的利息收入。最终计入财务费用的利息费用实际上是利息净支出，即利息费用扣除利息收入后的净额，如果一旦出现了利息净收入的情况，也应计入当期财务费用，即冲减财务费用。但是，对于债券的利息收入应当计入投资收益，而不是冲减财务费用。

3. 财务费用中的银行相关手续费，是指小企业与银行开展中间业务而向银行支付的手续费。如小企业向银行支付承兑汇票的手续费。

4. 汇兑损失计入财务费用，如果产生的是汇兑收益，应当计入营业外收入而不是冲减财务费用。这一规定也与企业所得税法实施条例相一致。

5. 利息费用（减利息收入）、汇兑损失、银行相关手续费计入财务费用的前提不符合小企业会计准则固定资产所规定的借款费用资本化的条件。

第二节 费用的确认与计量

一、费用的确认原则

关于费用的确认原则，小企业会计准则作了原则性规定。通常情况下，小企业发生的费用应当在发生时进行确认。在具体应用费用确认原则时，应重点掌握两点：

第一，符合费用的定义。

第二，费用确认的时点是费用发生之时。

小企业会计准则所讲费用的"发生"包括以下三种情形：

1. 实际支付相关费用。如小企业向保险公司投保财产险支付的财产保险费。

2. 虽然没有实际支付，但是小企业应当承担相应义务。比如，小企业行政管理部门当月使用自来水和电力，到月末虽然还没有通过银行转账支付，但也应于使用水和电的当月将应承担的水电费作为管理费用予以确认，记入"管理费用"账户。比如，小企业行政管理部门使用的固定资产，虽然每个月并不需要支付折旧费，但也应在月末将计提折旧费作为管理费用予以确认，记入"管理费用"账户。又如，小企业向银行借款的付息日到期，虽然由于小企业存款余额暂时不足没有向银行支付，但小企业在此时开始承担了向银行付息的义务，应当确认利息费用，记入"财务费用"账户。

3. 虽然没有实际支付，但是小企业为与收入相配比，结转已销售商品的成本或已提供劳务的成本。主要体现为营业成本的确认，表现为登记"主营业务成本"或"其他业务成本"账户。

小企业会计准则要求费用在实际发生时予以确认，一是体现了会计上权责发生制的要求；二是便于小企业计算确定各期的利润。

二、费用的计量原则

对于费用的计量原则小企业会计准则作了原则性规定，通常情况下，小企业的费用应当按照其发生额计入当期损益。通俗地讲，就是据实列支原则。这里的"实"主要包括两种情况：一是实际发生或者真实发生，不是虚假的或虚构的；二是既包括实际支付又包括虽未实际支付但已经发生。

小企业费用的发生额通常有三种确定方式：

1. 实际支付的金额。如小企业到超市购买办公用品实际花费的金额，又如小型饭店在菜市场购买蔬菜实际花费的金额。

2. 外部凭据列明的金额。如小企业收到的电话费收费单据上列明的使用电话应支付的电话费。

3. 内部凭据列明的金额。如小企业自制工资分配表或工资单列明的工资薪金额。又如，小企业自制固定资产折旧分配表列明的折旧费。

三、营业成本的确认和计量原则的专门规定

小企业会计准则指出，营业成本与营业收入之间应存在匹配关系，因此，规定小企业销售商品或提供劳务实现了收入，应当将已销售商品的成本或已提供劳务的成本作为营业成本结转至当期损益。也就是说，只有在对外销售商品实现了收入或对外提供劳务实现了收入，才能将与其相关的商品成本或劳务成本作为营业成本结转至当期损益。销售商品或提供劳务收入实现是确认营业成本的前提条件。

小企业会计准则之所以对营业成本的确认和计量原则专设一款作出规定，主要是考虑到营业成本与其他费用（销售费用、管理费用、财务费用）相比有其特别之处，即营业成本实际上是已销售商品的成本或已提供劳务的成本，是小企业内部存货成本的结转，但是存在一个前提条件，就是这些商品或劳务已经实现了收入。也就是体现了营业成本与营业收入配比原则的要求。但是还需要说明的是，对营业成本的确认和计量原则设立专门款项规定并不意味着营业成本的确认和计量有别于费用的确认和计量原则。营业成本的确认和计量也从属于费用的确认和计量原则的要求，只不过是营业成本的确认和计量在"费用发生"的认定上有其特别之处，存在一个前提条件就是收入已经实现。

[例 6-1]　2×13 年 10 月 15 日 A 公司销售一批商品，开出的增值税专用发票上注明售价为 10 万元，增值税额为 1.7 万元；该批产品成本为 9.8 万元。商品已发出，货款已收到并存入银行。A 公司应编制如下会计分录：

借：银行存款　　　　　　　　　　　　　　　　　　　11.7 万元
　　贷：主营业务收入　　　　　　　　　　　　　　　　10 万元
　　　　应交税费——应交增值税（销项税额）　　　　1.7 万元
借：主营业务成本　　　　　　　　　　　　　　　　　9.8 万元
　　贷：库存商品　　　　　　　　　　　　　　　　　　9.8 万元

[例 6-2]　2×13 年 6 月 8 日，A 公司销售一批原材料，开具的增值税专用发票上注明的售价为 20 万元，增值税额为 3.4 万元，款项已由银行收妥。该批原材料的实际成本为 14 万元。A 公司应编制如下会计分录：

借：银行存款　　　　　　　　　　　　　　　　　　　23.4 万元
　　贷：其他业务收入　　　　　　　　　　　　　　　　20 万元
　　　　应交税费——应交增值税（销项税额）　　　　3.4 万元
借：其他业务成本　　　　　　　　　　　　　　　　　14 万元
　　贷：原材料　　　　　　　　　　　　　　　　　　　14 万元

[例 6-3]　20×3 年，A 公司应交城建税 21 万元，教育费附加 9 万元。A 公司应编制如下会计分录：

借：营业税金及附加　　　　　　　　　　　　　　　　　30 万元
　　贷：应交税费——应交城建税　　　　　　　　　　　　21 万元
　　　　——应交教育费附加　　　　　　　　　　　　　　 9 万元

[例 6-4]　2×13 年，A 公司为宣传新产品发生广告费 5 万元，均用银行存款支付。A 公司应编制如下会计分录：

借：销售费用　　　　　　　　　　　　　　　　　　　　5 万元
　　贷：银行存款　　　　　　　　　　　　　　　　　　　5 万元

[例 6-5]　2×13 年 3 月 10 日，A 公司以银行存款支付年度财务报表审计费 2 万元。该公司支付咨询费时应编制如下会计分录：

借：管理费用　　　　　　　　　　　　　　　　　　　　2 万元
　　贷：银行存款　　　　　　　　　　　　　　　　　　　2 万元

第三节　费用会计处理与税法的差异

从理论上讲，企业为取得经营收入实际发生的全部必要正常的费用支出都应该允许扣除，以确定净所得，只不过对于不同种类的费用而言，确认或配比的时间会有所不同。这样在计征企业所得税时，就必须正确区分会计所得和计税所得。会计所得是指按照会计规定的程序、方法和标准进行核算得出的所得。计税所得是指按照税法规定的程序、方法和标准计算得出的所得。当会计和税法发生矛盾时，会计规定要服从税法的规定，也就是说，税法与企业会计制度适当分离，当企业计算缴纳企业所得税时，必须对企业的会计所得按照税法规定进行调整，调整为计税所得，也就是应纳税所得额。用公式表示为：

应纳税所得额＝收入总额－允许扣除项目金额

以下着重分析税法与会计在费用方面的差异。

一、营业成本范围的差异

税法所指费用的概念与一般会计意义上的概念有所不同。会计上广义的费用是指实体全部的支出，而成本则是指对象化的费用。税法所指成本，是申报纳税期间已经申报确认的销售商品（包括产品、材料、下脚料、废料和废旧物资等），提供劳务，转让、处置固定资产和无形资产的成本。企业对象化的费用，有的成为在产品、产成品等存货，只有销售出去，并在申报纳税期间确认了营业收入的相关部分商品的成本才能申报扣除。所称费用，特指申报纳税期间的销售费用、管理费用和财务费用等期间费用。

特别需要说明的是，即便是营业成本，税法与企业会计准则制度中主营业务成本、其他业务成本的计算口径也不是直接对应的。这是由于企业所得税法与财务会计的目的不同，会计收入分类侧重于经济收入的稳定性和经常性，税法收入分类的基础是税收政策待遇的异同。因此，税法中的营业成本归集的内容不仅包括企业的主营业务成本（销售商品、提供劳务、提供他人使用本企业的无形资产），还包括其他业务成本（销售材料、转让技术等）和营业外支出（固定资产清理费用等）。企业应根据纳税申报表销售（营业）成本附表的具体要求，正确申报营业成本。

二、期间费用的差异

《企业所得税税前扣除办法》第一次明确承认销售佣金是企业销售费用的合理组成部分，而过去只有外贸企业可以核算销售佣金。对于计入销售费用的合法佣金，应与非法的回扣相区分。同时，对允许在所得税前扣除的佣金，规定了限制性条件。佣金的支付对象必须是独立的有权从事中介服务的企业和个人，必须是为企业推销商品或劳务而提供的居间介绍、提供供求信息等。因为国家公务人员不得从事经营活动，支付给国家公务人员的居间介绍费用，属于非法所得，应视为回扣，不得在税前扣除。律师、会计师、税务师等虽然也属于中介服务，但支付给这些人员的费用不是为销售商品或劳务而发生的费用，不应视为佣金。任何支付给在本企业任职或受雇人员的费用，一律视为工资薪金支出，不得视为佣金。

对于管理费用中的总机构管理费，是指同一法人的总分机构之间因总机构提供管理服务而分摊的合理的管理费用。独立法人的母子公司等集团公司之间，如果确实发生提供管理服务的情况，应按独立企业之间公平交易原则确定提供管理劳务的价格，原则上不得采用分摊管理费用的方式。鉴于许多行业性集团公司正处于内部结构改革的过程中，为有利于其向规范的集团企业发展，经国家税务总局或其授权的税务机关批准，在一定的过渡时期，可以采取分摊管理费用的方式。

企业可以直接计入财务费用的借款费用，视为正常营业活动而发生的借款费用。

第四节　费用会计处理与税法差异的协调

一、费用的定义、分类及内涵的差异协调

费用是小企业的会计要素之一。费用与收入相结合共同确定小企业的利润，是小企业利润表的重要组成部分。

费用也是计算企业应纳税所得额的重要组成内容。企业所得税法第八条规定："企业实际发生的与取得收入有关的、合理的支出，包括成本、费用、税金、损失和其他支出，准予在计算应纳税所得额时扣除。"企业所得税法实施条例第二十九条规定："企业所得税法第八条所称成本，是指企业在生产经营活动中发生的销售成本、销货成本、业务支出以及其他耗费"。也就是说，企业所发生的成本，必须是企业在生产产品、提供劳务、销售商品等过程中的支出和耗费。其中：

1. 销售成本主要是针对以制造业为主的生产性企业而言。生产性企业在生产产品过程中，将耗费产品所需的原材料、直接人工以及耗费在产品上的辅助材料、物料等，这些都属于销售成本的组成部分。

2. 销货成本主要是针对以商业企业为主的流通性企业而言。流通性企业本身并不直接制造可见的成品，而是通过向生产性企业购买成品或者经过简单包装、处理就能出售的产

品，通过购入价与售出价的差额等，来获取相应的利润。所以，此类企业的成本主要是所销售货物的成本，其所销售的货物购置于生产性企业，应以购买价（包括生产性企业所获取的利润）为主体部分，加上可直接归属于销售货物所发生的支出，就是销货成本。

3. 业务支出主要是针对服务业企业而言的成本概念。与制造业企业和商业企业不同，服务业企业提供的服务，虽从广义上也可以称之为"产品"，但是从根本上说这种"产品"往往是无形的劳务，虽然在提供服务过程中也可能需要一定的辅助材料，但是它必须借助于服务业企业特有的人工或者技术，所以服务业企业的成本称之为业务支出，以区别于制造业企业和商业企业。其成本主要包括提供服务过程中直接耗费的原材料、服务人员的工资、薪金等直接可归属于服务的其他支出。

企业所得税法实施条例第三十条规定："企业所得税法第八条所称费用，是指企业在生产经营活动中发生的销售费用、管理费用和财务费用，已经计入成本的有关费用除外。"也就是说，企业所发生的费用，必须是企业在生产产品、提供劳务、销售商品等过程中的支出和耗费。其中：

1. 销售费用是企业为销售商品和材料、提供劳务的过程中发生的各种费用。企业所生产出来的产品，在出售前，其经济利益只能说是潜在的，尚未得到正式的社会承认，只有等产品真正售出后，才能实现现实的经济利益。而企业为销售商品，必然将发生一定的支出，这部分支出是企业为获取收入而产生的必要与正常的支出，包括广告费、运输费、装卸费、包装费、展览费、保险费、销售佣金、代销手续费、经营性租赁费及销售部门发生的差旅费、工资、福利费等费用。从事商品流通业务的纳税人购入存货抵达仓库前发生的包装费、运杂费、运输存储过程中的保险费、装卸费、运输途中的合理损耗和入库前的挑选整理费用等购货费用可直接计入销售费用。从事房地产开发业务的纳税人的销售费用还包括开发产品销售之前的改装修复费、看护费、采暖费等。从事邮电等其他业务的纳税人发生的销售费用已计入营运成本的不得再计入销售费用重复扣除。

2. 管理费用是企业的行政管理部门等为管理组织经营活动提供各项支援性服务而发生的费用。企业除了生产经营所直接相关的各种机构、人员、财物之外，作为一个行为主体，还需要一些为组织生产经营提供辅助性服务的机构和人员，这些机构和人员的配置、职能的发挥等，都将影响到企业的生产经营活动的效益性，相应的支出也是与企业取得收入有关的必要与正常的支出。这些在企业所得税扣除方面体现为管理费用，包括由纳税人统一负担的总部（公司）经费（包括总部行政管理人员的工资薪金、福利费、差旅费、办公费、折旧费、修理费、物料消耗、低值易耗品摊销等）、研究开发费（技术开发费）、劳动保护费、业务招待费、工会经费、职工教育经费、股东大会或董事会费、开办费摊销、无形资产摊销（含土地使用费、土地损失补偿费）、消防费、排污费、绿化费、外事费和法律、财务、资料处理及会计事务方面的成本（咨询费、诉讼费、聘请中介机构费、商标注册费等）。

3. 财务费用是企业筹集经营性资金而发生的费用，包括利息净支出、汇兑损失、金融机构手续费以及其他非资本化支出等。

企业所得税法实施条例第三十一条规定："企业所得税法第八条所称税金，是指企业发生的除企业所得税和允许抵扣的增值税以外的各项税金及其附加。"在我国目前的税收体系中，允许税前扣除的税收种类主要有消费税、营业税、资源税和城市维护建设税、教育费附加，以及房产税、车船税、耕地占用税、城镇土地使用税、车辆购置税、印花税等。

从以上企业所得税法和企业所得税法实施条例有关成本、费用和税金的规定可以看出，为了实现公平税负、避免损害国家税收利益，企业所得税法在税前扣除上是遵循收入相关性原则和合理性原则来规定和具体界定的。企业所得税法第八条的规定："企业实际发生的与取得收入有关的、合理的支出，包括成本、费用、税金、损失和其他支出，准予在计算应纳税所得额时扣除。"对相关性的具体判断一般是从支出发生的根源和性质方面，而不是从费用支出的结果进行分析。合理性的具体判断，主要是看发生支出的计算和分配方法是否符合一般经营常规。

小企业会计准则从会计要素的角度出发对费用做了定义，同时为简化核算，便于小企业执行，减轻纳税调整负担，满足汇算清缴的需要，并结合目前小企业普遍发生的各种费用，小企业会计准则还规定了费用的分类（或范围）及内涵。小企业的费用包括：营业成本、营业税金及附加、销售费用、管理费用、财务费用等。

小企业会计准则所规定的费用与企业所得税法规定的成本、费用、税金的区别与联系，概括起来体现为以下几个方面：

1. 企业所得税法所规定的成本，在范围和内涵上实质上对应于小企业会计准则所规定的费用而不是资产。通俗地讲，资产是时点概念，指某一时刻存在的状态，费用是时间概念，指某一时间内发生的变化。因此，企业所得税法所规定的成本也是小企业会计准则所规定的费用，其关系可以用公式表示为：

$$\text{小企业会计准则所规定的营业成本}\left(\substack{\text{销售商品}\\\text{的成本}}+\substack{\text{提供劳务}\\\text{的成本}}\right)=\text{企业所得税法所规定的成本}\left(\substack{\text{销售}\\\text{成本}}+\substack{\text{销货}\\\text{成本}}+\substack{\text{业务}\\\text{支出}}+\substack{\text{其他}\\\text{耗费}}\right)$$

其中：
$$\substack{\text{小企业会计准则所}\\\text{规定的商品销售成本}}=\substack{\text{企业所得税法}\\\text{所规定的销售成本}}+\substack{\text{销货}\\\text{成本}}+\substack{\text{其他}\\\text{耗费}}$$

$$\substack{\text{小企业会计准则所规定的}\\\text{提供劳务的成本}}=\substack{\text{企业所得税法}\\\text{所规定的业务支出}}+\substack{\text{其他}\\\text{耗费}}$$

2. 企业所得税法所规定的费用，在范围和内涵上对应于小企业会计准则所规定的销售费用、管理费用和财务费用。其关系可以用公式表示为：

小企业会计准则所规定的销售费用＝企业所得税法所规定的销售费用

小企业会计准则所规定的管理费用＝企业所得税法所规定的管理费用

小企业会计准则所规定的财务费用＝企业所得税法所规定的财务费用

3. 企业所得税法所规定的税金，在范围和内涵上对应于小企业会计准则所规定的营业税金及附加。其关系可以用公式表示为：

小企业会计准则所规定的营业税金及附加＝企业所得税法所规定的税金

4. 从当期利润或损益的影响来看，小企业会计准则所规定的费用的影响与企业所得税法所规定的成本、费用和税金的影响几乎完全相同，可能存在的差异主要归纳为两个方面：

一是有些费用项目在计量上存在不同。企业所得税法规定了一些费用项目税前扣除标准，如职工福利费、工会经费、职工教育经费、业务招待费、广告费和业务宣传费、研究开发费用等；小企业会计准则要求这些费用据实计入当期损益。

二是个别费用项目在确认上存在不同。企业所得税法所规定的成本、费用和税金强调了与收入的相关性原则和这些支出的合理性原则；小企业会计准则要求符合费用定义的费用全部计入当期。

二、费用的确认和计量原则的差异协调

企业所得税法实施条例为了公平税负、体现国家政策、保证国家税收等目的，结合法人所得税原则、税前扣除的真实性原则、相关性原则和合理性原则等的要求，也同样对企业的成本、费用、税金等支出规定了计算应纳税所得额时的扣除标准。扣除标准实际上包括两方面的内容，一是范围和构成；二是扣除的金额标准。在具体规定扣除的金额标准时，又可分为三类：第一类，定性标准，即合理的支出都可税前扣除；第二类，定量标准，即规定比例范围内的可以税前扣除；第三类，定性标准与定量标准相结合。这里结合目前小企业的实际情况，对企业所得税法实施条例所规定的内容进行简单归纳整理。

对于第一类，即定性标准涉及的费用项目，以企业所得税法实施条例条款顺序罗列如下：

1. 工资薪金支出

企业所得税法实施条例第三十四条规定："企业发生的合理的工资薪金支出，准予扣除。前款所称工资薪金，是指企业每一纳税年度支付给在本企业任职或者受雇的员工的所有现金形式或者非现金形式的劳动报酬，包括基本工资、奖金、津贴、补贴、年终加薪、加班工资，以及与员工任职或者受雇有关的其他支出。"该条强调的是只要是合理的工资薪金支出，就可以税前扣除，但同时坚持五个原则：（1）必须是实际发生的工资薪金支出，也就是说必须是实际支付的工资薪金；（2）工资薪金的发放对象是在本企业任职或者受雇的员工，也就是说必须是本企业的职工；（3）工资薪金的标准应该限于合理的范围和幅度；（4）工资薪金的表现形式包括所有现金和非现金形式；（5）凡是这类支出是因员工在企业任职或者受雇于企业，而且是因其提供劳动而支付的，就属于工资薪金支出，不拘泥于形式上的名称。

2. "五险一金"和补充养老、补充医疗保险费

企业所得税法实施条例第三十五条规定："企业依照国务院有关主管部门或者省级人民政府规定的范围和标准为职工缴纳的基本养老保险费、基本医疗保险费、失业保险费、工伤保险费、生育保险费等基本社会保险费和住房公积金，准予扣除。企业为投资者或者职工支付的补充养老保险费、补充医疗保险费，在国务院财政、税务主管部门规定的范围和标准内，准予扣除。"这条强调的是只有按照国务院有关主管部门或省级人民政府规定的范围和标准为职工缴纳的"五险一金"才可以税前扣除，同时强调准予在税前扣除的补充养老保险费和补充医疗保险费，仅限于在国务院财政、税务主管部门规定的标准和范围内，超过规定的标准和范围的部分，将不允许税前扣除。

3. 商业保险费和法定人身安全保险费

企业所得税法实施条例第三十六条规定："除企业依照国家有关规定为特殊工种职工支付的人身安全保险费和国务院财政、税务主管部门规定可以扣除的其他商业保险费外，企业为投资者或者职工支付的商业保险费，不得扣除。"这条强调的是企业为其投资者或者职工投保商业保险所发生的保险费支出，只有企业按照国家规定为特殊工种职工支付的法定人身安全保险费和国务院财政、税务主管部门规定可以扣除的其他商业保险费才可以税前扣除。

4. 借款费用支出

企业所得税法实施条例第三十七条规定："企业在生产经营活动中发生的合理的不需要资本化的借款费用，准予扣除。企业为购置、建造固定资产、无形资产和经过 12 个月以上的建造才能达到预定可销售状态的存货发生借款的，在有关资产购置、建造期间发生的合理的借款费用，应当作为资本性支出计入有关资产的成本，并依照本条例的规定扣除。"该条强调的是不需要资本化的借款费用，准予在费用发生当期扣除；需要资本化的借款费用，予以分期扣除或者摊销。

5. 专项资金

企业所得税法实施条例第四十五条规定："企业依照法律、行政法规有关规定提取的用于环境保护、生态恢复等方面的专项资金，准予扣除。上述专项资金提取后改变用途的，不得扣除。"该条强调的是必须有法律、行政法规的专门规定和提取的资金的目的应限于环境保护、生态恢复等用途。

6. 商业保险费支出

企业所得税法实施条例第四十六条规定："企业参加财产保险，按照规定缴纳的保险费，准予扣除。"该条强调的是只要是按照规定实际缴纳的财产保险费都可以税前扣除。

7. 租赁费支出

企业所得税法实施条例第四十七条规定："企业根据生产经营活动的需要租入固定资产支付的租赁费，按照以下方法扣除：（一）以经营租赁方式租入固定资产发生的租赁费支出，按照租赁期限均匀扣除；（二）以融资租赁方式租入固定资产发生的租赁费支出，按照规定构成融资租入固定资产价值的部分应当提取折旧费用，分期扣除。"该条强调的是经营租赁的租赁费支出按照年限平均扣除，融资租赁的租赁费支出以固定资产折旧方式扣除。

8. 劳动保护支出

企业所得税法实施条例第四十八条规定："企业发生的合理的劳动保护支出，准予扣除。"该条强调的是只要是合理的劳动保护支出都可以税前扣除，但是有三个条件要满足：（1）必须是确因工作需要；（2）为其雇员配备或提供；（3）限于工作服、手套、安全保护用品、防暑降温品等。

对于第二类，即定量标准涉及的费用项目，以企业所得税法实施条例条款顺序罗列如下。

1. 职工福利费支出

企业所得税法实施条例第四十条规定："企业发生的职工福利费支出，不超过工资薪金总额 14％的部分，准予扣除。"该条强调的是职工福利费支出可税前扣除的金额最高为工资薪金总额的 14％。

2. 工会经费支出

企业所得税法实施条例第四十一条规定："企业拨缴的工会经费，不超过工资薪金总额 2％的部分，准予扣除。"该条强调的是工会经费支出可税前扣除的金额最高为工资薪金总额的 2％。

3. 职工教育经费支出

企业所得税法实施条例第四十二条规定："除国务院财政、税务主管部门另有规定外，企业发生的职工教育经费支出，不超过工资薪金总额 2.5％的部分，准予扣除；超过部分，准予在以后纳税年度结转扣除。"该条实际上是允许企业发生的职工教育经费支出准予全额扣除，只是在扣除时间上做了相应递延。职工教育经费支出当年可税前扣除的金额最高为工资薪金总额的 2.5%，对于超过标准的部分，允许无限期地向以后纳税年度结转。

4. 业务招待费支出

企业所得税法实施条例第四十三条规定："企业发生的与生产经营活动有关的业务招待费支出，按照发生额的 60% 扣除，但最高不得超过当年销售（营业）收入的 5‰。"该条强调的是业务招待费可税前扣除的金额最高为当年销售（营业）收入的 5‰。范围内的其发生额的 60%，并坚持四个原则：（1）企业开支的业务招待费必须是正常和必要的；（2）业务招待费支出一般要求与经营活动"直接相关"；（3）必须有大量足够有效凭证证明企业相关性的陈述，比如，费用金额，招待、娱乐、旅行的时间和地点，商业目的，企业与被招待人之间的业务关系等；（4）主管税务机关有权根据实际情况合理推算最确切的金额。

5. 广告费和业务宣传费支出

企业所得税法实施条例第四十四条规定："企业发生的符合条件的广告费和业务宣传费支出，除国务院财政、税务主管部门另有规定外，不超过当年销售（营业）收入 15% 的部分，准予扣除；超过部分，准予在以后纳税年度结转扣除。"该条实际上是允许企业发生的广告费和业务宣传费支出准予全额扣除，只是在扣除时间上做了相应递延。广告费和业务宣传费支出当年可税前扣除的金额最高为销售（营业）收入的 15%，对于超过标准的部分，允许无限期地往以后的纳税年度结转。

6. 公益性捐赠支出

企业所得税法实施条例第五十三条规定："企业发生的公益性捐赠支出，不超过年度利润总额 12% 的部分，准予扣除。年度利润总额，是指企业依照国家统一会计制度的规定计算的年度会计利润。"该条强调的是公益性捐赠支出可税前扣除的金额最高为年度利润总额的 12%，但计算基础是企业按照国家统一会计制度的规定计算的年度会计利润总额。

对于第三类，即定性标准和定量标准结合涉及的费用项目，以企业所得税法实施条例条款顺序罗列如下：

1. 利息支出

企业所得税法实施条例第三十八条规定："企业在生产经营活动中发生的下列利息支出，准予扣除：（1）非金融企业向金融企业借款的利息支出、金融企业的各项存款利息支出和同业拆借利息支出、企业经批准发行债券的利息支出；（2）非金融企业向非金融企业借款的利息支出，不超过按照金融企业同期同类贷款利率计算的数额的部分。"该条强调了四个扣除原则：（1）非金融企业向金融企业借款的利息支出，准予全额据实扣除；（2）金融企业的各项存款利息支出和同业拆借利息支出，准予全额据实扣除；（3）企业经批准发行债券发生的利息支出，准予全额据实扣除；（4）非金融企业向非金融企业借款的利息支出，不超过按照金融企业同期同类贷款利率计算的数额的部分，准予扣除。

2. 汇兑损失

企业所得税法实施条例第三十九条规定："企业在货币交易中，以及纳税年度终了时将人民币以外的货币性资产、负债按照期末即期人民币汇率中间价折算为人民币时产生的汇兑损失，除已经计入有关资产成本以及与向所有者进行利润分配相关的部分外，准予扣除。"这条强调的是两类汇兑损失（货币交易和货币性资产、负债按照期末即期人民币汇率中间价折算产生的汇兑损失）可扣除，两类汇兑损失（计入资产成本和与向利润分配相关的汇兑损失）不予扣除。

根据以上对企业所得税法实施条例相关内容的分析对比可以看出，小企业发生的上述三类支出都可能出现会计与纳税的差异，尤其是在第二类和第三类中的利息支出方面，在进行纳税申报时必须按照企业所得税法实施条例的规定进行调整。小企业会计准则出于简化核算、便于小企业执行的考虑，尽可能减少小企业纳税调整的负担，但是由于在这些支出方面会计与企业所得税法的立法意图不同，因此，这种情况的出现就不可避免了。在实务中，有些支出虽然企业所得税法实施条例规定了扣除比例，但会计与纳税上完全可能是一致的，比如，小企业当年发生的职工福利费支出，没有超过工资薪金总额的14％；小企业当年拨缴的工会经费，没有超过工资薪金总额的2％；小企业当年发生的职工教育经费支出，没有超过工资薪金总额的2.5％；小企业当年发生的广告费和业务宣传费支出，没有超过当年销售（营业）收入的15％；小企业当年发生的公益性捐赠支出，没有超过当年年度利润总额的12％。在这些情况下，会计记账与纳税申报是完全一致的，不存在纳税调整问题。

第七章　利润及利润分配

第一节　利润的构成

　　小企业作为一种依法设立的营利性经济组织，应当以收入抵补其费用，实现盈利和可持续发展。小企业盈利的多少和能力很大程度上代表了小企业生产经营活动的经济效益，是小企业实现长远发展的基础。利润是小企业在一定会计期间的经营成果，它是小企业在一定会计期间内实现的收入减去费用后的净额。对利润进行核算，可以及时反映小企业在一定会计期间的经营业绩和获利能力，反映小企业的投入产出效率和经济效益，有助于小企业投资者、债权人、税务机关等有关方面据此对小企业进行盈利预测，评价企业经营绩效，作出科学的经济决策。基于利润对小企业经营业绩的重要意义，小企业会计准则对小企业利润的定义和构成作了明确规定，以统一规范地反映小企业的利润实现情况。

　　利润也是小企业向税务机关申报企业所得税的基础。企业所得税法实施条例为了公平税负、保证国家税收，从收入、扣除、资产的税务处理三个方面对企业会计利润进行调整，对企业应纳税所得额的计算进行了规定。

一、利润的定义

　　利润是指小企业在一定会计期间的经营成果。通常情况下，如果小企业实现了利润，表明企业的所有者权益将增加，业绩得到了提升；反之，如果小企业发生了亏损（即利润为负数），表明企业的所有者权益将减少，业绩下降。利润是小企业盈利能力的重要体现。

　　利润由收入减去费用后的净额、投资收益、营业外收入、营业外支出和所得税费用共同构成。其中，收入减去费用后的净额和投资收益反映小企业日常活动的经营业绩，营业外收入和营业外支出是小企业非日常活动取得或发生的。

　　利润是一个净额概念，利润的确认主要依赖于收入和费用、投资收益以及营业外收入和营业外支出的确认，其金额的确定也主要取决于收入、费用、投资收益、营业外收入、营业外支出金额的计量。

　　利润根据其构成内容的不同，具体可以分为营业利润、利润总额和净利润三个概念。小企业会计准则之所以作这种划分，主要有两方面的考虑：一是反映不同利润的构成内容不同；二是满足多步式列报利润表的需要，便于财务报表的使用者理解小企业经营成果的不同来源。小企业会计准则要求小企业利润表采用多步式编制和列示。三个利润概念实际上是编制利润表的三个步骤。

二、营业利润的构成

小企业的营业利润是由营业收入减去营业成本、营业税金及附加、销售费用、管理费用、财务费用，加上投资收益（或减去投资损失）后的金额确定的。

其中，营业收入是指小企业销售商品和提供劳务所实现的收入总额。营业收入与营业成本之间存在配比关系。

投资收益由小企业股权投资取得的现金股利（或利润）、债券投资取得的利息收入和处置股权投资和债券投资取得的处置价款扣除成本或账面余额、相关税费后的净额三部分构成。

营业利润可用公式表示如下：

$$\text{营业利润}=\text{营业收入}-\text{营业成本}-\text{营业税金及附加}-\text{销售费用}-\text{管理费用}-\text{财务费用}+\text{投资收益}\left(-\text{投资损失}\right)$$

其中：营业收入＝主营业务收入＋其他业务收入＝销售商品收入＋提供劳务收入

营业成本＝主营业务成本＋其他业务成本＝销售商品成本＋提供劳务成本

$$\text{投资收益}=\text{现金股利（或利润）}+\text{债券利息收入}+\text{处置股权投资和债券投资取得的价款与成本之间的差额}$$

三、利润总额的构成

小企业的利润总额是由营业利润加上营业外收入，减去营业外支出后的金额确定的。利润总额可用公式表示如下：

利润总额＝营业利润＋营业外收入－营业外支出

其中，营业外收入和营业外支出反映小企业非日常活动取得的或发生的收支。营业外收入和营业外支出将在本章第二节和第四节介绍。

四、净利润的构成

小企业的净利润是由利润总额减去所得税费用后的余额。

净利润可用公式表示如下：

净利润＝利润总额－所得税费用

其中，所得税费用是指小企业按照税法规定计算的当期应纳税额。

为了简化核算，便于小企业实务操作，减少按月编制财务报表的负担，小企业会计准则允许小企业采用两种方法编制各月利润表，一是"账结法"；一是"表结法"。

账结法或称"账表一致法"，就是按照小企业会计准则所规定的"本年利润"会计科目使用说明，将各收入类、费用类账户的余额在各月月末全部结转至"本年利润"账户，使各收入类和费用类账户月末余额全部清为零，从下月月初开始核算当月各收入类和费用类账户的发生额，直接按照"本年利润"账户的当月发生额编制当月利润表。"本年利润"账户实际上反映的是小企业各月实现的利润，全年 12 个月实现的利润需要将 12 个月的利润表汇总合计后取得。

表结法或称"调表不调账法"，就是在一个会计年度中间，各个月各收入类和费用类账户发生额不进行结转，累计反映自年初至本月月末止收入、费用的累计发生额，在编制各月利润表时，直接从各收入类和费用类账户当月发生额中分析计算后填列利润表相关项目。在年度终了时，将各收入类和费用类账户的当年发生额合计数一次性结转至"本年利润"账户，根据"本年利润"账户的当年发生额直接编制年度利润表，"本年利润"账户真正反映了小企业全年实现的利润。

第二节　营业外收入

一、营业外收入的定义

小企业的营业外收入具有以下四个特征：

（1）营业外收入是小企业在非日常活动中形成的。

日常活动是指小企业为完成其经营目标所从事的经常性活动以及与之相关的活动。反之，为非日常活动。明确界定日常活动是为了将营业外收入与收入相区分。日常活动是确认收入的重要判断标准，凡是日常活动所形成的经济利益的流入（如销售商品取得现金或应收账款）应当确认收入，反之，非日常活动所形成的经济利益的流入不能确认为收入，而应当计入营业外收入。比如，小企业转让固定资产属于非日常活动，这是因为小企业持有固定资产的主要目的是通过使用生产产品而不是为了出售。因此，转让固定资产所形成的经济利益的流入就不应确认为收入，而应计入营业外收入。再如，小企业因某项固定资产暂时闲置而出租取得的租金收入属于小企业的日常活动所形成的，应当确认为收入。

与收入相比，营业外收入实际上是一种纯收入，而不是毛收入，不可能也不需要与有关费用进行配比。因此，在会计处理上，应当严格区分营业外收入与营业收入的界限。

（2）营业外收入应当计入当期损益。

这一特征是指营业外收入应当计入利润，作为小企业利润的重要组成部分，而不是计入所有者权益。这一特征的存在主要是为了将营业外收入与企业会计准则所规定的"直接计入所有者权益的利得"区别开来，例如，企业会计准则规定，可供出售金融资产应当采用公允价值计量，公允价值变动应当计入所有者权益，该公允价值增加实际上就是所谓的"直接计入所有者权益的利得"。

（3）营业外收入会导致所有者权益的增加。

（4）营业外收入是与所有者投入资本无关的经济利益的流入。

上述（三）和（四）两个特征与收入的特征相同。

二、营业外收入的范围及内涵

小企业会计准则结合目前小企业的实际情况，列举了构成小企业营业外收入的主要类型，包括：

（一）非流动资产处置净收益

小企业处置非流动资产实现的净收益，包括处置固定资产、无形资产、生产性生物资产、长期待摊费用等，但不包括处置长期债券投资和长期股权投资实现的净收益，后者应计入投资收益。

其中，固定资产处置净收益，是指小企业处置固定资产所取得价款扣除固定资产账面价值、相关税费和清理费用后的净收益，如为净损失，则为营业外支出。

无形资产处置净收益，是指小企业处置无形资产所取得价款扣除无形资产账面价值、相关税费和清理费用后的净收益，如为净损失，则为营业外支出。

处置生产性生物资产与处置固定资产类似。处置长期待摊费用通常都应当是损失，应计入营业外支出。某些特殊情况下，比如，处置经营租入固定资产的改建支出，如果已经对其摊销完毕即余额为零，但最后还取得了一些残料收入，在这种情况下，应将残料收入计入营业外收入。

非流动资产处置净收益对应于企业所得税法实施条例第十六条所规定的转让财产收入中的转让固定资产、生物资产、无形资产等财产取得的收入。

（二）政府补助

政府补助，是指小企业从政府无偿取得货币性资产或非货币性资产。

（三）捐赠收益

捐赠收益，是指小企业接受来自其他企业、组织或者个人无偿给予的货币性资产和非货币性资产。

在捐赠收益的认定方面，应把握以下三个要点：

1. 捐赠是无偿给予的资产。捐赠的基本特征在于其无偿性，这也是捐赠区别于其他财产转让的标志。无偿性即出于某种原因，不支付金钱或付出其他相应代价而取得某项财产，如公益事业捐赠等。《中华人民共和国合同法》对赠与合同专节作了规定。赠与合同是赠与人将自己的财产无偿给予受赠人，受赠人表示接受赠与的合同；赠与的财产依法需要办理登记等手续的，应当办理有关手续；具有救灾、扶贫等社会公益、道德义务性质的赠与合同或者经过公证的赠与合同，赠与人不交付赠与的财产的，受赠人可以要求交付。基于捐赠的无偿性，合同法规定了赠与人和受赠人相应的权利义务。《中华人民共和国公益事业捐赠法》也规定捐赠应当是自愿和无偿的，并对自然人、法人或者其他组织自愿无偿向依法成立的公益性社会团体和公益性非营利的事业单位捐赠财产用于公益事业的作了特别规定。

2. 捐赠人是其他企业、组织或者个人。其他组织，包括事业单位、社会团体等。

3. 捐赠财产范围，包括货币性资产和非货币性资产。

（四）盘盈收益

盘盈收益，是指小企业在清查财产过程中查明的各种财产盘盈，包括材料、产成品、商品、现金、固定资产等溢余。通俗地讲，就是小企业的所有资产出现了实存大于账存的情况。

（五）汇兑收益

汇兑收益，是指小企业在资产负债表日将外币交易所产生的外币货币性项目进行折算由于汇率不同而产生的汇兑收益。

（六）出租包装物和商品的租金收入

出租包装物和商品的租金收入，是指小企业由于暂时闲置，将不用的包装物或库存产成品、商品出租给第三方使用并取得的租金收入。出租包装物和商品实际上转让的是这两类流动资产的使用权，如果转让的是所有权，则属于包装物或商品的销售。小企业会计准则将小企业出租包装物和商品的租金收入认定为营业外收入，这主要有两方面的考虑：一是从小企业持有包装物和商品的目的来看，小企业持有包装物和商品的主要目的是通过用于生产或用于销售取得收入实现经济利益，而出租包装物和商品仅是为了利用这两类资产暂时闲置取得非经常性收入或偶然性收入；二是从会计账务处理上，如果出租包装物和商品取得的租金收入作为营业收入，记入"其他业务收入"账户，则根据收入与费用相配比原则的要求，应将该包装物和商品的成本由"周转材料"或"库存商品"账户结转至"其他业务成本"账户，这会造成包装物或商品账实不符。正是基于这些考虑，小企业会计准则将小企业出租包装物和商品取得的租金收入作为营业外收入处理。而出租固定资产取得的租金收入则不同，应将其作为营业收入，记入"其他业务收入"账户核算，将其折旧额，记入"其他业务成本"账户核算，也满足了收入与费用相配比原则的要求。

（七）逾期未退包装物押金收益

包装物押金是指小企业为销售商品而向购买方出租或出借包装物所收取的押金。小企业按照双方约定向购买方收取的包装物押金当时不构成小企业的销售商品收入而是负债，因为不会增加小企业的所有者权益。一旦小企业收取的押金按照双方约定逾期未返还购买方的，则会增加小企业的所有者权益，但不返还押金不是小企业的一项日常活动，属于偶发性业务，因此，应确认为小企业的营业外收入。

（八）确实无法偿付的应付款项

在市场经济条件下，小企业应当诚实守法经营，小企业发生的各种应付款项应当按期予以偿还或支付。但是，一旦出现了确实无法支付的情况，就可能会产生确定无法偿付的应付款项，从而构成小企业的营业外收入。

对于确实无法偿付的应付款项，应当把握以下两个原则：

1. 应付款项的范围，主要包括：应付票据、应付账款、预收账款、应付职工薪酬、其他应付款、长期应付款等。

2. 确实无法偿付是一个严格条件。通常包括三种情形：

（1）小企业的债权人放弃了收款的权利，如小企业的债权人进行了破产清算，没有清理这一块债权。

（2）小企业的债权人在小企业作为债务人发生财务困难的情况下对小企业作了让步，减免了债务人的部分债务本金或者利息、降低了债务人应付利息的利率等。这实质上就是企业会计准则所规定的债务重组的情形。从这个意义上讲，小企业会计准则实质上在确实无法偿付的应付款项中包含了债务重组收益。债务重组的方式主要包括以资产清偿债务、将债务转为资本、修改其他债务条件，如减少债务本金、减少债务利息等，以及以上三种方式的组合等。

（3）小企业债权人丧失了相关权利。比如，《中华人民共和国担保法》第六章第八十九条规定："当事人可以约定一方向对方给付定金作为债权的担保。债务人履行债务后，定金应当抵作价款或者收回。给付定金的一方不履行约定的债务的，无权要求返还定金；收受定金的一方不履行约定的债务的，应当双倍返还定金。"小企业如果收受了另一方的定金，但是对方违约，则在这种情况下，根据《中华人民共和国担保法》第八十九条的规定，对方丧失了对该定金的所有权，则小企业无须返还该定金，形成了小企业的营业外收入。

（九）已作坏账损失处理后又收回的应收款项

小企业在日常生产经营中发生的应收款项在符合小企业会计准则规定条件的情况下，可以作为坏账损失计入当期营业外支出。但是，如果以后期间，小企业又收回了全部或部分该笔已核销坏账损失的应收款项，仍应当作为小企业的资产进行入账，计入营业外收入。

对于已作坏账损失处理后又收回的应收款项，应当把握以下两个原则：

1. 应收款项的范围，主要包括：应收票据、应收账款、预付账款、应收利息、其他应收款等。

2. 前提是已作坏账损失处理，已经在以前年度作为坏账损失进行了会计处理，也就是已经以前年度实现的利润中得到了扣减，或者说已经反映在本年年初未分配利润中。

（十）违约金收益

违约金是合同一方当事人不履行合同或者履行合同不符合约定时，向另一方当事人支付的用于赔偿损失的金额。《中华人民共和国合同法》第一百一十四条规定："当事人可以约定一方违约时应当根据违约情况向对方支付一定数额的违约金，也可以约定因违约产生的损失赔偿额的计算方法。"在这种情况下，小企业取得的对方支付的违约金应当作为营业外收入处理。

三、营业外收入的确认原则

小企业会计准则对营业外收入的确认作了原则性规定，即：通常情况下，小企业的营业外收入应当在实现时计入当期损益。

在具体应用营业外收入确认原则时，应当重点掌握两点：一是要符合营业外收入的定义；二是营业外收入确认的时点是实现之时。

小企业会计准则所讲营业外收入的"实现"包括以下三种情形：

（1）有关交易事项完成之时，例如，在固定资产清理完毕时，将净收益作为非流动资产处置净收益确认为营业外收入。

又如，对于捐赠收益应当在小企业实际收到捐赠资产之日确认为营业外收入。这主要基于两方面的考虑：一是赠与合同法律上的特殊性。一般合同在签订时成立，并确认为此时财产已经转移；而赠与合同则是在赠与财产实际交付时才成立，才在法律上确认为财产已经转移。根据《合同法》第一百八十六条规定："赠与人在赠与财产的权利转移之前可以撤销赠与。具有救灾、扶贫等社会公益、道德义务性质的赠与合同或者经过公证的赠与合同，不适用前款规定。"也就是说，一般情况下，在赠与财产的权利转移之前，即使双方已经订立赠与合同，该合同在法律上都不能视为成立。只有救灾、扶贫等社会公益、道德义务性质的赠与合同或者经过公证的赠与合同，才能在法律上视为在赠与合同订立时已经成立。二是接受捐赠以无偿性为基本特征。即受赠人一般不需要支付代价，接受捐赠收入的成本较小或者没有成本。因此，在很多情况下不存在收入与费用相配比的问题。

又如，小企业财产清查完成之时，将财产清查中出现的实存大于账存的材料、产成品、商品、现金、固定资产等溢余作为盘盈收益确认为营业外收入。

再如，小企业收回了全部或部分已作为坏账损失核销的应收款项，应作为已作坏账损失处理后又收回的应收款项确认为营业外收入。

（2）所要求的相关条件满足之时，例如，小企业收到财政补贴资金符合财政部门规定的条件时作为政府补助确认为营业外收入。

又如，小企业收取的包装物押金按照双方约定逾期未返还购买方的，作为逾期未退包装物押金收益确认为营业外收入。

又如，小企业如果收受了另一方的定金，但是对方违约，则应该将定金作为确实无法偿付的应付款项确认为营业外收入。

再如，在对方违约的情况下，小企业取得的对方支付的违约金，应当将违约金收益作为营业外收入处理。

（3）在约定或特定的日期，例如，小企业根据小企业会计准则的规定，在资产负债表日将外币交易所产生的外币货币性项目进行折算由于汇率不同而产生汇兑收益确认为营业外收入。

又如，小企业将包装物或商品出租给其他企业或个人使用，按照合同约定的承租人应付租金的日期将出租包装物和商品的租金收入确认为营业外收入。

四、营业外收入的计量原则

小企业会计准则对营业外收入的计量作了原则性规定，即：通常情况下，小企业的营业外收入应当按照实现金额计入当期损益。通俗地讲，就是据实计量原则。

实现金额应当能够反映最终给小企业带来的经济利益，通常是一个净额概念，也就是扣除相关金额后的净额。因此，在确定营业外收入的实现金额时，根据产生的来源不同，应区分以下情况分别确定：

（1）实际收到或应收的金额，比如，政府补助中的货币性资产、捐赠收益中的货币性资产、盘盈收益的现金、出租包装物和商品的租金收入、逾期未退包装物押金收益、确实无法偿付的应付款项、已作坏账损失处理后又收回的应收款项和违约金收益等。

（2）市场价格或评估价值，比如，政府补助中的非货币性资产、捐赠收益中的非货币性资产和盘盈收益中的非现金资产等。如小企业取得政府无偿提供的1台变压器、取得其他企业捐赠的1台电脑或者某上市公司的1 000份股票、在财产清查时盘盈了1批原材料等，在这种情况下，应当按照取得的非货币性资产的同类或类似资产的市场价格，考虑新旧程度后作为实现金额，如果不存在同类或类似资产的市场价格，也可以采用评估价值作为实现金额。

（3）根据小企业会计准则计算确定的金额，比如，非流动资产处置净收益和汇兑收益等。

五、执行中应注意的问题

除上述规定外，小企业在对营业外收入进行会计处理时，还应注意以下几个方面：

（1）小企业如果发生了非货币性资产交换、偿债收益，在会计和所得税法上都应当视同处置非流动资产，确认为营业外收入。

（2）小企业如果将应收款项转让给其他企业或个人，且不承担追索责任的，转让应收款项取得的收入也计入营业外收入。这与企业所得税法实施条例有关转让财产收入的规定相一致。

（3）小企业的短期借款、长期借款、应交税费、应付利息、应付利润、递延收益这些负债，通常不会出现"确实无法偿付"的情况。但是，如果由于小企业发生财务困难、资金周转出现了问题、经营陷入困境或者其他原因，导致小企业无法或没有能力按原定条件偿还债务的情况，经银行同意不需要全额偿还的短期借款、长期借款的本息属于债务重组收益，也应当作为营业外收入计入当期损益。同样道理，如果小企业经税务机关同意不需要交纳相关税费，原已确认的税费也应作为营业外收入计入当期损益。

（4）逾期未退包装物押金收益与确实无法偿付的应付款项这两类营业外收入，其性质实质上完全相同，都是小企业不需要偿付的负债。小企业会计准则为简化核算，便于小企业执行，减轻小企业纳税调整负担，将其作为两类营业外收入进行规定，以与企业所得税法实施条例相一致。

（5）小企业的汇兑收益应当计入营业外收入，而不是冲减财务费用。主要是基于四点考虑：一是其性质不属于筹资费用。财务费用是小企业为筹集生产经营所需资金发生的筹资费用。在以前，企业发生汇兑损益主要由企业与银行进行外汇买卖发生的，属于企业筹集外币资金发生的筹资费用；小企业产生的现时汇兑损益主要是由外币货币性项目在资产负债日折算时的汇率不同产生的。因此，小企业汇兑损益的性质发生了变化，更接近于营业外收入和营业外支出，而不是财务费用。二是与税法保持一致。企业所得税法实施条例第二十二条规定，其他收入包括汇兑收益。三是可以避免在实务中由于汇兑收益计入财务费用而出现财务费用为负数的异常情况。四是简化核算，可以减轻小企业纳税调整的负担。

（6）营业外收入与营业外支出既有共同性又有差异性。两者的共同性表现为"四个共同点"：都是净额概念、都影响利润总额、都不影响营业利润、账户余额都不得出现负数。两者的差异性表现为"三个不同点"：（1）对利润总额的影响方向不同，营业外收入增加利润总额，营业外支出减少利润总额；（2）两者之间不存在配比关系，因此，并不是说有营业外收入一定就有营业外支出，反之亦然。（3）两者之间不得相互抵销，既不能以营业外支出冲减营业外收入，也不能以营业外收入冲减营业外支出。

第三节　政府补助

小企业是我国国民经济和社会发展的重要力量，促进小企业发展，是保持国民经济平稳较快发展的重要基础，是关系民生和社会稳定的重大战略任务。中央高度重视支持小企业发展，先后于 2003 年出台《中华人民共和国中小企业促进法》、2005 年出台《鼓励支持和引导个体私营等非公有制经济发展的若干意见》（国发〔2005〕3 号），特别是 2009 年 9 月，国务院印发了《国务院关于进一步促进中小企业发展的若干意见》（国发〔2009〕36 号），提出进一步扶持中小企业发展的综合性政策措施。其中，财政政策是国家扶持中小企业发展的重要政策措施。对中小企业的财政政策更多体现为财政资金支持这是国际上通行的做法。因此，小企业会计准则专门设置了关于政府补助会计政策的规定。

一、政府补助的定义

政府补助是指小企业从政府无偿取得货币性资产或非货币性资产，但不包括政府作为企业所有者投入的资本。政府包括各级人民政府及其所属部门和机构，如人民政府、财政部门、工信部门、科技部门、税务机关等。

如果政府以企业所有者身份向小企业投入资本，则将拥有小企业相应的所有权，分享小企业的利润。在这种情况下，政府与小企业之间的关系是投资者与被投资者的关系，属于互惠交易。这与其他单位或个人对小企业的投资在性质上是一致的，不属于政府补助范畴。政府的资本性投入无论采用何种形式，均不属于政府补助。

小企业会计准则规范的政府补助主要有如下两大特征：

（一）无偿性

无偿性是政府补助的基本特征，政府并不因此享有小企业的所有权，小企业将来也不需要向政府偿还。这一特征将政府补助与政府作为小企业所有者投入的资本、政府采购等政府与小企业之间双向、互惠的经济活动区分开来。

政府补助通常附有一定的条件，主要包括：

1. 政策条件。小企业只有符合政府补助政策的规定，才有资格申请政府补助。符合政策规定不一定都能够取得政府补助；不符合政策规定、不具备申请政府补助资格的，不能取得政府补助。

2. 使用条件。小企业已获批准取得政府补助的，应当按照政府规定的用途使用。政府补助通常附有一定的条件，但是这与政府补助的无偿性并无矛盾，并不表明该项补助是有偿的，而是小企业经法定程序申请取得政府补助后，应当按照政府规定的用途和要求使用该项补助。

（二）直接取得资产

政府补助是小企业从政府直接取得的资产，包括货币性资产和非货币性资产，形成小企业的收益。比如，小企业取得政府拨付的补助，先征后返（退）、即征即退等办法返还的税款。

不涉及资产直接转移的经济支持不属于小企业会计准则规范的政府补助，比如，政府与小企业间的债务豁免，以及除税收返还外的税收优惠，如直接减征、免征、抵免税额、加计扣除等。

此外，还需说明的是，增值税出口退税也不属于政府补助。根据《中华人民共和国增值税暂行条例》规定，对增值税出口货物实行零税率，即对出口环节的增值部分免征增值税，同时退回出口货物前道环节所征的进项税额。由于增值税是价外税，出口货物前道环节所含的进项税额是抵扣项目，体现为企业垫付资金的性质，增值税出口退税实质上是政府归还企业事先垫付的资金，不属于政府补助。

二、政府补助的形式

政府对小企业的补助表现为政府向小企业转移资产，通常为货币性资产，也可能为非货币性资产。目前，政府补助的形式主要有财政拨款、财政贴息和税收返还等。具体如下：

（一）财政拨款

财政拨款是政府无偿拨付给小企业的资金，通常在拨款时明确规定了资金用途。比如，财政部门拨付给小企业用于购建固定资产或进行技术改造的专项资金、鼓励小企业安置职工就业而给予的奖励款项、拨付给小企业的粮食定额补贴、拨付小企业开展研发活动的研发经费补助等，均属于财政拨款。

（二）财政贴息

财政贴息是政府为支持特定产业或区域的发展，根据国家宏观经济形势和政策目标，对承贷小企业的银行贷款利息给予的补贴。

财政贴息主要有两种方式：一是财政部门将贴息资金直接拨付给受益小企业；二是财政部门将贴息资金拨付给向小企业提供贷款的银行，由贷款银行以政策性优惠利率向小企业提供贷款，受益小企业按照实际发生的利率计算和确认利息费用。

（三）税收返还

税收返还是政府按照国家有关规定采取先征后返（退）、即征即退等办法向企业返还的税款，属于以税收优惠形式给予的一种政府补助。除税收返还外，税收优惠还包括直接减征、免征、抵免税额、加计扣除等形式。这类税收优惠并未直接向企业无偿提供资产，不作为小企业会计准则规范的政府补助。

三、政府补助的确认原则

小企业会计准则规定，小企业不论通过何种形式（如财政拨款、财政贴息、税收返还）取得的政府补助（如货币性资产和非货币性资产），都应当根据其政策效应划分为与资产相关的政府补助和其他政府补助两类。这一分类要求是为了解决政府补助的确认问题。

（一）与资产相关的政府补助和其他政府补助的定义

与资产相关的政府补助，是指小企业取得的、用于购建或以其他方式形成长期资产的政府补助。比如，小企业收到政府拨付的一笔财政资金，用于资助企业在建的生产线，这笔财政资金就属于与资产相关的政府补助。这类政府补助的目的在于支持小企业通过购建固定资产等长期资产，促进小企业长期发展。或者说，这类政府补助的政策效应会惠及小企业的多个年度，是一种长期效应，通常是通过小企业对长期资产的使用逐步实现的。

其他政府补助，是指除与资产相关的政府补助之外的政府补助。这类政府补助的目的在于弥补小企业当年或以前年度的经营亏损，也有可能是对小企业未来可能出现的经营亏损的弥补。或者说，这类政府补助的政策效应仅惠及小企业的某个年度，可能是当年，可能是以前年度，也可能是未来的某个年度，是一种短期效应，通常与小企业长期资产的使用没有直接关联。

对于这一分类原则，实际上是"二分法原则"，即只要不是与资产相关的政府补助，就全部属于其他政府补助，不存在第三类的情况。

（二）与资产相关的政府补助的确认原则

小企业收到与资产相关的政府补助，由于政府补助对小企业的效应是长期的，因此，不能直接确认为当期损益而应当确认为递延收益，并在相关资产的使用寿命内平均分配，计入营业外收入。这一确认原则，应当从以下几个方面加以把握：

1. 确认的时点：小企业收到政府给予的补助，即收到政府补助的货币性资产和非货币性资产之时。通常，小企业向政府申请政府补助按照相关规定都应当经过政府部门的审核批准。因此，小企业实际收到政府给予的补助，发生在政府部门审批之后。

2. 其中所称"资产"主要是指购建的固定资产，也有可能是购买或自行研发的无形资产。比如，小企业自行研发新技术并得到了政府的资金支持，如果最终研发成功成为小企业的一项无形资产，小企业收到的这笔财政资金就属于与资产相关的政府补助。

3. 分配的起点：相关固定资产开始计提折旧之时或相关无形资产开始摊销之时。

4. 分配的期间：相关固定资产的折旧期间或相关无形资产的摊销期间，也就是政府补助所惠及的期间。

5. 分配的方法：直线法，即分期确认法。

6. 例外原则：相关资产在使用寿命结束前被处置的，如处置了相关的固定资产和无形资产，应将尚未分配的递延收益余额一次性转入资产处置当期的营业外收入，不再继续进行分配。

[**例 7-1**]　2×13 年 11 月 8 日，A 公司收到财政拨款 200 万元，要求用于购买节能设备。11 月 25 日，A 公司购入节能设备 1 台（假定不需安装），实际成本为 150 万元，预计使用寿命为 5 年，预计净残值为零。假定不考虑相关税费，A 公司应编制如下会计分录：

（1）收到财政拨款确认政府补助：

　借：银行存款　　　　　　　　　　　　　　　　　　　200 万元
　　　贷：递延收益　　　　　　　　　　　　　　　　　　200 万元

（2）购入设备：

　借：固定资产　　　　　　　　　　　　　　　　　　　150 万元
　　　贷：银行存款　　　　　　　　　　　　　　　　　　150 万元

（3）设备使用期间按月计提折旧和分配递延收益：

　借：管理费用　　　　　　　　　　　　　　　　　　　2.5 万元
　　　贷：累计折旧　　　　　　　　　　　　　　　　　　2.5 万元
　借：递延收益　　　　　　　　　　　　　　　　　　　2.5 万元
　　　贷：营业外收入　　　　　　　　　　　　　　　　　2.5 万元

（三）其他政府补助的确认原则

小企业收到的其他政府补助，用于补偿小企业以后期间的相关费用或亏损的，确认为递延收益，并在确认相关费用或发生亏损的期间，计入营业外收入；用于补偿小企业已发生的相关费用或亏损的，直接计入营业外收入。这一确认原则，应当从以下几个方面加以把握：

1. 确认的时点：小企业实际收到政府给予的补助，即收到政府补助的货币性资产和非货币性资产之时。

2. 政府补助的目的：补偿小企业生产经营的亏损，主要有两种情形，其一，由于小企业销售不畅、产品积压，收入不足以补偿费用，造成小企业亏损；其二，由于小企业原材料等涨价，收入不足以补偿费用，造成小企业亏损。

3. 政府补助惠及的期间：以前期间、当期和未来期间都有可能。

4. 分配的方法：一次性全部确认。

（1）用于补偿以前期间的费用或亏损的政府补助，一次性计入收到当期的营业外收入。不调整以前年度的利润表。

（2）用于补偿当期的费用或亏损的政府补助，一次性计入收到当期的营业外收入。在当年内可以在各个月份之间进行平均分配。

（3）用于补偿以后期间的费用或亏损的政府补助，应当在收到时作为负债计入递延收益，在以后期间符合政府补助所规定的条件时，一次性计入营业外收入。

四、政府补助的计量

小企业会计准则规定，小企业不论通过何种形式（如财政拨款、财政贴息、税收返还和无偿划拨非货币性资产）取得的政府补助，都应当根据所取得资产的性质划分为货币性资产和非货币性资产两类。这一分类要求是为了解决政府补助的计量问题。

（一）货币性资产形式的政府补助计量原则

小企业收到的政府补助为货币性资产的，如小企业收到政府拨付的财政资金，应当按照实际收到的金额计量。

（二）非货币性资产形式的政府补助计量原则

以政府是否提供有关凭据为标志，具体分为以下两种情况：

1. 小企业收到的政府补助为非货币性资产的，政府提供了有关凭据的，应当按照凭据上标明的金额计量。

政府补助为非货币性资产的，如该资产附带政府提供的有关文件、发票、报关单等凭据，以凭据上标明的金额作为该笔政府补助的金额进行计量，再区分是与资产相关的政府补助还是其他政府补助进行相应的会计处理。

2. 政府没有提供有关凭据的，应当按照同类或类似资产的市场价格或评估价值计量。

（三）税收返还的专门规定

小企业按照规定实行企业所得税、增值税、消费税、营业税等先征后返的，应当在实际收到返还的企业所得税、增值税（不含出口退税）、消费税、营业税时，计入营业外收入。

[例 7-2]　2×13 年 11 月 9 日，按照国家相关规定，A 公司收到先征后返的增值税款 25 万元。A 公司应编制如下会计分录：

借：银行存款　　　　　　　　　　　　　　　　　　　　　　　　25 万元
　　贷：营业外收入　　　　　　　　　　　　　　　　　　　　　　25 万元

五、执行中应注意的问题

除上述规定外，小企业在对政府补助进行会计处理时，还应注意以下方面：

1. 小企业认定政府补助的关键是正确界定政府与企业发生关系时的身份。在我国社会主义市场经济条件下，政府具有"三重身份集一身"的显著特点。第一重身份是社会管理者，对全社会各类企业进行公平公正对待、管理和服务；第二种身份是国有资产的出资人，对国有企业进行出资，享有作为企业所有者的权利；第三重身份是市场交易者，与社会各类企业之间开展政府采购。因此，不能简单地认为，小企业从政府取得的钱全部为政府补助，计入当期损益，增加小企业的利润。正因为政府具有三重身份，所以小企业在与政府发生交易时应界定政府的身份。

如果政府是以市场交易者的身份出现，则小企业与政府发生的交易应当作为日常活动，确认营业收入和营业成本，而不是营业外收入。

如果政府是以国有资产出资人的身份出现，则小企业与政府发生的交易，应当作为政府对小企业的资本投资，确认实收资本（股本）或资本公积，而不是营业外收入。

如果政府是以社会管理者的身份出现，则小企业与政府发生的交易应当作为政府补助，确认营业外收入。

2. 增值税出口退税不属于政府补助。小企业收到出口产品或商品按照规定退回的增值税税款，应当冲减其他应收款，记入"其他应收款"账户的贷方，而不是确认营业外收入。

3. 在账务处理中，如果企业所得税、增值税、消费税、营业税的征收和返还都发生在同一个会计年度，则应当冲减当年的所得税费用或营业税金及附加。也就是说小企业会计准则的要求实际上体现在年度利润表中。但是，企业所得税、增值税、消费税、营业税的征收和退还通常都是跨年度的，在这种情况下，应当将收到退还的企业所得税、增值税、消费税、营业税计入收到当期的营业外收入。

第四节 营业外支出

营业外支出反映小企业非日常活动给企业带来的经济利益的流出，直接减少了小企业的利润，是小企业利润减少的一个重要影响因素。

小企业会计准则结合目前小企业的实际情况，并考虑了企业所得税法和企业所得税法实施条例的规定，包括发生的原因、表现形式和项目名称，采用了列举方式尽可能明确构成小企业营业外支出的各种常见类型，主要包括：存货的盘亏、毁损、报废损失，非流动资产处置净损失，坏账损失，无法收回的长期债券投资损失，无法收回的长期股权投资损失，自然灾害等不可抗力因素造成的损失，税收滞纳金，罚金，罚款，被没收财物的损失，捐赠支出、赞助支出等。

一、营业外支出的定义

小企业的营业外支出具有以下四个特征：

（一）营业外支出是小企业在非日常活动中发生的

日常活动是指小企业为完成其经营目标所从事的经常性活动以及与之相关的活动；反之，为非日常活动。明确界定日常活动是为了将营业外支出与费用相区分，日常活动是确认费用的重要判断标准。凡是日常活动所产生的经济利益的流出（如支付现金或形成应付账款）应当确认费用。反之，非日常活动所产生的经济利益的流出不能确认为费用，而应当计入营业外支出。比如，小企业转让固定资产属于非日常活动，这是因为小企业持有固定资产的主要目的是通过使用生产产品而不是为了出售，因此，转让固定资产所产生的经济利益的流出就不应确认为费用，而应计入营业外支出。再如，小企业因某项固定资产暂时闲置而出租取得的租金收入属于小企业的日常活动所形成的，应当确认为营业收入，相应计提的折旧，应当确认为营业成本。

与费用相比，营业外支出实际上是一种纯损失，不可能也不需要与有关收入进行配比。因此，在会计处理上，应当严格区分营业外支出与费用的界限。

（二）营业外支出应当计入当期损益

这一特征是指营业外支出应当作为小企业利润减少的重要组成部分计入利润，而不是计入所有者权益。这一特征的存在主要为了将营业外支出与企业会计准则所规定的"直接计入所有者权益的损失"区别开来，例如，企业会计准则规定，可供出售金融资产应当采用公允价值计量，公允价值变动应当计入所有者权益，该公允价值减少实际上就是所谓的"直接计入所有者权益的损失"。

（三）营业外支出会导致所有者权益的减少

（四）营业外支出是与向所有者分配利润无关的经济利益的流出

（三）和（四）两个特征与费用相同。

二、营业外支出的范围及内涵

小企业会计准则结合目前小企业的实际情况，列举了构成小企业营业外支出的主要类型，包括：

（一）存货的盘亏、毁损和报废净损失

存货的盘亏损失，是指小企业在清查财产过程中查明的存货短缺。通俗地讲，就是小企业的存货出现了账存大于实存的情况。

存货的毁损净损失，是指小企业因工人操作过程中的操作和使用失误等所引起的损失。

存货的报废净损失，是指因磨损、技术进步等原因引发的报废存货产生的损失。作为存货的盘亏、毁损和报废损失最终计入营业外支出的金额是盘亏、毁损或报废存货的成本扣除残料收入后的净额。

（二）非流动资产处置净损失

小企业处置非流动资产发生的净损失，包括处置固定资产、无形资产、生产性生物资产、长期债券投资、长期股权投资、长期待摊费用等，但不包括无法收回的长期债券投资损失和长期股权投资损失，后者应单独作为损失计入营业外支出。

固定资产处置净损失，是指小企业处置固定资产所取得的价款扣除固定资产账面价值、相关税费和清理费用后的净损失，如为净收益，则为营业外收入。

无形资产处置净损失，是指小企业处置无形资产所取得的价款扣除无形资产账面价值、相关税费和清理费用后的净损失，如为净收益，则为营业外收入。

处置生产性生物资产与处置固定资产类似。处置长期待摊费用通常都应当是损失，应计入营业外支出。某些特殊情况下，比如处置经营租入固定资产的改建支出，如果已经对其摊销完毕即余额为零，但最后还取得了一些残料收入，在这种情况下，应将残料收入计入营业外收入。

（三）坏账损失和无法收回的长期债券投资损失

坏账损失，是指小企业无法收回或者收回的可能性极小的应收及预付款项。无法收回的长期债券投资损失与处置长期债券投资净损失虽然都表现为长期债券投资的减少，但也存在一些细微差异：无法收回的长期债券投资损失是被动所为，由于债务人无法偿还而不得不承担的损失，而处置长期债券投资净损失则是小企业主动而为，不一定是债务人出现了违约等情况。

（四）无法收回的长期股权投资损失

无法收回的长期股权投资损失与处置长期股权投资净损失虽然都表现为长期股权投资的减少，但也存在一些细微差异：无法收回的长期股权投资损失是一种被动所为，由于被投资单位破产、清算等无法退回而不得不承担的损失，而处置长期股权投资净损失则是小企业主动而为，不一定是因为被投资单位出现了问题。

（五）自然灾害等不可抗力因素造成的损失

自然灾害等不可抗力因素造成的损失，是指小企业因非人力所能抗拒或者阻止的原因等发生的资产损失，如发生火灾将厂房烧毁、地震造成房屋塌陷、泥石流冲毁库存原材料，等等。

（六）税收滞纳金

税收滞纳金是税务机关对未按规定期限缴纳税款的纳税人按比例附加征收的。纳税人未按照法律、行政法规规定或者税务机关依照法律、行政法规的规定确定的缴纳期限缴纳税款，扣缴义务人未按照上述规定解缴税款的，都属于税款的滞纳。征收税收滞纳金的主要目的是督促纳税人按期缴纳税款，减少欠税，保证税款及时入库。

（七）罚金

罚金是人民法院判处犯罪分子强制向国家缴纳一定数额金钱的刑罚方法，主要适用于破坏经济秩序和其他谋取非法利益有联系的犯罪，以及少数较轻的犯罪。罚金作为一种附加刑，并不剥夺犯罪人的人身自由权，也不会对犯罪人产生直接的人身痛苦和社会后果等。判处罚金以犯罪人是否触犯刑律，且是否属于财产刑为先决条件。罚金的目的是为了对犯罪分子除了在刑罚上给予处罚外，在经济上亦给予制裁的一种手段，是一种附加刑。

（八）罚款

罚款是行政处罚的一种，是指行为人的行为没有违反刑法的规定，而是违反了治安管理、工商行政、税务等各行政法规的规定，行政执法部门依据行政法规的规定和程序决定对行为人采取的一种行政处罚。罚款不由人民法院判决，因此在性质上与没收财产、罚金有本质上的区别。

（九）被没收财物的损失

没收财产，是指将犯罪人的财物、现金、债权等财产收归国家所有，以弥补因其犯罪造成的损失，同时断绝其犯罪活动的经济来源。没收财产，属于财产刑事处罚，可以单处也可以并处。

（十）捐赠支出

捐赠支出，是指小企业对外进行捐赠发生的支出，不论其是否符合企业所得税法税前扣除条件。小企业计入营业外支出的捐赠支出包括：企业所得税法实施条例允许税前扣除的公益性捐赠支出，企业所得税法实施条例不允许税前扣除的公益性捐赠支出，以及非公益性捐赠支出。

（十一）赞助支出

赞助支出指小企业发生的与生产经营活动无关的各种非广告性质支出。认定赞助支出，主要是要区别它与公益性捐赠支出和广告费支出的差别。所谓公益性捐赠支出，是指企业用于公益事业的捐赠，不具有有偿性，所捐助范围也是公益性质，而赞助支出具有明显的商业目的，所捐助范围一般也不具有公益性质，两者容易区分。广告费支出，是企业为了推销或者提高其产品、服务等的知名度和认可度，通过一定的媒介，公开地对不特定公众所进行的宣传活动所发生的支出，与企业的生产经营活动密切相关，而赞助支出与企业的生产经营活动无关。

三、营业外支出的确认原则

小企业会计准则对营业外支出的确认作了原则性规定，即：通常情况下，小企业的营业外支出应当在发生时计入当期损益。

在具体应用营业外支出确认原则时，应当重点掌握两点：第一，符合营业外支出的定义；第二，营业外支出确认的时点是发生之时。

小企业会计准则所讲营业外支出的"发生"包括以下两种情形：

1. 有关交易事项完成之时。例如，小企业财产清查完成之时，将财产清查中出现的账存大于实存的材料、产成品、商品、现金、固定资产等短缺作为盘亏损失确认为营业外支出。

又如，在固定资产清理完毕时，将净损失作为非流动资产处置净损失确认为营业外支出。

又如，小企业由自然灾害等不可抗力因素造成损失时，在自然灾害如地震、泥石流、洪灾等发生后将所产生的存货、固定资产等资产的净损失确认为营业外支出。

又如，小企业按照规定实际支付了税收滞纳金、罚金、罚款和赞助款项之时将所产生的损失确认为营业外支出。

又如，对于捐赠支出应当在小企业实际已将捐赠资产交到接受捐赠的中间对象（公益性社会团体或县级以上人民政府及其部门）控制范围之日，将所产生的损失确认为营业外支出，即代表所捐资产所有权转移的凭证等已经为接受捐赠的中间对象法律意义上掌控。这主要基于赠与合同法律上的特殊性。一般合同在签订时成立，并确认为此时财产已经转移；而赠与合同则是在赠与财产实际交付时才成立，才在法律上确认为财产已经转移。根据《中华人民共和国合同法》第一百八十六条规定："赠与人在赠与财产的权利转移之前可以撤销赠与。具有救灾、扶贫等社会公益、道德义务性质的赠与合同或者经过公证的赠与合同，不适用前款规定。"也就是说，一般情况下，在赠与财产的权利转移之前，即使双方已经订立赠与合同，该合同在法律上都不能视为成立。只有救灾、扶贫等社会公益、道德义务性质的赠与合同或者经过公证的赠与合同，才能在法律上视为在赠与合同订立时视为已经成立。

再如，对于赞助支出应当在小企业实际已将赞助资产交到接受赞助方之日，将所产生的损失确认为营业外支出。

2. 所要求的相关条件满足之时。比如，小企业发生的坏账损失、无法收回的长期股权投资损失在符合小企业会计准则规定的条件并经税务机关批准后将这些损失确认为营业外支出。

四、营业外支出的计量原则

小企业会计准则对营业外支出的计量作了原则性规定，即：通常情况下，小企业的营业外支出应当在发生时按照其发生额计入当期损益。通俗地讲，就是据实列支原则。

发生额应当能够反映最终给小企业造成的经济利益流出，通常是一个净额概念，也就是扣除相关收入金额后的净额。因此在确定营业外支出的发生额时，根据产生的来源不同，应区分以下情况分别确定：

1. 实际发生的金额。比如，税收滞纳金、罚金、罚款、以现金对外捐赠、以现金对外赞助。

[例7-3] 2×13年5月8日A公司用银行存款支付税款滞纳金4万元。A公司应编制如下会计分录：

借：营业外支出   4万元
  贷：银行存款   4万元

2. 账面价值。比如，存货的盘亏、毁损、报废损失，非流动资产处置净损失，坏账损失，无法收回的长期股权投资损失，自然灾害等不可抗力因素造成的损失，被没收财物的损失，以非现金资产对外捐赠，以非现金资产对外赞助等。又如，小企业由于遭受洪灾，导致库存原材料全部毁损，仅有残料收入或价值为1 000元，该原材料的账面价值即"原材料"科目的借方余额为10万元，则小企业因自然灾害计入营业外支出的金额为9.9万元（账面价值10万元－残料收入0.1万元）。

五、执行中应注意的问题

除上述规定外，小企业在对营业外支出进行会计处理时，还应注意以下方面：

1. 营业外支出是一个净额的概念，是净损失，也就是扣除残料变价收入或残料价值，责任人的赔偿，保险公司的赔款，应收账款、长期债券投资和长期股权投资的可收回的金额后的净额。

2. 小企业如果发生了非货币性资产交换、偿债损失，在会计和所得税法上都应当视同处置非流动资产，确认营业外支出。

3. 小企业将固定资产、生物资产、无形资产等用于捐赠、赞助、集资、广告、样品、职工福利和利润分配，在会计上确认为营业外支出，但在所得税法上可能无法全额扣除。例如，小企业将1辆小汽车捐赠给另一家企业，不符合企业所得税法实施条例规定的公益性捐赠支出的条件。该汽车的账面价值10万元（即"固定资产"科目的借方余额减去"累计折旧"科目的贷方余额后的净额），市场价格为8万元（不考虑相关税费）。根据小企业会计准则第七十条的规定，该小企业应当确认10万元的营业外支出，而根据企业所得税法相关规定，应当先作为转让资产，确认2万元（8－10）营业外支出（以清单申报方式可税前扣除）；再按照非公益性捐赠事项，将会计上计入营业外支出的10万元作纳税调整。实际企业纳税调增金额为8万元（10－2），可税前扣除的营业外支出仅2万元，在这一点上会计与企业所得税法存在的差异，应当引起注意。

4. 小企业已经作为营业外支出处理的资产，在以后会计年度全部收回或者部分收回时，应当计入收回当期的营业外收入，不得冲减当期的营业外支出或作其他处理。

5. 营业外支出与营业外收入既有共同性又有差异性。两者的共同性表现为"四个共同点"：都是净额概念、都影响利润总额、都不影响营业利润、账户余额都不得出现负数。两者的差异性表现为"三个不同点"：一是对利润总额的影响方向不同，营业外支出减少利润总额，营业外收入增加利润总额。二是者之间不存在配比关系，因此，并不是说有营业外支出一定有营业外收入，反之亦然。三是两者之间不得相互抵销，既不能以营业外支出冲减营业外收入，也不能以营业外收入冲减营业外支出。

　　但是，营业收入与营业成本都是总额概念，两者之间存在配比关系，共同决定营业利润进而决定利润总额。

第五节　所得税费用

　　小企业作为一个独立的会计主体，其生产经营所需财务资源主要由其投资者和债权人提供。作为小企业财务资源的主要提供者，投资者和债权人都有权利获得来自小企业的回报。根据《中华人民共和国公司法》等法律的规定，小企业主要以利息费用形式向债权人提供回报，同时，主要以分配净利润的方式向投资者提供回报，并且在顺序上，对债权人的回报优先于对投资者的回报。表现在会计上，就是小企业向债权人提供的利息费用在计算小企业一定会计期间利润总额时已经予以扣除。因此，小企业向投资者提供回报即作利润分配应当是建立在利润总额的基础上。

　　但是，根据企业所得税法的规定，我国实行法人（公司）税制，小企业作为法人有义务向国家缴纳企业所得税。企业所得税法第一条规定："在中华人民共和国境内，企业和其他取得收入的组织（以下统称企业）为企业所得税的纳税人，依照本法的规定缴纳企业所得税。个人独资企业、合伙企业不适用于本法。"企业所得税也是建立在利润总额基础上的，但是在分配顺序上，国家凭借政治权力优先于企业的投资者，因此，从会计的角度来讲，小企业也应当计算确定当期所得税费用以确定净利润，从而确定向投资者的回报。从这个意义上讲，净利润既是一个会计概念又是一个所得税法概念。而这种区分，实质上取决于对所得税费用的确定。

一、所得税费用的计算原则

　　小企业会计准则规定，小企业应当按照企业所得税法规定计算的当期应纳税额，确认所得税费用。这一计算原则应把握好以下两个方面：

　　（一）计算依据：依据企业所得税法而不是小企业会计准则

　　小企业应当根据企业所得税法和企业所得税法实施条例的规定计算当期所得税费用。

　　尽管小企业会计准则在制定思想上坚持了简化原则和实现与企业所得税法相一致的原则，但是由于会计与税法的目的不同、收入和费用口径不同，还会或多或少地存在一些差异，如通常所讲的永久性差异，而在计算所得税费用时由于依据的是企业所得税法而不是小企业会计准则，因此仍需要进行必要的纳税调整。

　　（二）应纳税额等于所得税费用

　　应纳税额是一个税法概念，企业所得税法中的应纳税额，是指企业依法应当缴纳的企业所得税税额，直接关系到纳税人企业的实际税负水平，关系到企业的切身利益。

　　小企业会计准则为了简化小企业的核算，也同时为了提高税务机关对小企业财务报表使用的效率，建立起小企业利润表与企业所得税年度纳税申报表之间的直观勾稽关系，将应纳税额直接确认为当期所得税费用，即"所得税费用"科目的发生额与"应交税费——应交所得税"科目的发生额相同。这样，既有助于小企业直观地掌握实际计提的所得税费用的金额，又有助于税务机关对小企业实行查账征收企业所得税，提高双方的沟通能力，减轻了小企业的负担，提高了税务机关的税收征管水平和效率，从而实现公平税负和保证国家税收的目的。

二、所得税费用的计算方法

小企业会计准则规定，小企业应当在利润总额的基础上，按照企业所得税法规定进行纳税调整，计算出当期应纳税所得额，以应纳税所得额和所适用的所得税税率为基础计算确定当期应纳税额。

（一）计算基础：利润总额

小企业在计算所得税费用时，应当以利润总额为基础来计算。利润总额是小企业按照小企业会计准则的规定计算确定的，以利润总额为基础有三层含义：一是利润总额是依据小企业会计准则计算的结果，而不是依据企业所得税法计算的结果；二是小企业在计算所得税费用时，不得因为企业所得税法的规定与小企业会计准则的规定不同而调整会计账簿记录的结果，除非原记录是错误的；三是税务机关也不得依据企业所得税法的规定要求小企业对利润总额的会计账簿记录进行调整。

（二）计算方法：纳税调整

小企业会计准则基于税务部门是小企业会计信息的主要外部使用者之一，为了简化核算，便于小企业执行，减轻小企业纳税调整的负担，满足汇算清缴的要求，降低小企业纳税遵循成本和税收管理成本，在资产、负债、所有者权益、收入、费用、利润等方面的会计处理都尽可能与企业所得税法相一致。

但是，企业所得税法和小企业会计准则实现的目的不尽相同。企业所得税法的目的是为了实现公平税负、国民经济的可持续发展、发挥调控作用、理顺分配关系、有利于征收管理等，而小企业会计准则则是为了如实地反映小企业的财务状况、经营成果和现金流量，以满足税务部门、债权人以及投资者和经营管理者的需要，因此，在一些项目上不可避免地会存在差异。比如，企业所得税法对一些收入规定为不征税收入、免税收入，在计算应纳税所得额时可以扣除，小企业会计准则则规定这些不征税收入和免税收入也应计入小企业的收入。又如，企业所得税法规定了企业发生的公益性捐赠支出扣除比例为不超过年度利润总额的12％，小企业会计准则认为这类支出减少了小企业的利润，应当全部据实计入营业外支出。

企业所得税法第二十一条规定："在计算应纳税所得额时，企业财务、会计处理办法与税收法律、行政法规的规定不一致的，应当依照税收法律、行政法规的规定计算。"因此，在计算应纳税所得额时，需要对小企业会计准则与企业所得税法的规定不一致的项目进行调整，即纳税调整。

1. 纳税调整的事项：收入类和扣除类

根据国家税务总局制定的《中华人民共和国企业所得税年度纳税申报表》（国税发〔2008〕101号）附表三《纳税调整项目明细表》的要求，并结合目前小企业的实际情况和小企业会计准则的规定，构成小企业纳税调整的事项主要有两类15个项目，分别是收入类和扣除类。

第一类：收入类调整项目，主要包括：免税收入，减计收入和减、免税项目所得等3个项目。

第二类：扣除类调整项目，主要包括：职工福利费支出，职工教育经费支出，工会经费支出，业务招待费支出，广告费和业务宣传费支出，捐赠支出，利息支出，罚金、罚款和被没收财物的损失，税收滞纳金，赞助支出，与取得收入无关的支出和加计扣除等 12 个项目。

2. 纳税调整的方式：调表不调账

以小企业会计账簿记录的构成利润总额的资料为依据，不改变会计账簿记录的结果，按照企业所得税法的要求编制《中华人民共和国企业所得税年度纳税申报表》，从而在《中华人民共和国企业所得税年度纳税申报表》上实现企业所得税法的要求，并计算出应纳税额。这一过程并不改变或影响会计账簿记录的结果。

3. 纳税调整的时点：年度汇算清缴时

企业所得税法第五十四条规定："企业所得税分月或者分季预缴。企业应当在自月份或者季度终了之日起十五日内，向税务机关报送预缴企业所得税纳税申报表，预缴税款。企业应当自年度终了之日起五个月内，向税务机关报送年度企业所得税纳税申报表，并汇算清缴，结清应缴应退税款。企业在报送企业所得税纳税申报表时，应当按照规定附送财务会计报告和其他有关资料。"

根据以上企业所得税法规定，我国的企业所得税实行按年计征，分月或分季预缴，年终汇算清缴的方式，即每月或者每季度申报缴纳，向税务机关报送《中华人民共和国企业所得税月（季）度预缴纳税申报表》，年终计算该纳税年度实际需要交纳的税额，向税务机关报送《中华人民共和国企业所得税年度纳税申报表》，实行多退少补。

实行查账征收和实行核定应税所得率征收企业所得税的纳税人，无论是否在减税、免税期间，也无论盈利或亏损，都应根据企业所得税法第五十四条的规定办理年度企业所得税申报。实行核定定额征收企业所得税的纳税人，不进行汇算清缴。

企业所得税汇算清缴，是指纳税人在纳税年度终了后，依照税收法律、法规、规章及其他有关企业所得税的规定，自行计算全年应纳税所得额和应纳所得税额，根据月度或季度预缴所得税的数额，确定该年度应补或者应退税额，并填写年度企业所得税纳税申报表，向主管税务机关办理年度企业所得税纳税申报、提供税务机关要求提供的有关资料、结清全年企业所得税税款的行为。

（三）计算公式：所得税费用＝应纳税额

根据企业所得税法和企业所得税法实施条例的规定，应纳税额的计算公式如下：

应纳税额＝应纳税所得额×适用税率－（减免税额＋抵免税额）　（公式一）

（四）计算步骤

第一步，计算出小企业的应纳税所得额；

第二步，计算出减除减免所得税额和抵免所得税额前的应纳税额；

第三步，计算出小企业享受的减免所得税额和抵免所得税额等优惠税额；

第四步，最终计算出应纳税额，即所得税费用。

（五）计算出小企业的应纳税所得额

根据企业所得税法的规定，应纳税所得额的计算公式如下：

$$\frac{应纳税}{所得额}＝\frac{收入}{总额}－\frac{不征税}{收入}－\frac{免税}{收入}－\frac{各项}{扣除额}－\frac{允许弥补的}{以前年度亏损}　（公式二）$$

根据《中华人民共和国企业所得税年度纳税申报表》的要求，小企业的应纳税所得额的计算公式通常可表示如下：

$$\frac{应纳税}{所得额}=\frac{利润}{总额}+\frac{纳税调整}{增加额}-\frac{纳税调整}{减少额}-\frac{弥补以前}{年度亏损} \quad （公式三）$$

由公式三可以看出，根据企业所得税法的规定计算应纳税所得额的过程实际上就是在小企业会计准则核算的利润总额的基础上，按照企业所得税法的规定，进行纳税调整的过程。

公式三还可以表示如下：

纳税调整后所得＝利润总额＋纳税调整增加额－纳税调整减少额　（公式四）

在公式四中，各个项目的具体确定方法如下：

1. 利润总额的计算，其数据直接取自小企业的"利润表"。

2. 构成小企业纳税调整增加额的项目主要是扣除类调整项目，通常有 11 项，具体包括：

（1）职工福利费支出。企业所得税法实施条例第四十条规定："企业发生的职工福利费支出，不超过工资薪金总额 14％的部分，准予扣除。"该条强调的是职工福利费支出可税前扣除的金额最高为工资薪金总额的 14％。

小企业当年发生的职工福利费支出，如果小于等于工资薪金总额的 14％，则可以全额扣除，由于已反映在管理费用、营业成本等项目中，不需再进行纳税调整；如果大于工资薪金总额的 14％，则超出部分应进行纳税调整，作为纳税调整增加额计入应纳税所得额。

这个项目的金额可以从小企业"应付职工薪酬"账户贷方发生额分析取得。

（2）职工教育经费支出。企业所得税法实施条例第四十二条规定："除国务院财政、税务主管部门另有规定外，企业发生的职工教育经费支出，不超过工资薪金总额 2.5％的部分，准予扣除；超过部分，准予在以后纳税年度结转扣除。"该条强调的实际上是允许企业发生的职工教育经费支出准予全额扣除，只是在扣除时间上作了相应递延。职工教育经费支出当年可税前扣除的金额最高为工资薪金总额的 2.5％，对于超过标准的部分，允许无限期地往以后的纳税年度结转。

比如，小企业 2×13 年发生职工教育经费 20 万元，假定当年工资薪金总额为 100 万元，在计算应纳税所得额时，由于 20 万元小于 25 万元（100×2.5％），因此，2×13 年职工经费支出 20 万元可以全额在税前扣除；如果当年工资薪金总额为 70 万元，在计算应纳税所得额时，由于 20 万元大于 17.5 万元（70×2.5％），因此，2×13 年职工经费支出 17.5 万元可以在税前扣除，余额 2.5 万元可在 2×13 年以后年度税前扣除；假定 2×14 年发生职工教育经费 18 万元，当年工资薪金总额为 100 万元，在计算应纳税所得额时，由于 20.5 万元（2×14 年当年新发生的职工教育经费 18 万元加上 2×13 年结转的职工教育经费支出 2.5 万元）小于 25 万元（100×2.5％），因此，2×14 年职工教育经费支出税前扣除金额为 20.5 万元。

这个项目的金额可以从小企业"应付职工薪酬"账户贷方发生额分析取得。

（3）工会经费支出。企业所得税法实施条例第四十一条规定："企业拨缴的工会经费，不超过工资薪金总额 2％的部分，准予扣除。"该条强调的是工会经费支出可税前扣除的金额最高为工资薪金总额的 2％。与职工教育经费支出不同的是，工会经费超过部分，不准在以后纳税年度结转扣除。

比如，小企业 2×13 年拨缴的工会经费为 25 万元，假定当年工资薪金总额为 100 万元，在计算应纳税所得额时，由于 25 万元大于 20 万元（100×2%），因此，2×13 年工会经费在税前扣除的金额为 20 万元，剩余的 5 万元既不允许在 2×13 年税前扣除，也不允许在该年以后年度税前扣除。

这个项目的金额可以从小企业"应付职工薪酬"账户贷方发生额分析取得。

（4）业务招待费支出。企业所得税法实施条例第四十三条规定："企业发生的与生产经营活动有关的业务招待费支出，按照发生额的 60% 扣除，但最高不得超过当年销售（营业）收入的 5‰。"该条强调的是业务招待费可税前扣除的金额最高为当年销售（营业）收入的 5‰ 范围内的其发生额的 60%。

比如，小企业 2×13 年发生业务招待费 100 万元，假定当年营业收入为 3 000 万元，在计算应纳税所得额时，由于 60 万元（100×60%）大于 15 万元（3 000×5‰），因此，2×13 年业务招待费在税前扣除的金额为 15 万元，不是 100 万元也不是 60 万元，剩余的 85 万元（100−15）既不允许在 2×13 年税前扣除，也不允许在 2×13 年以后年度税前扣除。

又如，小企业 2×14 年发生业务招待费 100 万元，假定当年营业收入为 30 000 万元，在计算应纳税所得额时，由于 60 万元（100×60%）小于 150 万元（30 000×5‰），因此，2×14 年业务招待费在税前扣除的金额为 60 万元，不是 100 万元也不是 150 万元，剩余的 40 万元（100−60）既不允许在 2×14 年税前扣除，也不允许在 2×14 年以后年度税前扣除。

这个项目的金额可以从小企业"管理费用"账户借方发生额分析取得。

（5）广告费和业务宣传费支出。企业所得税法实施条例第四十四条规定："企业发生的符合条件的广告费和业务宣传费支出，除国务院财政、税务主管部门另有规定外，不超过当年销售（营业）收入 15% 的部分，准予扣除；超过部分，准予在以后纳税年度结转扣除。"该条强调的实际上是允许企业发生的广告费和业务宣传费支出准予全额扣除，只是在扣除时间上作了相应递延。广告费和业务宣传费支出当年可税前扣除的金额最高为销售（营业）收入的 15%（即扣除限额），这一扣除限额内的部分，全额扣除，对于超过这一扣除限额的部分，允许无限期地往以后的纳税年度结转。

比如，A 小企业 2×13 年发生广告费和业务宣传费 100 万元，假定当年营业收入为 3 000 万元，在计算应纳税所得额时，由于 100 万元小于 450 万元（3 000×15%），因此，2×13 年广告费和业务宣传费在税前扣除的金额为 100 万元，不是 450 万元。

又如，A 小企业 2×13 年发生广告费和业务宣传费 500 万元，假定当年营业收入为 3 000 万元，在计算应纳税所得额时，由于 500 万元大于 450 万元（3 000×15%），因此，2×13 年广告费和业务宣传费在税前扣除的金额为 450 万元，不是 500 万元，余额 50 万元（500−450）可在 2×13 年以后年度税前扣除；假定 2×14 年发生广告费和业务宣传费 510 万元，当年营业收入仍为 3 000 万元，在计算应纳税所得额时，由于 510 万元大于 450 万元（3 000×15%），因此，2×14 年广告费和业务宣传费在税前扣除的金额也为 450 万元，余额 110 万元（2×14 年当年新发生的广告费和业务宣传费未扣除金额 60 万元加上 2×13 年结转的未扣除金额 50 万元）可以在 2×14 年以后年度结转扣除。

再如，A 小企业 2×15 年发生广告费和业务宣传费 300 万元，假定当年营业收入仍为

3 000万元，在计算应纳税所得额时，由于 300 万元小于 450 万元（3 000×15%），因此，2×15 年当年发生广告费和业务宣传费 300 万元可以金额在税前扣除；由于企业所得税法实施条例还允许扣除以前年度的结转额，针对 2×15 年来讲，以前年度结转额累计为 110 万元（2×13 年结转的未扣除金额 50 万元＋2×14 年结转的未扣除金额 60 万元）小于 150 万元（2×15 年广告费和业务宣传费扣除限额 450 万元－2×15 年当年广告费和业务宣传费扣除额 300 万元），因此，2×15 年还可以扣除以前年度结转额 110 万元。2×15 年实际在税前扣除的广告费和业务宣传费合计为 410 万元（300＋110）。

这个项目的金额可以从小企业"销售费用"账户借方发生额分析取得。

（6）捐赠支出。捐赠支出包括公益性捐赠支出和非公益性捐赠支出两个部分。

对于公益性捐赠支出可在扣除限额内扣除。企业所得税法实施条例第五十三条规定："企业发生的公益性捐赠支出，不超过年度利润总额 12% 的部分，准予扣除。年度利润总额，是指企业依照国家统一会计制度的规定计算的年度会计利润。"该条强调的是公益性捐赠支出可税前扣除的金额（扣除限额）最高为年度利润总额的 12%，计算基础是企业按照国家统一会计制度的规定计算的年度会计利润总额，对于小企业而言，就是小企业按照小企业会计准则规定核算的利润总额。小企业发生的公益性捐赠支出超出扣除限额的部分，不得在税前扣除，需要进行纳税调整，计入纳税调整增加额。

对于非公益性捐赠支出不得在税前扣除。企业所得税法第十条规定："在计算应纳税所得额时，下列支出不得扣除：本法第九条规定以外的捐赠支出。"这类捐赠支出全部需要进行纳税调整，计入纳税调整增加额。

比如，小企业 2×13 年向符合企业所得税法优惠条件，经认定的公益性社会团体红十字会捐款 5 万元，向某家庭困难学生捐款 1 万元，2×13 年实现的利润总额为 40 万元。在计算应纳税所得额时，由于 5 万元大于 4.8 万元（40×12%），因此在 2×13 年捐赠支出可税前扣除的金额为 4.8 万元，余额 1.2 万元（5＋1－4.8）不得在税前扣除，应增加纳税调整增加额。

这个项目的金额可以从小企业"营业外支出"账户借方发生额分析取得。

（7）利息支出。企业所得税法实施条例第三十八条规定："企业在生产经营活动中发生的下列利息支出，准予扣除：（一）非金融企业向金融企业借款的利息支出、金融企业的各项存款利息支出和同业拆借利息支出、企业经批准发行债券的利息支出；（二）非金融企业向非金融企业借款的利息支出，不超过按照金融企业同期同类贷款利率计算的数额的部分。"

比如，小企业 2×13 年因资金周转困难，向商业银行贷款 100 万元用于购买 A 原材料，期限为 2 年，贷款年利率为 6%；同时，向某企业借入资金 300 万元用于购买 B 原材料，期限为 2 年，借款年利率 40%。假定该小企业 2×13 年共发生利息费用 126 万元（100×6%＋300×40%）。在计算应纳税所得额时，对于向商业银行贷款的利息费用 6 万元可以全额在税前扣除，向其他企业借款的利息费用中以商业银行同期同类贷款利率计算的部分可以税前扣除，金额为 18 万元（300×6%），2×13 年合计在税前扣除的利息支出为 24 万元（6＋18），余额 102 万元（6＋120－6－18）不得在税前扣除，应增加纳税调整增加额。

这个项目的金额可以从小企业"财务费用"账户借方发生额分析取得。

（8）罚金、罚款和被没收财物的损失。

（9）税收滞纳金。

（10）赞助支出。

（11）与取得收入无关的支出。

3. 构成小企业纳税调整减少额的项目主要是收入类调整项目和扣除类调整项目中的加计扣除合计 4 个项目，具体包括：

（1）免税收入。免税收入是指属于企业的应税所得但按照税法规定免予征收企业所得税的收入。免税收入属于税收优惠的范畴。企业所得税法所称的免税收入包括国债利息收入，符合条件的居民企业之间的股息、红利等权益性投资收益，在中国境内设立机构、场所的非居民企业从居民企业取得与该机构、场所有实际联系的股息、红利等权益性投资收益，符合条件的非营利组织的收入等。免税收入与不征税收入不同，不征税收入是指从性质和根源上不属于企业营利性活动带来的经济利益、不负有纳税义务并不作为应纳税所得额组成部分的收入，不属于税收优惠的范畴，这些收入不属于营利性活动带来的经济利益，是专门从事特定目的的收入，从企业所得税原理上讲应永久不列为征税范围的收入范畴。企业所得税法所称的不征税收入包括财政拨款、依法收取并纳入财政管理的行政事业性收费、政府性基金等。

免税收入与小企业直接相关的主要是国债利息收入和符合条件的居民企业之间的股息、红利等权益性投资收益。

企业所得税法实施条例第八十二条规定："企业所得税法第二十六条第（一）项所称国债利息收入，是指企业持有国务院财政部门发行的国债取得的利息收入。"国务院财政部门发行的国债的种类繁多。按国债的券面形式可分为三大品种，即：无记名式（实物）国债、凭证式国债和记账式国债。其中无记名式国债已不多见，而后两者则为目前的主要形式。国债市场分为两个层次，一是国债发行市场，也称一级市场；二是国债流通市场，也称为二级市场。小企业购买国债，不管是一级市场还是二级市场购买，其利息收入均享受免税优惠。该金额可从"投资收益"账户的贷方发生额分析取得。但需要指出的是，对于小企业在二级市场转让国债获得的收入，还需作为转让财产收入计算缴纳企业所得税。该金额也从"投资收益"账户的贷方发生额分析取得。

企业所得税法实施条例第八十三条规定："企业所得税法第二十六条第（二）项所称符合条件的居民企业之间的股息、红利等权益性投资收益，是指居民企业直接投资于其他居民企业取得的投资收益。企业所得税法第二十六条第（二）项和第（三）项所称股息、红利等权益性投资收益，不包括连续持有居民企业公开发行并上市流通的股票不足 12 个月取得的投资收益。"该金额从"投资收益"账户的贷方发生额取得。

（2）减计收入。减计收入是指按照税法规定准予对企业某些经营活动取得的应税收入，按一定比例减少计入收入总额，进而减少应纳税所得额的一种税收优惠措施。和加计扣除方式类似，减计收入也是一种间接优惠方式。对企业某些项目的收入减按一定比例计入收入总额，而其对应的成本费用可以正常扣除，则企业不仅可以减少在这些项目上的税负，还可能减少在其他项目上应纳的所得税。比如，某小企业经营某一项目的收入为 100 万元，对此收入可以减按 90% 即 90 万元计入其应税收入，而这一项目的成本费用为 95 万元，则企业在这一项目上的应税所得为 -5 万元，由于企业的应纳税所得额是综合计算的，这 -5 万元可用来抵减企业在其他项目上的应税所得，从而不仅相当于对这一项目免税，还免掉了一部分其他项目应缴的所得税，企业从这一项目上得到的收入越多，最终得到的优惠力度就越大。

企业所得税法实施条例第九十九条规定："企业所得税法第三十三条所称减计收入，是指企业以《资源综合利用企业所得税优惠目录》规定的资源作为主要原材料，生产国家非限制和禁止并符合国家和行业相关标准的产品取得的收入，减按 90％计入收入总额。前款所称原材料占生产产品材料的比例不得低于《资源综合利用企业所得税优惠目录》规定的标准。"

这个项目的金额从小企业（工业）的"主营业务收入"或"其他业务收入"账户的贷方发生额分析取得。

（3）减、免税项目所得。企业所得税第二十七条规定，减、免税项目所得包括免税所得，减税所得，从事国家重点扶持的公共基础设施项目投资经营的所得，从事符合条件的环境保护、节能节水项目的所得，符合条件的技术转让所得和其他六个部分。与目前小企业有关的主要有免税所得，减税所得，从事符合条件的环境保护、节能节水项目的所得，符合条件的技术转让所得四个部分。以下分述之。

①免税所得。企业所得税法第二十七条规定："企业的下列所得，可以免征、减征企业所得税：（一）从事农、林、牧、渔业项目的所得；（二）从事国家重点扶持的公共基础设施项目投资经营的所得；（三）从事符合条件的环境保护、节能节水项目的所得；（四）符合条件的技术转让所得；（五）本法第三条第三款规定的所得。"

企业所得税法实施条例第八十六条规定："企业所得税法第二十七条第（一）项规定的企业从事农、林、牧、渔业项目的所得，可以免征、减征企业所得税，是指：企业从事下列项目的所得，免征企业所得税：

a. 蔬菜、谷物、薯类、油料、豆类、棉花、麻类、糖料、水果、坚果的种植；

蔬菜的种植。包括：各种叶菜、根茎菜、瓜果菜、茄果菜、葱蒜、菜用豆、水生菜等的种植，以及蘑菇、菌类等蔬菜的种植。

谷物的种植。指以收获籽实为主，可供人类食用的农作物的种植，如稻谷、小麦、玉米等农作物的种植。包括稻谷、小麦、玉米、高粱、谷子等谷物的种植。

薯类的种植。包括：马铃薯（土豆、洋芋）、甘薯（红薯、白薯）、木薯等的种植。

油料的种植。包括：花生、油菜籽、芝麻、向日葵等油料的种植。

豆类的种植。包括：大豆的种植和其他各类杂豆（如豌豆、绿豆、红小豆、蚕豆等）的种植。

麻类的种植。包括：各种麻类的种植如亚麻、黄红麻、苎麻、大麻等的种植；用于编织、衬垫、填充、刷子、扫帚用植物原料的种植。

糖料的种植。包括：甘蔗、甜菜等糖料作物的种植。

水果、坚果的种植。包括：园林水果如苹果、梨、柑橘、葡萄、香蕉、杏、桃、李、梅、荔枝、龙眼等的种植；西瓜、木瓜、哈密瓜、甜瓜、草莓等瓜果类的种植；坚果的种植，如椰子等；在同一种植地点或在种植园内对水果的简单加工，如晒干、暂时保存等活动。但不包括生水果和坚果等的采集。

b. 农作物新品种的选育；

农作物新品种的选育，属于农业科学技术方面的鼓励优惠。

c. 中药材的种植；

中药材的种植。主要指用于中药配制以及中成药加工的药材作物的种植。包括：当归、地黄、五味、人参、枸杞子等中药材的种植。但是不包括：用于杀虫和杀菌目的植物的种植。

d.　林木的培育和种植；

林木的培育和种植。包括：育种和育苗、造林、林木的抚育和管理。

e.　牲畜、家禽的饲养；

牲畜、家禽的饲养。包括：猪、牛、羊、马、驴、骡、骆驼等主要牲畜，也包括在饲养牲畜的同一牧场进行的鲜奶、奶油、奶酪等乳品的加工，在农（牧）场或农产家庭中对牲畜副产品的简单加工，如毛、皮、鬃等的简单加工，还包括鸡、鸭、鹅、驼鸟、鹌鹑等禽类的孵化和饲养；相关的禽产品，如禽蛋等。但是不包括鸟类的饲养和其他珍禽如山鸡、孔雀等的饲养。

f.　林产品的采集；

林产品的采集。指在天然森林和人工林地进行的各种林木产品和其他野生植物的采集活动。包括：天然林和人工林的果实采集，如对橡胶、生漆、油桐籽、油茶籽、核桃、板栗、松子、软木、虫胶、松脂和松胶等非木质林木产品的采集；其他野生植物的采集，如林木的枝叶等的采集。但是不包括咖啡、可可等饮料作物的采集。

g.　灌溉、农产品初加工、兽医、农技推广、农机作业和维修等农、林、牧、渔服务业项目；

灌溉服务。指为农业生产服务的灌溉系统的经营与管理活动。包括：农业水利灌溉系统的经营、管理。但是不包括水利工程的建设、水利工程的管理。

农产品初加工服务。指由农民家庭兼营或收购单位对收获的各种农产品（包括纺织纤维原料）进行去籽、净化、分类、晒干、剥皮、冷却或大批包装以提供初级市场的服务活动，以及其他农产品的初加工活动。包括：轧棉花、羊毛去杂质、其他类似的纤维初加工等活动；其他与农产品收获有关的初加工服务活动，包括：对农产品的净化、修整、晒干、剥皮、冷却或批量包装等加工处理等。

兽医服务。指对各种动物进行的病情诊断和医疗活动。包括：畜牧兽医院（站、中心）、动物病防治单位、兽医监察等活动。但是不包括对动物的检疫。

农技推广。指将与农业有关的新技术、新产品、新工艺直接推向市场而进行的相关技术活动，以及技术推广的转让活动。

农机作业和维修。

h.　远洋捕捞。

企业从事国家限制和禁止发展的项目，不得享受本条规定的企业所得税优惠。"

这些项目的金额从小企业（农、林、牧、渔业）的"主营业务收入"或"其他业务收入"账户的贷方发生额分析取得。

②减税所得。企业所得税法实施条例第八十六条规定："企业从事下列项目的所得，减半征收企业所得税：

a.　花卉、茶以及其他饮料作物和香料作物的种植；

b.　海水养殖、内陆养殖。

企业从事国家限制和禁止发展的项目，不得享受本条规定的企业所得税优惠。"

各个项目具体内容如下：

花卉的种植。包括：各种鲜花和鲜花蓓蕾的种植。

茶及其他饮料作物的种植。包括：茶、可可、咖啡等饮料作物的种植；茶叶、可可和咖啡等的采集和简单加工，如农场或农户对茶叶的炒制和晾晒等活动。但是不包括茶叶的精加工、可可和咖啡的精加工。

香料作物的种植。包括：香料叶、香料果、香料籽、香料花等的种植，如留兰香、香茅草、熏衣草、月桂、香子兰、枯茗、茴香、丁香等香料作物的种植。但是不包括香料的提取和制造等活动。

海水养殖。指利用海水对各种水生动植物的养殖活动。包括：利用海水对鱼、虾、蟹、贝、珍珠、藻类等水生动植物的养殖；水产养殖场对各种海水动物幼苗的繁殖；紫菜和食用海藻的种植；海洋滩涂的养殖。

内陆养殖。指在内陆水域进行的各种水生动物的养殖。包括：内陆水域的鱼、虾、蟹、贝类等水生动物的养殖；水产养殖场对各种内陆水域的水生动物幼苗的繁殖。

这些项目的金额从小企业（农、林、牧、渔业）的"主营业务收入"或"其他业务收入"账户的贷方发生额分析取得。

③从事符合条件的环境保护、节能节水项目的所得。企业所得税法实施条例第八十八条规定："企业所得税法第二十七条第（三）项所称符合条件的环境保护、节能节水项目，包括公共污水处理、公共垃圾处理、沼气综合开发利用、节能减排技术改造、海水淡化等。项目的具体条件和范围由国务院财政、税务主管部门及国务院有关部门制订，报国务院批准后公布施行。企业从事前款规定的符合条件的环境保护、节能节水项目的所得，自项目取得第一笔生产经营收入所属纳税年度起，第一年至第三年免征企业所得税，第四年至第六年减半征收企业所得税。"

这些项目的金额从小企业的"主营业务收入"、"其他业务收入"或"营业外收入"账户的贷方发生额分析取得。

需要注意的是，企业所得税法实施条例第八十九条规定："依照本条例第八十七条和第八十八条规定享受减免税优惠的项目，在减免税期限内转让的，受让方自受让之日起，可以在剩余期限内享受规定的减免税优惠；减免税期限届满后转让的，受让方不得就该项目重复享受减免税优惠。"

④符合条件的技术转让所得。企业所得税法实施条例第九十条规定："企业所得税法第二十七条第（四）项所称符合条件的技术转让所得免征、减征企业所得税，是指一个纳税年度内，居民企业技术转让所得不超过 500 万元的部分，免征企业所得税；超过 500 万元的部分，减半征收企业所得税。"该条规定的税收优惠限于居民企业的技术转让所得。需要注意的是，这里强调的是居民企业一个纳税年度内技术转让所得的总和，而不管享受减免税优惠的转让所得是通过几次技术转让行为所获取的，只要居民企业技术转让所得总和在一个纳税年度内不到 500 万元的，这部分所得全部免税；超过 500 万元的部分，减半征收企业所得税。

这些项目金额从小企业的"主营业务收入"、"其他业务收入"或"营业外收入"账户的贷方发生额分析取得。

（4）加计扣除。企业所得税法第三十条规定："企业的下列支出，可以在计算应纳税所得额时加计扣除：（一）开发新技术、新产品、新工艺发生的研究开发费用；（二）安置残疾人员及国家鼓励安置的其他就业人员所支付的工资。"即加计扣除包括开发新技术、新产品、新工艺发生的研究开发费用，安置残疾人员所支付的工资和国家鼓励安置的其他就业人员所支付的工资三个部分。在加计扣除比例上主要有两个，分别是50％和100％。

①开发新技术、新产品、新工艺发生的研究开发费用。企业所得税法实施条例第九十五条规定："企业所得税法第三十条第（一）项所称研究开发费用的加计扣除，是指企业为开发新技术、新产品、新工艺发生的研究开发费用，未形成无形资产计入当期损益的，在按照规定据实扣除的基础上，按照研究开发费用的50％加计扣除；形成无形资产的，按照无形资产成本的150％摊销。"该条规定允许加计扣除的研发费用是指企业为开发新产品、新技术、新工艺所发生的研究开发费用。在这里，新产品、新技术、新工艺的界定是关键，一般而言，从在中国境内是否形成相应的研究开发成果为标准来认定新产品、新技术、新工艺。研发费用的具体范围，由国务院财税主管部门通过规章进行明确。

研究开发费用的具体加计扣除方式为：

一是未形成无形资产的研发费用，计入当期损益，在按规定实行100％扣除的基础上，按研究开发费用的50％加计扣除。比如，小企业2×13年全年实际发生属于新产品、新技术、新工艺的研究开发费用共计10万元，假定不符合小企业会计准则规定的资本化条件，全部计入管理费用，则在计算2×13年应纳税所得额时，该笔研究开发费用可以按照50％加计扣除，即按照5万元加计扣除，最终在税前扣除的金额为15万元。

这个项目的金额从小企业的"管理费用"账户的借方发生额分析取得。

二是形成无形资产的研究开发费用，按无形资产成本的150％进行摊销。

比如，小企业2×13年全年实际发生属于新产品、新技术、新工艺的研究开发费用共计10万元，其中根据小企业会计准则规定符合资本化条件计入无形资产的金额为8万元，假定分10年摊销，从2×14年1月1日开始摊销。则计入管理费用的金额为2万元，计入无形资产的金额为8万元。则在计算2×13年应纳税所得额时，该笔研究开发费用计入管理费用部分可以按照50％加计扣除，即按照1万元加计扣除，2×13年最终在税前扣除的金额为3万元。在2×14年按照小企业会计准则摊销的金额为0.8万元（8÷10），按照企业所得税法摊销的金额为1.2万元［(8＋8×50％)÷10］，2×14年最终在税前扣除的金额为1.2万元。

这个项目的金额从小企业的"无形资产"账户的借方发生额和"累计摊销"账户的贷方发生额分析取得。

也就是说，企业所得税法实施条例按照研究开发费用是否资本化为标准，分两种方式来加计扣除，但其准予税前扣除的总额是一样的，即最终都是实际发生的研究开发费用的150％，只是出现时间上递延。

②安置残疾人员所支付的工资。企业所得税法实施条例第九十六条规定："企业所得税法第三十条第（二）项所称企业安置残疾人员所支付的工资的加计扣除，是指企业安置残疾人员的，在按照支付给残疾职工工资据实扣除的基础上，按照支付给残疾职工工资的100％加计扣除。残疾人员的范围适用《中华人民共和国残疾人保障法》的有关规定。"该规定主

要有两方面的内容：

一是小企业安置残疾人员享受加计扣除的标准。根据本条的规定，小企业安置残疾人员所支付的工资的加计扣除，是指小企业安置残疾人员的，在按照支付给残疾职工工资据实扣除的基础上，按照支付给残疾职工工资的100％加计扣除。小企业每安置1名国家鼓励安置的残疾人员就业，如果小企业支付的月工资为2 000元，则小企业在计算应纳税所得额时，不仅可据实扣除2 000元，还可另外再多扣除2 000元，也就是说，在适用税率为25％的情况下，小企业每安置1名国家鼓励安置的残疾人员就业，将可享受到500元的税收减免优惠。

二是残疾人员的范围适用《中华人民共和国残疾人保障法》的有关规定。根据《中华人民共和国残疾人保障法》第二条的规定，残疾人是指在心理、生理、人体结构上，某种组织、功能丧失或者不正常，全部或者部分丧失以正常方式从事某种活动能力的人。残疾人包括视力残疾、听力残疾、言语残疾、肢体残疾、智力残疾、精神残疾、多重残疾和其他残疾的人。残疾标准由国务院规定。

这个项目的金额从小企业的"应付职工薪酬"账户的贷方发生额分析取得。

③国家鼓励安置的其他就业人员所支付的工资。企业所得税实施条例第九十六条规定："企业所得税法第三十条第（二）项所称企业安置国家鼓励安置的其他就业人员所支付的工资的加计扣除办法，由国务院另行规定。"优惠对象包括安置城镇待业人员的劳动就业服务企业、安置下岗再就业人员的企业，以及安置自主择业的军队转业干部、自谋职业的城镇退役士兵、随军家属就业的企业等。

这个项目的金额从小企业的"应付职工薪酬"账户的贷方发生额分析取得。

根据公式四确定了"纳税调整后所得"的金额，再考虑"弥补以前年度亏损"的金额，就可以最终确定应纳税所得额：

应纳税所得额＝纳税调整后的所得－弥补以前年度亏损　（公式五）

其中，弥补以前年度的亏损，是指根据企业所得税法的规定可用以后年度的所得弥补的以前年度的亏损。企业所得税法第十八条规定："企业纳税年度发生的亏损，准予向以后年度结转，用以后年度的所得弥补，但结转年限最长不得超过五年。"

（六）计算出减除减免所得税额或抵免所得税额前的应纳税额

根据应纳税额的计算公式（公式一）可知，在确定了应纳税所得额后，就可以计算出减除减免所得税额和抵免所得税额前的应纳税额，计算公式如下：

$$减除减免所得税额和抵免所得税额前的应纳税额 = 应纳税所得额 \times 适用税率　（公式六）$$

其中，适用税率为企业所得税法规定的税率25％。

（七）计算出小企业享受的减免所得税额和抵免所得税额等优惠税额

根据应纳税额的计算公式（公式一）可知，在确定了减除减免所得税额和抵免所得税额前的应纳税额后，还需要小企业可以享受的减免所得税额和抵免所得税额这两项优惠税额。

1. 减免所得税额的确定

企业所得税法第二十八条规定："符合条件的小型微利企业，减按20％的税率征收企业所得税。国家需要重点扶持的高新技术企业，减按15％的税率征收企业所得税。"

企业所得税法第二十九条规定："民族自治地方的自治机关对本民族自治地方的企业应缴纳的企业所得税中属于地方分享的部分，可以决定减征或者免征。自治州、自治县决定减征或者免征的，须报省、自治区、直辖市人民政府批准。"

根据企业所得税法第二十八条和第二十九条的规定，小企业可能会享受的减免所得税额的项目主要有3项，包括：符合规定条件的小型微利企业、国家需要重点扶持的高新技术企业和民族自治地方的企业应缴纳的企业所得税中属于地方分享的部分。具体内容如下：

（1）符合规定条件的小型微利企业。

企业所得税法实施条例第九十二条规定："企业所得税法第二十八条第一款所称符合条件的小型微利企业，是指从事国家非限制和禁止行业，并符合下列条件的企业：（一）工业企业，年度应纳税所得额不超过30万元，从业人数不超过100人，资产总额不超过3 000万元；（二）其他企业，年度应纳税所得额不超过30万元，从业人数不超过80人，资产总额不超过1 000万元。"

对于这条规定，可以从以下三个方面来理解：

一是小型微利企业是最需要税法给予照顾的对象，通常盈利能力都不强，因此，小型微利企业的认定标准是由企业所得税法实施条例特别规定的，与《中小企业划型标准规定》不同。小型微利企业认定标准化的工业包括采矿业、制造业、电力、燃气及水的生产和供应业等，其他类型的企业，指除了工业企业外的其他所有企业。

二是对于从事国家限制和禁止行业的企业，即使达到该条规定的小型微利企业的认定标准，也不得享受低税率优惠。

三是关于小型微利企业将不再单独制定专门的认定管理办法，该条规定的小型微利企业是直接的认定标准，税务机关在征收企业所得税时，可以直接根据这个标准去判定特定的企业是否属于小型微利企业，从而决定是否给予税收优惠，可操作性比较强。

（2）国家需要重点扶持的高新技术企业。

企业所得税法第九十三条规定："企业所得税法第二十八条第二款所称国家需要重点扶持的高新技术企业，是指拥有核心自主知识产权，并同时符合下列条件的企业：

（一）产品（服务）属于《国家重点支持的高新技术领域》规定的范围；

（二）研究开发费用占销售收入的比例不低于规定比例；

（三）高新技术产品（服务）收入占企业总收入的比例不低于规定比例；

（四）科技人员占企业职工总数的比例不低于规定比例；

（五）高新技术企业认定管理办法规定的其他条件。《国家重点支持的高新技术领域》和高新技术企业认定管理办法由国务院科技、财政、税务主管部门商国务院有关部门制订，报国务院批准后公布施行。"

根据这一规定，高新技术企业的认定需要具备下列条件：

一是拥有核心自主知识产权。这是高新技术企业认定标准中相对较为关键的一项，企业是否拥有核心自主知识产权，是判断一个企业生产、发展和竞争能力的重要参考因素。这里强调的核心自主知识产权，指的是企业对知识产权的主体或者核心部分，拥有自主权或者绝对控制权，而不能满足于只对非主体部分的枝节或者辅助性的部分拥有所谓的知识产权。另外需要明确的是，这项认定标准所称的拥有核心自主知识产权，并不一定是企业通过自己研发所获取的，它也可以是企业通过购买、投资者投入等形式获取，只要企业对这项知识产权拥有完整的支配权，或者享有独占的使用权即可。

二是产品（服务）属于《国家重点支持的高新技术领域》规定的范围。《国家重点支持的高新技术领域》是国家有关部门根据经济社会发展的现状，针对产业发展需要和特定阶段科学技术总体发展水平等所拟订的高新技术领域范畴，以体现国家的产业导向和指引功能。

三是研究开发费用占销售收入的比例不低于规定比例。这是对高新技术企业研究开发费用投入的规定。从某种程度上来说，高新技术企业体现的就是在研究开发能力上的先进性，而研发能力的维持和提升等，需要大量研发费用的不断投入，以研究开发费用占销售收入的一定比例来要求高新技术企业，也是防止高新技术企业落后于时代的一项重要措施。

四是高新技术产品（服务）收入占企业总收入的比例不低于规定比例。这一认定指标是确保高新技术企业的主营业务保持"高新"性的一项重要辅助性措施，也是对高新技术企业主营业务上的要求，以保证企业所得税法和企业所得税法实施条例所鼓励和扶持的企业属于真正的高新技术企业。

五是科技人员占企业职工总数的比例不低于规定比例。这是对高新技术企业人员构成的一项指标性要求。高新技术企业的维持和运转，需要一定数量具有高新知识的人才提供智力支持，科技人员占企业职工总数的比例应有一个基本的比例限制。

六是高新技术企业认定管理办法规定的其他条件。这是个兜底条款，也是一个授权性条款，以体现高新技术企业认定标准的灵活性，避免随着经济社会情况的发展变化，现有的认定指标无法满足高新技术企业认定工作的需要。

（3）民族自治地方的企业应缴纳的企业所得税中属于地方分享的部分。

企业所得税法实施条例第九十四条规定："企业所得税法第二十九条所称民族自治地方，是指依照《中华人民共和国民族区域自治法》的规定，实行民族区域自治的自治区、自治州、自治县。对民族自治地方内国家限制和禁止行业的企业，不得减征或者免征企业所得税。"

需要注意的是，民族自治地方不得对民族自治地方内国家限制和禁止行业的企业，减征或者免征企业所得税。

2. 抵免所得税额的确定

企业所得税法第三十四条规定："企业购置用于环境保护、节能节水、安全生产等专用设备的投资额，可以按照一定比例实行税额抵免。"

根据企业所得税法第三十四条的规定，小企业可能会享受的抵免所得税额的项目主要有3项，包括：购置用于环境保护专用设备的投资额抵免的税额、购置用于节能节水专用设备的投资额抵免的税额和购置用于安全生产专用设备的投资额抵免的税额。具体内容如下：

企业所得税法实施条例第一百条规定："企业所得税法第三十四条所称税额抵免，是指企业购置并实际使用《环境保护专用设备企业所得税优惠目录》、《节能节水专用设备企业所得税优惠目录》和《安全生产专用设备企业所得税优惠目录》规定的环境保护、节能节水、安全生产等专用设备的，该专用设备的投资额的10%可以从企业当年的应纳税额中抵免；当年不足抵免的，可以在以后5个纳税年度结转抵免。享受前款规定的企业所得税优惠的企业，应当实际购置并自身实际投入使用前款规定的专用设备；企业购置上述专用设备在5年内转让、出租的，应当停止享受企业所得税优惠，并补缴已经抵免的企业所得税税款。"

根据本条的规定，实行企业所得税税额抵免的设备不仅仅限于国产设备，还包括进口设备。

这个项目的金额从小企业的"固定资产"账户的借方发生额分析取得。

（八）最终计算出应纳税额即所得税费用

根据应纳税额的计算公式（公式一）可知，在确定了减除减免所得税额和抵免所得税额前的应纳税额和小企业可以享受的减免所得税额和抵免所得税额这两项优惠税额后，就可以最终确定小企业当年的应纳税额，从而确定出小企业当年的所得税费用。

$$应纳税额＝应纳税所得额×适用税率－（减免税额＋抵免税额）$$

小企业当年记入"所得税费用"和"应交税费——应交所得税"账户的金额即为上述公式计算的金额。

三、执行中需要注意的问题

除上述规定外，小企业在计算所得税费用时，还应注意以下几个方面：

1. 对于从事房地产开发的小企业，在计算应纳税所得额时，有一个比较特别的纳税调整项目是按照预售收入计算的预计利润，是指小企业本期取得的预售收入，按照税收规定的预计利润率计算的预计利润，作为纳税调整增加额；如果本期将预售收入转为销售收入，其结转的预售收入已按照税收规定的预计利润率计算的预计利润转加数，作为纳税调整减少额。

2. 小企业同时从事适用不同企业所得税待遇的项目的，其优惠项目应当单独计算所得，并合理分摊企业的期间费用；没有单独计算的，不得享受企业所得税优惠。对于这一规定，小企业应当注意以下两个方面：

（1）企业所得税法和企业所得税法实施条例规定了涉及促进技术创新和科技进步、鼓励基础设施建设、鼓励农业发展及环境保护与节能、支持安全生产、促进公益事业和照顾弱势群体等诸多方面的税收优惠，小企业完全可能同时从事适用不同企业所得税待遇的项目。为了保证企业所得税优惠政策真正落到国家鼓励发展、需要税收扶持的项目上，企业所税法实施条例第一百零二条规定对优惠项目应单独进行核算。单独进行核算，是指对该优惠项目有关的收入、成本、费用应单独核算，向税务机关提供单独的生产、财务核算资料，并计算相应的应纳税所得额和应纳税额，而对于不享受企业所得税优惠的项目，则另行计算其应纳税所得额。如果小企业没有单独计算的，很难区分哪些收入和支出属于优惠项目，为了防止小企业滥用税收优惠规定，企业所得税法实施条例第一百零二条规定不得享受企业所得税优惠。

（2）在优惠项目和非优惠项目之间合理分摊小企业的期间费用，包括销售费用、管理费用和财务费用。这些期间费用可以根据小企业及行业的特点，根据经营收入、职工人数或工资总额、资产总额等因素在各生产经营项目之间进行分摊，否则不得扣除。

［例7-4］ A公司2×13年度按小企业会计准则计算的税前会计利润为7 000万元，适用所得税税率为25%。A公司当年管理费用中有300万元为内部研究开发费用，根据税法规定可以按照50%加计扣除；营业外支出中有40万元为税收滞纳金，根据税法规定在计算应纳税所得额时不得扣除。假定A公司全年无其他纳税调整因素。

本例中，A公司有两项纳税调整因素，一是会计上按实际发生额计入当期管理费用但税法规定允许加计扣除的研究开发费用，这应调整减少应纳税所得额；二是会计上按实际发生额已计入当期营业外支出但税法规定不允许扣除的税收滞纳金，这应调整增加应纳税所得额。

应纳税所得额＝7 000－(300×50％)＋40＝6 890(万元)

当期应交所得税＝6 890×25％＝1 722.5(万元)

A公司应编制如下会计分录：

借：所得税费用　　　　　　　　　　　　　　　　　　1 722.5万元

贷：应交税费——应交所得税　　　　　　　　　　　　1 722.5万元

第六节　利润分配

一、关于利润分配顺序的法律规定

小企业实现了利润，向投资者进行分配，是维护投资者合法权益的应有之义。但是，小企业应否就利润进行分配、按照什么样的标准进行分配、何时进行分配，这些问题涉及小企业与投资者之间的分配关系的处理问题，应当由国家相关的法律法规作出规定。

目前，我国有关企业利润分配的法律法规主要有四部，分别是《中华人民共和国公司法》、《中华人民共和国外资企业法实施细则》、《中华人民共和国中外合资经营企业法实施条例》和《中华人民共和国中外合作经营企业法实施细则》。各部法律法规中有关利润分配的规定，具体如下：

1.《中华人民共和国公司法》(2005年10月27日第十届全国人民代表大会常务委员会第十八次会议修订)

《中华人民共和国公司法》第一百六十七条规定："公司分配当年税后利润时，应当提取利润的百分之十列入公司法定公积金。公司法定公积金累计额为公司注册资本的50％以上的，可以不再提取。

公司的法定公积金不足以弥补以前年度亏损的，在依照前款规定提取法定公积金之前，应当先用当年利润弥补亏损。

公司从税后利润中提取法定公积金后，经股东会或者股东大会决议，还可以从税后利润中提取任意公积金。

公司弥补亏损和提取公积金后所余税后利润，有限责任公司依照本法第三十五条的规定分配；股份有限公司按照股东持有的股份比例分配，但股份有限公司章程规定不按持股比例分配的除外。

股东会、股东大会或者董事会违反前款规定，在公司弥补亏损和提取法定公积金之前向股东分配利润的，股东必须将违反规定分配的利润退还公司。

公司持有的本公司股份不得分配利润。"

可见，公司制小企业用于分配的利润应当是税后利润，在分配顺序上，区分两种情况：

一是公司的法定公积金足以弥补以前年度亏损的，利润分配顺序如下：

（1）提取法定公积金；

（2）提取任意公积金；

（3）向投资者分配。

二是公司的法定公积金不足以弥补以前年度亏损的，利润分配顺序如下：

（1）弥补以前年度亏损；

（2）提取法定公积金；

（3）提取任意公积金；

（4）向投资者分配。

2.《中华人民共和国外资企业法实施细则》（1990 年 10 月 28 日国务院批准，1990 年 12 月 12 日对外经济贸易部发布国务院令第 301 号，根据 2001 年 4 月 12 日《国务院关于修改〈中华人民共和国外资企业法实施细则〉的决定》修订）

《中华人民共和国外资企业法实施细则》第五十八条规定："外资企业依照中国税法规定缴纳所得税后的利润，应当提取储备基金和职工奖励及福利基金。储备基金的提取比例不得低于税后利润的 10％，当累计提取金额达到注册资本的 50％时，可以不再提取。职工奖励及福利基金的提取比例由外资企业自行确定。

外资企业以往会计年度的亏损未弥补前，不得分配利润；以往会计年度未分配的利润，可与本会计年度可供分配的利润一并分配。"

可见，外资小企业税后利润分配的顺序为：

（1）提取储备基金；

（2）提取职工奖励及福利基金；

（3）弥补以前年度亏损；

（4）向投资者分配。

3.《中华人民共和国中外合资经营企业法实施条例》（1983 年 9 月 20 日国发〔1983〕148 号发布，1986 年 1 月 15 日、1987 年 12 月 21 日国务院修订，国务院令第 311 号，根据 2001 年 7 月 22 日《国务院关于修改〈中华人民共和国中外合资经营企业法实施条例〉的决定》修订）

《中华人民共和国中外合资经营企业法实施条例》第七十六条规定："合营企业按照《中华人民共和国企业所得税法》缴纳所得税后的利润分配原则如下：

（一）提取储备基金、职工奖励及福利基金、企业发展基金，提取比例由董事会确定；

（二）储备基金除用于垫补合营企业亏损外，经审批机构批准也可以用于本企业增加资本，扩大生产；

（三）按照本条第（一）项规定提取三项基金后的可分配利润，董事会确定分配的，应当按合营各方的出资比例进行分配。"

第七十七条规定："以前年度的亏损未弥补前不得分配利润。以前年度未分配的利润，可以并入本年度利润分配。"

可见，中外合资经营小企业税后利润分配的顺序为：

（1）提取储备基金；

（2）提取职工奖励及福利基金；

（3）提取企业发展基金；

（4）弥补以前年度亏损；

（5）向投资者分配。

4.《中华人民共和国中外合作经营企业法实施细则》（1995 年 9 月 4 日，原对外贸易经济合作部令〔1995〕第 6 号发布）

《中华人民共和国中外合作经营企业法实施细则》第四十三条规定："中外合作者可以采用分配利润、分配产品或者合作各方共同商定的其他方式分配收益。采用分配产品或者其他方式分配收益的，应当按照税法的有关规定，计算应纳税额。"

第四十四条规定："中外合作者在合作企业合同中约定合作期限届满时，合作企业的全部固定资产无偿归中国合作者所有的，外国合作者在合作期限内可以申请按照下列方式先行回收其投资：

（一）在按照投资或者提供合作条件进行分配的基础上，在合作企业合同中约定扩大外国合作者的收益分配比例；

（二）经财政税务机关按照国家有关税收的规定审查批准，外国合作者在合作企业缴纳所得税前回收投资；

（三）经财政税务机关和审查批准机关批准的其他回收投资方式。

外国合作者依照前款规定在合作期限内先行回收投资的，中外合作者应当依照有关法律的规定和合作企业合同的约定，对合作企业的债务承担责任。"

第四十五条规定："外国合作者依照本实施细则第四十四条第二项和第三项的规定提出先行回收投资的申请，应当具体说明先行回收投资的总额、期限和方式，经财政税务机关审查同意后，报审查批准机关审批。

合作企业的亏损未弥补前，外国合作者不得先行回收投资。"

可见，中外合作经营小企业利润分配的顺序为：

（1）分配利润或分配产品；

（2）弥补以前年度亏损；

（3）外国合作者在合作企业缴纳所得税前回收投资。

小企业会计准则主要规定的是，如果国家相关的法律法规规定小企业应当向投资者分配利润，在这种情况下，小企业可向投资者分配的利润应当如何确定即利润分配的顺序。也就是说，小企业利润分配应当遵循有关法律法规的规定，这是本条应用的前提。

同时，考虑到小企业会计准则所适用的小企业尽管是按照规模来划型的，但是还可分为公司制小企业和非公司制小企业。其中，公司制小企业是我国现代企业制度改革的发展方向，是目前和今后我国小企业的主要形式。小企业会计准则以公司制小企业的交易和事项为基础进行了设计。因此，在本条还直接引用公司法的规定，对公司制小企业的利润分配作了规定。

根据上述法律法规对各类小企业利润分配顺序的规定，小企业的利润分配顺序综合如下：

一、净利润

加：年初未分配利润

二、可供分配的利润

减：提取法定盈余公积

　　提取任意盈余公积

　　提取职工奖励及福利基金

　　提取储备基金

　　提取企业发展基金

　　利润归还投资

三、可供投资者分配的利润

减：应付利润

四、未分配利润

其中，"加：年初未分配利润"，如果年初未分配利润为亏损，则意味着当年实现的净利润首先弥补以前年度的亏损，再向下作为可供分配的利润。

"提取法定盈余公积"和"提取任意盈余公积"是指公司制小企业按照公司法规定进行的利润分配。

"提取职工奖励及福利基金"、"提取储备基金"和"提取企业发展基金"是指外资小企业和中外合资小企业按照相关法律法规规定进行的利润分配。

"利润归还投资"是指中外合作经营小企业按照法律法规规定在合作期内以税前利润先行归还外国合作者的投资。

可供投资者分配的利润，经过上述分配后，为未分配利润（或未弥补亏损）。未分配利润可留待以后年度进行分配。小企业如发生亏损，可以按规定由以后年度利润进行弥补。小企业未分配的利润（或未弥补的亏损）应当在资产负债表的所有者权益项目中单独反映。

二、本年利润的结转

年度终了小企业需要将企业的收入项目以及费用成本项目统一结转到"本年利润"科目里，并将本年利润的借方和贷方的余额统一结转到"利润分配——未分配利润"科目里。小企业当年只有实现了净利润才有可能进行利润分配，因此小企业的利润分配是以当年净利润为基础。"以当年净利润为基础"包括以下三层意思：

1. 当年实现了净利润。

2. 有的法律法规要求，企业当年实现的净利润进行利润分配前，还需弥补以前年度亏损。

3. 当年实现的净利润进行利润分配后的余额还可以与以前年度累计的未分配利润一并向投资者进行分配。

三、可供投资者分配的利润

小企业当年实现的净利润按照上述规定进行利润分配后的余额和以前年度累计的未分配利润合计作为可供投资者分配的利润，可以供投资者进行利润分配。用公式表示如下：

$$\text{可供投资者分配的利润} = \text{当年净利润分配后的余额} + \text{以前年度累计的未分配利润}$$

四、执行中需要注意的问题

除上述规定外，小企业在对利润分配进行会计处理时，还应注意以下方面：

（1）公司制小企业在进行利润分配时，应当在"利润分配"科目分别设置"提取法定盈余公积"、"提取任意盈余公积"、"应付股利"和"未分配利润"等明细科目，核算其当年进行的利润分配情况。

（2）外资小企业和中外合资经营小企业在进行利润分配时，应当在"利润分配"科目分别设置"提取职工奖励及福利基金"、"提取储备基金"、"提取企业发展基金"、"应付股利"、"未分配利润"等明细科目，核算其当年进行的利润分配情况。中外合作经营小企业还可以自行增设"利润归还投资"明细科目进行核算。

［例7-5］　2×13年年度终了，A公司将各收支科目结转本年净利润。A公司应编制如下会计分录：

借：主营业务收入		1 200 万元
其他业务收入		650 万元
投资收益		320 万元
营业外收入		100 万元
贷：本年利润		2 270 万元
借：本年利润		1 765 万元
贷：主营业务成本		900 万元
其他业务成本		450 万元
营业税金及附加		90 万元
销售费用		120 万元
管理费用		80 万元
财务费用		65 万元
营业外支出		60 万元
借：本年利润		160 万元
贷：所得税费用		160 万元
借：本年利润		345 万元
贷：利润分配——未分配利润		345 万元

［例7-6］　年度终了，A公司按当年净利润的10％提取法定盈余公积金。A公司应编制如下会计分录：

借：利润分配——提取法定盈余公积		34.5 万元
贷：盈余公积——法定盈余公积		34.5 万元

［例7-7］　A公司以银行存款向投资者分配利润200万元。A公司应编制如下会计分录：

借：利润分配——应付利润		200 万元
贷：应付利润		200 万元
借：应付利润		200 万元
贷：银行存款		200 万元

[例7-8] 年度终了，A公司将利润分配各明细科目的余额转入"未分配利润"明细科目。A公司应编制如下会计分录：

借：利润分配——未分配利润   234.5万元

    贷：利润分配——提取法定盈余公积   34.5万元

           ——应付利润   200万元

第七节　利润及利润分配会计处理与税法的差异及协调

综合小企业会计准则、企业会计准则和企业所得税法，小企业准则在对利润及利润分配会计处理的规定与企业税法的差异主要体现在对利润的认定和计算方面，其中具体涉及收入、扣除、资产的会计处理与税务处理。资产的会计处理与税务处理的差异与协调在第二章中已作了详细介绍，收入和费用的部分会计处理与税务处理的差异与协调在第五章中和第六章中也已作了详细介绍，本节主要汇总介绍小企业会计准则在对其余涉及利润认定和计算的项目的会计处理方面与税法的协调，这些项目主要包括营业外收入、政府补助、营业外支出和所得税费用四项。

一、营业外收入会计处理与税法的差异及协调

企业所得税法规定的9类收入，从准则的角度理解，可以归纳为以下三种类型：

第一类，销售货物收入、提供劳务收入、租金收入和特许权使用费收入。

第二类，股息、红利等权益性投资收益，转让财产收入（转让股权、股票、债券取得的收入）和利息收入（债券利息收入）。

第三类，转让财产收入（转让固定资产、生物资产、无形资产等财产取得的收入）、租金收入（出租包装物和商品取得的租金收入）、接受捐赠收入和其他收入。

对于第一类收入，实际上对应于小企业会计准则所规定的营业收入。

对于第二类收入，实际上对应于小企业会计准则所规定的投资收益。

对于第三类收入，实际上对应于小企业会计准则所规定的营业外收入。由于在会计上营业外收入直接构成企业的利润，不需要与成本相匹配，并且对利润具有独立影响，因此，小企业会计准则单独设置条款予以规定。

小企业会计准则结合目前小企业的实际情况，并考虑了企业所得税法和企业所得税法实施条例的规定，包括营业外收入产生的来源、表现形式和项目名称，采用了列举方式尽可能明确构成小企业营业外收入的各种常见来源，主要包括非流动资产处置净收益、政府补助、捐赠收益、盘盈收益、汇兑收益、出租包装物和商品的租金收入、逾期未退包装物押金收益、确实无法偿付的应付款项、已做坏账损失处理后又收回的应收款项、违约金收益等。

企业所得税法实施条例对企业的收入也作了规定，其中与小企业会计准则营业外收入相对应的主要是转让财产收入中的转让固定资产、生物资产、无形资产、应收账款等财产取得的收入，租金收入中的出租包装物和商品取得的租金收入，接受捐赠收入和其他收入。

1. 转让财产收入（即转让固定资产、生物资产、无形资产、应收账款等财产取得的收入）

企业所得税法实施条例第十六条规定："企业所得税法第六条第（三）项所称转让财产收入，是指企业转让固定资产、生物资产、无形资产、股权、债权等财产取得的收入。"即企业所得税法实施条例所指财产包括：固定资产、生物资产、无形资产、股权、债权等；其确认计量原则为：按照从财产受让方已收或应收的合同或协议价款确定转让财产收入金额。由此可以看出，企业所得税法实施条例所规定的转让财产收入基本上对应于小企业会计准则所规定的营业外收入，除转让股权和债权中的债券所取得的收入外，转让这两类资产的收入应计入投资收益而不是营业外收入。

2. 租金收入（即出租包装物和商品取得的租金收入）

企业所得税法实施条例第十九条规定："企业所得税法第六条第（六）项所称租金收入，是指企业提供固定资产、包装物或者其他有形资产的使用权取得的收入。租金收入，按照合同约定的承租人应付租金的日期确认收入的实现。"

3. 接受捐赠收入

企业所得税法实施条例第二十一条规定："企业所得税法第六条第（八）项所称接受捐赠收入，是指企业接受的来自其他企业、组织或者个人无偿给予的货币性资产、非货币性资产。接受捐赠收入，在实际收到捐赠资产时确认收入的实现。"

4. 其他收入

企业所得税法实施条例第二十二条规定："企业所得税法第六条第（九）项所称其他收入，是指企业取得的除企业所得税法第六条第（一）项至第（八）项收入外的其他收入，包括企业资产溢余收入、逾期未退包装物押金收入、确实无法偿付的应付款项、已做坏账损失处理后又收回的应收款项、债务重组收入、补贴收入、违约金收入、汇兑收益等。"该条强调，企业其他收入金额按照实际收入额或相关资产的公允价值确定。

小企业会计准则规定的营业外收入与企业所得税法实施条例规定的转让财产收入中转让固定资产、生物资产、无形资产、应收账款等财产取得的收入，租金收入中的出租包装物和商品取得的租金收入，接受捐赠收入和其他收入相一致。两者的关系可用公式表示如下：

$$\text{小企业会计准则的营业外收入} = \text{企业所得税法转让财产收入中转让固定资产、生物资产、无形资产、应收账款等财产取得的收入} + \text{租金收入中的出租包装物和商品取得的租金收入} + \text{接受捐赠收入} + \text{其他收入}$$

二、政府补助会计处理与税法的差异及协调

企业所得税法实施条例也对小企业取得的政府补助的税收政策进行了明确，体现在第二十二条规定："企业所得税法第六条第（九）项所称其他收入，是指企业取得的除企业所得税法第六条第（一）项至第（八）项收入外的其他收入，包括企业资产溢余收入、逾期未退包装物押金收入、确实无法偿付的应付款项、已作坏账损失处理后又收回的应收款项、债务重组收入、补贴收入、违约金收入、汇兑收益等。"其中，补贴收入就是指企业取得国家财政性补贴和其他补贴收入。小企业会计准则与企业所得税法在政府补助上不存在差异。

三、营业外支出会计处理与税法的差异及协调

企业所得税法实施条例规定的5类支出，从小企业会计准则的角度理解，可以归纳为以

下两种类型：（1）成本、费用、税金；（2）损失和其他支出。

对于第一类支出，实际上对应于小企业会计准则所规定的费用。对于第二类支出，实际上对应于小企业会计准则所规定的营业外支出。由于在会计上营业外支出直接构成企业的利润，不需要与收入相匹配，并且对利润具有独立影响，因此，小企业会计准则单独设置条款予以规定。

企业所得税法和企业所得税法实施条例对企业可扣除的支出和不得扣除的支出作了规定，其中与小企业会计准则营业外支出相对应的主要是可扣除支出中的损失、其他支出和公益性捐赠支出与不得扣除的支出。

（一）可扣除的支出

（1）损失。企业所得税法实施条例第三十二条规定："企业所得税法第八条所称损失，是指企业在生产经营活动中发生的固定资产和存货的盘亏、毁损、报废损失，转让财产损失，呆账损失，坏账损失，自然灾害等不可抗力因素造成的损失以及其他损失。企业发生的损失，减除责任人赔偿和保险赔款后的余额，依照国务院财政、税务主管部门的规定扣除。企业已经作为损失处理的资产，在以后纳税年度又全部收回或者部分收回时，应当计入当期收入。"该条强调限于生产经营中发生的损失且损失为净损失。

（2）其他支出。企业所得税法实施条例第三十三条规定："企业所得税法第八条所称其他支出，是指除成本、费用、税金、损失外，企业在生产经营活动中发生的与生产经营活动有关的、合理的支出。"该条是兜底性条款。该条强调税前扣除项目中，除了成本、费用、税金、损失外，可能还会出现这些所无法涵盖的新形式支出，而这些支出又确实与企业取得的收入有关，属于取得收入而发生的必要与正常的支出，则也应允许税前扣除。

（3）公益性捐赠支出。企业所得税法第九条规定："企业发生的公益性捐赠支出，在年度利润总额12%以内的部分，准予在计算应纳税所得额时扣除。"企业所得税法实施条例共有三条对此条规定作了具体的细化和明确。企业所得税法实施条例第五十一条规定："企业所得税法第九条所称公益性捐赠，是指企业通过公益性社会团体或者县级以上人民政府及其部门，用于《中华人民共和国公益事业捐赠法》规定的公益事业的捐赠。"

第五十二条进一步规定："本条例第五十一条所称公益性社会团体，是指同时符合下列条件的基金会、慈善组织等社会团体：

（一）依法登记，具有法人资格；

（二）以发展公益事业为宗旨，且不以营利为目的；

（三）全部资产及其增值为该法人所有；

（四）收益和营运结余主要用于符合该法人设立目的的事业；

（五）终止后的剩余财产不归属任何个人或者营利组织；

（六）不经营与其设立目的无关的业务；

（七）有健全的财务会计制度；

（八）捐赠者不以任何形式参与社会团体财产的分配；

（九）国务院财政、税务主管部门会同国务院民政部门等登记管理部门规定的其他条件。"

第五十三条又规定："企业发生的公益性捐赠支出，不超过年度利润总额12%的部分，准予扣除。年度利润总额，是指企业依照国家统一会计制度的规定计算的年度会计利润。"

公益性捐赠支出可以税前扣除，主要原因有：一是弥补政府职能的缺位。市场经济条件下，政府的主要职能是为市场和社会提供满足社会成员需要的公共产品或公共服务。由于我国正处在经济转型时期，国家财力有限，许多本应由政府承担的公共事务，如教育、卫生、社会保障等，并没有到位，需要全社会共同参与。二是有利于调动企业积极参与社会公共事业的发展的积极性。公益性捐赠支出是与企业生产经营无关的支出，不符合所得税税前扣除的基本原则，之所以允许公益性捐赠支出按一定比例在税前扣除，主要是基于激发企业支持社会公益事业的积极性，促进我国公益性事业的发展。为鼓励企业捐赠，国际上通常对企业发生的公益救济性捐赠支出，按照一定比例在税前扣除。借鉴国际上通行的做法，企业所得税法第九条规定，企业发生的公益性捐赠支出，在年度利润总额12％以内的部分，准予在计算应纳税所得额时扣除。

（二）不得扣除的支出

企业所得税法第十条规定："在计算应纳税所得额时，下列支出不得扣除：

（一）向投资者支付的股息、红利等权益性投资收益款项；

（二）企业所得税税款；

（三）税收滞纳金；

（四）罚金、罚款和被没有财物的损失；

（五）本法第九条规定以外的捐赠支出；

（六）赞助支出；

（七）未经核定的准备金支出；

（八）与取得收入无关的其他支出。"

小企业会计准则规定的营业外支出与企业所得税法和企业所得税法实施条例相关规定的关系可以归纳如下两类：

（1）可税前扣除的营业外支出。与企业所得税法实施条例规定的损失和其他支出基本上是相一致的，主要有7项，包括：存货的盘亏、毁损、报废损失，非流动资产处置净损失，坏账损失，无法收回的长期债券投资损失，无法收回的长期股权投资损失，自然灾害等不可抗力因素造成的损失，公益性捐赠支出等。

（2）不得税前扣除的营业外支出。与企业所得税规定不得扣除的支出基本上是相一致的，主要有6项，包括：税收滞纳金、罚金、罚款、被没收财物的损失、其他捐赠支出、赞助支出等。这类支出有一个共同特点，即与小企业生产经营无关。

税收滞纳金、罚金、罚款和被没收财物的损失不得在税前扣除的主要原因是：真实、合法和合理是纳税人在经营活动中发生的费用支出可以税前扣除的基本原则。不管费用是否实际发生、合理与否，如果是非法支出，就不能在税前扣除。税收滞纳金、罚金、罚款和被没收财物的损失，本质上都是违反了国家法律、法规或行政性规定，属于非法支出，因此，不允许在税前扣除。

公益性捐赠以外的其他捐赠支出和赞助支出不得税前扣除的主要原因，一是捐赠支出本身并不是与取得经营收入有关正常、合理的支出，不符合税前扣除的基本原则，原则上不允许税前扣除；二是如果允许公益性捐赠以外的其他捐赠支出和赞助支出在税前扣除，纳税人往往会以捐赠、赞助支出名义开支不合理、甚至非法的支出，容易出现纳税人滥用国家税法，导致税收流失，不利于加强对公益性捐赠以外的其他捐赠支出和赞助支出的税收管理。

以上关系可用公式表示如下：

$$\begin{matrix} 会计上 \\ 营业外支出 \end{matrix} = \begin{matrix} 税法上可税前扣除的损失、 \\ 其他支出和公益性捐赠支出 \end{matrix} + \begin{matrix} 税法上不得 \\ 税前扣除的支出 \end{matrix}$$

小企业会计准则规定的损失比企业所得税法实施条例对损失的认定口径要大一些，包括了不得税前扣除的损失。这一点对一些小企业来讲，可能会出现纳税调整问题，应引起注意。比如，小企业支付的税收滞纳金，由于不允许在税前扣除，因而不属于企业所得税法实施条例第三十二条规定的损失的组成内容，但符合本条对营业外支出的定义，应作为小企业的营业外支出进行会计处理，需在所得税年度汇算清缴时进行纳税调整。

四、所得税费用的差异及协调

所得税费用可以有三种方法计算：一是应付税款法；二是纳税影响会计法；三是资产负债表债务法。

应付税款法，是指企业不确认时间性差异对所得税的影响金额，按照当期计算的应交所得税确认为当期所得税费用的方法。

纳税影响会计法，是指企业确认时间性差异对所得税的影响金额，按照当期应交所得税和时间性差异对所得税影响金额的合计，确认为当期所得税费用的方法。在这种方法下，时间性差异对所得税的影响金额，递延和分配到以后各期。纳税影响会计法又具体区分为递延法和债务法两种方法。

资产负债表债务法，是指从资产负债表出发，通过比较资产负债表上列示的资产、负债按照企业会计准则规定确定的账面价值与按照企业所得税法规定确定的计税基础，对于两者之间的差异分别应纳税暂时性差异与可抵扣暂时性差异，确认相关的递延所得税负债与递延所得税资产，并在此基础上确定每一会计期间利润表中的所得税费用。

小企业会计准则为了简化核算，便于小企业执行，减轻小企业纳税调整的负担，满足汇算清缴的要求，采用了第一种方法，即应付税款法。也就是说，小企业根据企业所得税法的规定计算当期应缴纳的所得税，同时确认为所得税费用，即当期应交所得税＝当期所得税费用。

第三种方法是从资产负债表出发计算的，也就是从资产、负债出发计算的，《企业会计准则第18号——所得税》采用了这种方法。它使得税法规定并不影响会计核算利润，避免了税法规定对会计核算的扭曲，但是给会计工作增加了繁重的工作量，并且对企业会计工作人员的业务素质有较高要求。

相对于企业会计准则，应付税款法使得小企业会计准则在所得税费用方面很大程度地协调了税法制度。具体体现在：

根据国家税务总局制定的《中华人民共和国企业所得税年度纳税申报表》（国税发〔2008〕101号）附表三《纳税调整项目明细表》的要求，并结合目前小企业的实际情况和小企业会计准则的规定，构成小企业纳税调整的事项主要只有两类15个项目，分别是收入类和扣除类。

第一类：收入类调整项目，主要包括：免税收入，减计收入和减、免税项目所得等3个项目。

第二类：扣除类调整项目，主要包括：职工福利费支出，职工教育经费支出，工会经费支出，业务招待费支出，广告费和业务宣传费支出，捐赠支出，利息支出，罚金、罚款和被没收财物的损失，税收滞纳金，赞助支出，与取得收入无关的支出和加计扣除等 12 个项目。

上述收入类和扣除类调整项目也可理解为会计上通常讲的永久性差异，这种差异在本期发生，不会在以后各期转回。包括四种类型：

1. 按小企业会计准则规定核算时作为收入或营业外收入计入利润总额，在计算应纳税所得额时不确认为收入．不需要交纳企业所得税。

2. 按小企业会计准则规定核算时不作为收入或营业外收入计入利润总额，在计算应纳税所得额时作为收入，需要交纳企业所得税。

3. 按小企业会计准则规定核算时确认为费用或营业外支出冲减利润总额，在计算应纳税所得额时不允许扣减，需要交纳企业所得税。

4. 按小企业会计准则规定核算时不确认为费用或损失不冲减利润总额，在计算应纳税所得额时则允许扣减，不需要交纳企业所得税。

而对于执行企业会计准则的企业来讲，纳税调整的项目共有七类，分别是收入类调整项目、扣除类调整项目、资产类调整项目、准备金调整项目、房地产企业预售收入计算的预计利润、特别纳税调整应税所得和其他。其中，收入类调整项目达到 18 项之多，扣除类调整项目达到 20 项之多。这些调整不仅包括永久性差异，还包括大量的暂时性差异，显然比小企业会计准则要繁琐。

第八章 外币业务

改革开放以来，尤其是我国加入 WTO 以来，经济日益全球化，资本的跨国流动和国际贸易不断扩大。一方面，外资企业在我国内地开办外商独资、合资小企业，不断注入外币资本；另一方面，我国小企业也积极响应党中央、国务院的要求实施了"走出去"战略，我国东部沿海地区的小企业相当一部分属于外向型企业，以出口各种商品为主，外币业务已构成我国小企业的一项重要的日常业务。小企业会计准则基于对我国小企业现实情况的判断，对小企业的外币业务的会计处理进行了规范。

第一节 外币业务的构成

小企业的外币业务由外币交易和外币财务报表折算构成。

一、外币交易

外币交易，是指小企业以外币计价或者结算的交易。

外币是相对于记账本位币而不是一国的货币而言的。比如，我国的法定货币是人民币，通常来讲，我国小企业日常采用人民币记账，因此，人民币以外的货币，就是外币。如甲小企业选定人民币作为记账本位币，则美元、日元、欧元、港币等就是外币；如果选定美元为记账本位币，则人民币、日元、欧元、港币等就是外币。因此，会计中的"外币"与日常生活中的外币在概念上有很大差别。

记账本位币通常是小企业主要收、支现金的经济环境中的货币。例如，我国企业一般以人民币作为记账本位币，也就是以人民币记账，包括对资产、负债、所有者权益、收入、费用和利润都按照人民币记账，也以人民币编制财务报表。

小企业的外币交易的具体形式可能各不相同，但是归纳起来，主要包括三种类型：买入或者卖出以外币计价的商品或者劳务、借入或者借出外币资金和其他以外币计价或者结算的交易。

（一）买入或者卖出以外币计价的商品或者劳务

买入或者卖出以外币计价的商品或者劳务，通常情况下指以外币买卖商品，或者以外币结算劳务合同。需要注意的是，这里所说的商品可以是有实物形态的存货、固定资产等，也可以是无实物形态的无形资产等。比如，以人民币为记账本位币的国内甲小企业向国外乙公司出口商品，以美元结算货款。又如，小企业与银行发生货币兑换业务，包括与银行进行结汇或售汇，是将货币作为商品，以另一种货币等价来表示并以另一种货币结算，因此，也属于外币交易。

（二）借入或者借出外币资金

借入或者借出外币资金，是指小企业向银行或非银行金融机构借入以记账本位币以外的货币表示的资金。例如，以人民币为记账本位币的甲小企业从中国银行借入欧元、美元、日元等。

（三）其他以外币计价或者结算的交易

其他以外币计价或结算的交易，是指除上述（一）和（二）外，以记账本位币以外的货币计价或结算的其他交易。比如，小企业接受外币现金捐赠、接受投入的外币资本等。

二、外币财务报表折算

外币财务报表折算，就是小企业将一份以美元、日元、欧元等计价的财务报表，折算为以人民币计价的财务报表。

小企业取得以外币计价的报表可能有两个原因：一是小企业在境外的子公司按照当地的货币记账并编制财务报表，对于这种情况，小企业会计准则不涉及，因为小企业会计准则第二条规定，如果小企业是企业集团的母公司，应当执行企业会计准则而不是小企业会计准则；二是小企业在日常记账中采用人民币以外的其他货币记账，但是在年末，按照会计法和企业所得税法的规定，应当以人民币反映小企业的财务报表，以供商业银行、税务机关等方面使用，就涉及外币财务报表的折算问题或转换问题。小企业会计准则要解决的是这一种情况。

第二节 记账本位币的确定与变更

《中国人民银行法》、《会计法》和《企业所得税法》等法律都对企业记账本位币的确定作出了规定。具体如下：

《中国人民银行法》第十六条规定："中华人民共和国的法定货币是人民币，以人民币支付中华人民共和国境内的一切公共的和私人的债务，任何单位和个人不得拒收。"

《会计法》第十二条规定："会计核算以人民币为记账本位币。业务收支以人民币以外的货币为主的单位，可以选定其中一种货币作为记账本位币，但是编报的财务会计报告应当折算为人民币。"

《企业所得税法》第五十六条规定："依照本法缴纳的企业所得税，以人民币计算。所得以人民币以外的货币计算的，应当折合成人民币计算并缴纳税款。"

小企业会计准则根据上述法律规定，并参照《企业会计准则第 19 号——外币折算》对小企业的记账本位币的确定及变更作了规定。

一、记账本位币的确定

小企业记账本位币的确定应当遵循以下两个原则：

1. 基本原则：小企业应当选择人民币作为记账本位币。

本原则体现了中国人民银行法、会计法和企业所得税法的要求。

2. 例外原则：业务收支以人民币以外的货币为主的小企业，可以选定其中一种货币作为记账本位币，但编报的财务报表应当折算为人民币财务报表。

上述原则体现了会计法的要求，即允许小企业选择非人民币作为记账本位币。

业务收支以人民币以外的货币为主的小企业，可以选定其中一种货币作为记账本位币。其中"业务收支以人民币以外的货币为主"的具体认定，应当主要考虑下列三个因素，这些因素与《企业会计准则第 19 号——外币折算》的规定相一致。

（1）该货币主要影响商品和劳务销售价格，通常以该货币进行商品和劳务销售价格的计价和结算。比如，国内 A 公司为从事国际贸易的小企业，90％以上的商品销售收入以美元计价和结算，美元是主要影响 A 公司商品和劳务销售价格的货币。

（2）该货币主要影响商品和劳务所需人工、材料和其他费用，通常以该货币进行上述费用的计价和结算。比如，国内 B 公司为工业小企业，所需机器设备、厂房、人工以及原材料等在欧盟市场采购，以欧元计价和结算，欧元是主要影响商品和劳务所需人工、材料和其他费用的货币。

实务中，小企业选定记账本位币，通常应综合考虑上述两项因素，而不是仅考虑其中一项，因为小企业的经营活动往往是收支并存的。

（3）融资活动获得的资金以及保存从经营活动中收取款项时所使用的货币。

在有些情况下，小企业根据收支情况难以确定记账本位币，需要在收支基础上结合融资活动获得的资金或保存从经营活动中收取款项时所使用的货币，进行综合分析后作出判断。

例如，国内 C 公司为外贸自营出口小企业，超过 70％的营业收入来自向美国的出口，其商品销售价格主要受美元的影响，以美元计价，因此，从影响商品和劳务销售价格的角度看，C 公司应选择美元作为记账本位币。如果 C 公司除厂房设施、30％的人工成本在国内以人民币采购外，生产所需原材料、机器设备及 70％的人工成本以美元在美国市场采购，则可确定 C 公司的记账本位币是美元。但是，如果 C 公司的人工成本、原材料及相应的厂房设施、机器设备等 95％以上在国内采购并以人民币计价，则难以判定 C 公司的记账本位币应选择美元还是人民币，还需要结合第 3 个因素予以确定。如果 C 公司取得的美元营业收入在汇回国内时直接换成了人民币存款，C 公司可以确定其记账本位币为人民币。

又如，D 公司为国内一家配方奶粉加工小企业，其原材料牛奶全部来自澳大利亚，主要加工技术、机器设备及主要技术人员均由澳大利亚方面提供，生产的配方奶粉面向国内出售。小企业依据第 1、2 个因素难以确定记账本位币，需要考虑第 3 个因素。假定为满足采购原材料牛奶等所需澳元，D 公司向澳大利亚某银行借款 100 万澳元，期限为 5 年，该借款是 D 公司当期流动资金净额的 4 倍。由于原材料采购以澳元结算，且小企业经营所需要的营运资金，即融资获得的资金也使用澳元，因此，D 公司可以澳元作为记账本位币。

需要说明的是，在确定小企业的记账本位币时，上述因素的重要程度因小企业具体情况不同而不同，需要小企业根据实际情况进行判断，但是，这并不能说明小企业可以根据需要随意选择记账本位币，根据实际情况确定的记账本位币只能有一种货币。

二、记账本位币的变更

小企业记账本位币的变更也应当遵循以下两个原则：

1. 基本原则：小企业记账本位币一经确定，不得随意变更。也就是说，小企业的记账本位币应当保持稳定，这样既保证小企业会计账簿记录的稳定性和完整性，又方便小企业执行，减轻小企业会计核算的负担。

2. 例外原则：小企业经营所处的主要经济环境发生重大变化时，可以变更记账本位币。主要经济环境发生重大变化，通常是指小企业主要产生和支出现金的环境发生重大变化，使用该环境中的货币最能反映小企业的主要交易业务的经济结果。这一例外原则，小企业极少情况下才可能会用到。

三、记账本位币变更的会计处理

小企业会计准则规定，小企业因经营所处的主要经济环境发生重大变化，确需变更记账本位币的，应当采用变更当日的即期汇率将所有项目折算为变更后的记账本位币。即期汇率，是指中国人民银行公布的当日人民币外汇牌价的中间价。

也就是说，小企业因经营所处的主要经济环境发生重大变化，确实需要变更记账本位币的，应当采用变更当日的即期汇率将所有项目折算为变更后的记账本位币，折算后的金额作为以新的记账本位币计量的历史成本。由于采用同一即期汇率进行折算，不会产生汇兑差额。

但是，小企业需要提供确凿的证据证明小企业经营所处的主要经济环境确实发生了重大变化，并应当在财务报表附注中披露变更的理由。

第三节　外币交易的会计处理

小企业外币交易的会计处理主要涉及两个环节：一是在交易日对外币交易进行初始确认，将外币金额折算为记账本位币金额，即交易日的记账问题；二是在资产负债表日对相关项目进行折算，因汇率变动产生的差额计入当期损益，即期末的记账问题。

一、外币交易会计处理的原则

小企业发生的外币交易，都应当将外币金额折算为记账本位币金额入账，记入相关资产或负债，不得以外币直接记账。

小企业应当在外币交易发生日进行相关会计处理。外币交易的交易发生日，是指小企业外币交易的发生日或完成日。如取得外币借款的日期，以外币购入原材料、固定资产等的日期或者出口商品实现收入的日期。

二、外币交易所采用的折算汇率

在外币交易进行折算时涉及折算汇率的选择。小企业会计准则规定了两种折算汇率，即交易发生日的即期汇率和交易当期平均汇率。

在对外币交易进行初始确认时，一般应采用交易发生日的即期汇率将外币金额折算为记账本位币金额；当汇率变动不大时，为简化核算，小企业也可以选择交易当期平均汇率进行折算。

但是，小企业收到投资者以外币投入的资本，应当采用交易发生日的即期汇率折算，不得采用合同约定汇率和交易当期平均汇率折算。也就是说，外币投入资本与相应的货币性项目的记账本位币之间不产生外币资本折算差额。

（一）交易发生日的即期汇率

汇率，是指两种货币相兑换的比率，是一种货币单位用另一种货币单位所表示的价格。汇率有以下几种主要分类。

1. 直接汇率与间接汇率

根据表示方式的不同，汇率可以分为直接汇率和间接汇率。直接汇率是一定数量的其他货币单位折算为本国货币的金额，间接汇率是指一定数量的本国货币折算为其他货币的金额。通常情况下，人民币汇率是以直接汇率表示的。

2. 买入价、卖出价与中间价

银行的汇率有三种表示方式：买入价、卖出价和中间价。买入价，是指银行买入其他货币的价格，卖出价指银行出售其他货币的价格，中间价是银行买入价与卖出价的平均价，银行的卖出价一般高于买入价，以获取其中的差价。中间价用公式表示如下：

中间价＝（买入价＋卖出价）/2

3. 即期汇率与远期汇率

无论买入价还是卖出价，均是立即交付的结算价格，也就是即期汇率。即期汇率是相对于远期汇率而言的。远期汇率是在未来某一日交付时的结算价格，即期汇率通常是指中国人民银行公布的当日人民币外汇牌价的中间价。

中国人民银行每日仅公布银行间外汇市场人民币兑美元、欧元、日元、港元的中间价。小企业发生的外币交易只涉及人民币与这四种货币之间折算的，可直接采用公布的人民币汇率的中间价作为即期汇率进行折算；小企业发生的外币交易涉及人民币与其他货币之间折算的，应以国家外汇管理局公布的各种货币对美元折算率采用套算的方法进行折算；小企业发生的外币交易涉及人民币以外的货币之间折算的，可直接采用国家外汇管理局公布的各种货币对美元折算率进行折算。

（二）交易当期平均汇率

交易当期平均汇率通常与交易发生日的即期汇率近似。为了简化核算，小企业会计准则所称交易当期平均汇率，是指外币交易当期的月初即期汇率与月末即期汇率的平均汇率，即中国人民银行公布的月初人民币汇率的中间价与中国人民银行公布的月末人民币汇率的中间价的平均值。可用公式表示如下：

$$\text{交易当期平均汇率} = \left(\text{中国人民银行公布的月初人民币汇率中间价} + \text{中国人民银行公布的月末人民币汇率中间价} \right) \Big/ 2$$

比如，以美元兑人民币的月平均汇率为例，假定美元兑人民币 6 月 1 日的即期汇率为 6.60，6 月 30 日的即期汇率为 6.50，6 月份的平均汇率为（6.60＋6.50）÷2＝6.55。

无论采用交易日的即期汇率还是采用交易当期的平均汇率，应当前后期保持一致。

最后，还需注意的是，小企业发生单纯的货币兑换交易时，仅用中间价不能反映货币买卖的损益，需要使用买入价或卖出价折算。

[例 8-1] 甲公司以人民币作为记账本位币，其外币交易在初始确认时采用交易日即期汇率折算。2×13 年度甲公司发生的有关外币交易或事项如下：

1. 以人民币向甲银行买入 20 万欧元。当日即期汇率为 1 欧元＝9.69 元人民币，当日银行卖出价为 1 欧元＝9.75 元人民币。

2. 从国外乙单位购入一批原材料，总价款为 40 万欧元。该原材料已验收入库，货款尚未支付。当日即期汇率为 1 欧元＝9.64 元人民币。另外，以乙银行存款支付该原材料的进口关税 64.4 万元人民币，增值税 76.5 万元人民币。

3. 出口销售给丙单位一批商品，销售价款为 60 万欧元，货款尚未收到。当日即期汇率为 1 欧元＝9.41 元人民币。假设不考虑相关税费。

4. 收到丙单位应收账款 30 万欧元，款项已存入甲银行。当日即期汇率为 1 欧元＝9.54 元人民币。

甲公司应编制如下会计分录：

(1) 借：银行存款——甲银行（欧元）（20×9.69）　　　　　　193.8 万元

　　　　财务费用——汇兑差额　　　　　　　　　　　　　　　1.2 万元

　　贷：银行存款——甲银行（人民币）（20×9.75）　　　　　　195 万元

(2) 借：原材料（40×9.64＋64.4）　　　　　　　　　　　　　450 万元

　　　　应交税费——应交增值税（进项税额）　　　　　　　 76.5 万元

　　贷：应付账款——乙单位（欧元）（40×9.64）　　　　　　385.6 万元

　　　　银行存款——乙银行（人民币）　　　　　　　　　　　140.9 万元

(3) 借：应收账款——丙单位（欧元）（60×9.41）　　　　　　564.6 万元

　　贷：主营业务收入　　　　　　　　　　　　　　　　　　564.6 万元

(4) 借：银行存款——甲银行（欧元）（30×9.54）　　　　　　286.2 万元

　　贷：应收账款——丙单位（欧元）（30×9.54）　　　　　　286.2 万元

三、外币交易在资产负债表日的会计处理

小企业在资产负债表日，应当按照下列规定对外币货币性项目和外币非货币性项目进行会计处理：

外币货币性项目，采用资产负债表日的即期汇率折算。因资产负债表日即期汇率与初始确认时或者前一资产负债表日即期汇率不同而产生的汇兑差额，计入当期损益。

以历史成本计量的外币非货币性项目，仍采用交易发生日的即期汇率折算，不改变其记账本位币金额。

（一）货币性项目与非货币性项目

为了便于在资产负债表日对外币交易的结果进行会计处理，小企业会计准则将小企业的资产和负债分为外币货币性项目和外币非货币性项目。

1. 货币性项目

货币性项目又分为货币性资产和货币性负债。

（1）货币性资产包括：库存现金、银行存款、应收账款、其他应收款，还包括应收票据和长期债券投资等。

（2）货币性负债包括：短期借款、应付账款、其他应付款、长期借款、长期应付款等。

2. 非货币性项目

非货币性项目，是指货币性项目以外的项目。包括：存货、长期股权投资、固定资产、无形资产等。这些项目有一个共同特点，都是采用历史成本计量。

（二）货币性项目的会计处理

1. 折算所采用的汇率：资产负债表日的即期汇率

2. 汇兑差额的处理

汇兑差额，是指对同样数量的外币金额采用不同的汇率折算为记账本位币金额所产生的差额。

因资产负债表日即期汇率与初始确认时的即期汇率（或交易当期平均汇率）或者前一资产负债表日即期汇率不同而产生的汇兑差额，计入当期损益。

对于外币货币性项目的在资产负债表日可能产生的汇兑差额，主要有两种情况：

第一情况是在外币交易发生当年，由于外币交易的交易发生日与资产负债表日通常不是同一天，汇率就可能不同，因此，在资产负债表日对货币性项目的余额进行折算时就可能会产生汇兑差额。资产负债表日的即期汇率与外币交易初始确认时（即交易发生日）的即期汇率（或交易当期平均汇率）不同而产生的差额，计入当期损益。

比如，甲小企业的记账本位币为人民币。2×13 年 12 月 1 日出口商品实现销售收入的金额为 100 万美元，假定当日的即期汇率为：1 美元＝6.20 元人民币，该笔美元收入折算为人民币为 620 万元（100×6.20）。在资产负债表日（2×13 年 12 月 31 日）对该笔银行存款 100 万美元进行折算时，当日的即期汇率为：1 美元＝6.10 元人民币，该笔美元收入按资产负债表日的即期汇率进行折算为 610 万元人民币（100×6.10），与初始确认时的折算金额 620 万元人民币之间的差额－10 万元人民币（610－620），其经济意义为银行存款人民币金额的减少，属于汇兑损失。

需要注意的是，外币交易初始确认时的即期汇率，如果初始确认当时采用的平均汇率，则在计算汇兑差额时，为简化核算，也可以按照汇率与资产负债表日的即期汇算进行比较。

第二种情况是在外币交易发生后的各个年度，由于外币交易所产生的货币性项目在资产负债表日的即期汇率与前一资产负债表日的即期汇率不同而产生的汇兑差额，计入当期损益。

接上例，假定 2×14 年 12 月 31 日，该笔银行存款的余额仍为 100 万美元，该日的即期汇率为：1 美元＝6.15 元人民币，则折算的人民币金额为 615 万元（100×6.15），与前一资产负债日（2×13 年 12 月 31 日）即期汇率折算的人民币金额 610 万元之间存在差额，该差额＋5 万元人民币（615－610）为汇兑收益。

（三）非货币性项目的会计处理

1. 折算所采用的汇率

小企业会计准则规定，对于外币非货币性项目，仍采用交易发生日的即期汇率折算，即采用历史汇率进行折算。

2. 不会产生汇兑差额

对于以历史成本计量的外币非货币性项目，已在交易发生日按当日的即期汇率（如果当时采用的是当期平均汇率，则指当期平均汇率）进行了折算，资产负债表日不应改变其原记账本位币金额，不会产生汇兑差额。这是因为，这些项目在取得时已按取得时的汇率进行了折算，从而构成这些项目的历史成本，如果再按资产负债表日的即期汇率进行折算，就会导致这些项目的价值处于不断变动之中，从而使这些项目的折旧费、摊销额随之不断变动。这与这些项目的实际情况不符。

比如，甲小企业的记账本位币为人民币。2×13 年 3 月 1 日进口机器 1 台，价款为 100 万美元已经支付，当日的即期汇率为：1 美元＝6.30 元人民币。假定不考虑相关税费，该机器属于小企业的固定资产，在购入时已按当日即期汇率折算为人民币 630 万元。2×13 年 3 月 31 日的即期汇率为：1 美元＝6.25 元人民币。由于固定资产属于非货币性项目，因此，2×13 年 3 月 31 日，不需要按当日的即期汇率进行调整，不会产生汇兑差额。

应用举例

[例 8-2] 承 [例 8-1]，2×13 年 12 月 31 日，即期汇率为 1 欧元＝9.61 元人民币。

甲公司计算期末产生的汇兑差额：

1. 甲银行存款欧元户余额＝20＋30＝50（万欧元）

按当日即期汇率折算为人民币金额＝50×9.61＝480.5（万元人民币）

　　汇兑差额＝480.5－（193.8＋286.2）＝0.5(万元人民币)(汇兑收益)

（2）应收账款（丙单位）欧元户余额＝60－30＝30（万欧元）

按当日即期汇率折算为人民币金额＝30×9.61＝288.3（万元人民币）

　　汇兑差额＝288.3－（564.6－286.2）＝9.9(万元人民币)(汇兑收益)

（3）应付账款（乙单位）欧元户余额＝40（万欧元）

按当日即期汇率折算为人民币金额＝40×9.61＝384.4（万元人民币）

　　汇兑差额＝384.4－385.6＝－1.2(万元人民币)(汇兑收益)

（4）应计入当期损益的汇兑差额＝0.5＋9.9＋1.2＝11.6（万元人民币）（汇兑收益）

借：银行存款——甲银行（欧元）　　　　　　　　　0.5 万元
　　应收账款——丙单位（欧元）　　　　　　　　　9.9 万元
　　应付账款——乙单位（欧元）　　　　　　　　　1.2 万元
　　贷：营业外收入——汇兑差额　　　　　　　　11.6 万元

第四节 外币报表折算及与税法的差异及协调

小企业对外币财务报表进行折算时，应当采用资产负债表日的即期汇率对外币资产负债表、利润表和现金流量表的所有项目进行折算。

一、小企业需要对外币财务报表进行折算的原因

如果小企业在日常记账中采用了人民币以外的其他货币记账，即采用非人民币作为记账本位币，如美元、欧元、日元、港元等，但是在年末，按照会计法和企业所得税法的规定，应当以人民币反映小企业的财务报表，以供商业银行、税务机关等方面使用，就涉及外币财务报表的折算问题或转换问题。

外币财务报表折算主要涉及两个会计问题：首先，选用何种汇率对外币财务报表项目进行折算；其次，对由于外币财务报表各项目采用不同的折算汇率而产生的报表折算差额应如何处理。

二、外币财务报表的折算原则和方法

在资产负债表日，按照当日的即期汇率乘以外币资产负债表、利润表和现金流量表中所有项目的外币金额，从而将各项目的外币金额全部折算为人民币金额。即相当于对外币资产负债表、利润表和现金流量表的所有项目同时扩大相同的倍数，三张报表中合计额、总计额和差额也都会扩大相同的倍数，不会由于同一张报表的不同项目采用不同汇率折算和不同报表采用不同汇率折算而带来报表折算差额问题。小企业会计准则作这样的规定，一是考虑到外币财务报表折算对绝大多数小企业来说不是一项普遍业务，比较符合小企业的实际；二是可以大大减轻小企业的工作量；三是不会改变原来外币财务报表各项目之间的勾稽关系和财务指标的相对比例。

三、外币报表折算与税法的差异及协调

本章涉及的小企业会计准则会计处理与税法协调主要集中在对外币报表折算的部分。

会计法和企业所得税法等法律都对企业外币财务报表的折算作出了规定。具体如下：

会计法第十二条规定："会计核算以人民币为记账本位币。业务收支以人民币以外的货币为主的单位，可以选定其中一种货币作为记账本位币，但是编报的财务会计报告应当折算为人民币。"

企业所得税法第五十六条规定："依照本法缴纳的企业所得税，以人民币计算。所得以人民币以外的货币计算的，应当折合成人民币计算并缴纳税款。"

企业所得税法实施条例第一百三十条规定："企业所得以人民币以外的货币计算的，预缴企业所得税时，应当按照月度或者季度最后一日的人民币汇率中间价，折合成人民币计算应纳税所得额。年度终了汇算清缴时，对已经按照月度或者季度预缴税款的，不再重新折合计算，只就该纳税年度内未缴纳企业所得税的部分，按照纳税年度最后一日的人民币汇率中

间价，折合成人民币计算应纳税所得额。经税务机关检查确认，企业少计或者多计前款规定的所得的，应当按照检查确认补税或者退税时的上一个月最后一日的人民币汇率中间价，将少计或者多计的所得折合成人民币计算应纳税所得额，再计算应补缴或者应退的税款。"该规定是人民币作为法定货币的要求和体现，其所称的"月度或者季度最后一日的人民币汇率中间价"即指本准则月末或季末当日的即期汇率。即对应纳税所得额亦即利润按照资产负债表日的即期汇率进行折算。

小企业会计准则为了简化核算，便于小企业执行，对于外币资产负债表、利润表、现金流量表的折算作了大大简化，全部采用资产负债表日的即期汇率进行折算。这一点与企业所得税法实施条例的规定相一致，但与《企业会计准则第 19 号——外币折算》的规定有很大差异。小企业对这一差异应引起注意。

第九章 财务报表

第一节 财务报表概述

　　财务报表是小企业对外提供会计信息的重要载体，也是小企业会计准则需要规范的重要内容。它是指对小企业财务状况、经营成果和现金流量的结构性表述。小企业在开展生产经营活动的同时，根据小企业会计准则的规定，进行日常会计核算，需要定期通过一套完整的结构化的报表体系来科学地列报其生产经营的有关情况。财务报表应当能够较为全面、系统、概括地反映小企业在某一会计期间经营活动和财务收支的全貌。投资者、债权人和税务机关等财务报表的外部使用者则通过全面阅读和综合分析上述报表，可以了解和掌握小企业过去和当前的状况，预测小企业的未来发展趋势，从而作出相关决策。因此，财务报表既是小企业会计核算工作的总结，是通过对日常核算的资料进行整理、分类、计算和汇总编制而成的，同时，也是沟通投资者、债权人、税务部门等财务报表外部使用者与小企业管理层之间的信息的桥梁和纽带。

　　小企业的财务报表至少应当包括资产负债表、利润表、现金流量表以及附注。其中，资产负债表、利润表和现金流量表分别从不同角度反映小企业的财务状况、经营成果和现金流量。附注是财务报表不可或缺的组成部分，是对在资产负债表、利润表和现金流量表等报表中列示项目的文字描述或明细资料，以及对未能在这些报表中列示项目的说明等。

　　另外，在执行中应注意以下问题：

　　1. 今后凡是要求小企业提供"财务报表"，即意味着必须同时提供资产负债表、利润表、现金流量表和附注，而不得只提供资产负债表、利润表和现金流量表。

　　2. 小企业外部有关方面要求或小企业自愿对外提供所有者权益变动表，小企业会计准则予以鼓励。请小企业参照企业会计准则规定的所有者权益变动表的格式并结合自身的实际情况进行适当简化后再进行编制和提供。

　　3. 财务报表中相关项目所反映的交易和事项，小企业没有发生的，不得在该项目中按"0"填列，而应空置。这是因为这两者表示的经济意义不同。以"0"填列，表明该项目所反映的交易或事项当期已经发生但余额为0，比如，某工业类小企业20×3年资产负债表中"生产性生物资产"项目的金额为0，则表明该小企业在20×3年曾经持有生产性生物资产，但是在年末时已经出售，而实际情况是这家小企业根本就不存在生产性生物资产，这样就给该小企业财务报表的外部使用者带来误导性信息。对于这种情况，正确的处理是20×3年资产负债表中"生产性生物资产"项目不填列任何数字。对于"0"与空置的差别，小企业会计人员、小企业财务报表外部使用者和小企业财务软件开发人员都应当引起足够重视。

第二节 资产负债表

资产负债表是企业财务报表的重要组成部分，是指反映小企业在某一特定日期的财务状况的报表。对于资产负债表，可以从以下几个方面来理解：

一、资产负债表的定义

对资产负债表的定义，应注意把握好以下几个方面：

1. 资产负债表是一张反映某一特定时点的会计报表，而不是某一特定期间的会计报表。从会计科目的角度来看，反映的是会计科目在某一时点的结余额。

2. 小企业在某一特定时点的财务状况通常是通过资产、负债和所有者权益及其相互的关系来反映的。

3. 按年度编制的资产负债表，反映的是小企业在每年 12 月 31 日的财务状况。

4. 按月份编制的资产负债表，反映的是小企业在每个月月末最后一天的财务状况。如果按季度编制资产负债表，反映的是小企业在每个季度末最后一天的财务状况。

5. 资产负债表的作用主要体现在三个方面。通过资产负债表，第一，可以提供某一日期资产的总额及其结构，表明小企业拥有或控制的资源及其分布情况，有助于小企业财务报表的外部使用者可以一目了然地从资产负债表上了解小企业在某一特定日期所拥有的资产总量及其结构；第二，可以提供某一日期的负债总额及其结构，表明小企业未来需要用多少资产或劳务来清偿债务以及清偿时间的早晚；第三，可以反映小企业的所有者在小企业所拥有的权益，从而有助于小企业的所有者据以判断资本保值、增值的情况以及其在小企业拥有的权益对小企业负债的保障程度。

二、资产负债表列报的总体要求

（一）分类别列报

资产负债表列报的最根本的目标就是应如实反映小企业在资产负债表日所拥有的资源、所承担的负债以及所有者所拥有的权益。因此，资产负债表应当按照资产、负债和所有者权益（或股东权益）三大类别分类列报。

（二）资产和负债按流动性列报

资产和负债应当按照流动性分别分为流动资产和非流动资产、流动负债和非流动负债进行列示。资产负债表应先列报流动性强的资产或负债，再列报流动性弱的资产或负债。流动性，通常按资产的变现或耗用时间长短或者负债的偿还时间长短来确定。

（三）列报的汇总金额

根据所反映信息范围大小的不同，在资产负债表中应单独列示的汇总额按照从小到大的顺序，包括以下几类：

1. 资产类有两个合计额：流动资产合计和非流动资产合计。

2. 负债类有 3 个合计额：流动负债合计、非流动负债合计和负债合计。

3. 所有者权益（或股东权益）类有 1 个合计额：所有者权益（或股东权益）合计。

4. 两个总计额：资产总计、负债和所有者权益总计。

小企业会计准则要求上述各项汇总金额，应保证下列各项等式始终成立：

1. 资产总计＝流动资产合计＋非流动资产合计；

2. 流动负债合计＋非流动负债合计＝负债合计；

3. 资产总计＝负债和所有者权益（或股东权益）总计＝负债合计＋所有者权益（或股东权益）合计。

三、资产负债表的设计理念和组成项目

（一）资产负债表的设计理念

资产负债表遵循了"资产＝负债＋所有者权益"这一会计恒等式的要求，把小企业在特定时日所拥有的经济资源和与之相对应的小企业所承担的债务及偿债以后属于所有者的权益充分反映出来。因此，小企业会计准则对小企业的资产负债表采用了账户式结构。

账户式资产负债表是左右结构，左方列示资产，右方列示负债和所有者权益。左方为资产项目，大体按资产的流动性强弱排列，流动性强的资产如"货币资金"、"应收账款"等排在前面，流动性弱的资产如"长期股权投资"、"固定资产原价"、"无形资产"、"长期待摊费用"等排在后面。右方为负债及所有者权益项目，一般按要求清偿时间的先后顺序排列，"短期借款"、"应付票据"、"应付账款"等需要在 1 年内或超过 1 年的一个正常营业周期内偿还的流动负债排在前面，"长期借款"等在 1 年以上才需偿还的非流动负债排在中间，在小企业清算之前不需要偿还的所有者权益项目排在后面。

账户式资产负债表中的资产各项目的总计等于负债和所有者权益各项目的总计，即资产负债表左方和右方保持平衡。

需要说明的是，资产负债表的列报格式还有报告式结构，报告式资产负债表是上下结构，上半部列示资产，下半部列示负债和所有者权益，其遵循的原理是"资产－负债＝所有者权益"。

（二）资产负债表的组成项目

1. 资产负债表中的资产类至少应当单独列示反映下列信息的项目：

（1）货币资金；

（2）应收及预付款项；

（3）存货；

（4）长期债券投资；

（5）长期股权投资；

（6）固定资产；

（7）生产性生物资产；

（8）无形资产；

（9）长期待摊费用。

2. 资产负债表中的负债类至少应当单独列示反映下列信息的项目：

（1）短期借款；

（2）应付及预收款项；

（3）应付职工薪酬；

（4）应交税费；

（5）应付利息；

（6）长期借款；

（7）长期应付款。

3. 资产负债表中的所有者权益类至少应当单独列示反映下列信息的项目：

（1）实收资本；

（2）资本公积；

（3）盈余公积；

（4）未分配利润。

四、资产负债表的编制

（一）资产负债表项目的填列方法

资产负债表中一般设有"期末余额"和"年初余额"两栏，其中，"年初余额"栏内各项数字，应根据上年末资产负债表的"期末余额"栏内所列数字填列。如果上年末资产负债表的项目名称和内容与本年末资产负债表不一致，应对上年末资产负债表项目的名称和数字按本年末资产负债表的规定进行调整，并填入"年初余额"栏。"期末余额"栏主要有以下几种填列方法：

1. 根据总账科目余额填列。如"短期投资"、"应收票据"、"应收股利"、"应收利息"、"其他应收款"、"其他流动资产"、"长期债券投资"、"长期股权投资"、"固定资产原价"、"累计折旧"、"在建工程"、"工程物资"、"固定资产清理"、"开发支出"、"长期待摊费用"、"短期借款"、"应付票据"、"应付账款"、"应付职工薪酬"、"应交税费"、"应付利息"、"应付利润"、"其他应付款"、"其他流动负债"、"长期借款"、"长期应付款"、"递延收益"、"实收资本（或股本）"、"资本公积"、"盈余公积"等项目，应根据有关总账科目的余额直接填列。有些项目则需根据几个总账科目的期末余额计算填列，如"货币资金"项目，应根据"库存现金"、"银行存款"和"其他货币资金"三个总账科目期末余额的合计数填列。

2. 根据明细账科目余额计算填列。如"未分配利润"项目，应根据"利润分配"科目中所属的"未分配利润"明细科目期末余额填列。

3. 根据总账科目和明细账科目余额分析计算填列。如"应收账款"项目，应根据"应收账款"和"预收账款"科目所属的相关明细科目的期末借方余额合计数填列；"预付账款"项目，应根据"预付账款"总账科目余额扣除"预付账款"科目所属的明细科目中超过 1 年期以上的预付账款余额后的金额计算填列；"应付账款"项目，应根据"应付账款"和"预付账款"科目所属的相关明细科目的期末贷方余额合计数填列；"预收账款"项目，应根据"预收账款"科目的期末余额减去超过 1 年期以上的预收账款余额后的金额填列；"其他非流动资产"和"其他非流动负债"项目，也应根据有关总账科目和明细科目的余额分析计算填列。

4. 根据有关科目余额减去其备抵科目余额后的净额填列。如"生产性生物资产"、"无形资产"项目，应根据相关科目的期末余额扣减相关累计折旧或累计摊销后的净额填列。

5. 综合运用上述填列方法分析填列。如"存货"项目，应根据"材料采购"、"在途物资"、"原材料"、"生产成本"、"库存商品"、"委托加工物资"、"周转材料"、"消耗性生物资产"等科目的期末余额合计填列。材料采用计划成本核算，以及库存商品采用计划成本核算或售价核算的小企业，还应按加或减"材料成本差异"、"商品进销差价"后的金额填列。

6. 根据有关项目的合计额填列。如"流动资产合计"、"非流动资产合计"、"资产总计"、"流动负债合计"、"非流动负债合计"、"负债合计"、"所有者权益（或股东权益）合计"、"负债和所有者权益（或股东权益）总计"等项目，应根据表中的相关项目的合计额填列。"固定资产账面价值"项目则需要根据"固定资产原价"项目金额减去"累计折旧"项目金额后的余额填列。

7. 不得填列金额的 5 个特殊项目，分别是"流动资产："项目、"非流动资产："项目、"流动负债："项目、"非流动负债："项目和"所有者权益（或股东权益）："项目。

（二）资产负债表项目的内容及填列说明

1. 资产类项目的内容及填列说明

（1）"货币资金"项目，反映小企业库存现金、银行存款、其他货币资金的合计数。本项目应根据"库存现金"、"银行存款"和"其他货币资金"科目的期末余额合计填列。

（2）"短期投资"项目，反映小企业购入的能随时变现并且持有时间不准备超过 1 年的股票、债券和基金投资的余额。本项目应根据"短期投资"科目的期末余额填列。

（3）"应收票据"项目，反映小企业收到的未到期收款也未向银行贴现的应收票据（银行承兑汇票和商业承兑汇票）。本项目应根据"应收票据"科目的期末余额填列。

（4）"应收账款"项目，反映小企业因销售商品、提供劳务等日常生产经营活动应收取的款项。本项目应根据"应收账款"的期末余额分析填列。如"应收账款"科目期末为贷方余额，应当在"预收账款"项目列示。

（5）"预付账款"项目，反映小企业按照合同规定预付的款项。包括根据合同规定预付的购货款、租金、工程款等。本项目应根据"预付账款"科目的期末借方余额填列；如"预付账款"科目期末为贷方余额，应当在"应付账款"项目列示。

属于超过 1 年期以上的预付账款的借方余额应当在"其他非流动资产"项目列示。

（6）"应收股利"项目，反映小企业应收取的现金股利或利润。本项目应根据"应收股利"科目的期末余额填列。

（7）"应收利息"项目，反映小企业债券投资应收取的利息。小企业购入一次还本付息债券应收的利息，不包括在本项目内。本项目应根据"应收利息"科目的期末余额填列。

（8）"其他应收款"项目，反映小企业除应收票据、应收账款、预付账款、应收股利、应收利息等以外的其他各种应收及暂付款项。包括各种应收的赔款、应向职工收取的各种垫付款项等。本项目应根据"其他应收款"科目的期末余额填列。

（9）"存货"项目，反映小企业期末在库、在途和在加工中的各项存货的成本。包括各种原材料、在产品、半成品、产成品、商品、周转材料（包装物、低值易耗品等）、消耗性生物资产等。本项目应根据"材料采购"、"在途物资"、"原材料"、"材料成本差异"、"生产成本"、"库存商品"、"商品进销差价"、"委托加工物资"、"周转材料"、"消耗性生物资产"

等科目的期末余额分析填列。

（10）"其他流动资产"项目，反映小企业除以上流动资产项目外的其他流动资产（含1年内到期的非流动资产）。本项目应根据有关科目的期末余额分析填列。

（11）"长期债券投资"项目，反映小企业准备长期持有的债券投资的本息。本项目应根据"长期债券投资"科目的期末余额分析填列。

（12）"长期股权投资"项目，反映小企业准备长期持有的权益性投资的成本。本项目应根据"长期股权投资"科目的期末余额填列。

（13）"固定资产原价"和"累计折旧"项目，反映小企业固定资产的原价（成本）及累计折旧。这两个项目应根据"固定资产"科目和"累计折旧"科目的期末余额填列。

（14）"固定资产账面价值"项目，反映小企业固定资产原价扣除累计折旧后的余额。本项目应根据"固定资产"科目的期末余额减去"累计折旧"科目的期末余额后的金额填列。

（15）"在建工程"项目，反映小企业尚未完工或虽已完工，但尚未办理竣工决算的工程成本。本项目应根据"在建工程"科目的期末余额填列。

（16）"工程物资"项目，反映小企业为在建工程准备的各种物资的成本。本项目应根据"工程物资"科目的期末余额填列。

（17）"固定资产清理"项目，反映小企业因出售、报废、毁损、对外投资等原因处置固定资产所转出的固定资产账面价值以及在清理过程中发生的费用等。本项目应根据"固定资产清理"科目的期末借方余额填列；如"固定资产清理"科目期末为贷方余额，以"－"号填列。

（18）"生产性生物资产"项目，反映小企业生产性生物资产的账面价值。本项目应根据"生产性生物资产"科目的期末余额减去"生产性生物资产累计折旧"科目的期末余额后的金额填列。

（19）"无形资产"项目，反映小企业无形资产的账面价值。本项目应根据"无形资产"科目的期末余额减去"累计摊销"科目的期末余额后的金额填列。

（20）"开发支出"项目，反映小企业正在进行的无形资产研究开发项目满足资本化条件的支出。本项目应根据"研发支出"科目的期末余额填列。

（21）"长期待摊费用"项目，反映小企业尚未摊销完毕的已提足折旧的固定资产的改建支出、经营租入固定资产的改建支出、固定资产的大修理支出和其他长期待摊费用。本项目应根据"长期待摊费用"科目的期末余额分析填列。

（22）"其他非流动资产"项目，反映小企业除以上非流动资产以外的其他非流动资产。本项目应根据有关科目的期末余额分析填列。

2. 负债类项目内容及填列说明

（23）"短期借款"项目，反映小企业向银行或其他金融机构等借入的期限在1年内的、尚未偿还的各种借款本金。本项目应根据"短期借款"科目的期末余额填列。

（24）"应付票据"项目，反映小企业因购买材料、商品和接受劳务等日常生产经营活动开出、承兑的商业汇票（银行承兑汇票和商业承兑汇票）尚未到期的票面金额。本项目应根据"应付票据"科目的期末余额填列。

（25）"应付账款"项目，反映小企业因购买材料、商品和接受劳务等日常生产经营活动尚未支付的款项。本项目应根据"应付账款"科目的期末余额填列。如"应付账款"科目期末为借方余额，应当在"预付账款"项目列示。

（26）"预收账款"项目，反映小企业根据合同规定预收的款项。包括：预收的购货款、工程款等。本项目应根据"预收账款"科目的期末贷方余额填列；如"预收账款"科目期末为借方余额，应当在"应收账款"项目列示。

属于超过 1 年期以上的预收账款的贷方余额应当在"其他非流动负债"项目列示。

（27）"应付职工薪酬"项目，反映小企业应付未付的职工薪酬。本项目应根据"应付职工薪酬"科目期末余额填列。

（28）"应交税费"项目，反映小企业期末未交、多交或尚未抵扣的各种税费。本项目应根据"应交税费"科目的期末贷方余额填列；如"应交税费"科目期末为借方余额，以"一"号填列。

（29）"应付利息"项目，反映小企业尚未支付的利息费用。本项目应根据"应付利息"科目的期末余额填列。

（30）"应付利润"项目，反映小企业尚未向投资者支付的利润。本项目应根据"应付利润"科目的期末余额填列。

（31）"其他应付款"项目，反映小企业除应付账款、预收账款、应付职工薪酬、应交税费、应付利息、应付利润等以外的其他各项应付、暂收的款项。包括：应付租入固定资产和包装物的租金、存入保证金等。本项目应根据"其他应付款"科目的期末余额填列。

（32）"其他流动负债"项目，反映小企业除以上流动负债以外的其他流动负债（含 1 年内到期的非流动负债）。本项目应根据有关科目的期末余额填列。

（33）"长期借款"项目，反映小企业向银行或其他金融机构借入的期限在 1 年以上的、尚未偿还的各项借款本金。本项目应根据"长期借款"科目的期末余额分析填列。

（34）"长期应付款"项目，反映小企业除长期借款以外的其他各种应付未付的长期应付款项。包括：应付融资租入固定资产的租赁费、以分期付款方式购入固定资产发生的应付款项等。本项目应根据"长期应付款"科目的期末余额分析填列。

（35）"递延收益"项目，反映小企业收到的、应在以后期间计入损益的政府补助。本项目应根据"递延收益"科目的期末余额分析填列。

（36）"其他非流动负债"项目，反映小企业除以上非流动负债项目以外的其他非流动负债。本项目应根据有关科目的期末余额分析填列。

3. 所有者权益类项目的内容及填列说明

（37）"实收资本（或股本）"项目，反映小企业收到投资者按照合同协议约定或相关规定投入的、构成小企业注册资本的部分。本项目应根据"实收资本（或股本）"科目的期末余额分析填列。

（38）"资本公积"项目，反映小企业收到投资者投入资本超出其在注册资本中所占份额的部分。本项目应根据"资本公积"科目的期末余额填列。

（39）"盈余公积"项目，反映小企业（公司制）的法定公积金和任意公积金、小企业（外商投资）的储备基金和企业发展基金。本项目应根据"盈余公积"科目的期末余额填列。

（40）"未分配利润"项目，反映小企业尚未分配的历年结存的利润。本项目应根据"利润分配"科目的期末余额填列。未弥补的亏损，在本项目内以"一"号填列。

五、资产负债表的分析与利用

资产负债表所反映的期初、期末数据，通过计算可以生成反映小企业财务状况的重要指标，这些指标对于了解掌握小企业的发展状况具有重要意义，有助于财务报表外部使用者作出相关决策。例如，利用流动资产合计和流动负债合计可以计算生成流动比率，利用速动资产与流动负债合计可以计算生成速动比率，利用资产总额和负债总额可以计算生成资产负债率，利用负债合计与所有者权益合计可以计算出产权比率，反映小企业短期和长期偿债能力。又再如，资产负债表的期末、期初数据变动可以反映小企业财务状况的变动趋势。利用期初、期末固定资产金额可以计算分析小企业固定资产投资的扩张程度和固定资产的新旧程度；利用期初、期末所有者权益合计可以计算分析资本保值增值率等。

第三节　利润表

利润表，是指反映小企业在一定会计期间的经营成果的报表。对于利润表的规定，可以从以下几个方面来理解：

一、利润表的定义

对利润表的定义，应注意把握好以下几个方面：

1. 利润表是一张反映某一特定会计期间而不是某一特定时点的会计报表。从会计科目的角度来看，反映的是会计科目在某一会计期间的发生额。

2. 小企业在某一特定会计期间的经营成果通常是通过收入、费用和利润及其相互的关系来反映的。

3. 按年度编制的利润表，反映的是小企业每年从 1 月 1 日起至 12 月 31 日止整个会计年度这一会计期间累计实现的经营成果。

4. 按月份编制的利润表，反映的是小企业从每个月月初第一天起至月末最后一天止这一会计期间实现的经营成果，有时也包括小企业从当年 1 月 1 日起至报告月份月末最后一天止这一会计期间累计实现的经营成果。按季度编制利润表时，反映的是小企业从每个季度第一天起至本季度末最后一天止这一会计期间实现的经营成果。

5. 利润表的作用主要体现为：通过利润表，可以反映小企业在一定会计期间的收入、费用、利润（或亏损）的金额和构成情况，帮助财务报表的外部使用者全面了解小企业的经营成果，分析小企业的获利能力及盈利增长趋势，从而为其作出经济决策提供依据。

二、利润表中费用的分类标准

费用是利润表的重要组成内容。费用按照不同的分类标准进行分类，可以产生不同格式的利润表。通常，费用有两种分类标准：一是按照功能分类，即按照费用在小企业所发挥的经济功能进行分类列报，分为营业成本、营业税金及附加、销售费用、管理费用和财务费用等。二是按照性质分类，即按照费用在小企业所反映的经济性质进行分类列报，分为材料费、人工费、折旧费、融资费等。

小企业会计准则对费用采用了功能分类标准，主要考虑有四个方面：一是对于小企业而言，其日常生产经营活动通常可以划分为生产、销售、管理、融资等，每一种活动上发生的费用所发挥的功能并不相同，因此，按照费用功能法将其分开列报，有助于财务报表的外部使用者了解费用发生的活动领域。比如，小企业为销售产品发生了多少费用、为一般行政管理发生了多少费用、为筹措资金发生了多少费用，等等。这种方法通常能向财务报表的外部使用者提供具有结构性的信息，能更清楚地揭示小企业经营业绩的主要来源和构成。二是与企业会计准则的规定相一致。三是与企业所得税法的规定相衔接，便于小企业进行纳税申报。四是符合我国企业长期以来形成的按费用功能报告利润的惯例和会计人员的习惯。

三、利润表的设计理念和组成项目

（一）利润表的设计理念

利润表遵循了"收入－费用＝利润"这一会计恒等式的要求，把小企业在某一特定会计期间完成的收入、发生的费用和实现的利润充分反映出来。因此，小企业会计准则对小企业的利润表采用了多步式利润表，即通过对当期的收入和费用项目加以归类，按利润形成的主要环节列示一些中间性利润指标，分步计算当期净利润，目的是为了便于财务报表的外部使用者理解小企业经营成果的不同来源和盈利能力。小企业可以分如下三个步骤编制利润表：

第一步，以营业收入为基础，减去营业成本、营业税金及附加、销售费用、管理费用和财务费用，加上投资收益（减去投资损失），计算出营业利润；

第二步，以营业利润为基础，加上营业外收入，减去营业外支出，计算出利润总额；

第三步，以利润总额为基础，减去所得税费用，计算出净利润（或净亏损）。

利润表通常按照各项收入、费用以及构成利润的各个项目分类分项列示。需要说明的是，利润表的列报格式还有单步式利润表。单步式利润表是将当期所有的收入列在一起，然后将所有的费用列在一起，两者相减得出当期净利润。

（二）利润表的组成项目

利润表至少应当单独列示反映下列信息的项目：

1. 营业收入；
2. 营业成本；
3. 营业税金及附加；
4. 销售费用；
5. 管理费用；
6. 财务费用；
7. 所得税费用；
8. 净利润。

四、利润表的编制

（一）利润表项目的填列方法

利润表中一般设有"本年累计金额"和"本月金额"两栏，其填列方法如下：

"本年累计金额"栏反映各项目自年初起至报告期末（月末、季末、年末）止的累计实际发生额。

"本月金额"栏反映各项目的本月实际发生额。不编制月度利润表的小企业，在编制季度利润表时，应将"本月金额"栏改为"本季度金额"栏，反映各项目的本季度实际发生额。小企业编制年度利润表时，应将"本月金额"栏改为"上年金额"栏，填列上年全年实际发生额。如果上年度利润表的项目名称和内容与本年度利润表不一致，应对上年度利润表项目的名称和数字按本年度的规定进行调整，填入报表的"上年金额"栏。

(二) 利润表项目的内容及填列说明

1. 收入类项目的内容及填列说明

(1) "营业收入"项目，反映小企业销售商品和提供劳务所实现的收入总额。本项目应根据"主营业务收入"科目和"其他业务收入"科目的发生额合计填列。

2. 费用类项目的内容及填列说明

(2) "营业成本"项目，反映小企业所销售商品的成本和所提供劳务的成本。本项目应根据"主营业务成本"科目和"其他业务成本"科目的发生额合计填列。

(3) "营业税金及附加"项目，反映小企业开展日常生产活动应负担的消费税、营业税、城市维护建设税、资源税、土地增值税、城镇土地使用税、房产税、车船税、印花税和教育费附加、矿产资源补偿费、排污费等。本项目应根据"营业税金及附加"科目的发生额填列。

(4) "销售费用"项目，反映小企业销售商品或提供劳务过程中发生的费用。本项目应根据"销售费用"科目的发生额填列。

(5) "管理费用"项目，反映小企业为组织和管理生产经营发生的其他费用。本项目应根据"管理费用"科目的发生额填列。

(6) "财务费用"项目，反映小企业为筹集生产经营所需资金发生的筹资费用。本项目应根据"财务费用"科目的发生额填列。

(7) "投资收益"项目，反映小企业股权投资取得的现金股利（或利润）、债券投资取得的利息收入和处置股权投资和债券投资取得的处置价款扣除成本或账面余额、相关税费后的净额。本项目应根据"投资收益"科目的发生额填列；如为投资损失，以"－"号填列。

3. 利润类项目的内容及填列说明

(8) "营业利润"项目，反映小企业当期开展日常生产经营活动实现的利润。本项目应根据营业收入扣除营业成本、营业税金及附加、销售费用、管理费用和财务费用，加上投资收益后的金额填列；如为亏损，以"－"号填列。

(9) "营业外收入"项目，反映小企业实现的各项营业外收入金额。包括：非流动资产处置净收益、政府补助、捐赠收益、盘盈收益、汇兑收益、出租包装物和商品的租金收入、逾期未退包装物押金收益、确实无法偿付的应付款项、已作坏账损失处理后又收回的应收款项、违约金收益等。本项目应根据"营业外收入"科目的发生额填列。

(10) "营业外支出"项目，反映小企业发生的各项营业外支出金额。包括：存货的盘亏、毁损、报废损失，非流动资产处置净损失，坏账损失，无法收回的长期债券投资损失，无法收回的长期股权投资损失，自然灾害等不可抗力因素造成的损失，税收滞纳金，罚金，罚款，被没收财物的损失，捐赠支出，赞助支出等。本项目应根据"营业外支出"科目的发生额填列。

（11）"利润总额"项目，反映小企业当期实现的利润总额。本项目应根据营业利润加上营业外收入减去营业外支出后的金额填列；如为亏损总额，以"－"号填列。

（12）"所得税费用"项目，反映小企业根据企业所得税法确定的应从当期利润总额中扣除的所得税费用。本项目应根据"所得税费用"科目的发生额填列。

（13）"净利润"项目，反映小企业当期实现的净利润。本项目应根据利润总额扣除所得税费用后的金额填列；如为净亏损，以"－"号填列。

五、利润表的分析与使用

利润表所反映的期初、期末数据，通过计算可以生成反映小企业财务状况的重要指标，这些指标对于了解掌握小企业的经营成果具有重要意义，有助于财务报表外部使用者作出相关决策。例如，利用利润表本期和上期净利润可以计算生成净利润增长率，反映小企业获利能力的增长情况和长期的盈利能力趋势。利用净利润和营业收入可以计算生成销售利润率，反映小企业经营的获利能力。利用净利润、营业成本、销售费用、管理费用和财务费用可以计算生成成本费用利润率，反映小企业投入产出的情况。又如，利用利润表数据与其他报表或有关资料，可以生成反映小企业投资回报等有关情况的指标，如利用净利润和净资产可以计算净资产收益率，反映小企业自有资金投资收益水平。

第四节　现金流量表

现金流量表，是指反映小企业在一定会计期间现金流入和流出情况的报表。对于现金流量表的规定，可以从以下几个方面来理解：

一、现金流量表的定义

对现金流量表的定义，应注意把握好以下几个方面：

1. 现金流量表是一张反映某一特定会计期间而不是某一特定时点的会计报表。从会计科目的角度来看，反映的是会计科目在某一会计期间的发生额。

2. 小企业在某一特定会计期间的现金流量的情况通常是通过现金流入、现金流出及其相互的关系来反映的。

3. 按年度编制的现金流量表，反映的是小企业每年从1月1日起至12月31日止整个会计年度这一会计期间累计发生的现金流量情况。

4. 按月份编制的现金流量表，反映的是小企业从每个月月初第一天起至月末最后一天止这一会计期间发生的现金流量情况。按季度编制现金流量表时，反映的是小企业从每个季度第一天起至本季度末最后一天止这一会计期间发生的现金流量情况。

5. 现金流量表的作用。通过现金流量表，可以为财务报表使用者提供小企业一定会计期间内现金流入和流出的信息，便于使用者了解和评价企业获取现金的能力，据以预测企业未来现金流量。其作用具体来讲，一是有助于评价小企业支付能力、偿债能力和周转能力；二是有助于预测小企业未来现金流量；三是有助于分析小企业利润质量及影响现金净流量的因素，掌握小企业经营活动、投资活动和筹资活动的现金流量，可以从现金流量的角度了解净利润的质量，为分析和判断企业的财务前景提供有用的会计信息。

二、现金的定义

作为现金流量表中反映的现金，必须是可以随时用于支付的，不能随时用于支付的不属于现金。"可以随时用于支付"意味着该现金的使用不受第三方的限制，小企业有支配权可以使用和支付。据此，小企业的现金主要包括：

1. 库存现金，是指小企业持有的可随时用于支付的现金，与"库存现金"科目的核算内容一致；

2. 银行存款，是指小企业存入银行或其他金融机构、可以随时用于支取的存款，与"银行存款"科目核算内容一致；

3. 其他货币资金，是指存放在银行或其他金融机构的银行汇票存款、银行本票存款、信用卡存款、信用证保证金存款、外埠存款和存出投资款等，与"其他货币资金"科目核算内容一致。

三、现金流量表的列报要求

（一）现金流量表应当分别经营活动、投资活动和筹资活动列报现金流量

现金流量，是指小企业现金流入（即收到现金）和现金流出（即支付现金）。需要说明的是，现金流量是指小企业与外部第三方之间发生的现金收付，外部第三方主要包括材料供应商、销售客户、职工、投资者、债权人、政府部门等。因此，在现金流量表中，库存现金、银行存款和其他货币资金被视为一个整体，小企业现金形式的转换不会产生现金的流入和流出。比如，小企业从银行提取现金，是小企业现金存放形式的转换，现金并未流出企业，不构成现金流量。

根据小企业日常经营活动的性质和现金流量的来源，现金流量表将小企业一定期间产生的现金流量分为三类：经营活动现金流量、投资活动现金流量和筹资活动现金流量。其中，经营活动是指小企业投资活动和筹资活动以外的所有交易和事项；投资活动是指小企业固定资产、无形资产、其他非流动资产的购建和短期投资、长期债券投资、长期股权投资及其处置活动；筹资活动是指导致小企业资本及债务规模和构成发生变化的活动。

（二）现金流量应当分别按照现金流入和现金流出总额列报

即实现"收支两条线"原则，现金流量表中的三种活动涉及现金流量时，应分别现金流入和现金支出列示，不得以相互抵销后的净额进行列示，以全面揭示小企业现金流量的方向、规模和结构。

需要说明的是，处置固定资产、无形资产和其他长期资产所收到的现金，与处置活动支付的现金，两者在时间上比较接近，也紧密相关，以净额更能准确反映处置活动对小企业现金流量的影响，因此，"处置固定资产、无形资产和其他非流动资产收回的现金净额"以净额进行反映。

四、现金流量表的组成项目

现金流量表的项目主要有：经营活动产生的现金流量、投资活动产生的现金流量、筹资

活动产生的现金流量、现金净增加额、期初现金余额和期末现金余额等项目。

五、现金流量表的编制

（一）现金流量表的编制方法

在具体编制现金流量表时，小企业可以采用工作底稿法或 T 型账户法，也可以根据有关科目记录分析填列。

1. 工作底稿法

采用工作底稿法编制现金流量表，是以工作底稿为手段，以资产负债表和利润表数据为基础，对每一项目进行分析并编制调整分录，从而编制现金流量表。工作底稿法的程序是：

第一步，将资产负债表的期初数和期末数过入工作底稿的期初数栏和期末数栏。

第二步，对当期业务进行分析并编制调整分录。编制调整分录时，要以利润表项目为基础，从"营业收入"开始，结合资产负债表项目逐一进行分析。在调整分录中，有关现金的事项，并不直接借记或贷记现金，而是分别计入"经营活动产生的现金流量"、"投资活动产生的现金流量"、"筹资活动产生的现金流量"有关项目。借记表示现金流入，贷记表示现金流出。

第三步，将调整分录过入工作底稿中的相应部分。

第四步，核对调整分录，借方、贷方合计数均已经相等，资产负债表项目期初数加减调整分录中的借贷金额以后，也等于期末数。

第五步，根据工作底稿中的现金流量表项目部分编制正式的现金流量表。

2. T 型账户法

采用 T 型账户法编制现金流量表，是以 T 型账户为手段，以资产负债表和利润表数据为基础，对每一项目进行分析并编制调整分录，从而编制现金流量表。T 型账户法的程序是：

第一步，为所有的非现金项目（包括资产负债表项目和利润表项目）分别开设 T 型账户，并将各自的期末期初变动数过入各相关账户。如果项目的期末数大于期初数，则将差额过入和项目余额相同的方向；反之，过入相反的方向。

第二步，开设一个大的"现金" T 型账户，每边分为经营活动、投资活动和筹资活动三个部分，左边记现金流入，右边记现金流出。与其他账户一样，过入期末期初变动数。

第三步，以利润表项目为基础，结合资产负债表分析每一个非现金项目的增减变动，并据此编制调整分录。

第四步，将调整分录过入各 T 型账户，并进行核对，该账户借贷相抵后的余额与原先过入的期末期初变动数应当一致。

第五步，根据大的"现金" T 型账户编制正式的现金流量表。

以上两种方法实际上是服务于手工记账和编表的情况。在实务中，大多数小企业已经采用财务软件进行日常会计核算，在财务软件中已经按照小企业会计准则的规定固化好现金流量表的编制程序，小企业只需根据自身的实际情况进行适当调整即可，因此，小企业现金流量表的编制实际上并不会增加小企业和会计人员过多的工作量。借助财务信息系统编制现金流量表，既快捷又准确，还减轻了会计人员的工作负担。

（二）现金流量表项目的填列方法

1. 现金流量表中一般设有"本年累计金额"和"本月金额"两栏，其填列方法如下：

"本年累计金额"栏反映各项目自年初起至报告期末（月末、季末、年末）止的累计实际发生额。

"本月金额"栏反映各项目的本月实际发生额。不编制月度现金流量表的小企业，在编制季度现金流量表时，应将"本月金额"栏改为"本季度金额"栏，反映各项目的本季度实际发生额。小企业编制年度现金流量表时，应将"本月金额"栏改为"上年金额"栏，填列上年全年实际发生额。如果上年度现金流量表的项目名称和内容与本年度现金流量表不一致，应对上年度现金流量表项目的名称和数字按本年度的规定进行调整，填入报表的"上年金额"栏。

2. 现金流量表中"一、经营活动产生的现金流量："项目、"二、投资活动产生的现金流量："项目和"三、筹资活动产生的现金流量："项目这3个项目不得填列金额。

（三）现金流量表项目的填列说明

1. 经营活动产生的现金流量

（1）"销售产成品、商品、提供劳务收到的现金"项目，反映小企业本期销售产成品、商品、提供劳务收到的现金。本项目可以根据"库存现金"、"银行存款"和"主营业务收入"等科目的本期发生额分析填列。

（2）"收到其他与经营活动有关的现金"项目，反映小企业本期收到的其他与经营活动有关的现金。本项目可以根据"库存现金"和"银行存款"等科目的本期发生额分析填列。

（3）"购买原材料、商品、接受劳务支付的现金"项目，反映小企业本期购买原材料、商品、接受劳务支付的现金。本项目可以根据"库存现金"、"银行存款"、"其他货币资金"、"原材料"、"库存商品"等科目的本期发生额分析填列。

（4）"支付的职工薪酬"项目，反映小企业本期向职工支付的薪酬。本项目可以根据"库存现金"、"银行存款"、"应付职工薪酬"科目的本期发生额填列。

（5）"支付的税费"项目，反映小企业本期支付的税费。本项目可以根据"库存现金"、"银行存款"、"应交税费"等科目的本期发生额填列。

（6）"支付其他与经营活动有关的现金"项目，反映小企业本期支付的其他与经营活动有关的现金。本项目可以根据"库存现金"、"银行存款"等科目的本期发生额分析填列。

2. 投资活动产生的现金流量

（7）"收回短期投资、长期债券投资和长期股权投资收到的现金"项目，反映小企业出售、转让或到期收回短期投资、长期股权投资而收到的现金，以及收回长期债券投资本金而收到的现金，不包括长期债券投资收回的利息。本项目可以根据"库存现金"、"银行存款"、"短期投资"、"长期股权投资"、"长期债券投资"等科目的本期发生额分析填列。

（8）"取得投资收益收到的现金"项目，反映小企业因权益性投资和债权性投资取得的现金股利或利润和利息收入。本项目可以根据"库存现金"、"银行存款"、"投资收益"等科目的本期发生额分析填列。

（9）"处置固定资产、无形资产和其他非流动资产收回的现金净额"项目，反映小企业处置固定资产、无形资产和其他非流动资产取得的现金，减去为处置这些资产而支付的有关税费等后的净额。本项目可以根据"库存现金"、"银行存款"、"固定资产清理"、"无形资产"、"生产性生物资产"等科目的本期发生额分析填列。

（10）"短期投资、长期债券投资和长期股权投资支付的现金"项目，反映小企业进行权益性投资和债权性投资支付的现金。包括：企业取得短期股票投资、短期债券投资、短期基金投资、长期债券投资、长期股权投资支付的现金。本项目可以根据"库存现金"、"银行存款"、"短期投资"、"长期债券投资"、"长期股权投资"等科目的本期发生额分析填列。

（11）"购建固定资产、无形资产和其他非流动资产支付的现金"项目，反映小企业购建固定资产、无形资产和其他非流动资产支付的现金。包括：购买机器设备、无形资产、生产性生物资产支付的现金、建造工程支付的现金等现金支出，不包括为购建固定资产、无形资产和其他非流动资产而发生的借款费用资本化部分和支付给在建工程和无形资产开发项目人员的薪酬。为购建固定资产、无形资产和其他非流动资产而发生借款费用资本化部分，在"偿还借款利息支付的现金"项目反映；支付给在建工程和无形资产开发项目人员的薪酬，在"支付的职工薪酬"项目反映。本项目可以根据"库存现金"、"银行存款"、"固定资产"、"在建工程"、"无形资产"、"研发支出"、"生产性生物资产"、"应付职工薪酬"等科目的本期发生额分析填列。

3. 筹资活动产生的现金流量

（12）"取得借款收到的现金"项目，反映小企业举借各种短期、长期借款收到的现金。本项目可以根据"库存现金"、"银行存款"、"短期借款"、"长期借款"等科目的本期发生额分析填列。

（13）"吸收投资者投资收到的现金"项目，反映小企业收到的投资者作为资本投入的现金。本项目可以根据"库存现金"、"银行存款"、"实收资本"、"资本公积"等科目的本期发生额分析填列。

（14）"偿还借款本金支付的现金"项目，反映小企业以现金偿还各种短期、长期借款的本金。本项目可以根据"库存现金"、"银行存款"、"短期借款"、"长期借款"等科目的本期发生额分析填列。

（15）"偿还借款利息支付的现金"项目，反映小企业以现金偿还各种短期、长期借款的利息。本项目可以根据"库存现金"、"银行存款"、"应付利息"等科目的本期发生额分析填列。

（16）"分配利润支付的现金"项目，反映小企业向投资者实际支付的利润。本项目可以根据"库存现金"、"银行存款"、"应付利润"等科目的本期发生额分析填列。

第五节　附　注

附注，是指对在资产负债表、利润表和现金流量表等报表中列示项目的文字描述或明细资料，以及对未能在这些报表中列示项目的说明等。关于附注的规定，可以从以下几个方面来理解：

一、附注的定义

附注是财务报表不可或缺的组成部分，是对在资产负债表、利润表和现金流量表等报表中列示项目的文字描述或明细资料，以及对未能在这些报表中列示项目的说明等。对附注的定义，应当注意把握好以下几个方面：

1. 附注披露的信息应是定量、定性信息的结合，表现为明细资料和文字描述，从而能从量和质两个角度对小企业的经济事项完整地进行反映，也才能满足小企业财务报表外部使用者的信息需求。

2. 附注应当按照一定的结构进行系统合理的排列和分类，有顺序地披露信息。由于附注的内容较多，因此，更应按逻辑顺序排列，分类披露，条理清晰，具有一定的组织结构，以便于财务报表外部使用者理解和掌握，也能更好地实现财务报表的可比性。

3. 附注相关信息应当与资产负债表、利润表和现金流量表等报表中列示的项目相互参照，以有助于财务报表外部使用者联系相关联的信息，并由此从整体上更好地理解财务报表。

二、附注披露的顺序及内容

小企业报表附注应当按照下列顺序和内容进行披露：

（一）遵循小企业会计准则的声明

小企业应当声明编制的财务报表符合小企业会计准则的要求，真实、完整地反映了小企业的财务状况、经营成果和现金流量等有关信息，以此明确小企业编制财务报表所依据的制度基础。

执行小企业会计准则的小企业，如发生的交易或者事项因小企业会计准则未作规范而执行了企业会计准则的相关规定，应当在此部分如实披露如下信息：

1. 发生交易的情况。

2. 参照执行企业会计准则的原因。

3. 所依据的企业会计准则的相关规定。

4. 该交易的处理结果对企业带来的影响，包括对财务状况和经营成果的影响。

（二）短期投资、应收账款、存货、固定资产项目的说明

为简化小企业会计核算并尽可能减少纳税调整，小企业会计准则要求小企业的资产按照成本计量，不计提资产减值准备。同时，考虑到小企业资产的质量，尤其是其可变现能力对债权人影响较大，因此，准则要求小企业应在附注中对几项重要资产的市场价格信息、持有时间的长短和新旧程度进行明细说明，以在一定程度上缓解对资产不计提减值准备可能产生的影响。有关短期投资、应收账款、存货、固定资产项目的详细说明，见下列给定的披露格式。

1. 短期投资的披露格式如下表所示：

项目	期末账面余额	期末市价	期末账面余额与市价的差额
1. 股票			
2. 债券			
3. 基金			
4. 其他			
合计			

需要说明的有以下四点：

（1）期末，是指财务报表对外报告的当期期末，包括月末、季末和年末。具体视报告时间而言，按月对外报告的，期末指月末；按季对外报告的，期末指季末；按年对外报告的，期末指年末。

（2）期末账面余额，是指各项目在"短期投资"明细账户的期末借方余额，但其合计额必须与资产负债表中"短期投资"项目的金额相一致，不得出现差异。

（3）期末市价，是指各项目在期末的市场价格，通常是收盘价。

（4）以下其他项目按照上述 3 点内容进行理解。

2. 应收款项按账龄结构披露的格式如下表所示：

账龄结构	期末账面余额	年初账面余额
1 年以内（含 1 年）		
1 年至 2 年（含 2 年）		
2 年至 3 年（含 3 年）		
3 年以上		
合　计		

3. 存货的披露格式如下表所示：

存货种类	期末账面余额	期末市价	期末账面余额与市价的差额
1. 原材料			
2. 在产品			
3. 库存商品			
4. 周转材料			
5. 消耗性生物资产			
……			
合　计			

4. 固定资产的披露格式如下表所示：

项目	原价	累计折旧	期末账面价值
1. 房屋、建筑物			
2. 机器			
3. 机械			
4. 运输工具			
5. 设备			
6. 器具			
7. 工具			
……			
合　计			

（三）应付职工薪酬、应交税费项目的说明

应付职工薪酬和应交税费是职工、债权人、税务部门和政府其他部门等相关方面重点关注的内容，因此，小企业会计准则要求进行"明细表"形式的披露，这两张明细表构成了资产负债表的附表。有关披露格式如下：

1. 应付职工薪酬的披露格式如下表所示：

项目	期末账面余额	年初账面余额
1. 职工工资		
2. 奖金、津贴和补贴		
3. 职工福利费		
4. 社会保险费		
5. 住房公积金		
6. 工会经费		
7. 职工教育经费		
8. 非货币性福利		
9. 辞退福利		
10. 其他		
合计		

2. 应交税费的披露格式如下表所示：

项目	期末账面余额	年初账面余额
1. 增值税		
2. 消费税		
3. 营业税		
4. 城市维护建设税		
5. 企业所得税		
6. 资源税		
7. 土地增值税		
8. 城镇土地使用税		
9. 房产税		
10. 车船税		
11. 教育费附加		
12. 矿产资源补偿费		
13. 排污费		
14. 代扣代缴的个人所得税		
……		
合计		

（四）利润分配的说明

小企业的利润分配应当遵循相关法律法规的规定。小企业会计准则提供的利润分配表综合考虑了公司法、外商投资企业法等相关法律的要求，但是小企业在具体应用时应根据其适用的法律进行编制，如果其中有些项目不适用，则不应填列任何数字，空置即可。利润分配表的格式如下表所示：

项目	本年金额	上年金额
一、净利润		
加：年初未分配利润		
其他转入		
二、可供分配的利润		
减：提取法定盈余公积		
提取任意盈余公积		
提取职工奖励及福利基金*		
提取储备基金*		
提取企业发展基金*		
利润归还投资**		
三、可供投资者分配的利润		
减：应付利润		
四、未分配利润		

　　＊提取职工奖励及福利基金、提取储备基金、提取企业发展基金这3个项目仅适用于小企业（外商投资）按照相关法律规定提取的3项基金。

　　＊＊利润归还投资这个项目仅适用于小企业（中外合作经营）根据合同规定在合作期间归还投资者的投资。

　　由于小企业会计准则不强制要求小企业编制所有者权益变动表，并考虑到利润分配表主要是要解决三个问题，一是按照相关法律进行利润分配情况，二是向投资者提供的投资回报情况，三是确定未分配利润的余额，因此，小企业会计准则将利润分配表作为资产负债表的附表看待，反映小企业利润分配的情况和未分配利润结余的情况。该表"本年金额"栏，根据当年"利润分配"总账及其所属各明细账的记录分析填列。"上年金额"栏根据上一年"利润分配表"中的"本年金额"栏数字填列。

　　利润分配表各项目的填列方法：

　　1."净利润"项目，反映小企业当年实现的净利润，如为净亏损，以"—"号填列。本项目的数字应与"利润表"中"本年累计金额"栏的"净利润"项目相一致。

　　2."年初未分配利润"项目，反映小企业年初未分配的利润。如为未弥补的亏损，以"—"号填列。

　　3."其他转入"项目，反映小企业按规定用盈余公积弥补亏损等转入的数额。

　　4."提取法定盈余公积"和"提取任意盈余公积"项目，反映小企业按照公司法规定当年提取的法定公积金和任意公积金。

　　5."提取职工奖励及福利基金"、"提取储备基金"、"提取企业发展基金"项目，仅反映小企业（外商投资）按照外商投资企业法规定提取的职工奖励及福利基金、储备基金和企业发展基金。

　　6."利润归还投资"项目，仅反映小企业（中外合作经营）按外商投资企业法规定和合同约定在合作期间以利润归还投资者的投资。

　　7."应付利润"项目，反映小企业当年分配给投资者的利润。

　　8."未分配利润"项目，反映小企业年末尚未分配的利润。如为未弥补的亏损，以"—"号填列。本项目的数字应与"资产负债表"中"期末余额"栏的"未分配利润"项目相一致。

（五）用于对外担保的资产名称、账面余额及形成的原因；未决诉讼、未决仲裁以及对外提供担保所涉及的金额

1. 用于对外担保的资产名称、账面余额及形成的原因

小企业在日常生产经营中会遇到资金短缺的问题，需要向银行等金融机构申请贷款或向第三方借入资金，有些情况资金提供者要求小企业以自身的资产作出担保，这些资产虽然其所有权未发生改变，但其使用权、处置权、收益权等受到债权人的一定限制，与其他未作为担保物使用的资产不同。因此，小企业会计准则要求对这类资产作出专门披露。具体披露内容和要求如下：

（1）用于对外担保的资产名称，指其具体名称，而不是资产性质或类别，目的是使财务报表外部使用者能够直接认定该项资产。如用于向工商银行贷款100万元的担保物是位于×街×号的某房产，而不是泛泛地讲某项固定资产。

（2）用于对外担保的资产的账面余额，通常是指其科目余额，但是，对于固定资产、无形资产和生产性生物资产类的资产，还要披露其累计折旧和累计摊销。比如用于担保的某房产，成本为200万元，已提折旧50万元，账面价值为150万元。

（3）用资产进行担保的原因。比如某年某月某日从某银行借入3年期贷款100万元，年利率6%，银行要求本企业用资产进行担保。

实务中，有时小企业的出资人或业主会以个人财产代小企业向债权作出担保。在这种情况下，尽管这些财产不属于小企业的资产，但是也会给小企业带来不利影响，因此，针对这种情况，也应比照本条的规定进行披露。

2. 未决诉讼、未决仲裁所涉及的金额

小企业在日常生产经营活动中有时会产生一些法律纠纷、合同争议，需要诉诸于法律和仲裁机构进行审理和裁决。这类事项的发生，虽然当期不会马上给小企业带来损失，但是最终的结果可能会给企业造成损失，当然，也可能会带来收益。因此，小企业会计准则要求小企业对这类事项也应当作出披露，具体包括事由、目前进展情况和所涉及的金额。

3. 对外提供担保所涉及的金额

小企业在日常生产经营活动中需要向银行等金融机构申请贷款或向第三方借入资金，有些情况下，资金提供者要求小企业以自身的资产作出担保；个别情况下，小企业也会为业主或其他第三方提供担保。这些情况的存在可能会给企业带来损失，因此，小企业会计准则要求小企业对这类事项也应当作出披露，具体包括事由、目前进展情况、所涉及的金额以及用于担保的资产名称、账面余额。

（六）发生严重亏损的，应当披露持续经营的计划、未来经营的方案

小企业在日常生产经营活动中是存在风险的，由于规模较小，抗市场风险能力较弱，可能会出现严重亏损的情况，比如资不抵债。这种情况的发生，可能会导致小企业破产清算。如果一旦出现破产清算的情况，就会对职工、税务机关、债权人、投资者等相关方面产生不利影响。因此，小企业会计准则要求小企业对这种情况下的持续经营计划、未来经营方案等补救和改进措施作出披露。

（七）对已在资产负债表和利润表中列示项目与企业所得税法规定存在差异的纳税调整过程

小企业会计准则尽可能地与企业所得税法实现了一致，但也不可避免地还会存在个别差

异。因此，小企业应按照《中华人民共和国企业所得税年度纳税申报表》的要求进行纳税调整。

小企业常见的纳税调整事项通常包括以下 4 项：

1. 国债利息收入；

2. 无形资产研究开发费用；

3. 业务招待费；

4. 广告费和业务宣传费。

有关企业所得税年度纳税申报表的格式及填列要求，参见本书第十章。

（八）其他需要说明的事项

这是一个兜底条款，也是一个鼓励性条款。小企业会计准则鼓励小企业在上述七项要求外，增加披露信息。比如，如果小企业有应收票据、预付账款、长期应收款、其他应收款，比照应收账款按照账龄结构进行披露。

三、执行中应注意的问题

附注是财务报表的重要组成部分，小企业会计准则对附注的规定和要求与对资产、负债、所有者权益、收入、费用和利润的会计处理以及资产负债表、利润表和现金流量表编制的规定和要求是同等重要的，仅是披露的事项上进行了适当简化，但简化并不意味着降低要求。因此，小企业在日常会计核算工作中必须要重视附注的编制工作。根据会计法的要求，对附注信息的编制同样需要有相关凭证和证据作为依据，因此，在编制附注信息时，应做好相关资料的收集和使用工作。具体来讲，包括以下几种情形：

1. 直接使用会计账簿记录资料。如应收账款的账龄结构、固定资产的原价、累计折旧、应付职工薪酬的明细资料、应交税费的明细资料等。

2. 需要单独建立有关资产市场价格信息的备查簿，并进行连续、完整记录。如短期投资的市场价格、存货的市场价格等。

3. 使用会计报表和会计账簿记录相结合编制。如利润分配表的编制、企业所得税纳税申报表的编制。

4. 需要使用相关合同或经营计划进行编制。如对外担保合同、未决诉讼和未决仲裁文书、发生严重亏损后的持续经营计划、未来经营方案等。

第六节 小企业财务报表编制依据和编制时间

企业应当根据实际发生的交易和事项，按照小企业会计准则的规定进行确认和计量，在此基础上按月或者按季编制财务报表。对于此规定，可以从以下几个方面来理解：

一、财务报表的编制依据

小企业应当以实际发生的交易和事项为依据，按照小企业会计准则的规定进行确认、计量和报告。

1. 小企业应将实际发生的交易和事项，根据小企业会计准则的规定确认为资产、负债、所有者权益、收入、费用和利润，并如实反映在财务报表中。

2. 小企业不得根据虚构的、没有发生的或者尚未发生的交易和事项按照小企业会计准则的规定进行确认、计量和报告。

二、财务报表的编制时间

小企业的财务报表分为年度、季度和月度财务报表。月度、季度财务报表是指在月度和季度终了时小企业编制和提供的财务报表；年度财务报表是指在年度终了时小企业编制和提供的财务报表。小企业编制和提供财务报表应把握以下原则：

1. 一般情况下，在一个会计年度内，小企业应当按月编制财务报表。

2. 如果按月编制财务报表有困难，或者小企业财务报表外部使用者不要求企业按月提供财务报表，则可以按季编制财务报表。

3. 小企业必须按年编制财务报表。

4. 除国家另有规定外，小企业对外提供财务报表的频率（即按月、按季、按年提供财务报表）由财务报表外部使用者，如税务机关、银行等债权人、工商登记机关、小企业主管部门等确定。

第七节 会计政策、会计估计变更和会计差错更正

企业对会计政策变更、会计估计变更和会计差错更正应当采用未来适用法进行会计处理。此处所称会计政策，是指小企业在会计确认、计量和报告中所采用的原则、基础和会计处理方法。会计估计变更，是指由于资产和负债的当前状况及预期经济利益和义务发生了变化，从而对资产或负债的账面价值或者资产的定期消耗金额进行调整。会计差错包括计算错误、应用会计政策错误、应用会计估计错误等。未来适用法，是指将变更后的会计政策和会计估计应用于变更日及以后发生的交易或者事项，或者在会计差错发生或发现的当期更正差错的方法。对于此规定，可以从以下几个方面来理解：

一、会计政策变更的内涵及会计处理

（一）会计政策的内涵
对会计政策的定义，应注意把握以下几个方面：

1. 原则，是指小企业会计准则规定的、适合于小企业会计核算所采用的具体会计原则，如收入确认原则、借款费用资本化原则、自行研发支出资本化原则等。

2. 基础，是指为了将会计原则应用于交易或者事项而采用的基础，主要是计量基础（即计量属性），指历史成本这一计量基础。

3. 会计处理方法，是指小企业按照法律、行政法规或者国家统一的会计制度等规定采用或者选择的、适合于本企业的具体会计处理方法。如确定发出存货的计价方法（先进先出法、加权平均法、个别计价法）、长期股权投资采用成本法核算、资产损失采用实际转销法

等。需要说明的是，在实务中，对材料核算采用计划成本法，对商品采用售价法，实际上并不构成会计处理方法，而是为了简化核算而采用的会计核算技巧。

（二）小企业常见的会计政策

1. 短期投资、存货、长期债券投资、长期股权投资、固定资产、无形资产、生产性生物资产等资产，取得时按照成本计量。

2. 发出存货的计价方法，如发出存货成本的计量是采用先进先出法、加权平均法还是个别计价法。

3. 将土地使用权与房屋分开核算。

4. 小企业内部研究开发项目开发阶段的支出符合资本化条件时确认为无形资产。

5. 债券的折价或者溢价在债券存续期间内于确认相关债券利息收入时进行摊销。

6. 长期股权投资在持有期间采用成本法核算。

7. 投资者投入的非货币性资产按照评估价值计量。

8. 资产损失实际发生时予以确认。

9. 收入确认的原则。

10. 符合资本化条件的借款费用进行资本化。

小企业会计准则规定的上述这些会计政策，实际上只有发出存货的计价方法作为会计政策可以发生变更，其他的通常不能变更，因为小企业会计准则只规定了一种方法，除非小企业会计准则作了修订，才可能进行变更。

（三）会计政策变更的内涵

会计政策变更，是指小企业对相同的交易或者事项由原来采用的会计政策改用另一会计政策的行为。

为保证会计信息的可比性，使财务报表使用者在比较小企业一个以上期间的财务报表时，能够正确判断小企业的财务状况、经营成果和现金流量的趋势，一般情况下，小企业采用的会计政策在每一会计期间内和前后各期之间应当保持一致，不得随意变更。否则，势必削弱会计信息的可比性。但是，满足下列条件之一的，可以变更会计政策：

1. 法律、行政法规或者小企业会计准则等要求变更。这种情况是指，按照法律、行政法规、小企业会计准则以及财政部的规定，要求小企业采用新的会计政策，则小企业应当按照法律、行政法规、小企业会计准则以及财政部的规定改变原会计政策，按照新的会计政策执行。

2. 会计政策变更能够提供更可靠、更相关的会计信息。由于经济环境、客观情况的改变，使小企业原采用的会计政策所提供的会计信息，已不能恰当地反映企业的财务状况、经营成果和现金流量情况。在这种情况下，应改变原有会计政策，按变更后新的会计政策进行会计处理，以便对外提供更可靠、更相关的会计信息。比如，小企业原来采用期末一次加权平均法核算发出存货成本，现在由于采用计算机信息系统进行会计核算，大大提高了会计管理水平，能够对存货实现精细化管理，此时采用个别计价法可以更及时、准确地反映发出存货的价值。这种情况下，该企业可以将发出存货的计价方法变更为个别计价法。

（四）会计政策变更的会计处理

小企业对会计政策变更应当采用未来适用法进行会计处理。

未来适用法，是指将变更后的会计政策和会计估计应用于变更日及以后发生的交易和事项，或者在会计差错发生或发现的当期更正差错的方法。未来适用法，通俗地讲，就是"老业务新办法、新业务新办法"。

即在未来适用法下，在变更会计政策时，在变更日之前发生的交易和事项按照原会计政策进行会计处理，在变更日和变更日之后原先已发生的交易和事项的延续和新发生的交易和事项均按照变更后的会计政策进行处理。在实务操作上，即意味着在变更日不调整原先的会计账簿记录和财务报表，在变更日开始按照变更后的会计政策对相关交易和事项进行账务处理即可。

比如，从20×3年1月1日起，某小企业采用先进先出法计算确定发出A材料的成本。20×4年7月1日，由于采用财务软件进行核算，可以对发出材料实现更加精细化的核算，决定将发出A材料（或所有材料）的成本计算方法由先进先出法变更为个别计价法，就属于发生了会计政策变更。在具体进行账务处理时，对于20×4年7月1日之前采用先进先出法计算结转的A材料成本不进行调整，从20×4年7月1日开始对发出A材料的成本以及新购入B材料的发出成本采用个别计价法进行计算和结转即可。虽然采用个别计价法计算的A材料成本与采用先进先出法计算的A材料成本有差异，但也不进行调整，就是上述所讲的未来适用法的具体应用和体现。

二、会计估计变更的内涵及会计处理

（一）会计估计的概念

会计估计，是指小企业对结果不确定的交易或者事项以最近可利用的信息为基础所作的判断。由于小企业日常生产经营活动中内在的不确定因素影响，不少交易和事项不能精确地计量，而只能加以估计。小企业常见的会计估计有：

1. 固定资产的使用寿命、预计净残值的确定，固定资产折旧方法的选择。
2. 生产性生物资产的使用寿命、预计净残值的确定，生产性生物资产折旧方法的选择。
3. 无形资产摊销期的确定、无形资产摊销所采用的年限平均法。
4. 长期待摊费用摊销期的确定、长期待摊费用摊销所采用的年限平均法。
5. 建造合同或劳务合同完工进度的确定。
6. 债券的折价或者溢价，在债券存续期间内于确认相关债券利息收入的摊销时采用直接法。
7. 市场价格或评估价值的确定。

（二）会计估计变更的内涵

对于会计估计变更的定义，应注意把握以下几个方面：

1. 会计估计变更的原因是资产和负债的当前状况及预期经济利益和义务发生了变化。

会计估计实际上是依据现有的资料对未来所作的判断。随着时间的推移，如果赖以进行估计的基础发生了变化，或者由于取得了新的信息，积累了更多的经验可能不得不对估计进行修订，但会计估计变更的依据应当真实、可靠。其中，经济利益对应于资产而言，义务对应于负债而言。

比如，某小企业的房屋，原先按照50年计提折旧；相关法律如2008开始实施的企业所得税法实施条例规定，房屋可以按照20年计提折旧，则小企业可以选择将房屋的折旧年限缩短至20年。在该例中，"资产"是指该房屋，"资产的当前的状况及预期经济利益发生了变化"是指 2008 年企业所得税法实施条例的实施使得房屋给小企业带来的经济利益的年限缩短至 20 年，主要表现为税前可抵扣的折旧费用，但并不意味着其物理使用年限缩短了。

2. 会计估计变更的结果是对资产或负债的账面价值或者资产的定期消耗金额进行了调整。

对于小企业而言，会计估计变更的结果主要体现为对资产的定期消耗金额进行调整。比如，通过改变折旧年限、预计净残值和折旧方法对固定资产的折旧费进行调整。也就是说，通常所讲的固定资产的折旧政策实际上并不是会计政策，而是属于会计估计，因为它符合会计估计和会计估计变更的定义。又如，通过改变折旧年限、预计净残值和折旧方法对生产性生物资产的折旧费进行调整。再如，通过改变摊销期和摊销方法对无形资产和长期待摊费用的摊销费进行调整。

3. 会计估计变更，并不意味着以前期间会计估计是错误的，只是由于情况发生变化，或者掌握了新的信息，积累了更多的经验，使得变更会计估计能够更好地反映小企业的财务状况和经营成果。如果以前期间的会计估计是错误的，则属于会计差错。

（三）会计估计变更的会计处理

小企业对会计估计变更应当采用未来适用法进行处理，就是"老业务新办法、新业务新办法"。

即在未来适用法下，在变更会计估计时，在变更日之前发生的交易和事项按照原会计估计进行会计处理，在变更日和变更日之后原先已发生的交易和事项的延续和新发生的交易和事项均按照变更后的会计估计进行处理。在实务操作上，即意味着在变更日不调整原先的会计账簿记录和财务报表，在变更日开始按照变更后的会计估计对相关交易和事项进行账务处理即可。

比如，从 20×3 年 1 月 1 日起，某小企业采用直线法对 C 机器设备计提折旧。20×4 年 12 月 1 日，由于技术进步，决定对 C 机器设备（或所有机器设备）改用年数总和法计提折旧，就属于发生了会计估计变更。在具体进行账务处理时，对于 20×4 年 12 月 1 日之前对 C 机器设备采用直线法计算结转的折旧费不进行调整，从 20×4 年 12 月 1 日开始对 C 机器设备和新购入的 D 机器设备采用年数总和法计提折旧即可，这就是上述所讲的未来适用法的具体应用和体现。

三、会计差错的内涵及会计差错更正的会计处理

（一）会计差错的内涵

会计差错，是指在会计核算时，在确认、计量和报告等方面出现的错误，包括计算错误、应用会计政策错误、应用会计估计错误等。需要说明的是，在实务中，编制会计凭证错误、登记会计账簿错误等账簿记录虽然属于《会计基础工作规范》所规范的范畴，实际上也是一种会计差错。

（二）会计差错更正的会计处理

小企业对会计差错更正应当采用未来适用法进行会计处理。

在具体应用未来适用法时，要区分以下两种情况：

1. 当期发生的会计差错当期发现

当期发生了各种会计差错，在发生的当时（如当日、当月、当季、当年）按照小企业会

计准则规定的正确会计处理进行更正即可。至于说在当日、当月、当季还是当年来更正，取决于财务报表编制的时间。如果按月编制财务报表，则应当在当日或当月更正；如果按季编制财务报表，则应当在当日或当月或当季更正；如果按年编制财务报表，则在编制年度财务报表之前更正即可。

2. 当期发现以前期间发生的会计差错

如果会计差错发生的当期没有被发现，包括没有被外部相关方面如税务机关发现，当期才发现了以前期间发生的会计差错，则应当在发现的当时（如当日、当月、当季、当年）按照小企业会计准则规定的正确会计处理进行更正。至于说在当日、当月、当季还是当年来更正，也是取决于财务报表编制的时间。与上述 1 相同。

（三）对账簿记录错误的更正

为了便于小企业执行，在此也简要介绍一下对账簿记录错误的更正方法。

1. 划线更正法。在填制凭证、登记账簿过程中，如发现文字或数字记错时，可采用划线更正法进行更正。即先在错误的文字或数字上划一红线，然后在划线上方填写正确的记录。在划线时，如果是文字错误，可只划销错误部分；如果是数字错误，应将全部数字划销，不得只划销错误数字。划销时必须注意使原来的错误字迹仍可辨认。更正后，经办人应在划线的一端盖章，以示负责。

2. 红字更正法。在记账以后，如果在当年内发现记账凭证所记的科目或金额有错时，可以采用红字更正法进行更正。所谓红字更正法，即先用红字填制一张与原错误完全相同的记账凭证，据以用红字登记入账，冲销原有的错误记录；同时再用蓝字填制一张正确的记账凭证，注明"订正 20××年××月×号凭证"，据以登记入账，这样就把原来的差错更正过来。应用红字更正法是为了正确反映账簿中的发生额和科目对应关系。

3. 补充登记法。在记账以后，发现记账凭证填写的金额小于实际金额时，可采用补充登记法进行更正。更正时，可将少记数额填制一张记账凭证补充登记入账，并在摘要栏注明"补充×年×月×日×号凭证少记金额"。

红字更正法和补充登记法都是用来更正因记账错误而产生的记账差错。如果记账凭证无错，只是登记入账时发生误记，这种非因记账凭证误记的差错，无论何时发现（在实际工作中，由于定期核对账目，不可能经过很长时间才被发现），都不能用这两种方法更正，而应用划线法进行更正。因为记账必须以凭证为根据，一张记账凭证不仅是登记明细账的根据，也是汇总登记总账的根据。在同一记账根据的基础上，不一定两种账同时都记错，假如总账未记错，只是某一明细科目记错了数字，如果为订正这一明细科目差错，而采用了红字更正法或补充登记法，势必影响总账发生变动，即将原来的正确数订正为错误数。所以，非因记账凭证误记的差错只能用划线更正法进行更正。

以上只是对当年内发现填写记账凭证或登记账簿错误而采用的方法，如果发现以前年度记账凭证中有错误（指科目和金额）并导致账簿登记错误的，应当用蓝字填制一张更正的记账凭证。

错账的查找是一项非常复杂和细致的工作，往往为了查找一笔差错需要花费很长的时间，有时甚至影响结账，延误决算时间。因此，在日常工作中必须以高度的责任感，尽可能地减少差错。这就要求广大财会人员熟练地掌握小企业会计准则的规定，不断提高业务技术水平和技能，记一笔复核一笔，减少和防止差错的发生，提高核算水平。

第十章　会计基础知识

第一节　会计核算的基本前提和一般原则

会计作为一种特殊的经济管理活动，是经济管理的重要组成部分。作为一种经济管理活动，会计与社会生产的发展水平及社会化程度有着不可分割的联系。会计的产生与发展离不开人们对生产活动进行管理的客观需要。

会计与社会政治、经济等各方面环境的关系十分密切，处于不同环境中的会计会受到不同的影响，会计理论与方法体系也有所差别，人们对会计的认识也会有不同的表述。这是因为，会计作为经济管理工作的重要组成部分，它一方面要受生产力发展水平的影响，与生产力诸要素相适应；另一方面它又与社会政治、法律、文化等上层建筑的要求相一致。显然，研究会计问题不可能脱离其所处的环境。例如，处于高度集中的指令性计划经济条件下的会计理论与方法体系，和处于市场经济条件下的会计理论与方法体系比较有着明显的不一致；处于一个封闭、孤立的社会环境之中的会计理论与方法体系，和处于一个对外高度开放并且和国际经济融于一体的社会环境中的会计理论与方法体系比较也会有明显的不同。

会计核算是会计的首要职能，也是全部会计管理工作的基础。任何经济实体单位要进行经济活动，都要求会计提供根据经济活动信息转换来的客观、真实、正确、完整、系统的会计信息，这就需要对经济活动信息进行记录、计算、分类、汇总，并且将经济活动的内容转换成会计信息，成为能够在会计报告中概括并综合反映各单位经济活动状况的会计资料。因此，会计核算是通过对经济活动信息转换成为会计信息，进行确认、计量、记录并进行公正报告的工作。

一、会计核算的基本前提

组织会计核算工作，需要具备一定的前提条件，即在组织核算工作之前，首先要解决与确立核算主体有关的一系列重要问题。这是全部会计工作的基础，具有非常重要的作用。关于会计核算前提的具体内容，人们的认识迄今尚未取得共识，国内外会计界多数人公认的会计核算基本前提有以下四个。

（一）会计主体

会计主体指的是会计核算服务的对象或者说是会计人员进行核算（确认、计量、记录、报告）采取的立场及空间活动范围界定。组织核算工作首先应明确为谁核算的问题，这是因为会计的各种要素，例如，资产、负债、收入、费用等，都是同特定的经济实体，即会计主体相联系的，一切核算工作都是站在特定会计主体立场上进行的。如果主体不明确，资产和负债就难以界定，收入和费用便无法衡量，以划清经济责任为准绳而建立的各种会计核算方法的应用便无从谈起。因此，在会计核算中必须将该主体所有者的财务活动、其他经济实体的财务活动与该主体自身的财务活动严格区分开，会计核算的对象是该主体自身的财务活动。

这里应该指出的是，会计主体与经济上的法人不是一个概念。作为一个法人，其经济必然是独立的，因而法人一般应该是会计主体，但是构成会计主体的并不一定都是法人。比如，从法律上看，独资及合伙企业所有的财产和债务，在法律上应视为所有者个人财产延伸的一部分，独资及合伙企业在业务上的种种行为仍视其为个人行为，企业的利益与行为和个人的利益与行为是一致的，独资与合伙企业都因此而不具备法人资格。但是，独资、合伙企业都是经济实体、会计主体，在会计处理上都要把企业的财务活动与所有者个人的财务活动截然分开。例如，企业在经营中得到的收入不应记为其所有者的收入，发生的支出和损失，也不应记为其所有者的支出的损失，只有按照规定的账务处理程序转到所有者名下，才能算其收益或损失。

以会计主体作为会计的基本前提条件，对会计核算范围从空间上进行了有效的界定，有利于正确地反映一个经济实体所拥有的财产及承担的债务，计算其经营收益或可能遭受的损失，提供准确的财务信息。

（二）持续经营

如果说会计主体作为基本前提是一种空间界定，那么持续经营则是一种时间上的界定。将持续经营作为基本前提条件，是指企业在可以预见的将来，不会面临破产和清算，而是持续不断地经营下去。既然不会破产和清算，企业拥有的各项资产就在正常的经营过程中耗用、出售或转换，承担的债务也在正常的经营过程中清偿，经营成果就会不断形成，这样核算的必要性是不言而喻的。这是从第一条基本前提引申出来的，也就是说，组织会计核算工作，首先必须明确核算的主体，即解决为谁核算的问题；其次还必须明确时间范围，核算主体是持续不断地经营的。否则，组织核算工作的必要性就不存在了。

持续经营对于会计十分重要，它为正确地确定财产计价、收益，为计量提供了理论依据。只有具备了这一前提条件，才能够以历史成本作为企业资产的计价基础，才能够认为资产在未来的经营活动中可以给企业带来经济效益，固定资产的价值才能够按照使用年限的长短以折旧的方式分期转为费用。对一个企业来说，如果持续经营这一前提条件不存在了，那么一系列的会计准则和会计方法也相应地会丧失其存在的基础，所以，作为一个会计主体必须以持续经营作为前提条件。

（三）会计分期

会计分期这一前提是从第二条基本前提引申出来的，也可以说是持续经营的客观条件。

企业的经营活动从时间上来看是持续不断的，但会计为了确定损益编制财务报表，定期为使用者提供信息，就必须将持续不断的经营过程划分成若干期间。会计期间一般按照日历时间划分，分为年、季、月。会计期间的划分是一种人为的划分，实际的经济活动周期可能与这个期间不一致，有的经济活动可以持续在多个会计期间。但是，与企业有利益关系的单位或个人都需要在一个期间结束之后随时掌握企业的财务状况和经营成果，而不可能等待全部经营过程完结之后再考察企业经营成果。所以，将划分会计期间作为会计的基本前提是由于持续经营和及时提供信息的要求决定的。

会计期间划分的长短会影响损益的确定，一般地说，会计期间划分得愈短，反映经济活动的会计信息质量就愈不可靠。当然，会计期间的划分也不可能太长，太长了会影响会计信息使用者及时使用会计住处的需要的满足程度。因此必须恰当地划分会计期间。

（四）货币计量

用货币来反映一切经济业务是会计核算的基本特征，因而也是会计核算的一个重要性的前提条件。选择货币作为共同尺度，以数量的形式反映会计实体的经营状况及经营成果，是商品经济发展的产物。会计计量是会计核算的关键环节，是会计记录和会计报告的前提，货币则是会计核算的统一尺度。企业经济活动中凡是能够用这一尺度计量的，就可以进行会计反映，凡是不能用这一尺度计量的，则不必进行会计反映。

货币计量实际上是对经济活动进行货币估价，而货币估价的习惯做法是以历史成本计价。不言而喻，采用历史成本计价，就必须假定货币本身的价值稳定不变，或者变动的幅度不大，可以忽略不计。也就是说货币计量前提实际上还包括另一个重要前提，即币值稳定前提。在以币值稳定为前提的条件下，对财产物资采用历史成本原则进行计价是目前通行的一种选择。我国的会计核算还规定以人民币为记账本位币，在有多种货币存在的条件下，要将有关外币用某种汇率折算为记账本位币，以此登记账簿，编制会计报表。

二、会计核算的一般原则

会计核算的一般性原则是会计核算的基本规律，它体现着社会化大生产对会计核算的基本要求，反映着商品经济条件下会计核算的基本规律，是会计核算基本规律的高度概括和总结。

根据《企业会计准则》，我国会计核算的一般原则包括 12 项，它是我国会计核算工作应遵循的最基本的原则性规范，是对我国会计核算工作的基本要求。它在我国会计准则体系中居于指导性地位，它为整个会计准则提供指导思想和理论基础，对具体会计核算行为具有指导作用。

我国 12 项会计核算的一般原则，根据其在会计核算中的作用，大体上可以划分为下面四类：一是总体性要求；二是会计信息质量要求；三是会计要素确定、计量方面的要求；四是会计修订性惯例的要求。

（一）总体性要求

1. 客观性原则

客观性原则是指会计核算必须以实际发生的经济业务及证明经济业务发生的合法凭证为依据，如实反映财务状况和经营成果，做到内容真实，数据准确，资料可靠。

客观性要求是对会计核算工作的基本要求。它包括下面三层含义：一是会计核算应当真实反映企业的财务状况和经营成果，保证会计信息的真实性；二是会计核算应当准确反映企业的财务情况，保证会计信息的准确性；三是会计核算应当具有可检验性，使会计信息具有可验证性的特征。

2. 可比性原则

可比性原则是指会计核算必须符合国家的统一规定，提供相互可比的会计核算资料。可比性原则是以客观性原则为基础的。

3. 一贯性原则

一贯性原则是指企业采用的会计程序和会计处理方法前后各期必须一致，要求企业在一般情况下不得随意变更会计程序和会计处理方法。

一贯性原则要求同一会计主体在不同时期尽可能采用相同的会计程序和会计处理方法，便于不同会计期间会计信息的纵向比较。

可比性原则强调的是横向比较，一贯性原则强调的是纵向比较。从总的方面来说，两者都属于可比性的要求。

一贯性原则并不否认企业在必要时，对所采用的会计程序和会计处理方法作适当的变更。

(二) 会计信息质量要求

1. 相关性原则

相关性原则是指会计核算信息必须符合宏观经济管理的需要，满足各有关方面了解企业财务状况和经营成果的需要，满足企业加强内部经营管理的需要。

2. 及时性原则

及时性原则是指会计核算工作要讲求时效，要求会计处理及时进行，以便会计信息的及时利用。

3. 明晰性原则

明晰性原则是指会计记录和会计信息必须清晰、简明，便于理解和使用。

(三) 会计要素确定、计量方面的要求

1. 权责发生制原则

权责发生制原则是指收入费用的确认应当以收入和费用的实际发生作为确认计量的标准，凡是当期已经实现的收入和已经发生或应当负担的费用，不论款项是否收付，都应作为当期的收入和费用处理；凡是不属于当期的收入和费用，即使款项已经在当期收付，都不应作为当期的收入和费用。

权责发生制是与收付实现制相对称的一个概念。

2. 配比原则

配比原则是指营业收入和与其相对应的成本、费用应当相互配合。

配比原则包括收入和费用在因果联系上的配比，也包含收入和费用在时间意义上的配比，即一定会计期间内的收入和费用的配比问题。

3. 历史成本原则

历史成本原则是指企业的各种资产应当按其取得或购置时发生的实际成本进行核算。历史成本是指取得或制造某项财产物资时所实际支付的现金及其他等价物。

4. 划分收益性支出和资本性支出的原则

划分收益性支出和资本性支出的原则是指会计核算应当严格区分收益性支出和资本性支出的界限，以正确的计算企业当期损益。

收益性支出是指该项支出的发生是为了取得本期收益，即仅仅与本期收入有关。资本性支出是指该支出的发生不仅与本期收入的取得有关，而且与其他会计期间的收入有关，或者主要是为以后各会计期间的收入取得所发生的支出。

（四）会计修订性惯例的要求

1. 谨慎性原则

谨慎性原则要求会计人员对某些经济业务或会计事项存在不同会计处理方法和程序可供选择时，在不影响合理选择的前提下，以尽可能选用一种不虚增利润和夸大所有者权益的会计处理方法和程序进行会计处理，要求合理核算可能发生的损失和费用。

谨慎性原则又称稳健性原则，或称保守主义。

2. 重要性原则

重要性原则是指在会计核算过程中对经济业务或会计事项应区别其重要程度。采用不同的会计处理方法和程序

第二节　会计科目和会计账户

一、会计科目

在会计核算系统不断地搜集、输入、加工、转换、输出会计信息的过程中，一个非常重要的问题就是信息分类。从管理学的角度来看，分类就是管理的基础，或者说分类是管理的一种手段。我们现在的社会是一个信息化的社会，大量出现的各式各样的经济活动信息使得企业必须通过分类才能够进行管理，才能够抓住信息特征将其转换成为会计信息。会计科目是对会计要素的具体内容进行分类核算的标志或项目。对会计对象分类分为会计要素，包括资产、负债、所有者权益、收入、费用、利润等；对会计要素进行分类分为会计科目。在企业进行生产经营活动的过程中，会计要素的具体内容必定会发生数量、金额的增减变动。例如，用银行存款购进原材料，原材料的增加导致银行存款的减少，使得资产要素的具体构成发生变化；用银行存款偿还前欠应付货款，应付账款的减少与银行存款的减少同时发生，使得资产与负债两要素数量同时减少，等等。由于企业的经济活动纷繁复杂，它所引起的各个会计要素内部构成以及各个会计要素之间的增减变化也错综复杂，并表现为不同的形式。有些业务可能多次简单地重复，有些业务则是偶然发生，有些业务的发生很有规律，有些业务可能引起会计恒等式两边的变化，有些业务则只是在某一会计要素内部构成中引起增减变动。为了对会计对象的具体内容进行会计核算和监督，就需要根据其各自不同的特点，分门别类地确定项目。由于会计要素反映的经济内容有很大不同，在经营管理中当然也会有不同的要求，在会计核算中除了要按照各会计要素的不同特点，还应该根据经济管理的要求进行分类别、分项目的核算。

设置会计科目，就是根据会计对象的具体内容和经济管理的要求，事先规定分类核算的项目或标志的一种专门的方法。通过设置会计科目，可以对纷繁复杂、性质不同的经济业务进行科学的分类，可以将复杂的经济信息变成有规律的、易识别的经济信息，并为其转换为会计信息准备条件。在设置会计科目时，需要将会计对象中具体内容相同的归为一类，设立一个会计科目，凡是具备这类信息特征的经济业务，都应该在这个科目项下进行核算。设置会计科目从信息分类的角度来看，是将性质相同的信息给予约定的代码。例如，根据资产这

一会计要素的特征以及经济管理的要求，可以设置"固定资产"、"无形资产"、"库存现金"、"银行存款"、"原材料"等会计科目，这样才能够对资产这一会计要素的具体内容进行核算。设置会计科目时，要为每一具体的类别规定一个科目名称，并且限定在该科目名称下包括的内容，确定这个会计科目的内涵与外延。例如，企业的货币资金是一种资产，但是它的保管及收付方式不一样，因此可以将其划分成两个类别：银行存款和库存现金。相应地也设置两个会计科目，其中"银行存款"科目核算企业存放在银行款项的存入、支取及结存情况，而"库存现金"科目则核算企业库存现金的收付与结存情况。可见，会计科目是对会计要素具体内容分类的标志，在每一个会计科目名称的项下，都要有明确的含义、核算范围。通过设置会计科目，对会计要素的具体内容进行科学的分类，可以为会计报表的使用者提供科学、详细的分类指标体系。在会计核算的各种方法中，设置会计科目占有重要位置。它决定着账户开设和报表结构设计，是一种基本的会计核算方法。设置会计科目在企业会计制度设计工作中居于重要位置，在实际工作中它往往占用的时间最多，争论最大。

二、会计账户

账户，是按照规定的会计科目在账簿里对各项经济业务进行的分类、系统、连续记录的一种手段。会计科目仅仅是分类核算的项目或标志，而核算指标的具体数据资料，则要通过账户记录取得。所以，设置会计科目以后，还必须根据规定的会计科目开设一系列反映不同经济内容的账户，用来对各项经济业务进行分类记录。

作为会计核算对象的会计要素，是随着经济业务的发生在数量上进行增减变化，并相应产生变化结果。因此，用来分类记录经济业务的账户必须确定结构：增加的数额记在哪里，减少的数额记在哪里，增减变动后的结果记在哪里。

采用不同的记账方法，账户的结构是不同的，即使采用同一种记账方法，不同性质的账户结构也是不同的。但是，不管采用何种记账方法，也不论是何种性质的账户，其基本结构总是相同的。账户一般可以划分为左右两方，每一方再根据实际需要分成若干栏次，用来分类登记经济业务及其会计要素的增加与减少，以及增减变动的结果。

（一）账户按会计要素分类

会计的平衡等式为：资产＝负债＋所有者权益。

这一平衡等式表明了会计核算的基本平衡关系，是会计核算的基础，制约和决定着整个会计核算工作。平衡等式中的各要素称为会计要素。账户按会计要素分类就是按账户所核算的经济内容与各会计要素的联系分类。企业进行生产经营活动，首先要拥有一定的场地、设备，同时也需要一定的周转资金，这些由企业拥有或控制的、可以带来未来经济利益的经济资源为资产。为反映资产的增减变动及结存情况，需设置一类账户，通过账户的发生额反映资产的增减变动情况，通过账户的余额反映资产的结存情况。

企业资产主要来源于债权人和所有者的投资。债权人提供的，需以企业未来资产或劳务偿付的债务为负债。为反映债权人提供资金及其偿还等情况，需设置一类账户，通过账户的发生额反映负债的形成和偿付情况；通过账户的余额反映未偿还的债务情况。

所有者权益是企业总资产减去负债后的余额，在企业创建之时，它是投资者投入企业的资本；在企业进行生产经营活动取得盈利以后，所有者权益就是投入资本与留存收益之和。为反映投入资本和留存收益的增减变动及其结果，设置一类账户，通过账户的发生额反映投入资本和留存收益的增减变动情况，通过账户的余额反映投入资本变动后的结果和留存收益的实际数额。

企业从不同来源取得各项资产后，投入生产经营活动。进行生产经营活动时必然会通过销售商品或提供劳务等经营业务取得各项收入。同时，企业要进行生产经营活动必然相应地发生一些耗费。当企业取得的各项收入在补偿生产经营活动中已消耗的各项耗费后，形成了利润。为反映企业收入的取得、费用的发生和利润的形成，需设置两类账户：一类账户的发生额反映企业的收益情况；一类账户的发生额反映生产经营过程中的成本费用情况。通过两类账户发生额的结转，结算出企业的利润形成情况。

因此，账户按会计要素分类，一般分为资产类、负债类、所有者权益类、收益类和成本费用类等五大类。具体如下：

（1）反映资产的账户，按照资产的流动性和经营管理核算的需要，又分为反映流动资产、非流动资产等的账户。反映流动资产的账户，按照各项资产的流动性和在生产经营过程中所起的作用，又可分为反映货币资金的账户，如"库存现金"、"银行存款"等账户；反映结算债权的账户，如"应收账款"、"其他应收款"账户；反映存货的账户，如"原材料"、"库存商品"等账户。（2）反映非流动资产的账户，可分为"固定资产"、"无形资产"等账户。反映负债的账户，按照形成负债的原因又分为反映由于生产经营活动形成的负债账户，如"应付账款"、"预收账款"、"短期借款"等账户；反映由于经营成果形成的负债账户，如"应交税费"、"应付利润"等账户。（3）反映所有者权益的账户，按照权益形成原因又分为反映投入资本的账户，如"实收资本"账户；反映从利润中提取资金的账户，如"盈余公积"账户；反映未分配利润的账户，如"利润分配"、"本年利润"等账户。（4）反映收益的账户，按照收益与企业的生产经营活动是否有关，又分为营业性收益的账户，如"营业收入"账户；反映非营业性收益的账户，如"营业外收入"账户。（5）反映成本费用的账户，按照成本费用与企业的生产经营活动是否有关，又分为营业性成本账户。反映营业性成本费用的账户按照生产经营过程各个阶段所发生的成本费用，可以分为反映生产过程的成本费用账户，如"生产成本"、"制造费用"等账户；反映销售过程的成本费用账户，如"营业成本"、"销售费用"等账户；反映购进过程的成本费用账户，如"材料采购"账户；反映非营业性成本费用的账户，如"营业外支出"账户。

（二）账户按提供指标详细程度分类

企业经营管理所需要的会计核算资料是多方面的，不仅要求会计核算能够提供一些总括的指标，如通过"原材料"账户核算，提供有关材料增减变动及余额，而且要求会计核算能够提供总括指标所包含的内容，如通过"原材料"账户下的明细分类账户详细反映原材料类别、品种或规格。

1. 总分类账户

总分类账户是对企业经济活动的具体内容进行总括核算的账户，它能够提供某一具体内容的总括核算指标。上述账户均为总分类账户，亦称总账账户、一级账户。在我国，为了保证会计核算指标口径规范一致，并具有可比性，保证会计核算资料能在一个部门、一个行业、一个地区乃至全国范围内综合汇总、分析，每一个企业都要根据本企业业务的特点和统一制定的账户名称，设置若干个总分类账户。

2. 明细分类账户

明细分类账户是对企业某一经济业务进行明细核算的账户，它能够提供某一具体经济业务的明细核算指标。明细分类账户是总分类账户下属的二级、三级、多级账户的总称，开设这些账户主要是为了满足企业管理的需要。在实际工作中，除少数总分类账户不必设置明细分类账户外，大多数总分类账户都须设置明细分类账户，如在"原材料"总分类账户下，按照材料的类别、品种或规格设置明细分类账户；在"应收账款"总分类账户下，按照欠款单位的名称设置明细分类账户。

明细分类账户是依据企业经济业务的具体内容设置的，它所提供的明细核算资料主要是满足企业内部经营管理的需要。各个企业、单位的经济业务具体内容不同，经营管理的水平不一致，明细分类账户的名称、核算内容及使用方法也就不能统一规定，只能由各企业、单位根据经营管理的实际需要和经济业务的具体内容自行规定。例如，企业可以根据其材料供应单位的具体名称设置"应付账款"总分类账户的明细分类账户。

如果某一总分类账户所属的明细分类账户较多，为了便于控制，还可增设二级账户。二级账户是介于总分类账户和明细分类账户之间的账户。它也是由企业、单位根据经营管理的实际需要和经济业务的具体内容自行确定的。如果企业的材料类别、品种较多，为便于控制，可在"原材料"总分类账户下，按材料的类别设置"原料及主要材料"、"燃料"、"辅助材料"等二级账户，在"原料及主要材料"二级账户下再按材料的品种设置"圆钢"、"碳钢"、"角钢"等三级明细分类账户。为了满足企业管理层的需要，在这些三级明细分类账户下面还可以继续开设四级明细分类账，例如按照"圆钢"的品种、规格开设明细分类账。对于企业的经营管理来说，往往这种品种、规格的四级明细分类账提供的信息才是最需要的。但是应该指出，明细分类账开设的层级越多，记账的工作量就越大，特别是在手工记账的条件下，设置过多的四级账簿可能会有困难，企业在决定设置明细分类账层级多少时必须考虑管理的需要和成本。

(三) 会计账户的其他分类方法

账户除按上述标准进行分类以外，还可以按其他标准分类，如按列入会计报表分类、按有无期末余额分类，等等。

账户按提供资料编制的会计报表分类，分为资产负债表账户和利润表账户。资产负债表账户是指该账户所提供的资料是编制资产负债表的依据。资产负债表账户包括资产、负债和所有者权益三类，分别与资产负债表中的这三类项目对应。如果"生产成本"账户期末有余额，也应列入资产负债表。利润表账户是指该账户所提供的资料是编制利润表的依据。利润表账户包括收益类和费用类两类，这些账户是根据利润表的项目设置的。研究账户按列入会计报表的分类，目的在于通过这些账户的具体核算，提供期末编制会计报表所需的数据。

账户按会计主体分类，分为表内账户和表外账户。表内账户是指用来核算一个会计主体的资产、负债、所有者权益、收入、费用及经营成果的账户，前面列举的账户均为表内账户。表外账户是指用来核算不属于本会计主体的资产的账户，如采用经营租赁方式租入固定资产账户、代管商品物资账户等都是表外账户。研究账户按会计主体分类的目的在于严格划清会计核算和监督内容的空间界限，为本企业的经营管理者提供更多的资料。

账户按期末余额分类，可分为借方余额账户、贷方余额账户和期末无余额账户。借方余额账户是指账户的借方发生额表示增加，贷方发生额表示减少，期末余额一般在借方的账户。贷方余额账户是指账户的贷方发生额表示增加，借方发生额表示减少，期末余额一般在贷方的账户。负债类和所有者权益类账户的期末余额一般都在贷方。期末无余额账户是指期末余额为零的账户。有余额的账户称为实账户，实账户的期末余额代表着企业的资产、负债或所有者权益；期末无余额的账户称为虚账户，虚账户的发生额反映企业的损益。研究账户按期末余额分类，目的在于把握账户期末余额代表的内容及期末结转的规律性，以便正确地组织会计核算。

研究账户的分类，是为了从相互联系的账户中探求其相互区别，认识设置和运用账户的规律性。账户分类标准是依据账户具有的一些特征确定的，每一个账户都有若干特征，因此每一个账户都可以按不同的标准加以分类。如"原材料"账户，从会计要素来看，它属于资产类账户，反映企业在生产经营过程中必不可少的流动资产；从用途和结构来看，它属于盘存账户，反映企业实际的库存材料价值，而且是借方登记材料的增加额，贷方登记材料的减少额，余额在借方；从提供指标的详细程度来看，它属于总分类账户，总括地反映企业材料的增减变动及结存情况；从列入会计报表来看，它属于资产负债表账户，账户的期末余额应作为企业资产的一部分，列入资产负债表；从会计主体来看，它属于表内账户，代表着本企业可以控制或拥有的经济资源；从期末余额来看，它属于借方余额账户，反映库存材料的实际价值。总之，借助于账户的分类，可以揭示账户的特征，有利于加深对账户的认识。

会计科目与账户是两个既相区别又相联系的概念。其共同点在于：都要对经济业务进行分类，都说明一定的经济业务内容。其不同点在于：会计科目只是经济业务分类核算的项目或标志，只是说明一定经济业务的内容；账户是具体记录经济业务内容，可以提供具体的数据资料，具有登记增减变化的不同结构的一种核算形式。

第三节　借贷记账法

借贷记账法是世界各国普遍采用的一种记账方法，在我国也是应用最广泛的一种记账方法，我国曾经在很长一段时间内记账方法不统一，除了使用借贷记账法，还允许增减记账法、收付记账法同时存在，造成全国会计工作十分混乱。在改革开放以来的实际工作中，人们认识到必须统一记账方法。从 20 世纪 90 年代开始，国家财政部门颁布的有关会计方面的法规，明文规定中国境内的所有企业、行政事业单位都应该采用借贷记账法记账。采用借贷记账法在相关账户中记录各项经济业务，可以清晰地表明经济业务的来龙去脉，同时便于试算平衡和检查账户记录的正确性。

借贷记账法起源于 13 世纪的意大利。在这个时期，西方资本主义的商品经济有了长足发展，在商品交换中，为了适应商业资本和借贷资本经营者管理的需要，逐步形成了借贷记账法。随着商品经济的发展，经济活动的内容日趋复杂，记录的经济业务也不再仅限于货币资金的借贷业务，而逐渐扩展到财产物资、经营损益和经营资本等的增减变化。这时，为了求得记账的一致，对于非货币资金借贷业务，也利用"借"、"贷"二字说明经济业务的变化情况。因此，"借"、"贷"二字逐渐失去了原来的字面含义，转化为记账符号，变成会计上的专门术语。到 15 世纪，借贷记账法逐渐完备，被用来反映资本的存在形态和所有者权益的增减变化。与此同时，西方国家的会计学者提出了借贷记账法的理论依据，即所谓"资产＝负债＋资本"的平衡公式（亦称会计方程式）。根据这个理论确立了借贷的记账规则，使借贷记账法成为一种科学的记账方法，并为世界上许多国家广泛采用。世界各国都采用借贷记账法记账，使得会计成为一种国际信息，成为一种国际商业语言。

下面我们重点说明借贷记账法。借贷记账法是以"借"、"贷"二字作为记账符号，记录会计要素增减变动情况的一种复式记账法。要学习借贷记账法，必须认真掌握它的理论基础、记账符号、账户结构、记账规则和试算平衡公式。

一、理论基础

借贷记账法的对象是会计要素的增减变动过程及其结果。这个过程及结果可用公式表示为：

资产＝负债＋所有者权益　（1）

收入－费用＝利润　（2）

资产＝负债＋所有者权益＋（收入－费用）　（3）

资产＋费用＝负债＋所有者权益＋收入　（4）

资产－负债－所有者权益＝0　（5）

资产－负债＝所有者权益　（6）

上述方程式可称为会计等式，通常将式（1）称为会计恒等式。上述会计等式主要揭示了三个方面内容：第一，会计主体内各会计要素之间的数字平衡关系。有一定数量的资产，就必然有相应数量的负债和所有者权益与之对应；反之，有一定数量的负债和所有者权益，就一定有相应数量的资产与之对应。第二，各会计要素增减变化的相互联系。某一会计要素的项目之间发生变化时，在同一会计要素中二项变化的同时，同一类会计要素的另一项也必然发生增减变化，以维持等式的平衡关系。第三，等式有关因素之间是对立统一的关系。资产、负债和所有者权益分列于等式的两边，左边是资产，右边是负债和所有者权益，形成对立统一的关系。如果各会计要素在等式一边，必须以负号表示，如式（5）。这三个方面的内容贯穿了借贷记账法的始终。数量平衡关系要求：每一次记账的借方、贷方金额是平衡的；一定时期账户的借方、贷方的金额是平衡的；所有账户的借方、贷方余额的合计数是平衡的。增减变化的相互联系要求：在一个账户中记录的同时必然要有另一个或多个账户的记录与之对应。对立统一关系要求：按相反方向记账。从一个账户来看是相反方向记账，借方记录增加额，贷方一定记录减少额；反之，贷方记录增加额，借方一定记录减少额。从等式两边的不同类账户来看，资产类账户是借方记录增加额，贷方记录减少额；与之相反，负债和所有者权益类账户是贷方记录增加额，借方记录减少额。会计等式对记账方法的要求决定了借贷记账法的账户结构、记账规则、试算平衡的基本理论，因此说会计恒等式是借贷记账法的理论基础。此外，式（1）和式（6）还代表了不同的会计理论。

二、记账符号和账户结构

借贷记账法以"借"、"贷"二字作为记账符号，最早的"借"、"贷"二字分别表示债权、债务的增减变化。随着商品经济的发展，借贷记账法得到广泛的运用，记账对象不再局限于债权、债务关系，而是扩大到要记录财产物资的增减变化和计算经营损益。"借"、"贷"二字原来仅限于记录债权、债务，已不能概括经济活动的全部内容，它表示的内容应该包括全部会计要素的增减变化，它们逐渐脱离了其自身的含义，转化为纯粹的记账符号。

借贷记账法的账户基本结构是：每一个账户都分为"借方"和"贷方"，一般来说规定账户的左方为"借方"，账户的右方为"贷方"。如果在账目的借方记录经济业务，可以称为"借记某科目"；在账户的贷方记录经济业务，则可以称为"贷记某科目"。

采用借贷记账法时，账户的借贷两方必须做相反方向的记录，即对于每一个账户来说，如果规定借方用来登记增加额，则贷方就用来登记减少额；如果规定借方用来登记减少额，则贷方就用来登记增加额。究竟哪个账户的哪一方用来登记增加额，哪一方用来登记减少额，要看账户反映的经济内容和账户的性质。不同性质的账户，其结构是不同的。

（一）资产类账户

资产类账户的结构是：账户的借方记录资产的增加额，贷方记录资产的减少额。在一个会计期间内（年、季、月），借方记录的合计数额称作借方发生额，贷方记录的合计数额称作贷方发生额，在每一会计期间的期末将借贷方发生额相比较，其差额称作期末余额，资产类账户的期末余额一般在借方。例如，"原材料"账户，借方记录的增加额要大于（或等于）贷方记录的减少额，所以形成借方余额（或无余额），借方期末余额转到下一期就成为借方期初余额。

（二）负债及所有者权益类账户

由会计平衡公式"资产＝负债＋所有者权益"所决定，负债及所有者权益类账户的结构与资产类账户正好相反，其贷方记录负债及所有者权益的增加额，借方记录负债及所有者权益的减少额，很明显贷方发生额要大于（或等于）借方发生额，期末余额一般应在贷方。例如，"短期借款"账户，企业从外部取得借款时应记入贷方，偿还取得的借款则应记入借方，期末余额在贷方，表示实际的借款数额。

（三）费用成本与收入类账户

企业在生产经营中要有各种耗费，有成本费用发生，在费用成本抵消收入以前，可以将其看作一种资产。因此，费用成本类账户的结构与资产类账户的结构基本相同，账户的借方记录费用成本的增加额，账户的贷方记录费用成本转入抵收入类账户的结构则与负债及所有者权益的结构基本相同，收入的增加额记入账户的贷方，收入转出（减少额）则应记入账户的借方，由于贷方记录的收入增加额一般要通过借方转出，所以账户通常没有期末余额。如果因某种情况有余额，表现为贷方余额。

综上所述可以看出，"借"、"贷"二字作为记账符号所表示的经济含义是不一样的。"借"字表示资产的增加，费用成本的增加，负债及所有者权益的减少，收入的转出。"贷"字表示资产的减少，费用成本的转出，负债及所有者权益的增加，收入的增加。

借贷作为记账符号，指示着账户记录的方向是左方还是右方。一般来说，各类账户的期末余额与记录增加额的一方都在同一方向，即资产类账户的期末余额一般在借方，负债及所有者权益类账户的期末余额一般在贷方。因此，根据账户余额所在的方向来判定账户性质，成为借贷记账法的一个重要特点。

用丁字账户表示全部账户结构，如图所示。

资产增加 费用成本增加 负债及所有者权益减少 收入转出	资产减少 费用成本转出 负债及所有者权益增加 收入增加
期末余额：资产余额（或费用成本）	期末余额：负债及所有者权益余额（或收入）

三、记账规则

借贷记账法的记账规则可以用一句话概括：有借必有贷，借贷必相等。借贷记账法的记账规则是根据以下两方面的原理来确定的。

根据复式记账的原理，对任何一项经济业务都必须以相等的金额，在两个或两个以上相互联系的账户中进行登记。

根据借贷记账法账户结构的原理，对每一项经济业务都应当做借贷相反的记录。因此，借贷记账法要求对每一项经济业务都要按借贷相反的方向，以相等的金额，在两个或两个以上相互联系的账户中进行登记。具体地说，如果在一个账户中记借方，必须同时在另一个或几个账户中记贷方；或者在一个账户中记贷方，必须同时在另一个或几个账户中记借方；记入借方的总额与记入贷方的总额必须相等。

我们在实际运用借贷记账法的记账规则登记经济业务时，一般要按两个步骤进行：

首先，需要分析经济业务的内容，确定它所涉及的要素是增加还是减少，是资产要素的变化，还是负债或所有者权益要素的变化；哪些要素增加，哪些要素减少，抑或都是增加，都是减少，等等。

其次，根据上述分析，确定该项业务应记入相关账户的借方或贷方，以及各账户应记金额。凡是涉及资产及费用成本的增加，负债及所有者权益的减少，收入的减少转销，都应该记入各该类账户的借方；凡是涉及资产及费用成本的减少、转销，负债及所有者权益的增加，收入的增加，都应该记入各该类账户的贷方。

四、试算平衡

试算平衡，就是根据"资产＝负债＋所有者权益"的平衡关系，按照记账规则的要求，通过汇总计算和比较，来检查账户记录的正确性、完整性。

经济业务发生后，按照借贷记账法的记账规则来记账，借贷两方的发生额必然是相等的。不仅是每一笔会计分录借贷发生额相等，而且当一定会计期间（年、季、月）的全部经济业务的会计分录都记入相关账户后，所有账户的借方发生额与贷方发生额的合计数也必然相等。依此类推，全部账户的借方期末余额与贷方期末余额的合计数也必然相等。用借贷记账法记账，就要根据借贷必相等的规则进行试算平衡，检查每笔经济业务和会计分录是否正确，全部账户的本期发生额是否正确，因此有会计分录试算平衡公式和发生额试算平衡公式。

通过前面账户结构的说明，可以得出结论：凡是借方余额的账户都是资产类账户，凡是贷方余额的账户都是负债或所有者权益类账户。由于"资产＝负债＋所有者权益"的恒等性，所以账户借方余额的合计数等于贷方余额的合计数。因此有余额试算平衡公式。

采用借贷记账法进行试算平衡，可以按照下列公式试算平衡：

（1）会计分录试算平衡公式。

借方科目金额＝贷方科目金额

（2）发生额试算平衡公式。

全部账户借方发生额合计＝全部账户贷方发生额合计

（3）余额试算平衡公式。

全部账户借方余额合计＝全部账户贷方余额合计

第四节　会计凭证

一、会计凭证的定义及其作用

会计凭证，是在会计工作中记录经济业务、明确经济责任的书面证明，是用来登记账簿的依据，上述定义实际上是从两个角度进行的概括：其一是从发生经济活动、产生相应经济信息的一方来说，会计主体进行任何一项经济业务，都必须办理凭证手续。由执行或完成该项经济业务的有关人员填制或取得会计凭证，详细说明该项经济业务的内容、发生的时间，并在相应的会计凭证上签名或盖章，明确经济责任；其二是从需要进行记账的一方来说，取得会计凭证后，要由有关人员进行审核，经审核无误，并由审核人员签章后，才可作为记账的依据，编制记账凭证进行登记账簿，因此填制和审核凭证，是会计核算的专门方法之一。

二、会计凭证的填制及审核

会计凭证的填制和审核，对于整个社会经济发展以及一个具体单位的发展都发挥同样重要的作用。它不仅可以如实反映经济业务的内容，有效监督经济业务的合理性和合法性，还可以保证会计核算资料的真实性、可靠性、合理性，这对于发挥会计在经济管理中的作用，具有重要意义。

填制和审核会计凭证作为会计核算的一项重要内容，在经济管理中具有重要作用。

（1）提供经济信息和会计信息。会计人员可以根据会计凭证，对日常大量、分散的各种经济业务，进行整理、分类、汇总，并经过会计处理，为经济管理提供有用的会计信息。

（2）监督、控制经济活动。通过会计凭证的审核，可以检查经济业务的发生是否符合有关的法令、制度，是否符合业务经营、财务收支的方针和计划、预算的规定，以确保经济业务的合理性、合法性和有效性。监督经济业务的发生、发展，控制经济业务的有效实施，是发挥会计管理职能的重要内容。

（3）提供记账依据。会计凭证是记账的依据，通过会计凭证的填制、审核，按一定方法对会计凭证进行整理、分类、汇总，为会计记账提供真实、可靠的依据，并通过会计凭证的及时传递，对经济业务适时地进行记录。

（4）加强内部控制、完善经济责任制。经济业务发生后，要取得或填制适当的会计凭证，证明经济业务已经发生或完成；同时要由有关的经办人员，在凭证上签字、盖章，明确业务责任人。通过会计凭证的填制和审核，使有关责任人在其职权范围内各司其职、各负其责、互相牵制，加强内部控制。因此，建立会计凭证的填制和审核制度是完善内部控制制度的重要方面，同时利用凭证填制、审核的手续制度，还可以进一步完善经济责任制。

三、会计凭证的类型

会计凭证是多种多样的，可以按照不同的标志进行分类，但主要是按其来源、用途和填制程序分类，分为原始凭证和记账凭证两类。

（一）原始凭证

原始凭证，又称原始单据，是在经济业务发生或完成时取得或填制的，用以记录、证明经济业务已经发生或完成的原始证据，是进行会计核算的原始资料。由于在原始凭证上记载着大量的经济信息，因此它是证明经济业务发生的初始文件，与记账凭证相比，具有较强的法律效力，所以原始凭证是一种很重要的凭证。原始凭证按其形成的原因，分为以下几种。

1. 外来原始凭证

外来原始凭证是指同外部单位发生经济往来关系时，从外部单位取得的原始凭证，如购货时取得的发票、付款时取得的收据等。

2. 自制原始凭证

自制原始凭证是指由本单位内部经办经济业务的部门或人员，在办理经济业务时所填制的凭证，如商品、材料入库时，由仓库保管人员填制的入库单；商品销售时，由业务部门开出的提货单等。

（二）记账凭证

记账凭证是会计人员根据审核后的原始凭证进行归类、整理，按照会计准则和记账规则确定会计分录而编制的凭证，是直接登记账簿的依据。原始凭证上记载的是经济信息，记账凭证记载的是会计信息，从原始凭证到记账凭证是经济信息转换成会计信息的过程，这个过程标志着经济信息进入会计系统，可以说是一种质的飞跃。

会计人员在编制记账凭证时要根据原始凭证所反映的经济业务，按照会计准则进行职业判断，运用规定的会计科目和复式记账方法，编成会计分录，以确保账簿记录的准确性。这是由于原始凭证只表明经济业务的具体内容，不能反映其相应的会计科目和记账方向，不能凭以直接入账，而且原始凭证多种多样，其格式、大小也不尽一致。为了做到分类反映经济业务的内容，必须按会计核算方法的要求，将其归类、整理为能据以入账的形式，指明应记入的账户名称以及应借、应贷的金额。

虽然记账凭证和原始凭证同属会计凭证，但二者存在以下明显差别：

（1）原始凭证一般是由经办人员（如销售人员、物流人员等）填制的，记账凭证一律由会计人员填制；

（2）原始凭证是根据已经发生或完成的经济业务填制，而记账凭证是运用记账规则和会计准则，根据审核后的原始凭证填制；

（3）原始凭证的作用是用以记录、证明经济业务已经发生或完成的内容和时间，记账凭证的作用是要依据会计科目对已经发生或完成的经济业务进行归类、整理；

（4）从两种凭证的作用来看，原始凭证是填制记账凭证的依据，记账凭证是登记账簿的依据。

第五节　会计账簿

会计账簿，简称账簿，一般在手工记账的情况下是指由具有一定格式、互有联系的若干账页所组成，可以全面、系统、序时、分类记录各项经济业务的簿记。从外表上看，账簿是由若干预先印制成专门格式的账页所组成的。在会计实务中，按照记账规则根据会计凭证将会计科目填入某个账页后，该账页就成为记录、反映该会计科目所规定核算内容的账户，各账户之间的相互关系通过账户对应关系来体现。

从原始凭证到记账凭证的编制，都是会计人员按照会计准则和经济信息进行职业判断，运用一定的会计科目和复式记账规则，将大量的经济信息转化为会计信息记录在记账凭证上。但是，这些记录在会计凭证上的信息还是分散的、不系统的。为了把分散在会计凭证中的大量核算资料加以集中归类反映，为经营管理提供系统、完整的核算资料，并为编报会计报表提供依据，就必须设置和登记账簿。设置和登记账簿是会计核算的专门方法之一。

账簿的设置和登记，对于全面、系统、序时、分类反映各项经济业务，充分发挥会计在经济管理中的作用，具有重要意义。

一、设置账簿的原则

企业必须根据自身的业务特点及经营管理的需要，设置相应的账簿体系及具体的账簿，各单位的具体情况不同，账簿设置的方法也不尽一致。设置账簿作为会计核算方法的重要内容之一，应遵循下列三项原则：

（1）确保全面、系统地核算各项经济业务，为经营管理提供系统、分类的会计核算资料。

（2）在满足实际需要的前提下，尽量节约人力、物力。

（3）账簿格式要力求简明实用，提供经营管理所需的各项指标。

二、账簿的种类

为了满足经营管理的需要，每一账簿体系中包含的账簿可以是多种多样的。这些账簿可以按不同的标准进行分类，分类的方法主要有以下两种。

（一）按用途分类

账簿按用途分类，可以分为序时账簿、分类账簿和备查账簿。

1. 序时账簿

序时账簿又称日记账，是对各项经济业务按其发生时间的先后顺序，逐日逐笔连续进行登记的账簿。按其记录的内容不同，又分为普通日记账和特种日记账两种。普通日记账是用来登记全部经济业务发生情况的日记账，通常把每天所发生的经济业务，按照业务发生的先后顺序，编成会计分录记入账簿中。特种日记账是用来记录某一类经济业务发生情况的日记账，通常把某一类比较重要的经济业务，按照业务发生的先后顺序记入账簿中。

2. 分类账簿

分类账簿又称分类账，是对全部经济业务按总分类账户和明细分类账户进行分类登记的账簿。分类账簿按其反映指标的详细程度，分为总分类账簿和明细分类账簿两种。

（1）总分类账簿，又称总分类账，简称总账，是根据总分类科目开设，用以记录全部经济业务总括核算资料的分类账簿。

（2）明细分类账簿，又称明细分类账，简称明细账，是根据总账科目设置，按其所属的明细科目开设，用以记录某一类经济业务详细核算资料的分类账。

3. 备查账簿

备查账簿又称辅助账簿，是对某些不能在日记账和分类账中记录的经济事项或记录不全的经济业务进行补充登记的账簿。主要是为某些经济业务的经营决策提供必要的参考资料，如以经营租赁方式租入固定资产的登记簿、受托加工材料登记簿等。备查账簿不一定在每个单位都设置，而应根据各单位的实际需要确定。备查账簿没有固定的格式，可由各单位根据管理的需要自行设计，也可使用分类账的账页格式。

（二）按形式分类

账簿按形式可以分为订本式账簿、活页式账簿和卡片式账簿。

1. 订本式账簿

订本式账簿简称订本账，这种账簿是在启用以前，就把按照一定顺序编号的账页装订在一起的账簿。采用订本式账簿，可以避免账页散失，并防止抽换账页。但是由于账页序号和总数已经固定，不能增减，开设账户时，必须为每一账户预留账页，在使用中可能出现某些账户预留账页不足，而另外一些账户的预留账页过多，造成浪费的现象。另外，采用订本式账簿，在同一时间里，只能由一人登账，不能分工同时记账。订本式账簿主要适用于总分类账和现金、银行存款日记账。

2. 活页式账簿

活页式账簿简称活页账，是把若干张零散的账页根据业务需要自行组合成的账簿。采用活页式账簿，账页不固定地装订在一起，可以根据实际需要，随时将空白账页加入账簿，在同一时间里，可由多人分工登账。但活页式账簿中的账页容易散失和被抽换，空白账页在使用时必须顺序编号并装置在账夹内，在更换新账后，要装订成册或予以封扎，并妥善保管。活页式账簿主要适用于各种明细账。

3. 卡片式账簿

卡片式账簿又称卡片账，是利用卡片进行登记的账簿。采用卡片式账簿的优缺点与活页式账簿基本相同，在登记卡片式账簿时，必须按序编号并装置在卡片箱内，由专人保管。主要适用于记录内容比较复杂的财产明细账，如固定资产卡片。

第六节 对账和结账

一、对账

（一）对账的定义

对账就是在有关经济业务入账以后，进行账簿记录的核对。

在会计工作中，由于种种原因，难免发生记账、计算等差错，也难免出现账实不符的现象。为了确保账簿记录的正确、完整、真实性，在有关经济业务入账之后，必须进行账簿记录的核对。对账工作是为保证账证相符、账账相符和账实相符的一项检查性工作。

对账分为日常核对和定期核对两种。日常核对是指会计人员在编制会计凭证时对原始凭证和记账凭证的审核，在登记账簿时对账簿记录与会计凭证的核对。定期核对是指在期末结账前，对凭证、账簿记录等进行的核对。

（二）对账的程序

对账工作一般分三步进行：一是账证核对；二是账账核对；三是账实核对。

1. 账证核对

账证核对是将各种账簿（总分类账、明细分类账以及现金和银行存款日记账等）记录与有关会计凭证（记账凭证及其所附的原始凭证）相核对，这种核对主要是在日常编制凭证和记账过程中进行。月终，如果发现账账不符，就应回过头来对账簿记录与会计凭证进行核对，以保证账证相符。会计凭证是登记账簿的依据，账证核对主要检查登账中的错误。核对时，将凭证和账簿的记录内容、数量、金额和会计科目等相互对比，保证二者相符。

2. 账账核对

账账核对是在账证核对的基础上，各种账簿之间有关指标的核对。主要包括：总分类账各账户借方期末余额合计数与贷方期末余额合计数核对相符；现金、银行存款日记账期末余额以及各明细分类账的期末余额合计数与有关总分类账户期末余额核对相符；会计部门各种财产物资明细分类账期末余额与财产物资保管和使用部门的有关财产物资明细分类账期末余额核对相符。核对的方法是编制总分类账余额试算平衡表、总分类账与其所属明细账余额明细表等。

3. 账实核对

账实核对是在账账核对的基础上，将各种财产物资的账面余额与实有数额相核对。主要包括：现金日记账账面余额与现金实际库存数额相核对；银行存款日记账账面余额与开户银行对账单相核对；各种材料、物资明细分类账账面余额与材料、物资实存数额相核对；各种应收、应付款明细分类账账面余额与有关债务、债权单位的对账单相核对。账实核对，一般要结合财产清查进行。

二、结账

（一）结账的定义

结账就是在会计期末计算并结转各账户的本期发生额和期末余额。

各会计期间内所发生的经济业务，于该会计期间全部登记入账并对账以后，即可通过账簿记录了解经济业务的发生和完成情况，但管理上需要掌握各会计期间的经济活动情况及其结果，并相应编制各会计期间的财务报表。而根据会计凭证将经济业务记入账簿后，还不能直观地获得所需的各项数字资料，必须通过结账的方式，把各种账簿记录结算清楚，提供所需的各项信息资料。

会计分期一般实行日历制，月末进行计算，季末进行结算，年末进行决算。结账于各会计期末进行。所以，可以分为月结、季结和年结。

（二）结账的程序和内容

结账程序主要包括以下两个步骤。

（1）结账前，必须将属于本期内发生的各项经济业务和应由本期受益的收入、负担的费用全部登记入账。在此基础上，才可保证结账的有用性，确保会计报表的正确性。不得把将要发生的经济业务提前入账，也不得把已经在本期发生的经济业务延至下期（甚至以后期间）入账。具体结账的程序如下：

①将本期发生的经济业务全部登记入账，并保证其正确性。

②根据权责发生制的要求，调整有关账项，合理确定本期应计的收入和应计的费用。具体包括两类：

第一，应计收入和应计费用的调整。应计收入是指那些已在本期实现、因款项未收而未登记入账的收入。企业发生的应计收入，主要是本期已经发生且符合收入确认标准，但尚未收到相应款项的商品或劳务。对于这类调整事项，应确认为本期收入，借记"应收账款"等科目，贷记"营业收入"等科目；待以后收妥款项时，借记"库存现金"、"银行存款"等科目，贷记"应收账款"科目。

应计费用是指那些已在本期发生、因款项未付而未登记入账的费用。企业发生的应计费用，本期已经受益，如租用房屋但尚未支付的租金、应付未付的借款利息等。由于这些费用已经发生，应当在本期确认为费用，借记"管理费用"等科目，贷记"预提费用"等科目；待以后支付款项时，借记"预提费用"等科目，贷记"库存现金"、"银行存款"等科目。

第二，收入分摊和成本分摊的调整。收入分摊是指企业已经收取有关款项，但未完成或未全部完成销售商品或提供劳务，需在期末按本期已完成的比例，分摊确认本期已实现收入的金额，并调整以前预收款项时形成的负债，如企业销售商品预收定金、提供劳务预收佣金。在收到预收收入时，应借记"银行存款"等科目，贷记"预收账款"等科目；在以后提供商品或劳务、确认本期收入时，进行期末账项调整，借记"预收账款"等科目，贷记"营业收入"等科目。

费用分摊是指企业的支出已经发生、能使若干个会计期间受益，为正确计算各个会计期间的盈亏，将这些支出在其受益的会计期间进行分配。如企业已经支出，但应由本期和以后各期负担的待摊费用，购建固定资产和无形资产的支出等。企业在发生这类支出时，应借记"待摊费用"、"固定资产"、"无形资产"等科目，贷记"银行存款"等科目。在会计期末进行账项调整，应借记"销售费用"、"管理费用"、"制造费用"等科目，贷记"待摊费用"、"累计折旧"、"累计摊销"等科目。

③将损益类科目转入"本年利润"科目，结平所有损益类科目。

④结算出资产、负债和所有者权益科目的本期发生额和余额，并结转下期。

（2）结账时，应结出每个账户的期末余额。需要结出当月（季、年）发生额的（如各项收入、费用账户等），应单列一行进行发生额的登记，在摘要栏内注明"本月（季）合计"字样，并在下面划一单红线至余额栏；需要结出本年累计发生额的，为了反映自年初开始直至本月末为止的累计发生额，还应在月（季）结下面再单列一行进行累计发生额的登记，并在下面再划一单红线至余额栏。具体的方法是：

①办理月结，应在各账户本月份最后一笔记录下面划一通栏红线，表示本月结束；然后，在红线下结算出本月发生额和月末余额，并在摘要栏内注明"×月份发生额及余额"或"本月合计"字样；最后，在本摘要栏下面划一通栏红线，表示完成月结工作。

②办理季结，应在各账户本季度最后一个月的月结下面（需按季结出累计发生额的，应在"本季累计"下面）划一通栏红线，表示本季结束；然后，在红线下结算出本季发生额和季末余额，并在摘要栏内注明"第×季度发生额及余额"或"本季合计"字样；最后，在本摘要栏下面划一通栏红线，表示完成季结工作。

③办理年结，应在 12 月份月结下面划一通栏红线，表示年度终了，然后，在红线下面结算填列全年 12 个月份的月结发生额或 4 个季度的季结发生额，并在摘要栏内注明"年度发生额及余额"或"本年合计"字样；在此基础上将年初借（贷）方余额抄列于"年度发生额"或"本年合计"下一行的借（贷）方栏内，并在摘要栏内注明"年初余额"字样。同时将年末借（贷）方余额，列入下一行的贷（借）方栏内，并在摘要栏内注明"结转下年"字样，最后加计借贷两方合计数相等，并在合计数下划通栏双红线，表示完成年结工作。需要更换新账的，应在进行年结的同时，在新账中有关账户的第一行"摘要"栏内注明"上年结转"或"年初余额"字样，并将上年的年末余额以同方向记入新账中的余额栏内。新旧账有关账户余额的转记事项，不编制记账凭证。

第七节　财产清查

财产清查，是通过对各项财产物资进行盘点和核对，确定其实存数，查明实存数与其账存数是否相符的一种专门方法。应当指出，这里所谈到的财产清查在永续盘存制的情况下适用。因为只有在这种情况下，账簿才能够发挥控制财产物资的作用。

保证财务信息资料的真实性，是对会计信息最重要的质量要求。只有真实的会计信息，才能起到会计核算应有的作用。因此，在整个会计核算过程中，一定要严格按规范的程序和方法进行。但是，由于种种主客观原因，往往会出现某些财产物资实存数与账存数不符的现象。究其原因主要有：财产物资的自然损耗；计量器具可能失灵；收发物资出现差错；登记会计凭证或会计账簿出现的漏记、重记、错记或计算错误；不法分子的营私舞弊、贪污盗窃行为；自然灾害造成的非常损失等。上述原因都可能使财产物资和债权债务等出现账实不符的情况。因此，必须进行财产清查，对各项财产物资和债权债务进行定期或不定期的盘点和核对，在账实相符的基础上编制财务报表。

一、财产清查的意义

通过财产清查，可以起到如下作用。

（一）确保核算资料的真实可靠

通过财产清查，可以确定各项财产物资的实存数，与其账存数相核对，查明各项财产物资的账实是否相符，以及产生差异的原因，并及时调整账存记录，使账实相符，从而保证会计账簿记录的真实性，为编制报表做好准备。

（二）健全财产物资的管理制度

在造成账实不符的原因中，对于财产物资的账面盘盈、盘亏，一方面可能是企业物资管理上的问题，另一方面是会计核算方面的问题。但是，出现财产物资的大量盘盈、盘亏，都说明企业内部控制出现问题，是一个报警信号。通过财产清查，可以发现财产管理上存在的问题，促使企业不断改进财产物资管理，健全财产物资的管理制度，确保财产物资的安全、完整。

（三）促进财产物资的安全完整及有效使用

在财产清查中，不仅要对财产物资进行账实核对，还要查明各种财产物资的储存和使用情况，储存不足的应及时补足，多余积压的应及时处理，了解财产物资节约使用的经验和铺张浪费的教训。所以，通过财产清查，可以促进财产物资的有效使用，充分发挥财产物资的潜力，加速资金周转，避免损失浪费。

（四）保证结算制度的贯彻执行

在财产清查中，对于债权债务等往来结算账款，也要与对方逐一核对清楚，对于各种应收、应付账款应及时结算，已确认的坏账要按规定处理，避免长期拖欠和长年挂账，共同维护结算纪律和商业信用。

二、财产清查的种类

财产清查种类很多，可以按不同的标志进行分类。主要分类有以下两种。

（一）按照清查对象的范围分类

财产清查按照清查的范围大小，可分为全面清查和局部清查。

1. 全面清查

全面清查就是对属于本单位或存放在本单位的所有财产物资、货币资金和各项债权债务进行全面盘点和核对。对资产负债表内所列的项目，要一一盘点、核对。全面清查的内容多、范围广，一般是在以下几种情况下，才需要进行全面清查。

（1）年终决算之前，要进行一次全面清查。

（2）单位撤销、合并或改变隶属关系时，要进行一次全面清查，以明确经济责任。

（3）开展资产评估、清产核资等活动，需要进行全面清查，摸清家底，以便按需要组织资金的供应。

2. 局部清查

局部清查就是根据管理的需要或依据有关规定，对部分财产物资、债权债务进行盘点和核对。一般情况下，对于流动性较大的材料物资，除年度清查外，年内还要轮流盘点或重点抽查；对于各种贵重物资，每月都应清查盘点一次；对于现金，应由出纳人员当日清点核对；对于银行存款，每月要同银行核对一次；对各种应收账款，每年至少核对一至两次。

（二）按照清查的时间分类

按照清查时间是否事先有计划，财产清查可分为定期清查和不定期（临时）清查。

1. 定期清查

定期清查就是按事先计划安排的时间对财产物资、债权债务进行的清查。一般是在年度、季度，月份、每日结账时进行。例如，每日结账时，要对现金进行账实核对；每月结账时，要对银行存款日记账进行对账等。定期清查，可以是局部清查，也可以是全面清查。

2. 不定期清查

不定期清查是事先并无计划安排，而是根据实际需要所进行的临时性清查。一般是在以下情况下，才需要进行不定期清查。

（1）更换财产物资和现金的保管人员时，要对有关人员所保管的财产物资和现金进行清查，以分清经济责任。

（2）发生非常灾害和意外损失时，要对受灾损失的有关财产物资进行清查，以查明损失情况。

（3）单位撤销、合并或改变隶属关系时，应对本单位的各项财产物资、货币资金、债权债务进行清查，以摸清家底。不定期清查，可以是局部清查，也可以是全面清查。

三、财产清查的方法

财产清查是一项涉及面比较广、工作量比较大，既复杂又细致的工作。因此，在进行财产清查前，必须有计划、有组织地进行各项准备工作，包括组织准备和业务准备。然后，才能按科学、合理的方法进行财产清查。

（一）财产清查的一般程序

不同目的的财产清查，应按不同的程序进行，但就其一般程序来说，主要包括三个步骤：

1. 成立清查组织

财产清查，尤其是进行全面清查，由于涉及面较广，工作量较大，经济责任也相应较大，所以必须专门成立清查组织，具体负责财产清查的组织和管理。清查组织应由会计、业务、仓库等有关业务部门人员组成，并由具有一定权限的人员负责清查组织的领导工作。

2. 业务准备工作

为做好财产清查工作，会计部门和有关业务部门要在清查组织的指导下，做好各项业务准备工作。主要有：

（1）会计部门应在进行财产清查之前，将有关账簿登记齐全，结出余额，做好账簿准备，为账实核对提供正确的账簿资料。

（2）财产物资保管和使用等业务部门应登记好所经管的各种财产物资明细账，并结出余额。将所保管和使用的各种财产物资整理好，挂上标签，标明品种、规格和结存数量，以便盘点核对。

（3）准备好各种计量器具和有关清查登记用的表册。例如，盘存表、实存账存对比表、未达账项登记表等。

3. 实施财产清查

在做好各项准备工作以后，应由清查人员根据清查对象的特点，依据清查的目的，采用相应的清查方法，实施财产清查。

在盘点财产物资时，财产物资的保管人员必须在场；在盘点现金时，出纳员必须在场。盘点时，要由盘点人员做好盘点记录；盘点结束，盘点人员应根据财产物资的盘点记录，编制盘存表，并由盘点人员、财产物资的保管人员及有关责任人签名盖章。同时，应根据有关账簿资料和盘存表资料填制实存账存对比表，据以检查账实是否相符，并根据对比结果调整账簿记录，分析差异原因，做出相应的处理。

(二) 财产清查的一般方法

财产清查是确定其实存数，查明实存数与其账存数是否相符的一种专门方法。因此，进行财产清查，首先要清查其实存数量和金额，确定其账存数量和金额，有了实存数量和金额与其账存数量和金额进行比较，便可以查明实存数与其账存数是否相符。

1. 清查财产物资实存数的方法

对于各项财产物资实存数量的清查，一般采用实地盘点法或技术推算法。

(1) 实地盘点法。实地盘点法是通过实地逐一点数或用计量器具确定实存数量的一种常用方法。例如，逐台清点有多少台机床，用秤计量库存有多少吨钢材等。

(2) 技术推算法。技术推算法是通过技术推算确定实存数量的一种方法。对有些价值低、数量大的材料物资，如露天堆放的原煤、沙石等，不便于逐一过磅、点数的，可以在抽样盘点的基础上，进行技术推算，从而确定其实存数量。

2. 清查财产物资金额的方法

在清查对象的实存数量确定后，就要进一步确定其金额。当有些财产物资没有实存数量只有金额时，可直接确定其金额。

对于各项财产物资实存金额的清查，一般采用账面价值法、评估确认法、协商议价法和查询核实法等。

(1) 账面价值法。账面价值法是根据财产物资的账面单位价值来确定实存金额的方法，即根据各项财产物资的实存数量乘以账面单位价值，计算出各项财产物资的实存金额。至于账面价值又是如何确定的，在后面介绍。

(2) 评估确认法。评估确认法是根据资产评估的价值确定财产物资实存金额的方法。这种方法根据资产的特点，由专门的评估机构依据资产评估方法对有关的财产物资进行评估，以评估确认的价值作为财产物资实存金额。这种方法适用于企业改组、隶属关系改变、联营、单位撤销、清产核资等情况。

(3) 协商议价法。协商议价法是根据涉及资产利益的有关各方，按照互惠互利原则，参考目前市场价格，协商确定财产物资的实存金额的方法。这种方法根据协商议价作为财产物资的价值，适于企业联营投资，或以资产对外投资时采用。

(4) 查询核实法。查询核实法是依据账簿记录，以一定的查询方式，清查财产物资、货币资金、债权债务数量及其价值量的方法。这种方法根据查询结果进行分析，来确定有关财产物资、货币资金、债权债务的实物数量和价值量，适用于债权债务、出租出借的财产物资以及外埠存款的查询核实。

四、财产清查结果的账务处理

财产清查的种类不同，所采用的清查方法以及清查结果的账务处理也不同。

财产清查后，如果实存数与账存数一致、账实相符，不必进行账务处理。如果实存数与账存数不一致，会出现两种情况。当实存数大于账存数时，称为盘盈；当实存数小于账存数时，称为盘亏；实存数虽与账存数一致，但实存的财产物资有质量问题，不能按正常的财产物资使用的，称为毁损。不论是盘盈，还是盘亏、毁损，都需要进行账务处理，调整账存数，使账存数与实存数一致，保证账实相符。盘盈时，调整账存数增加，使其与实存数一致；盘亏或毁损时，调整账存数减少，使其与实存数一致。盘盈、盘亏或毁损等都说明企业在经营管理中、财产物资的保管中存在一定的问题。因此，一旦发现账存数与实存数不一致，应核准数字，并进一步分析形成差异的原因，明确经济责任，提出相应的处理意见。经规定的程序批准后，才能对差异进行处理。财产清查结果的财务处理分两步：首先根据已查明属实的财产盘盈、盘亏或毁损的数字编制"实存账存对比表"，根据盘盈、盘亏或毁损情况分别填制记账凭证，据以登记有关账簿，调整账簿记录，使各项财产物资的实存数和账存数一致。其次待查清原因，明确责任以后，再根据审批后的处理决定文件，填制记账凭证，分别记入有关的账户。

为了核算和监督财产清查结果的账务处理情况，需设置"待处理财产损溢"账户。这个账户是一个过渡账户，主要用于从发现账存实存不一致到有关具有一定权限的人批准进行处理的过程。该账户的借方先用来登记发生的待处理盘亏、毁损的金额，待盘亏、毁损的原因查明，并经审批后，再从该账户的贷方转入有关账户的借方；该账户的贷方先用来登记发生的待处理盘盈的金额，待盘盈的原因查明，并经审批后再从该账户的借方转入有关账户的贷方。

财产清查的对象不同，清查结果的账务处理也不一样。

1. 存货清查结果的账务处理

造成存货账实不符的原因是多种多样的，应根据不同情况进行不同的处理。一般的处理办法是定额内的盘亏，应增加费用，责任事故造成的损失，应由过去当事人赔偿，非常事故，如自然灾害，在扣除保险公司赔款和残料价值后，经批准列作营业外支出等。如果发生盘盈一般冲减费用。

2. 固定资产清查结果的账务处理

固定资产出现盘亏的原因主要是：自然灾害、责任事故和丢失等。根据不同的情况做不同的处理，一般处理办法是，自然灾害所造成的固定资产毁损净值，在扣除保险公司赔款和残值收入后，经批准应列作营业外支出责任事故所造成的固定资产毁损，应由责任人酌情赔偿损失丢失的固定资产，经批准应列作营业外支出。

固定资产出现盘盈大都是企业自制设备交付使用后未及时入账所造成的。经核准应以其净值列作营业外收入。

如果财产清查发生在结转利润之前，则根据财产清查结果处理后的损益类账户余额结转本年损益；如果财产清查发生在结转利润之后，除进行财产清查结果的会计处理以外，还应将财产清查涉及的损益类账户结清，即将其转入"利润分配"科目，并相应调整所得税。

3. 货币资金清查结果的账务处理

货币资金主要包括现金和银行存款。现金清查结果的账务处理和存货类似，都是采用实地盘点的方法，先确认库存现金数，再与现金日记账相核对。下面主要说明银行存款的清查。

银行存款的清查，与实物、现金的清查方法不同，它是采用与开户银行核对账目的方法进行的。在同银行核对账目之前，应检查本单位银行存款日记账的正确性和完整性。然后，与银行对账单逐笔核对。尽管银行对账单与本单位银行存款日记账所记录的内容相同，但是银行对账单上的存款余额与本单位银行存款日记账上的存款余额仍会出现不一致。这除了本单位与银行之间的一方或双方同时记账有错误外，另一个原因就是双方往往会出现未达账项。所谓未达账项，是指在开户银行和本单位之间，对于同一款项的收付业务，由于凭证传递时间和记账时间的不同，发生一方已经入账而另一方尚未入账的会计事项。开户银行和本单位之间的未达账项有四种情况：

（1）企业已经入账而银行尚未入账的收入事项，如将销售收入的银行支票送存开户银行，而银行尚未收款入账。

（2）企业已经入账而银行尚未入账的付出事项，如企业因购买材料签发银行支票，支票尚未送到开户银行。

（3）银行已经入账而企业尚未入账的收入事项，如银行代企业收到一笔应收账款，而票据尚未转到企业。

（4）银行已经入账而企业尚未入账的付出事项，如开户银行收取企业向银行借款的利息，而票据尚未转到企业。

上述任何一种未达账项的发生，都会造成开户银行与本单位账面余额的不一致。因此，在核对双方账目时，必须注意有无未达账项。对于双方账目上都有的记录，划上"√"的标记。无标记的则可能是未达账项。依据未达账项编制银行存款余额调节表，检查银行存款日记账记录的正确性。

第八节　会计工作的组织

会计工作的组织就是指如何组织会计工作。从广义来讲，凡是与组织会计工作有关的一切事情都可以概括进来。从狭义来讲，会计工作的组织主要应该包括会计人员的配备、会计机构的设置、会计制度的制定、会计信息系统的设立、会计法规的制定与执行，以及会计档案的保管。科学地组织会计工作，对全面、高质量地完成会计任务，充分发挥会计在经济管理中的作用具有重要的意义。

会计工作是一项严密细致的经济管理工作。会计为经营管理所提供的会计信息，要经过凭证—账簿—报表等一系列相应的程序和方法对数据进行记录、计算、分类、汇总、分析、检查等。会计数据的传输、加工在各种手续、各个步骤之间存在着密切的联系。在实际工作中，往往由于某种手续的遗漏或者某道工作程序的脱节，或者某一数字的差错，而造成会计信息不正确、不及时，从而贻误工作，甚至导致决策失误。科学地组织会计工作，使会计工作按照预先规定的方法和处理程序有条不紊地进行，可以有效地防止手续的遗漏、工作程序的脱节和数字的差错。即使出现上述问题，也能尽快查出和纠正。

会计工作是一项综合性的经济管理工作。它和其他经营管理工作有着十分密切的联系，并在加强科学管理、提高效率的共同目标下，相互补充，相互促进，相互影响。科学地组织会计工作，能使会计工作同其他经济管理工作更加协调，共同完成经济管理任务。因此，科学地组织会计工作，要遵循以下几项要求。

1. 按国家的统一要求组织会计工作

在社会主义市场经济条件下，会计所提供的会计信息，既要满足有关各方了解会计主体财务状况、经营成果、财务状况变动的需要和加强内部经营管理的需要，同时还应当符合国家宏观经济管理的要求。据此，会计工作要由国家统一管理，按照"统一领导，分级管理"的原则建立会计工作的管理体制。《中华人民共和国会计法》明确规定国务院财政部门管理全国的会计工作。地方各级人民政府的财政部门管理本地区的会计工作。各企事业单位和行政机关等组织会计工作，必须符合国家会计工作的统一要求。

2. 根据各单位生产经营管理的特点来组织会计工作

国家对组织会计工作的统一要求只是一般的原则规定，每个会计主体的经济活动范围、业务内容不同，对会计信息的要求也有差别，各个单位必须结合实际情况和具体要求，加以贯彻和落实。因此，对会计机构的设置和会计人员的配备，以及对统一会计法规的执行等方面，都要结合本单位业务经营的特点和经营规模的大小等具体情况，做出切合实际的安排并规定具体实施办法。

3. 协调同其他经济管理工作的关系

会计工作是一项综合性的经济管理工作，它既有独立的工作内容和范围，又与其他经济管理工作有着十分密切的联系。各单位发生的经济业务，都要通过会计予以反映和监督。会计工作同其他经济管理工作之间既有分工又有协作，在组织会计工作时，要同其他各项经济管理工作互相协调、互相配合，共同完成任务。

4. 不断提高会计工作质量，讲求工作效率，节约费用

会计信息应当符合国家宏观经济管理的要求，满足有关各方了解本单位财务状况、经营成果和财务状况变动的需要，满足本单位内部经营管理的需要。为了提供会计信息，会计人员要将日常发生的、大量的、错综复杂的经济业务，通过确认、计量、记录、报告等一系列程序和手续，将其转换为供有关各方利用的会计信息，这是一项要求严密而又细致的工作，需要精心设计，科学组织。会计信息质量不高，就会出现差错或遗漏，甚至不良的后果。因此，要求严密地组织会计工作，细致地规定和执行各项会计手续和工作程序，在保证会计工作质量的同时，也要注意提高会计工作效率，尽量节约会计工作时间和费用，要防止机构重叠、手续繁杂、重复劳动等不合理现象的发生。

第十一章　税务管理

第一节　纳税人的权利、义务和责任

一、我国现行税种和税收征收机关

小企业在日常经营活动中需要及时履行申报纳税和代扣代缴税款义务，按照《小企业会计准则》建立完善会计核算办法既是经营管理的需要，也是正确履行纳税义务的需要。

我国现行税法体系由税收实体法和税收征收管理法律制度构成。其中税收实体法可以按照税法征收对象的不同分为五类：流转税税法，所得税税法，财产、行为税税法，资源税税法，特定目的税税法。其中，流转税和所得税为主体税，财产和行为税、资源税以及特定目的税为非主体税。

流转税是指以纳税人商品生产、流通环节的流转额或者数量以及非商品交易的营业额为征税对象的一类税收，主要有增值税、营业税、消费税和关税四种。其中，在我国境内从事销售货物或者提供加工修理修配劳务以及从事进口货物的，要缴纳增值税；在我国境内从事生产、委托加工和进口烟、酒及酒精、化妆品、贵重首饰及珠宝玉石、鞭炮、焰火、成品油、汽车轮胎、小汽车、摩托车、高尔夫球及球具、高档手表、游艇、木制一次性筷子、实木地板等应税消费品的单位和个人，要缴纳消费税；在我国境内提供应税劳务、转让无形资产或销售不动产所得的单位和个人，要缴纳营业税；对进出境货物、物品征收关税。此外，对从事工商经营，缴纳增值税、消费税、营业税的单位和个人还要征收城市建设税和教育费附加。

所得税是国家对法人、自然人和其他经济组织在一定时期内的各种所得征收的一类税收。我国的所得税主要包括企业所得税和个人所得税。企业所得税是对我国境内的企业和其他取得收入的组织的生产经营所得和其他所得征收的所得税，而个人所得税是以自然人取得的各类应税所得为征税对象而征收的一种所得税。小企业要为职工和劳务提供者以及投资人等代扣代缴工资薪金、劳务报酬和股息、红利、利息等个人所得的所得税。

财产行为税是以纳税人拥有的财产数量或财产价值为征税对象的税种。我国现行的房产税、城镇土地使用税、车船税、印花税都属于这一类。资源税是以各种应税自然资源为课税对象，为了调节资源级差收入并体现国有资源有偿使用而征收的一种税，主要包括资源税。特定目的税是为了实现某种特定的目的，以纳税人的某些特定行为为征税对象的税种，主要包括城市维护建设税、车辆购置税、耕地占用税、烟叶税。

小企业在从事日常经营活动的同时，只要从事涉及上述税法规定的经济活动，都要向纳税机关申报并缴纳相应项目的税收。要正确地履行纳税义务，不仅要熟悉各种税种对纳税人和纳税行为的具体规定，还要熟悉各种税种负责征收的管理的机关。

我国实行分税制以后，分别设置了国家税务局和地方税务局两个相互独立的税收管理组织系统。国家税务总局以下国、地税部门按行政级别分层级设置省级、地市级、区县级（分局）税务机关，区县税务局派出税务所。纳税人一般的涉税事项主要直接与分局或税务所打交道。

国家税务系统主要负责征收增值税，消费税，车辆购置税，铁路、银行总行、保险总公司集中缴纳的营业税，2002 年之前成立的中央企业及 2002—2008 年新办企业的企业所得税，银行及非银行金融机构的企业所得税等税种。地方税务系统主要负责征收营业税、城建税（国税局征收的除外）、企业所得税（国税局征收的除外）、个人所得税、资源税、城镇土地使用税、土地增值税、房产税、车船税、印花税等税种。此外还有部分税收由地方财政部门以及海关系统代征，地方财政部门负责征收地方附加费用和耕地占用税，海关系统负责征收关税、行李和邮递物品进口税、进口环节增值税和消费税。

二、纳税人的基本权利、义务和责任

（一）纳税人、扣缴义务人的权利

按照《中华人民共和国税收征收管理法》（以下简称"征管法"）第八条的有关规定，纳税人、扣缴义务人的权利主要包括：

（1）纳税人、扣缴义务人有权向税务机关了解国家税收法律、行政法规的规定以及与纳税程序有关的情况。

（2）纳税人、扣缴义务人有权要求税务机关为纳税人、扣缴义务人的情况保密。税务机关应当依法为纳税人、扣缴义务人的情况保密。

（3）纳税人依法享有申请减税、免税、退税的权利。

（4）纳税人、扣缴义务人对税务机关所作出的决定，享有陈述权、申辩权；依法享有申请行政复议、提起行政诉讼、请求国家赔偿等权利。

（5）纳税人、扣缴义务人有权控告和检举税务机关、税务人员的违法违纪行为。

（二）纳税人、扣缴义务人的义务

征管法第四条等规定了纳税人、扣缴义务人的义务，主要包括：

（1）纳税人、扣缴义务人必须依照法律、行政法规的规定缴纳税款、代扣代缴、代收代缴税款。（纳税义务）

（2）纳税人、扣缴义务人和其他有关单位应当按照国家有关规定如实向税务机关提供与纳税和代扣代缴、代收代缴税款有关的信息。（申报义务）

（3）纳税人、扣缴义务人必须接受税务机关依法进行的税务检查。（接受检查义务）

三、纳税人、扣缴义务人的主要法律责任

根据征管法及其实施细则的有关规定，纳税人和扣缴义务人在履行纳税义务的过程中，

违反税务管理规定，可能承担以下法律责任：

（一）违反税务管理的行为及处罚

（1）纳税人有下列行为之一的，由税务机关责令限期改正，可以处二千元以下的罚款；情节严重的，处二千元以上一万元以下的罚款：

①未按照规定的期限申报办理税务登记、变更或者注销登记的；

②未按照规定设置、保管账簿或者保管记账凭证和有关资料的；

③未按照规定将财务、会计制度或者财务、会计处理办法和会计核算软件报送税务机关备查的；

④未按照规定将其全部银行账号向税务机关报告的；

⑤未按照规定安装、使用税控装置，或者损毁或者擅自改动税控装置的。

（2）纳税人不办理税务登记的，由税务机关责令限期改正；逾期不改正的，经税务机关提请，由工商行政管理机关吊销其营业执照。纳税人未按照规定使用税务登记证件，或者转借、涂改、损毁、买卖、伪造税务登记证件的，处二千元以上一万元以下的罚款；情节严重的，处一万元以上五万元以下的罚款。

（3）扣缴义务人未按照规定设置、保管代扣代缴、代收代缴税款账簿或者保管代扣代缴、代收代缴税款记账凭证及有关资料的，由税务机关责令限期改正，可以处二千元以下的罚款；情节严重的，处二千元以上五千元以下的罚款。

（4）纳税人未按照规定的期限办理纳税申报和报送纳税资料的，或者扣缴义务人未按照规定的期限向税务机关报送代扣代缴、代收代缴税款报告表和有关资料的，由税务机关责令限期改正，可以处二千元以下的罚款；情节严重的，可以处二千元以上一万元以下的罚款。

（二）欠税行为及处罚

纳税人欠缴应纳税款，采取转移或者隐匿财产的手段，妨碍税务机关追缴欠缴的税款的，由税务机关追缴欠缴的税款、滞纳金，并处欠缴税款百分之五十以上五倍以下的罚款；构成犯罪的，依法追究刑事责任。扣缴义务人应扣未扣、应收未收的税款，由税务机关向纳税人追缴，对扣缴义务人处以应扣未扣、应收未收税款百分之五十以上三倍以下的罚款。

纳税人、扣缴义务人在规定期限内不缴或者少缴应纳或者应解缴的税款，经税务机关责令限期缴纳，逾期仍未缴纳的，税务机关除依照征管法第四十条的规定采取强制执行措施追缴其不缴或者少缴的税款外，可以处不缴或者少缴的税款百分之五十以上五倍以下的罚款。

（三）偷税行为及处罚

纳税人伪造、变造、隐匿、擅自销毁账簿、记账凭证，或者在账簿上多列支出或者不列、少列收入，或者经税务机关通知申报而拒不申报或者进行虚假的纳税申报，不缴或者少缴应纳税款的，是偷税。对纳税人偷税的，由税务机关追缴其不缴或者少缴的税款、滞纳金，并处不缴或者少缴的税款百分之五十以上五倍以下的罚款；构成犯罪的，依法追究刑事责任。

扣缴义务人采取前款所列手段，不缴或者少缴已扣、已收税款，由税务机关追缴其不缴或者少缴的税款、滞纳金，并处不缴或者少缴的税款百分之五十以上五倍以下的罚款；构成犯罪的，依法追究刑事责任。

纳税人、扣缴义务人编造虚假计税依据的，由税务机关责令限期改正，并处五万元以下的罚款。

纳税人不进行纳税申报，不缴或者少缴应纳税款的，由税务机关追缴其不缴或者少缴的税款、滞纳金，并处不缴或者少缴的税款百分之五十以上五倍以下的罚款。

（四）抗税行为及处罚

以暴力、威胁方法拒不缴纳税款的，是抗税，除由税务机关追缴其拒缴的税款、滞纳金外，依法追究刑事责任。情节轻微，未构成犯罪的，由税务机关追缴其拒缴的税款、滞纳金，并处拒缴税款一倍以上五倍以下的罚款。

（五）行贿行为及处罚

税务人员与纳税人、扣缴义务人勾结，唆使或者协助纳税人、扣缴义务人有征管法第六十三条、第六十五条、第六十六条规定的行为，构成犯罪的，依法追究刑事责任；尚不构成犯罪的，依法给予行政处分。

税务人员利用职务上的便利，收受或者索取纳税人、扣缴义务人财物或者谋取其他不正当利益，构成犯罪的，依法追究刑事责任；尚不构成犯罪的，依法给予行政处分。

（六）骗税行为及处罚

以假报出口或者其他欺骗手段，骗取国家出口退税款，由税务机关追缴其骗取的退税款，并处骗取税款一倍以上五倍以下的罚款；构成犯罪的，依法追究刑事责任。

对骗取国家出口退税款的，税务机关可以在规定期间内停止为其办理出口退税。

（七）其他违法行为及处罚

纳税人、扣缴义务人逃避、拒绝或者以其他方式阻挠税务机关检查的，由税务机关责令改正，可以处一万元以下的罚款；情节严重的，处一万元以上五万元以下的罚款。

违反征管法第二十二条规定，非法印制发票的，由税务机关销毁非法印制的发票，没收违法所得和作案工具，并处一万元以上五万元以下的罚款；构成犯罪的，依法追究刑事责任。

纳税人、扣缴义务人的开户银行或者其他金融机构拒绝接受税务机关依法检查纳税人、扣缴义务人存款账户，或者拒绝执行税务机关作出的冻结存款或者扣缴税款的决定，或者在接到税务机关的书面通知后帮助纳税人、扣缴义务人转移存款，造成税款流失的，由税务机关处十万元以上五十万元以下的罚款，对直接负责的主管人员和其他直接责任人员处一千元以上一万元以下的罚款。

第二节　纳税管理的程序及基本要求

为正确履行纳税义务，征管法规定了纳税人、代扣代缴义务人从税务登记、账簿凭证管理、申报纳税、税款征收、纳税检查到税务行政复议和诉讼等完整的税收征收管理过程的具体义务和基本要求。

一、纳税人、扣缴义务人的税务登记管理

税务登记是税务机关对纳税人的生产、经营活动进行登记并据此对纳税人实施税务管理的一种法定制度。税务登记又称纳税登记，它是税务机关对纳税人实施税收管理的首要环节

和基本工作，是征纳双方法律关系成立的依据和证明，也是纳税人必须依法履行的义务。税务登记有利于税务机关掌握和监控税源，合理配备征管力量，组织征收管理活动，也有利于增强纳税人税收法制观念和纳税意识，自觉接受税务机关监督管理，维护自身合法权益。

税务登记管理包括：开业税务登记、变更税务登记、注销税务登记、停业复业登记、外出经营报验登记。

根据征管法和国家税务总局印发的《税务登记管理办法》，我国税务登记制度包括：

（一）开业税务登记制度

根据有关规定，开业税务登记的纳税人分为以下两类：（1）领取营业执照从事生产、经营的纳税人，其中包括：①企业；②企业在外地设立的分支机构和从事生产、经营的场所；③个体工商户；④从事生产、经营的事业单位。（2）其他纳税人。根据有关法规规定，不从事生产、经营，但依照法律、法规的规定负有纳税义务的单位和个人，除临时取得应税收入或发生应税行为以及只缴纳个人所得税、车船税的外，都应按规定向税务机关办理税务登记。

企业，企业在外地设立的分支机构和从事生产、经营的场所，个体工商户和从事生产、经营的事业单位（以下统称从事生产、经营的纳税人）自领取营业执照之日起三十日内，持有关证件，向税务机关申报办理税务登记。以下几种情况应比照开业登记办理：

（1）扣缴义务人应当自扣缴义务发生之日起 30 日内，向所在地的主管税务机关申报办理扣缴税款登记，领取扣缴税款登记证件。

（2）跨地区的非独立核算分支机构应当自设立之日起 30 日内，向所在地税务机关办理注册税务登记。

（3）有独立的生产经营权、在财务上独立核算并定期向发包人或者出租人上缴承包费或租金的承包承租人，应当自承包承租合同签订之日起 30 日内，向其承包承租业务发生地税务机关申报办理税务登记，税务机关核发临时税务登记证及副本。

（4）从事生产、经营的纳税人外出经营，在同一地连续 12 个月内累计超过 180 天的，应当自期满之日起 30 日内，向生产、经营所在地税务机关申报办理税务登记，税务机关核发临时税务登记证及副本。

（5）境外企业在中国境内承包建筑、安装、装配、勘探工程和提供劳务的，应当自项目合同或协议签订之日起 30 日内，向项目所在地税务机关申报办理税务登记，税务机关核发临时税务登记证及副本。

（二）变更或注销税务登记制度

变更税务登记的范围及时间要求：

（1）适用范围。纳税人办理税务登记后，如发生下列情形之一，应当办理变更税务登记：发生改变名称、改变法定代表人、改变经济性质或经济类型、改变住所和经营地点（不涉及主管税务机关变动的）、改变生产经营或经营方式、增减注册资金（资本）、改变隶属关系、改变生产经营期限、改变或增减银行账号、改变生产经营权属以及改变其他税务登记内容的。

（2）时间要求。纳税人税务登记内容发生变化的，应当自工商行政管理机关或者其他机关办理变更登记之日起 30 日内，持有关证件向原税务登记机关申报办理变更税务登记。

（3）变更税务登记的程序。变更税务登记是先在工商管理机关办理变更手续，后在税务机关办理变更手续。

注销税务登记的适用范围及时间要求：

（1）适用范围。纳税人因经营期限届满而自动解散；企业由于改组、分立、合并等原因而被撤销；企业资不抵债而破产；纳税人住所、经营地址迁移而涉及改变原主管税务机关的；纳税人被工商行政管理部门吊销营业执照；以及纳税人依法终止履行纳税义务的其他情形。

（2）时间要求。纳税人发生解散、破产、撤销以及其他情形，依法终止纳税义务的，应当在向工商行政管理机关办理注销登记前，持有关证件向原税务登记管理机关申报办理注销税务登记；按照规定不需要在工商管理机关办理注销登记的，应当自有关机关批准或者宣告终止之日起 15 日内，持有关证件向原税务登记管理机关申报办理注销税务登记。

（3）注销税务登记的程序：注销税务登记是先在税务机关注销登记，后在工商管理机关注销登记。纳税人办理注销税务登记前，应当向税务机关提交相关证明文件和资料，结清应纳税款、多退（免）税款、滞纳金和罚款，缴销发票、税务登记证件和其他税务证件，经税务机关核准后，办理注销税务登记手续。

（三）停业、复业登记制度

实行定期定额征收方式的个体工商户需要停业的，应当在停业前向税务机关申报办理停业登记。纳税人的停业期限不得超过一年。纳税人在申报办理停业登记时，应如实填写停业申请登记表，说明停业理由、停业期限、停业前的纳税情况和发票的领、用、存情况，并结清应纳税款、滞纳金、罚款。税务机关应收存其税务登记证件及副本、发票领购簿、未使用完的发票和其他税务证件。纳税人在停业期间发生纳税义务的，应当按照税收法律、行政法规的规定申报缴纳税款。

纳税人应当于恢复生产经营之前，向税务机关申报办理复业登记，如实填写《停、复业报告书》，领回并启用税务登记证件、发票领购簿及其停业前领购的发票。

纳税人停业期满不能及时恢复生产经营的，应当在停业期满前向税务机关提出延长停业登记申请，并如实填写《停、复业报告书》。

（四）扣缴税款登记制度

扣缴义务人应当自扣缴义务发生之日起三十日内，向所在地的主管税务机关申报办理扣缴税款登记，领取扣缴税款登记证；税务机关对已办理税务登记的扣缴义务人，可以只在其税务登记证件上登记扣缴税款事项，不再发给扣缴税款登记证件。

（五）外出经营报验登记制度

纳税人到外县（市）临时从事生产经营活动的，应当在外出生产经营以前，持税务登记证向主管税务机关申请开具《外出经营活动税收管理证明》（以下简称《外管证》）。

税务机关按照一地一证的原则，核发《外管证》，《外管证》的有效期限一般为 30 日，最长不得超过 180 天。纳税人应当在《外管证》注明地进行生产经营前向当地税务机关报验登记，并提交下列证件、资料：税务登记证件副本；《外管证》。纳税人在《外管证》注明地销售货物的，除提交以上证件、资料外，应如实填写《外出经营货物报验单》，申报查验货物。

纳税人外出经营活动结束，应当向经营地税务机关填报《外出经营活动情况申报表》，并结清税款、缴销发票。

纳税人应当在《外管证》有效期届满后 10 日内，持《外管证》回原税务登记地税务机关办理《外管证》缴销手续。

（六）税务登记证的管理制度

国家税务局、地方税务局对同一纳税人的税务登记应当采用同一代码，信息共享。税务登记的具体办法由国家税务总局制定。各级工商行政管理机关应当向同级国家税务局和地方税务局定期通报办理开业、变更、注销登记以及吊销营业执照的情况。税务登记证件的式样，由国家税务总局制定。税务登记证件不得转借、涂改、损毁、买卖或者伪造。

除按照规定不需要发给税务登记证件的外，纳税人办理下列事项时，必须持税务登记证件：

（1）开立银行账户；

（2）申请减税、免税、退税；

（3）申请办理延期申报、延期缴纳税款；

（4）领购发票；

（5）申请开具外出经营活动税收管理证明；

（6）办理停业、歇业；

（7）其他有关税务事项。

纳税人遗失税务登记证件的，应当在 15 日内书面报告主管税务机关，并登报声明作废。

二、账簿凭证管理

（一）设置账簿的范围

征管法规定"纳税人、扣缴义务人按照有关法律、行政法规和国务院财政、税务主管部门的规定设置账簿，根据合法、有效凭证记账，进行核算"。

从事生产、经营的纳税人应当自领取营业执照或者发生纳税义务之日起 15 日内设置账簿。

（二）对纳税人财务会计制度及其办法的管理

凡从事生产、经营的纳税人必须将所采用的财务、会计制度和具体的财务、会计处理办法，按税务机关的规定，自领取税务登记证件之日起 15 日内，及时报送主管税务机关备案。

从事生产、经营的纳税人的财务、会计制度或者财务、会计处理办法和会计核算软件，应当报送税务机关备案。

纳税人、扣缴义务人的财务、会计制度或者财务、会计处理办法与国务院或者国务院财政、税务主管部门有关税收的规定抵触的，依照国务院或者国务院财政、税务主管部门有关税收的规定计算应纳税款、代扣代缴和代收代缴税款。

（三）账簿、凭证的保管

从事生产、经营的纳税人、扣缴义务人必须按照国务院财政、税务主管部门规定的保管期限保管账簿、记账凭证、完税凭证及其他有关资料。账簿、记账凭证、完税凭证及其他有关资料不得伪造、变造或者擅自损毁。

纳税人应当按照税务机关的要求安装、使用税控装置，并按照税务机关的规定报送有关数据和资料。

账簿、记账凭证、报表、完税凭证、发票、出口凭证以及其他有关涉税资料的保管期限，除另有规定者外，应当保存 10 年。

三、发票管理制度

征管法规定，税务机关是发票的主管机关，负责发票印制、领购、开具、取得、保管、缴销的管理和监督。

单位、个人在购销商品、提供或者接受经营服务以及从事其他经营活动中，应当按照规定开具、使用、取得发票。

发票的管理办法由国务院规定。

（一）发票印制管理

增值税专用发票由国务院税务主管部门指定的企业印制；其他发票，按照国务院税务主管部门的规定，分别由省、自治区、直辖市国家税务局、地方税务局指定企业印制。

发票应当套印全国统一发票监制章。全国统一发票监制章的式样和发票版面印刷的要求，由国家税务总局规定。发票监制章由省、自治区、直辖市税务机关制作。禁止伪造发票监制章。印制发票的企业按照税务机关的统一规定，建立发票印制管理制度和保管措施。

有固定生产经营场所，财务和发票管理制度健全，发票使用量较大的单位，可以申请印制带有本单位名称的自用发票，经县以上税务机关批准到指定印刷厂印制。发票的设计、防伪、真伪鉴定管理由税务机关负责。

（二）发票领购管理

需要领购发票的单位和个人，应当持税务登记证件、经办人身份证明，按照国务院税务主管部门规定式样制作的发票专用章的印模，向主管税务机关办理发票领购手续。主管税务机关根据领购单位和个人的经营范围和规模，确认领购发票的种类、数量以及领购方式，在 5 个工作日内发给发票领购簿。单位和个人领购发票时，应当按照税务机关的规定报告发票使用情况，税务机关应当按照规定进行查验。

需要临时使用发票的单位和个人，可以凭购销商品、提供或者接受服务以及从事其他经营活动的书面证明、经办人身份证明，直接向经营地税务机关申请代开发票。依照税收法律、行政法规规定应当缴纳税款的，税务机关应当先征收税款，再开具发票。税务机关根据发票管理的需要，可以按照国务院税务主管部门的规定委托其他单位代开发票。禁止非法代开发票。

对无固定经营场地或者财务制度不健全的纳税人申请领购发票，主管税务机关有权要求其提供担保人，不能提供担保人的，要求其提供保证金，并按期缴销发票。

税务机关对外省、自治区、直辖市来本辖区从事临时经营活动的单位和个人申请领购发票的，可以要求其提供保证人或者根据所领购发票的票面限额及数量交纳不超过 1 万元的保证金，并限期缴销发票。

按期缴销发票的，解除保证人的担保义务或者退还保证金；未按期缴销发票的，由保证人或者以保证金承担法律责任。税务机关收取保证金应当开具资金往来结算票据。

发票的领购方式是交旧领新。用票单位和个人交回已填开的发票存根联，经税务机关审核留存，允许领购新发票，验旧领新。

（三）发票的开具和保管

销售商品、提供服务以及从事其他经营活动的单位和个人，对外发生经营业务收取款项，收款方应向付款方开具发票；特殊情况下由付款方向收款方开具发票。

所有单位和从事生产、经营活动的个人在购买商品、接受服务以及从事其他经营活动支付款项时，应当向收款方取得发票。取得发票时，不得要求变更品名和金额。

不符合规定的发票，不得作为财务报销凭证，任何单位和个人有权拒收。

开具发票应当按照规定的时限、顺序、逐栏、全部联次一次性如实开具，并加盖单位财务印章或者发票专用章。

安装税控装置的单位和个人，应当按照规定使用税控装置开具发票，并按期向主管税务机关报送开具发票的数据。使用非税控电子器具开具发票的，应当将非税控电子器具使用的软件程序说明资料报主管税务机关备案，并按照规定保存、报送开具发票的数据。

任何单位和个人不得转借、转让、介绍他人转让发票、发票监制章和发票防伪专用品；知道或应当知道是私自印制、伪造、变造、非法取得或废止的发票，不得受让、开具、存放、携带、邮寄、运输；不得拆本使用发票；不得自行扩大发票使用范围；不得以其他凭证代替发票使用。禁止私自印刷、伪造、变造发票；禁止非法制造发票防伪专用品；禁止伪造发票监制章；禁止非法代开发票。

发票限于领购单位和个人在本省、自治区、直辖市内开具。

任何单位和个人未经批准，不得跨规定的使用区域携带、邮寄、运输空白发票。禁止携带、邮寄或者运输空白发票出入境。

开具发票的单位和个人应当建立发票使用登记制度，设置发票登记簿，并定期向主管税务机关报告发票使用情况。

开具发票的单位和个人应当在办理变更或者注销税务登记的同时，办理发票和发票领购簿的变更、缴销手续。

开具发票的单位和个人应当按照税务机关的规定存放和保管发票，不得擅自损毁。已开具的发票存根联和发票登记簿，应当保存五年。保存期满，报经税务机关查验后销毁。

（四）发票缴销的管理

发票缴销包括发票的收缴和发票销毁。发票收缴是指用票单位和个人按照规定向税务机关上缴已经使用或未使用的发票；发票销毁是指税务机关将自己或他人已经使用或未使用的发票进行销毁。发票收缴和销毁既有联系又有区别，发票销毁必须先收缴；收缴的发票都要销毁，一般都要按照法律法规保存一定时间后销毁。

对于下列情况，要实行收缴：用票单位和个人已经使用的发票存根；用票单位或个人发生合并、联营、分设、迁移、停业、歇业等事项时，原来印制、领购的发票；税务机关在同意实行发票换版、更换发票监制章等事项时，原来印制、购买的发票；用票单位和个人严重违反税收管理和发票管理的规定，需要收缴发票的。

发票收缴要遵循下列程序：用票单位和个人应当编制发票清册，经财务负责人和单位负责人盖章后，报送税务机关；主管税务机关在接到用票单位和个人报送的清册后，应认真审查，分户登记，对审查合格的予以注销；对依法注销的发票，用票单位和个人不得擅自销毁，必须上缴税务机关或按照税务机关的规定保存，以便备查。

用票单位或个人使用的发票存根以及税务机关自用的发票存根，在其保管期满并报有关税务机关审核后，由税务机关予以销毁。用票单位和个人由于发生合并、联营、分设、迁移、停业、歇业等事项时，上缴或注销空白发票，由税务机关集中销毁。

（五）增值税专用发票的管理

增值税专用发票由基本联次或者基本联次附加其他联次构成，基本联次为三联：发票联、抵扣联和记账联。最高开票限额由一般纳税人申请，税务机关依法审批。最高开票限额为十万元及以下的，由区县级税务机关审批；最高开票限额为一百万元的，由地市级税务机关审批；最高开票限额为一千万元及以上的，由省级税务机关审批。

商业企业一般纳税人零售的烟、酒、食品、服装、鞋帽（不包括劳保专用部分）、化妆品等消费品不得开具专用发票。

增值税小规模纳税人（以下简称小规模纳税人）需要开具专用发票的，可向主管税务机关申请代开。向小规模纳税人销售应税项目，可以不开具发票。

四、申报纳税制度

征管法第二十五条规定："纳税人必须依照法律、行政法规规定或者税务机关依照法律、行政法规的规定确定的申报期限、申报内容如实办理纳税申报，报送纳税申报表、财务会计报表以及税务机关根据实际需要要求纳税人报送的其他纳税资料。"

"扣缴义务人必须依照法律、行政法规规定或者税务机关依照法律、行政法规的规定确定的申报期限、申报内容如实报送代扣代缴、代收代缴税款报告表以及税务机关根据实际需要要求扣缴义务人报送的其他有关资料。"

纳税人自行申报纳税制度是现代税法的基础和重要特征。我国现行各种税种的法律、法规中都有关于纳税申报的条款。纳税申报是纳税人按照法律规定的期限和内容向税务机关提交纳税事项书面报告的法律行为，是纳税人履行纳税义务、界定纳税人法律责任的主要依据，是税务机关征收管理信息的主要来源和税务管理的重要制度。纳税人、扣缴义务人不申报、不如期申报、申报不实、不准确申报都必须承担相应的法律责任。

（一）纳税申报的主要内容

纳税申报的主要内容明确在各种税的纳税申报表和代扣代缴、代收代缴报告表内，也有的是随着纳税申报表附表的财务报表和有关纳税资料。纳税人和扣缴义务人在发生纳税义务和代扣代缴、代收代缴义务后，应该在其申报期限内，按照纳税申报表的要求逐项如实填写纳税申报表，并随同报送按照税收法律、行政法规规定编制的财务报表和税收机关要求提供的有关纳税资料，进行纳税申报工作。

纳税人在办理纳税申报时，应当如实填写纳税申报表，并根据不同情况相应报送有关证件、资料：财务会计报表及其相应说明材料；纳税有关的合同、协议及凭证；税控装置的电子报税资料；外出经营活动税收管理证明和异地完税证明；境内或境外公证机构出具的有关证明文件；税务机关规定应该报送的其他证件、资料。

扣缴义务人办理代扣代缴、代收代缴税款报告时，应当如实填写代扣代缴、代收代缴税款报告书，并报送代扣代缴、代收代缴税款的合法凭证以及税务机关规定应该报送的其他证件、资料。

纳税人和扣缴义务人的纳税申报和代扣代缴、代收代缴税款报告的主要内容包括：税种、税目；应缴纳税项目或代扣代缴、代收代缴税款项目；适用税率或单位税额；计税依据、抵扣项目、扣除项目以及标准；应纳税额或代扣代缴、代收代缴税款；税款所属期限；延期缴纳税款、欠款、滞纳金等。

纳税申报的具体内容各种税种都有明确规定。

此外，纳税人在纳税期内没有应纳税款也应当按照规定进行申报；享受减免税待遇的也应当按照相关规定进行纳税申报；实行按期定额缴纳税款的纳税人可以实行简易申报、简并征期等申报纳税方式。

（二）纳税申报方式

纳税人、扣缴义务人可以直接到税务机关办理纳税申报或者报送代扣代缴、代收代缴税款报告表，也可以按照规定采取邮寄、数据电文或者其他方式办理上述申报、报送事项。

采用邮寄方式申报，应当统一使用纳税申报专用信封，以邮政部门收据作为申报凭据，并以寄出的邮戳日期为实际申报日期。采用电子方式申报，应当按规定保存有关资料，并书面报告主管税务机关。

纳税人、扣缴义务人不能按期办理纳税申报或者报送代扣代缴、代收代缴税款报告表的，经税务机关核准，可以延期申报。经核准延期办理前款规定的申报、报送事项的，应当在纳税期内按照上期实际缴纳的税额或者税务机关核定的税额预缴税款，并在核准的延期内办理税款结算。

纳税人、扣缴义务人不能按期办理纳税申报或者报送代扣代缴、代收代缴税款报告表，需要延期的，应当提出书面申请，经税务机关审核，在期限内办理。

五、税款征收

税款征收是指税务机关依照法律、法规确定的标准和范围，将纳税人依法向国家缴纳的税款及时足额地组织入国库的一系列活动的总称。征管法第二十八条规定，税务机关依照法律、行政法规的规定征收税款，不得违反法律、行政法规的规定开征、停征、多征、少征、提前征收、延缓征收或者摊派税款。除税务机关、税务人员以及经税务机关依照法律、行政法规委托的单位和人员外，任何单位和个人不得进行税款征收活动。

扣缴义务人依照法律、行政法规的规定履行代扣、代收税款的义务。对法律、行政法规没有规定负有代扣、代收税款义务的单位和个人，税务机关不得要求其履行代扣、代收税款义务。扣缴义务人依法履行代扣、代收税款义务时，纳税人不得拒绝。纳税人拒绝的，扣缴义务人应当及时报告税务机关处理。税务机关按照规定付给扣缴义务人代扣、代收手续费。

纳税人、扣缴义务人按照法律、行政法规规定或者税务机关依照法律、行政法规的规定确定的期限，缴纳或者解缴税款。纳税人因有特殊困难，不能按期缴纳税款的，经省、自治区、直辖市国家税务局、地方税务局批准，可以延期缴纳税款，但是最长不得超过三个月。

纳税人未按照规定期限缴纳税款的，扣缴义务人未按照规定期限解缴税款的，税务机关除责令限期缴纳外，从滞纳税款之日起，按日加收滞纳税款万分之五的滞纳金。

纳税人可以依照法律、行政法规的规定书面申请减税、免税。减税、免税的申请须经法律、行政法规规定的减税、免税审查批准机关审批。地方各级人民政府、各级人民政府主管部门、单位和个人违反法律、行政法规规定，擅自作出的减税、免税决定无效，税务机关不得执行，并向上级税务机关报告。

税务机关征收税款时，必须给纳税人开具完税凭证。扣缴义务人代扣、代收税款时，纳税人要求扣缴义务人开具代扣、代收税款凭证的，扣缴义务人应当开具。

纳税人有下列情形之一的，税务机关有权核定其应纳税额：依照法律、行政法规的规定可以不设置账簿的；依照法律、行政法规的规定应当设置但未设置账簿的；擅自销毁账簿或者拒不提供纳税资料的；虽设置账簿，但账目混乱或者成本资料、收入凭证、费用凭证残缺不全，难以查账的；发生纳税义务，未按照规定的期限办理纳税申报，经税务机关责令限期申报，逾期仍不申报的；纳税人申报的计税依据明显偏低，又无正当理由的。

六、税务检查

税务机关有权进行下列税务检查：

（1）检查纳税人的账簿、记账凭证、报表和有关资料，检查扣缴义务人代扣代缴、代收代缴税款账簿、记账凭证和有关资料；

（2）到纳税人的生产、经营场所和货物存放地检查纳税人应纳税的商品、货物或者其他财产，检查扣缴义务人与代扣代缴、代收代缴税款有关的经营情况；

（3）责成纳税人、扣缴义务人提供与纳税或者代扣代缴、代收代缴税款有关的文件、证明材料和有关资料；

（4）询问纳税人、扣缴义务人与纳税或者代扣代缴、代收代缴税款有关的问题和情况；

（5）到车站、码头、机场、邮政企业及其分支机构检查纳税人托运、邮寄应纳税商品、货物或者其他财产的有关单据、凭证和有关资料；

（6）经县以上税务局（分局）局长批准，凭全国统一格式的检查存款账户许可证明，查询从事生产、经营的纳税人、扣缴义务人在银行或者其他金融机构的存款账户。税务机关在调查税收违法案件时，经设区的市、自治州以上税务局（分局）局长批准，可以查询案件涉嫌人员的储蓄存款。税务机关查询所获得的资料，不得用于税收以外的用途。

税务机关对从事生产、经营的纳税人以前纳税期的纳税情况依法进行税务检查时，发现纳税人有逃避纳税义务行为，并有明显的转移、隐匿其应纳税的商品、货物以及其他财产或者应纳税的收入的迹象的，可以按照征管法规定的批准权限采取税收保全措施或者强制执行措施。

纳税人、扣缴义务人必须接受税务机关依法进行的税务检查，如实反映情况，提供有关资料，不得拒绝、隐瞒。

税务机关依法进行税务检查时，有权向有关单位和个人调查纳税人、扣缴义务人和其他当事人与纳税或者代扣代缴、代收代缴税款有关的情况，有关单位和个人有义务向税务机关如实提供有关资料及证明材料。

税务机关调查税务违法案件时，对与案件有关的情况和资料，可以记录、录音、录像、照相和复制。

税务机关派出的人员进行税务检查时，应当出示税务检查证和税务检查通知书，并有责任为被检查人保守秘密；未出示税务检查证和税务检查通知书的，被检查人有权拒绝检查。

第三节 代理记账和代理纳税事项

对小企业而言，健全的会计核算对于取得增值税一般纳税人资格、享受企业所得税优惠政策、及时得到出口退税等都是非常重要的前提条件。因此，不论从企业内部管理角度，还是从纳税人角度，企业即使出于核算成本和人员素质的考虑，按照小企业会计准则和有关税收管理制度规定，在不具备设置会计机构或会计人员业务能力有限的情况下，委托专业中介机构代理记账、帮助健全账务、规范会计核算，都是十分必要和现实的。

一、代理记账

具备规定条件的会计师事务所等中介机构可以帮助企业建账建制从事代理记账业务。帮助企业建账建制是利用专业会计中介的专门化服务技能提高会计核算的水平，是企业本身已按规定设置会计机构和会计人员情况下的一种服务。代理企业记账则是在企业不具备设置会计机构或在有关机构中设置会计人员并指定会计主管人员条件的，委托经批准设立从事会计代理记账业务的中介机构代理记账。代理记账是任何小企业按会计制度规定最起码的要求，而要达到财务会计制度健全、会计核算规范，符合相关税法要求，还需要提升会计核算工作的质量，特别是健全内部控制制度。

目前，哪些企业不具备设置会计机构或在有关机构中设置会计人员并指定会计主管人员条件的，而应该委托经批准从事会计代理记账业务的中介机构代理记账的法律界限不清晰。根据《国务院批转国家税务总局关于加强个体私营经济税收征管强化查账征收工作的意见》，代理记账，主要对象是：个体户和私营企业；名为国有、集体，实为个体户和私营企业；个人租赁、承包的企业。其中大部分属于无限责任的单人业主制企业。

前面已经提到，征管法规定，生产、经营规模小又确定无建账能力的纳税人，可以聘请经批准从事会计代理建账业务的专业机构或者经税务机关认可的财会人员代为建账和办理账务；聘请上述机构或者人员有实际困难的，经县以上税务机关批准，可以按照税务机关的规定，建立收支凭证粘贴簿、进货销货登记簿或者使用税控装置。

因此，代理记账的范围实际上是根据企业的经营规模、雇员状况去判断，是一个受到企业客观条件制约的问题。但是为正确履行纳税义务，税法又针对不同情况规定了对企业账务的具体要求。比如为了符合增值税一般纳税人条件，企业必须独立设置会计机构和会计人员，并且有合格的办税人员；为了能够享受税收优惠政策，必须能够代理记账，查账征收；为了能够采取核定应纳税所得率的方法核定征收企业所得税，企业起码要经批准、按税务机关要求，建立收支凭证粘贴簿、进货销货登记簿或者使用税控装置；为了代开发票的需要，也起码要有收支凭证粘贴簿、进货销货登记簿或者使用税控装置，或代理记账。

二、代理申报纳税

除了代理记账外，根据小企业专业人员少的实际情况，税务代理是一条可以选择的途径。征管法规定，纳税人、扣缴义务人可以委托税务代理人代为办理税务事宜。纳税人、扣缴义务人委托税务代理人代办税务事宜是国际上一种通行的办法。随着市场经济体制的逐步建立以及经济国际化程度的加深，我国税务代理也会同其他民事代理一样越来越多。由于企业纳税专业性非常强，同时，我国实行多税种的复合税制体系，税收法律、法规繁复精深，一般人想要全面了解税收法律法规实属不易，而具有专业知识的税务代理人员则全面了解税收相关的法律法规和技巧，可以为纳税人进行税收筹划，依法纳税，从而起到事半功倍、降低纳税成本的效果。特别是我国实行自行申报制度，纳税人将复杂的申报纳税事项委托专业人员可以节约时间，并减少差错，做到依法纳税。

纳税人可根据需要自愿委托社会中介服务机构代理申报纳税。凡实行代理申报的，由纳税人自主选择代理机构并签订代理协议或合同，明确双方权利、义务及责任。纳税人应向代理机构如实提供财务会计报表及有关资料，代理机构应按照税收规定准确进行税收调整，依率计算应缴税款，做到如实申报。

纳税申报不实的，一经查出，不管是由于纳税人未如实提供有关资料，或者由于代理机构的原因造成的，纳税人都负有补税、缴纳罚款等法律责任。对确属由于代理原因造成申报不实而使纳税人受到经济损失的，由纳税人按有关协议或合同内容追究代理人的责任。主管税务机关可根据国家税务总局下发的《税务代理试行办法》对代理机构进行行政惩罚。

附录一 小企业会计准则

第一章 总 则

第一条 为了规范小企业会计确认、计量和报告行为，促进小企业可持续发展，发挥小企业在国民经济和社会发展中的重要作用，根据《中华人民共和国会计法》及其他有关法律和法规，制定本准则。

第二条 本准则适用于在中华人民共和国境内依法设立的、符合《中小企业划型标准规定》所规定的小型企业标准的企业。

下列三类小企业除外：

（一）股票或债券在市场上公开交易的小企业。

（二）金融机构或其他具有金融性质的小企业。

（三）企业集团内的母公司和子公司。

前款所称企业集团、母公司和子公司的定义与《企业会计准则》的规定相同。

第三条 符合本准则第二条规定的小企业，可以执行本准则，也可以执行《企业会计准则》。

（一）执行本准则的小企业，发生的交易或者事项本准则未作规范的，可以参照《企业会计准则》中的相关规定进行处理。

（二）执行《企业会计准则》的小企业，不得在执行《企业会计准则》的同时，选择执行本准则的相关规定。

（三）执行本准则的小企业公开发行股票或债券的，应当转为执行《企业会计准则》；因经营规模或企业性质变化导致不符合本准则第二条规定而成为大中型企业或金融企业的，应当从次年1月1日起转为执行《企业会计准则》。

（四）已执行《企业会计准则》的上市公司、大中型企业和小企业，不得转为执行本准则。

第四条 执行本准则的小企业转为执行《企业会计准则》时，应当按照《企业会计准则第38号——首次执行企业会计准则》等相关规定进行会计处理。

第二章 资 产

第五条 资产，是指小企业过去的交易或者事项形成的、由小企业拥有或者控制的、预期会给小企业带来经济利益的资源。

小企业的资产按照流动性，可分为流动资产和非流动资产。

第六条 小企业的资产应当按照成本计量，不计提资产减值准备。

第一节 流动资产

第七条 小企业的流动资产，是指预计在1年内（含1年，下同）或超过1年的一个正常营业周期内变现、出售或耗用的资产。

小企业的流动资产包括：货币资金、短期投资、应收及预付款项、存货等。

第八条 短期投资，是指小企业购入的能随时变现并且持有时间不准备超过1年（含1年，下同）的投资，如小企业以赚取差价为目的从二级市场购入的股票、债券、基金等。

短期投资应当按照以下规定进行会计处理：

（一）以支付现金取得的短期投资，应当按照购买价款和相关税费作为成本进行计量。

实际支付价款中包含的已宣告但尚未发放的现金股利或已到付息期但尚未领取的债券利息，应当单独确认为应收股利或应收利息，不计入短期投资的成本。

（二）在短期投资持有期间，被投资单位宣告分派的现金股利或在债务人应付利息日按照分期付息、一次还本债券投资的票面利率计算的利息收入，应当计入投资收益。

（三）出售短期投资，出售价款扣除其账面余额、相关税费后净额，应当计入投资收益。

第九条 应收及预付款项，是指小企业在日常生产经营活动中发生的各项债权。包括：应收票据、应收账款、应收股利、应收利息、其他应收款等应收款项和预付账款。

应收及预付款项应当按照发生额入账。

第十条 小企业应收及预付款项符合下列条件之一的，减除可收回的金额后确认的无法收回的应收及预付款项，作为坏账损失：

（一）债务人依法宣告破产、关闭、解散、被撤销，或者被依法注销、吊销营业执照，其清算财产不足清偿的。

（二）债务人死亡，或者依法被宣告失踪、死亡，其财产或者遗产不足清偿的。

（三）债务人逾期3年以上未清偿，且有确凿证据证明已无力清偿债务的。

（四）与债务人达成债务重组协议或法院批准破产重整计划后，无法追偿的。

（五）因自然灾害、战争等不可抗力导致无法收回的。

（六）国务院财政、税务主管部门规定的其他条件。

应收及预付款项的坏账损失应当于实际发生时计入营业外支出，同时冲减应收及预付款项。

第十一条 存货，是指小企业在日常生产经营过程中持有以备出售的产成品或商品、处在生产过程中的在产品、将在生产过程或提供劳务过程中耗用的材料和物料等，以及小企业（农、林、牧、渔业）为出售而持有的、或在将来收获为农产品的消耗性生物资产。

小企业的存货包括：原材料、在产品、半成品、产成品、商品、周转材料、委托加工物资、消耗性生物资产等。

（一）原材料，是指小企业在生产过程中经加工改变其形态或性质并构成产品主要实体的各种原料及主要材料、辅助材料、外购半成品（外购件）、修理用备件（备品备件）、包装材料、燃料等。

（二）在产品，是指小企业正在制造尚未完工的产品。包括：正在各个生产工序加工的产品，以及已加工完毕但尚未检验或已检验但尚未办理入库手续的产品。

（三）半成品，是指小企业经过一定生产过程并已检验合格交付半成品仓库保管，但尚未制造完工成为产成品，仍需进一步加工的中间产品。

（四）产成品，是指小企业已经完成全部生产过程并已验收入库，符合标准规格和技术条件，可以按照合同规定的条件送交订货单位，或者可以作为商品对外销售的产品。

（五）商品，是指小企业（批发业、零售业）外购或委托加工完成并已验收入库用于销售的各种商品。

（六）周转材料，是指小企业能够多次使用、逐渐转移其价值但仍保持原有形态且不确认为固定资产的材料。包括：包装物、低值易耗品、小企业（建筑业）的钢模板、木模板、脚手架等。

（七）委托加工物资，是指小企业委托外单位加工的各种材料、商品等物资。

（八）消耗性生物资产，是指小企业（农、林、牧、渔业）生长中的大田作物、蔬菜、用材林以及存栏待售的牲畜等。

第十二条 小企业取得的存货，应当按照成本进行计量。

（一）外购存货的成本包括：购买价款、相关税费、运输费、装卸费、保险费以及在外购存货过程发生的其他直接费用，但不含按照税法规定可以抵扣的增值税进项税额。

（二）通过进一步加工取得存货的成本包括：直接材料、直接人工以及按照一定方法分配的制造费用。

经过 1 年期以上的制造才能达到预定可销售状态的存货发生的借款费用，也计入存货的成本。

前款所称借款费用，是指小企业因借款而发生的利息及其他相关成本。包括：借款利息、辅助费用以及因外币借款而发生的汇兑差额等。

（三）投资者投入存货的成本，应当按照评估价值确定。

（四）提供劳务的成本包括：与劳务提供直接相关的人工费、材料费和应分摊的间接费用。

（五）自行栽培、营造、繁殖或养殖的消耗性生物资产的成本，应当按照下列规定确定：

1. 自行栽培的大田作物和蔬菜的成本包括：在收获前耗用的种子、肥料、农药等材料费、人工费和应分摊的间接费用。

2. 自行营造的林木类消耗性生物资产的成本包括：郁闭前发生的造林费、抚育费、营林设施费、良种试验费、调查设计费和应分摊的间接费用。

3. 自行繁殖的育肥畜的成本包括：出售前发生的饲料费、人工费和应分摊的间接费用。

4. 水产养殖的动物和植物的成本包括：在出售或入库前耗用的苗种、饲料、肥料等材料费、人工费和应分摊的间接费用。

（六）盘盈存货的成本，应当按照同类或类似存货的市场价格或评估价值确定。

第十三条 小企业应当采用先进先出法、加权平均法或者个别计价法确定发出存货的实际成本。计价方法一经选用，不得随意变更。

对于性质和用途相似的存货，应当采用相同的成本计算方法确定发出存货的成本。

对于不能替代使用的存货、为特定项目专门购入或制造的存货以及提供的劳务，采用个别计价法确定发出存货的成本。对于周转材料，采用一次转销法进行会计处理，在领用时按其成本计入生产成本或当期损益；金额较大的周转材料，也可以采用分次摊销法进行会计处理。出租或出借周转材料，不需要结转其成本，但应当进行备查登记。

对于已售存货，应当将其成本结转为营业成本。

第十四条 小企业应当根据生产特点和成本管理的要求，选择适合于本企业的成本核算对象、成本项目和成本计算方法。

小企业发生的各项生产费用，应当按照成本核算对象和成本项目分别归集。

（一）属于材料费、人工费等直接费用，直接计入基本生产成本和辅助生产成本。

（二）属于辅助生产车间为生产产品提供的动力等直接费用，可以先作为辅助生产成本进行归集，然后按照合理的方法分配计入基本生产成本；也可以直接计入所生产产品发生的生产成本。

（三）其他间接费用应当作为制造费用进行归集，月度终了，再按一定的分配标准，分配计入有关产品的成本。

第十五条 存货发生毁损，处臵收入、可收回的责任人赔偿和保险赔款，扣除其成本、相关税费后的净额，应当计入营业外支出或营业外收入。

盘盈存货实现的收益应当计入营业外收入。

盘亏存货发生的损失应当计入营业外支出。

第二节　长期投资

第十六条 小企业的非流动资产，是指流动资产以外的资产。

小企业的非流动资产包括：长期债券投资、长期股权投资、固定资产、生产性生物资产、无形资产、长期待摊费用等。

第十七条 长期债券投资，是指小企业准备长期（在1年以上，下同）持有的债券投资。

第十八条 长期债券投资应当按照购买价款和相关税费作为成本进行计量。

实际支付价款中包含的已到付息期但尚未领取的债券利息，应当单独确认为应收利息，不计入长期债券投资的成本。

第十九条 长期债券投资在持有期间发生的应收利息应当确认为投资收益。

（一）分期付息、一次还本的长期债券投资，在债务人应付利息日按照票面利率计算的应收未收利息收入应当确认为应收利息，不增加长期债券投资的账面余额。

（二）一次还本付息的长期债券投资，在债务人应付利息日按照票面利率计算的应收未收利息收入应当增加长期债券投资的账面余额。

（三）债券的折价或者溢价在债券存续期间内于确认相关债券利息收入时采用直线法进行摊销。

第二十条 长期债券投资到期，小企业收回长期债券投资，应当冲减其账面余额。处置长期债券投资，处置价款扣除其账面余额、相关税费后的净额，应当计入投资收益。

第二十一条 小企业长期债券投资符合本准则第十条所列条件之一的，减除可收回的金额后确认的无法收回的长期债券投资，作为长期债券投资损失。

长期债券投资损失应当于实际发生时计入营业外支出，同时冲减长期债券投资账面余额。

第二十二条　长期股权投资，是指小企业准备长期持有的权益性投资。

第二十三条　长期股权投资应当按照成本进行计量。

（一）以支付现金取得的长期股权投资，应按照购买价款和相关税费作为成本进行计量。

实际支付价款中包含的已宣告但尚未发放的现金股利，应当单独确认为应收股利，不计入长期股权投资的成本。

（二）通过非货币性资产交换取得的长期股权投资，应当按照换出非货币性资产的评估价值和相关税费作为成本进行计量。

第二十四条　长期股权投资应当采用成本法进行会计处理。

在长期股权投资持有期间，被投资单位宣告分派的现金股利或利润，应当按照应分得的金额确认为投资收益。

第二十五条　处置长期股权投资，处置价款扣除其成本、相关税费后的净额，应当计入投资收益。

第二十六条　小企业长期股权投资符合下列条件之一的，减除可收回的金额后确认的无法收回的长期股权投资，作为长期股权投资损失：

（一）被投资单位依法宣告破产、关闭、解散、被撤销，或者被依法注销、吊销营业执照的。

（二）被投资单位财务状况严重恶化，累计发生巨额亏损，已连续停止经营3年以上，且无重新恢复经营改组计划的。

（三）对被投资单位不具有控制权，投资期限届满或者投资期限已超过10年，且被投资单位因连续3年经营亏损导致资不抵债的。

（四）被投资单位财务状况严重恶化，累计发生巨额亏损，已完成清算或清算期超过3年以上的。

（五）国务院财政、税务主管部门规定的其他条件。

长期股权投资损失应当于实际发生时计入营业外支出，同时冲减长期股权投资账面余额。

第三节　固定资产和生产性生物资产

第二十七条　固定资产，是指小企业为生产产品、提供劳务、出租或经营管理而持有的，使用寿命超过1年的有形资产。

小企业的固定资产包括：房屋、建筑物、机器、机械、运输工具、设备、器具、工具等。

第二十八条　固定资产应当按照成本进行计量。

（一）外购固定资产的成本包括：购买价款、相关税费、运输费、装卸费、保险费、安装费等，但不含按照税法规定可以抵扣的增值税进项税额。

以一笔款项购入多项没有单独标价的固定资产，应当按照各项固定资产或类似资产的市场价格或评估价值比例对总成本进行分配，分别确定各项固定资产的成本。

（二）自行建造固定资产的成本，由建造该项资产在竣工决算前发生的支出（含相关的借款费用）构成。

小企业在建工程在试运转过程中形成的产品、副产品或试车收入冲减在建工程成本。

（三）投资者投入固定资产的成本，应当按照评估价值和相关税费确定。

（四）融资租入的固定资产的成本，应当按照租赁合同约定的付款总额和在签订租赁合同过程中发生的相关税费等确定。

（五）盘盈固定资产的成本，应当按照同类或者类似固定资产的市场价格或评估价值，扣除按照该项固定资产新旧程度估计的折旧后的余额确定。

第二十九条　小企业应当对所有固定资产计提折旧，但已提足折旧仍继续使用的固定资产和单独计价入账的土地不得计提折旧。

固定资产的折旧费应当根据固定资产的受益对象计入相关资产成本或者当期损益。

前款所称折旧，是指在固定资产使用寿命内，按照确定的方法对应计折旧额进行系统分摊。应计折旧额，是指应当计提折旧的固定资产的原价（成本）扣除其预计净残值后的金额。预计净残值，是指固定资产预计使用寿命已满，小企业从该项固定资产处置中获得的扣除预计处置费用后的净额。已提足折旧，是指已经提足该项固定资产的应计折旧额。

第三十条　小企业应当按照年限平均法（即直线法，下同）计提折旧。小企业的固定资产由于技术进步等原因，确需加速折旧的，可以采用双倍余额递减法和年数总和法。

小企业应当根据固定资产的性质和使用情况，并考虑税法的规定，合理确定固定资产的使用寿命和预计净残值。

固定资产的折旧方法、使用寿命、预计净残值一经确定，不得随意变更。

第三十一条　小企业应当按月计提折旧，当月增加的固定资产，当月不计提折旧，从下月起计提折旧；当月减少的固定资产，当月仍计提折旧，从下月起不计提折旧。

第三十二条　固定资产的日常修理费，应当在发生时根据固定资产的受益对象计入相关资产成本或者当期损益。

第三十三条　固定资产的改建支出，应当计入固定资产的成本，但已提足折旧的固定资产和经营租入的固定资产发生的改建支出应当计入长期待摊费用。

前款所称固定资产的改建支出，是指改变房屋或者建筑物结构、延长使用年限等发生的支出。

第三十四条　处置固定资产，处置收入扣除其账面价值、相关税费和清理费用后的净额，应当计入营业外收入或营业外支出。

前款所称固定资产的账面价值，是指固定资产原价（成本）扣减累计折旧后的金额。

盘亏固定资产发生的损失应当计入营业外支出。

第三十五条　生产性生物资产，是指小企业（农、林、牧、渔业）为生产农产品、提供劳务或出租等目的而持有的生物资产。包括：经济林、薪炭林、产畜和役畜等。

第三十六条　生产性生物资产应当按照成本进行计量。

（一）外购的生产性生物资产的成本，应当按照购买价款和相关税费确定。

（二）自行营造或繁殖的生产性生物资产的成本，应当按照下列规定确定：

1. 自行营造的林木类生产性生物资产的成本包括：达到预定生产经营目的前发生的造林费、抚育费、营林设施费、良种试验费、调查设计费和应分摊的间接费用等必要支出。

2. 自行繁殖的产畜和役畜的成本包括：达到预定生产经营目的前发生的饲料费、人工费和应分摊的间接费用等必要支出。

前款所称达到预定生产经营目的，是指生产性生物资产进入正常生产期，可以多年连续稳定产出农产品、提供劳务或出租。

第三十七条 生产性生物资产应当按照年限平均法计提折旧。

小企业（农、林、牧、渔业）应当根据生产性生物资产的性质和使用情况，并考虑税法的规定，合理确定生产性生物资产的使用寿命和预计净残值。

生产性生物资产的折旧方法、使用寿命、预计净残值一经确定，不得随意变更。

小企业（农、林、牧、渔业）应当自生产性生物资产投入使用月份的下月起按月计提折旧；停止使用的生产性生物资产，应当自停止使用月份的下月起停止计提折旧。

第四节 无形资产

第三十八条 无形资产，是指小企业为生产产品、提供劳务、出租或经营管理而持有的、没有实物形态的可辨认非货币性资产。

小企业的无形资产包括：土地使用权、专利权、商标权、著作权、非专利技术等。

自行开发建造厂房等建筑物，相关的土地使用权与建筑物应当分别进行处理。外购土地及建筑物支付的价款应当在建筑物与土地使用权之间按照合理的方法进行分配；难以合理分配的，应当全部作为固定资产。

第三十九条 无形资产应当按照成本进行计量。

（一）外购无形资产的成本包括：购买价款、相关税费和相关的其他支出（含相关的借款费用）。

（二）投资者投入的无形资产的成本，应当按照评估价值和相关税费确定。

（三）自行开发的无形资产的成本，由符合资本化条件后至达到预定用途前发生的支出（含相关的借款费用）构成。

第四十条 小企业自行开发无形资产发生的支出，同时满足下列条件的，才能确认为无形资产：

（一）完成该无形资产以使其能够使用或出售在技术上具有可行性；

（二）具有完成该无形资产并使用或出售的意图；

（三）能够证明运用该无形资产生产的产品存在市场或无形资产自身存在市场，无形资产将在内部使用的，应当证明其有用性；

（四）有足够的技术、财务资源和其他资源支持，以完成该无形资产的开发，并有能力使用或出售该无形资产；

（五）归属于该无形资产开发阶段的支出能够可靠地计量。

第四十一条 无形资产应当在其使用寿命内采用年限平均法进行摊销，根据其受益对象计入相关资产成本或者当期损益。

无形资产的摊销期自其可供使用时开始至停止使用或出售时止。有关法律规定或合同约定了使用年限的，可以按照规定或约定的使用年限分期摊销。

小企业不能可靠估计无形资产使用寿命的，摊销期不得低于 10 年。

第四十二条 处置无形资产，处置收入扣除其账面价值、相关税费等后的净额，应当计入营业外收入或营业外支出。

前款所称无形资产的账面价值，是指无形资产的成本扣减累计摊销后的金额。

第五节 长期待摊费用

第四十三条 小企业的长期待摊费用包括：已提足折旧的固定资产的改建支出、经营租入固定资产的改建支出、固定资产的大修理支出和其他长期待摊费用等。

前款所称固定资产的大修理支出，是指同时符合下列条件的支出：

（一）修理支出达到取得固定资产时的计税基础50％以上；

（二）修理后固定资产的使用寿命延长2年以上。

第四十四条 长期待摊费用应当在其摊销期限内采用年限平均法进行摊销，根据其受益对象计入相关资产的成本或者管理费用，并冲减长期待摊费用。

（一）已提足折旧的固定资产的改建支出，按照固定资产预计尚可使用年限分期摊销。

（二）经营租入固定资产的改建支出，按照合同约定的剩余租赁期限分期摊销。

（三）固定资产的大修理支出，按照固定资产尚可使用年限分期摊销。

（四）其他长期待摊费用，自支出发生月份的下月起分期摊销，摊销期不得低于3年。

第三章 负 债

第四十五条 负债，是指小企业过去的交易或者事项形成的，预期会导致经济利益流出小企业的现时义务。

小企业的负债按照其流动性，可分为流动负债和非流动负债。

第一节 流动负债

第四十六条 小企业的流动负债，是指预计在1年内或者超过1年的一个正常营业周期内清偿的债务。

小企业的流动负债包括：短期借款、应付及预收款项、应付职工薪酬、应交税费、应付利息等。

第四十七条 各项流动负债应当按照其实际发生额入账。

小企业确实无法偿付的应付款项，应当计入营业外收入。

第四十八条 短期借款应当按照借款本金和借款合同利率在应付利息日计提利息费用，计入财务费用。

第四十九条 应付职工薪酬，是指小企业为获得职工提供的服务而应付给职工的各种形式的报酬以及其他相关支出。

小企业的职工薪酬包括：

（一）职工工资、奖金、津贴和补贴。

（二）职工福利费。

（三）医疗保险费、养老保险费、失业保险费、工伤保险费和生育保险费等社会保险费。

（四）住房公积金。

（五）工会经费和职工教育经费。

（六）非货币性福利。

（七）因解除与职工的劳动关系给予的补偿。

（八）其他与获得职工提供的服务相关的支出等。

第五十条 小企业应当在职工为其提供服务的会计期间，将应付的职工薪酬确认为负债，并根据职工提供服务的受益对象，分别下列情况进行会计处理：

（一）应由生产产品、提供劳务负担的职工薪酬，计入产品成本或劳务成本。

（二）应由在建工程、无形资产开发项目负担的职工薪酬，计入固定资产成本或无形资产成本。

（三）其他职工薪酬（含因解除与职工的劳动关系给予的补偿），计入当期损益。

第二节 非流动负债

第五十一条 小企业的非流动负债，是指流动负债以外的负债。

小企业的非流动负债包括：长期借款、长期应付款等。

第五十二条 非流动负债应当按照其实际发生额入账。

长期借款应当按照借款本金和借款合同利率在应付利息日计提利息费用，计入相关资产成本或财务费用。

第四章 所有者权益

第五十三条 所有者权益，是指小企业资产扣除负债后由所有者享有的剩余权益。

小企业的所有者权益包括：实收资本（或股本，下同）、资本公积、盈余公积和未分配利润。

第五十四条 实收资本，是指投资者按照合同协议约定或相关规定投入到小企业、构成小企业注册资本的部分。

（一）小企业收到投资者以现金或非货币性资产投入的资本，应当按照其在本企业注册资本中所占的份额计入实收资本，超出的部分，应当计入资本公积。

（二）投资者根据有关规定对小企业进行增资或减资，小企业应当增加或减少实收资本。

第五十五条 资本公积，是指小企业收到的投资者出资额超过其在注册资本或股本中所占份额的部分。

小企业用资本公积转增资本，应当冲减资本公积。小企业的资本公积不得用于弥补亏损。

第五十六条 盈余公积，是指小企业按照法律规定在税后利润中提取的法定公积金和任意公积金。

小企业用盈余公积弥补亏损或者转增资本，应当冲减盈余公积。小企业的盈余公积还可以用于扩大生产经营。

第五十七条 未分配利润，是指小企业实现的净利润，经过弥补亏损、提取法定公积金和任意公积金、向投资者分配利润后，留存在本企业的、历年结存的利润。

第五章 收 入

第五十八条 收入，是指小企业在日常生产经营活动中形成的、会导致所有者权益增加、与所有者投入资本无关的经济利益的总流入。包括：销售商品收入和提供劳务收入。

第五十九条 销售商品收入，是指小企业销售商品（或产成品、材料，下同）取得的收入。

通常，小企业应当在发出商品且收到货款或取得收款权利时，确认销售商品收入。

（一）销售商品采用托收承付方式的，在办妥托收手续时确认收入。

（二）销售商品采取预收款方式的，在发出商品时确认收入。

（三）销售商品采用分期收款方式的，在合同约定的收款日期确认收入。

（四）销售商品需要安装和检验的，在购买方接受商品以及安装和检验完毕时确认收入。安装程序比较简单的，可在发出商品时确认收入。

（五）销售商品采用支付手续费方式委托代销的，在收到代销清单时确认收入。

（六）销售商品以旧换新的，销售的商品作为商品销售处理，回收的商品作为购进商品处理。

（七）采取产品分成方式取得的收入，在分得产品之日按照产品的市场价格或评估价值确定销售商品收入金额。

第六十条　小企业应当按照从购买方已收或应收的合同或协议价款，确定销售商品收入金额。

销售商品涉及现金折扣的，应当按照扣除现金折扣前的金额确定销售商品收入金额。现金折扣应当在实际发生时，计入当期损益。

销售商品涉及商业折扣的，应当按照扣除商业折扣后的金额确定销售商品收入金额。

前款所称现金折扣，是指债权人为鼓励债务人在规定的期限内付款而向债务人提供的债务扣除。商业折扣，是指小企业为促进商品销售而在商品标价上给予的价格扣除。

第六十一条　小企业已经确认销售商品收入的售出商品发生的销售退回（不论属于本年度还是属于以前年度的销售），应当在发生时冲减当期销售商品收入。

小企业已经确认销售商品收入的售出商品发生的销售折让，应当在发生时冲减当期销售商品收入。

前款所称销售退回，是指小企业售出的商品由于质量、品种不符合要求等原因发生的退货。销售折让，是指小企业因售出商品的质量不合格等原因而在售价上给予的减让。

第六十二条　小企业提供劳务的收入，是指小企业从事建筑安装、修理修配、交通运输、仓储租赁、邮电通信、咨询经纪、文化体育、科学研究、技术服务、教育培训、餐饮住宿、中介代理、卫生保健、社区服务、旅游、娱乐、加工以及其他劳务服务活动取得的收入。

第六十三条　同一会计年度内开始并完成的劳务，应当在提供劳务交易完成且收到款项或取得收款权利时，确认提供劳务收入。提供劳务收入的金额为从接受劳务方已收或应收的合同或协议价款。

劳务的开始和完成分属不同会计年度的，应当按照完工进度确认提供劳务收入。年度资产负债表日，按照提供劳务收入总额乘以完工进度扣除以前会计年度累计已确认提供劳务收入后的金额，确认本年度的提供劳务收入；同时，按照估计的提供劳务成本总额乘以完工进度扣除以前会计年度累计已确认营业成本后的金额，结转本年度营业成本。

第六十四条　小企业与其他企业签订的合同或协议包含销售商品和提供劳务时，销售商品部分和提供劳务部分能够区分且能够单独计量的，应当将销售商品的部分作为销售商品处理，将提供劳务的部分作为提供劳务处理。

销售商品部分和提供劳务部分不能够区分，或虽能区分但不能够单独计量的，应当作为销售商品处理。

第六章　费　用

第六十五条　费用，是指小企业在日常生产经营活动中发生的、会导致所有者权益减少、与向所有者分配利润无关的经济利益的总流出。

小企业的费用包括：营业成本、营业税金及附加、销售费用、管理费用、财务费用等。

（一）营业成本，是指小企业所销售商品的成本和所提供劳务的成本。

（二）营业税金及附加，是指小企业开展日常生产经营活动应负担的消费税、营业税、城市维护建设税、资源税、土地增值税、城镇土地使用税、房产税、车船税、印花税和教育费附加、矿产资源补偿费、排污费等。

（三）销售费用，是指小企业在销售商品或提供劳务过程中发生的各种费用。包括：销售人员的职工薪酬、商品维修费、运输费、装卸费、包装费、保险费、广告费、业务宣传费、展览费等费用。

小企业（批发业、零售业）在购买商品过程中发生的费用（包括：运输费、装卸费、包装费、保险费、运输途中的合理损耗和入库前的挑选整理费等）也构成销售费用。

（四）管理费用，指小企业为组织和管理生产经营发生的其他费用。包括：小企业在筹建期间内发生的开办费、行政管理部门发生的费用（包括：固定资产折旧费、修理费、办公费、水电费、差旅费、管理人员的职工薪酬等）、业务招待费、研究费用、技术转让费、相关长期待摊费用摊销、财产保险费、聘请中介机构费、咨询费（含顾问费）、诉讼费等费用。

（五）财务费用，是指小企业为筹集生产经营所需资金发生的筹资费用。包括：利息费用（减利息收入）、汇兑损失、银行相关手续费、小企业给予的现金折扣（减享受的现金折扣）等费用。

第六十六条　通常，小企业的费用应当在发生时按照其发生额计入当期损益。

小企业销售商品收入和提供劳务收入已予确认的，应当将已销售商品和已提供劳务的成本作为营业成本结转至当期损益。

第七章　利润及利润分配

第六十七条　利润，是指小企业在一定会计期间的经营成果。包括：营业利润、利润总额和净利润。

（一）营业利润，是指营业收入减去营业成本、营业税金及附加、销售费用、管理费用、财务费用，加上投资收益（或减去投资损失）后的金额。

前款所称营业收入，是指小企业销售商品和提供劳务实现的收入总额。投资收益，由小企业股权投资取得的现金股利（或利润）、债券投资取得的利息收入和处置股权投资和债券投资取得的处置价款扣除成本或账面余额、相关税费后的净额三部分构成。

（二）利润总额，是指营业利润加上营业外收入，减去营业外支出后的金额。

（三）净利润，是指利润总额减去所得税费用后的净额。

第六十八条　营业外收入，是指小企业非日常生产经营活动形成的、应当计入当期损益、会导致所有者权益增加、与所有者投入资本无关的经济利益的净流入。

小企业的营业外收入包括：非流动资产处置净收益、政府补助、捐赠收益、盘盈收益、汇兑收益、出租包装物和商品的租金收入、逾期未退包装物押金收益、确实无法偿付的应付款项、已作坏账损失处理后又收回的应收款项、违约金收益等。

通常，小企业的营业外收入应当在实现时按照其实现金额计入当期损益。

第六十九条　政府补助，是指小企业从政府无偿取得货币性资产或非货币性资产，但不含政府作为小企业所有者投入的资本。

（一）小企业收到与资产相关的政府补助，应当确认为递延收益，并在相关资产的使用寿命内平均分配，计入营业外收入。

收到的其他政府补助，用于补偿本企业以后期间的相关费用或亏损的，确认为递延收益，并在确认相关费用或发生亏损的期间，计入营业外收入；用于补偿本企业已发生的相关费用或亏损的，直接计入营业外收入。

（二）政府补助为货币性资产的，应当按照收到的金额计量。

政府补助为非货币性资产的，政府提供了有关凭据的，应当按照凭据上标明的金额计量；政府没有提供有关凭据的，应当按照同类或类似资产的市场价格或评估价值计量。

（三）小企业按照规定实行企业所得税、增值税、消费税、营业税等先征后返的，应当在实际收到返还的企业所得税、增值税（不含出口退税）、消费税、营业税时，计入营业外收入。

第七十条　营业外支出，是指小企业非日常生产经营活动发生的、应当计入当期损益、会导致所有者权益减少、与向所有者分配利润无关的经济利益的净流出。

小企业的营业外支出包括：存货的盘亏、毁损、报废损失，非流动资产处置净损失，坏账损失，无法收回的长期债券投资损失，无法收回的长期股权投资损失，自然灾害等不可抗力因素造成的损失，税收滞纳金，罚金，罚款，被没收财物的损失，捐赠支出，赞助支出等。

通常，小企业的营业外支出应当在发生时按照其发生额计入当期损益。

第七十一条　小企业应当按照企业所得税法规定计算的当期应纳税额，确认所得税费用。

小企业应当在利润总额的基础上，按照企业所得税法规定进行纳税调整，计算出当期应纳税所得额，按照应纳税所得额与适用所得税税率为基础计算确定当期应纳税额。

第七十二条　小企业以当年净利润弥补以前年度亏损等剩余的税后利润，可用于向投资者进行分配。

小企业（公司制）在分配当年税后利润时，应当按照公司法的规定提取法定公积金和任意公积金。

第八章　外币业务

第七十三条　小企业的外币业务由外币交易和外币财务报表折算构成。

第七十四条　外币交易，是指小企业以外币计价或者结算的交易。

小企业的外币交易包括：买入或者卖出以外币计价的商品或者劳务、借入或者借出外币资金和其他以外币计价或者结算的交易。

前款所称外币，是指小企业记账本位币以外的货币。记账本位币，是指小企业经营所处的主要经济环境中的货币。

第七十五条 小企业应当选择人民币作为记账本位币。业务收支以人民币以外的货币为主的小企业，可以选定其中一种货币作为记账本位币，但编报的财务报表应当折算为人民币财务报表。

小企业记账本位币一经确定，不得随意变更，但小企业经营所处的主要经济环境发生重大变化除外。

小企业因经营所处的主要经济环境发生重大变化，确需变更记账本位币的，应当采用变更当日的即期汇率将所有项目折算为变更后的记账本位币。

前款所称即期汇率，是指中国人民银行公布的当日人民币外汇牌价的中间价。

第七十六条 小企业对于发生的外币交易，应当将外币金额折算为记账本位币金额。

外币交易在初始确认时，采用交易发生日的即期汇率将外币金额折算为记账本位币金额；也可以采用交易当期平均汇率折算。

小企业收到投资者以外币投入的资本，应当采用交易发生日即期汇率折算，不得采用合同约定汇率和交易当期平均汇率折算。

第七十七条 小企业在资产负债表日，应当按照下列规定对外币货币性项目和外币非货币性项目进行会计处理：

（一）外币货币性项目，采用资产负债表日的即期汇率折算。因资产负债表日即期汇率与初始确认时或者前一资产负债表日即期汇率不同而产生的汇兑差额，计入当期损益。

（二）以历史成本计量的外币非货币性项目，仍采用交易发生日的即期汇率折算，不改变其记账本位币金额。

前款所称货币性项目，是指小企业持有的货币资金和将以固定或可确定的金额收取的资产或者偿付的负债。货币性项目分为货币性资产和货币性负债。货币性资产包括：库存现金、银行存款、应收账款、其他应收款等；货币性负债包括：短期借款、应付账款、其他应付款、长期借款、长期应付款等。非货币性项目，是指货币性项目以外的项目。包括：存货、长期股权投资、固定资产、无形资产等。

第七十八条 小企业对外币财务报表进行折算时，应当采用资产负债表日的即期汇率对外币资产负债表、利润表和现金流量表的所有项目进行折算。

第九章　财务报表

第七十九条 财务报表，是指对小企业财务状况、经营成果和现金流量的结构性表述。小企业的财务报表至少应当包括下列组成部分：

（一）资产负债表；

（二）利润表；

（三）现金流量表；

（四）附注。

第八十条 资产负债表，是指反映小企业在某一特定日期的财务状况的报表。

（一）资产负债表中的资产类至少应当单独列示反映下列信息的项目：

1. 货币资金；

2. 应收及预付款项；

3. 存货；

4. 长期债券投资；

5. 长期股权投资；

6. 固定资产；

7. 生产性生物资产；

8. 无形资产；

9. 长期待摊费用。

（二）资产负债表中的负债类至少应当单独列示反映下列信息的项目：

1. 短期借款；

2. 应付及预收款项；

3. 应付职工薪酬；

4. 应交税费；

5. 应付利息；

6. 长期借款；

7. 长期应付款。

（三）资产负债表中的所有者权益类至少应当单独列示反映下列信息的项目：

1. 实收资本；

2. 资本公积；

3. 盈余公积；

4. 未分配利润。

（四）资产负债表中的资产类应当包括流动资产和非流动资产的合计项目；负债类应当包括流动负债、非流动负债和负债的合计项目；所有者权益类应当包括所有者权益的合计项目。

资产负债表应当列示资产总计项目，负债和所有者权益总计项目。

第八十一条 利润表，是指反映小企业在一定会计期间的经营成果的报表。

费用应当按照功能分类，分为营业成本、营业税金及附加、销售费用、管理费用和财务费用等。

利润表至少应当单独列示反映下列信息的项目：

（一）营业收入；

（二）营业成本；

（三）营业税金及附加；

（四）销售费用；

（五）管理费用；

（六）财务费用；

（七）所得税费用；

（八）净利润。

第八十二条 现金流量表，是指反映小企业在一定会计期间现金流入和流出情况的报表。

现金流量表应当分别经营活动、投资活动和筹资活动列报现金流量。现金流量应当分别按照现金流入和现金流出总额列报。

前款所称现金，是指小企业的库存现金以及可以随时用于支付的存款和其他货币资金。

第八十三条 经营活动，是指小企业投资活动和筹资活动以外的所有交易和事项。

小企业经营活动产生的现金流量应当单独列示反映下列信息的项目：

（一）销售产成品、商品、提供劳务收到的现金；

（二）购买原材料、商品、接受劳务支付的现金；

（三）支付的职工薪酬；

（四）支付的税费。

第八十四条 投资活动，是指小企业固定资产、无形资产、其他非流动资产的购建和短期投资、长期债券投资、长期股权投资及其处置活动。

小企业投资活动产生的现金流量应当单独列示反映下列信息的项目：

（一）收回短期投资、长期债券投资和长期股权投资收到的现金；

（二）取得投资收益收到的现金；

（三）处置固定资产、无形资产和其他非流动资产收回的现金净额；

（四）短期投资、长期债券投资和长期股权投资支付的现金；

（五）购建固定资产、无形资产和其他非流动资产支付的现金。

第八十五条 筹资活动，是指导致小企业资本及债务规模和构成发生变化的活动。

小企业筹资活动产生的现金流量应当单独列示反映下列信息的项目：

（一）取得借款收到的现金；

（二）吸收投资者投资收到的现金；

（三）偿还借款本金支付的现金；

（四）偿还借款利息支付的现金；

（五）分配利润支付的现金。

第八十六条 附注，是指对在资产负债表、利润表和现金流量表等报表中列示项目的文字描述或明细资料，以及对未能在这些报表中列示项目的说明等。

附注应当按照下列顺序披露：

（一）遵循小企业会计准则的声明。

（二）短期投资、应收账款、存货、固定资产项目的说明。

（三）应付职工薪酬、应交税费项目的说明。

（四）利润分配的说明。

（五）用于对外担保的资产名称、账面余额及形成的原因；未决诉讼、未决仲裁以及对外提供担保所涉及的金额。

（六）发生严重亏损的，应当披露持续经营的计划、未来经营的方案。

（七）对已在资产负债表和利润表中列示项目与企业所得税法规定存在差异的纳税调整过程。

（八）其他需要在附注中说明的事项。

第八十七条 小企业应当根据实际发生的交易和事项，按照本准则的规定进行确认和计量，在此基础上按月或者按季编制财务报表。

第八十八条 小企业对会计政策变更、会计估计变更和会计差错更正应当采用未来适用法进行会计处理。

前款所称会计政策，是指小企业在会计确认、计量和报告中所采用的原则、基础和会计处理方法。会计估计变更，是指由于资产和负债的当前状况及预期经济利益和义务发生了变化，从而对资产或负债的账面价值或者资产的定期消耗金额进行调整。前期差错包括：计算错误、应用会计政策错误、应用会计估计错误等。未来适用法，是指将变更后的会计政策和会计估计应用于变更日及以后发生的交易或者事项，或者在会计差错发生或发现的当期更正差错的方法。

第十章 附 则

第八十九条 符合《中小企业划型标准规定》所规定的微型企业标准的企业参照执行本准则。

第九十条 本准则自 2013 年 1 月 1 日起施行。财政部 2004 年发布的《小企业会计制度》（财会〔2004〕2 号）同时废止。

附录二　小企业会计准则
——会计科目、主要账务处理和财务报表

一、会计科目

会计科目和主要账务处理依据小企业会计准则中确认和计量的规定制定，涵盖了各类小企业的交易和事项。小企业在不违反会计准则中确认、计量和报告规定的前提下，可以根据本企业的实际情况自行增设、分拆、合并会计科目。小企业不存在的交易或者事项，可不设置相关会计科目。对于明细科目，小企业可以比照本附录中的规定自行设置。会计科目编号供小企业填制会计凭证、登记会计账簿、查阅会计账目、采用会计软件系统参考，小企业可结合本企业的实际情况自行确定其他会计科目的编号。

顺序号	编号	会计科目名称
一、资产类		
1	1001	库存现金
2	1002	银行存款
3	1012	其他货币资金
4	1101	短期投资
5	1121	应收票据
6	1122	应收账款
7	1123	预付账款
8	1131	应收股利
9	1132	应收利息
10	1221	其他应收款
11	1401	材料采购
12	1402	在途物资
13	1403	原材料
14	1404	材料成本差异

续表

顺序号	编号	会计科目名称
15	1405	库存商品
16	1407	商品进销差价
17	1408	委托加工物资
18	1411	周转材料
19	1421	消耗性生物资产
20	1501	长期债券投资
21	1511	长期股权投资
22	1601	固定资产
23	1602	累计折旧
24	1604	在建工程
25	1605	工程物资
26	1606	固定资产清理
27	1621	生产性生物资产
28	1622	生产性生物资产累计折旧
29	1701	无形资产
30	1702	累计摊销
31	1801	长期待摊费用
32	1901	待处理财产损溢
二、负债类		
33	2001	短期借款
34	2201	应付票据
35	2202	应付账款
36	2203	预收账款
37	2211	应付职工薪酬
38	2221	应交税费
39	2231	应付利息
40	2232	应付利润
41	2241	其他应付款
42	2401	递延收益
43	2501	长期借款
44	2701	长期应付款

续表

顺序号	编号	会计科目名称
三、所有者权益类		
45	3001	实收资本
46	3002	资本公积
47	3101	盈余公积
48	3103	本年利润
49	3104	利润分配
四、成本类		
50	4001	生产成本
51	4101	制造费用
52	4301	研发支出
53	4401	工程施工
54	4403	机械作业
五、损益类		
55	5001	主营业务收入
56	5051	其他业务收入
57	5111	投资收益
58	5301	营业外收入
59	5401	主营业务成本
60	5402	其他业务成本
61	5403	营业税金及附加
62	5601	销售费用
63	5602	管理费用
64	5603	财务费用
65	5711	营业外支出
66	5801	所得税费用

二、主要账务处理

资产类

1001　库存现金

一、本科目核算小企业的库存现金。

小企业有内部周转使用备用金的，可以单独设置"1004　备用金"科目。

二、库存现金的主要账务处理。

小企业增加库存现金，借记本科目，贷记"银行存款"等科目；减少库存现金，做相反的会计分录。

三、小企业应当设置"库存现金日记账",由出纳人员根据收付款凭证,按照业务发生顺序逐笔登记。每日终了,应当计算当日的现金收入合计额、现金支出合计额和结余额,将结余额与实际库存额核对,做到账款相符。

有外币现金的小企业,还应当分别按照人民币和外币进行明细核算。

四、每日终了结算现金收支、财产清查等发现的有待查明原因的现金短缺或溢余,应通过"待处理财产损溢"科目核算:属于现金短缺,应按照实际短缺的金额,借记"待处理财产损溢——待处理流动资产损溢"科目,贷记本科目;属于现金溢余,按照实际溢余的金额,借记本科目,贷记"待处理财产损溢——待处理流动资产损溢"科目。

五、本科目期末借方余额,反映小企业持有的库存现金。

1002　银行存款

一、本科目核算小企业存入银行或其他金融机构的各种款项。

二、银行存款的主要账务处理。

小企业增加银行存款,借记本科目,贷记"库存现金"、"应收账款"等科目;减少银行存款,做相反的会计分录。

三、小企业应当按照开户银行和其他金融机构、存款种类等设置"银行存款日记账",由出纳人员根据收付款凭证,按照业务的发生顺序逐笔登记。每日终了,应结出余额。

"银行存款日记账"应定期与"银行对账单"核对,至少每月核对一次。小企业银行存款账面余额与银行对账单余额之间如有差额,应编制"银行存款余额调节表"调节相符。

有外币银行存款的小企业,还应当分别按照人民币和外币进行明细核算。

四、本科目期末借方余额,反映小企业存在银行或其他金融机构的各种款项。

1012　其他货币资金

一、本科目核算小企业的银行汇票存款、银行本票存款、信用卡存款、信用证保证金存款、外埠存款、备用金等其他货币资金。

二、本科目应按照银行汇票或本票、信用卡发放银行、信用证的收款单位,外埠存款的开户银行,分别"银行汇票"、"银行本票"、"信用卡"、"信用证保证金"、"外埠存款"等进行明细核算。

三、其他货币资金的主要账务处理。

小企业增加其他货币资金,借记本科目,贷记"银行存款"科目;减少其他货币资金,做相反的会计分录。

四、本科目期末借方余额,反映小企业持有的其他货币资金。

1101　短期投资

一、本科目核算小企业购入的能随时变现并且持有时间不准备超过1年(含1年,下同)的投资。

二、本科目应按照股票、债券、基金等短期投资种类进行明细核算。

三、短期投资的主要账务处理。

(一)小企业购入各种股票、债券、基金等作为短期投资的,应当按照实际支付的购买价款和相关税费,借记本科目,贷记"银行存款"科目。

小企业购入股票,如果实际支付的购买价款中包含已宣告但尚未发放的现金股利,应当按照实际支付的购买价款和相关税费扣除已宣告但尚未发放的现金股利后的金额，借记本科目，按照应收的现金股利，借记"应收股利"科目，按照实际支付的购买价款和相关税费，贷记"银行存款"科目。

小企业购入债券，如果实际支付的购买价款中包含已到付息期但尚未领取的债券利息，应当按照实际支付的购买价款和相关税费扣除已到付息期但尚未领取的债券利息后的金额，借记本科目，按照应收的债券利息，借记"应收利息"科目，按照实际支付的购买价款和相关税费，贷记"银行存款"科目。

（二）在短期投资持有期间，被投资单位宣告分派的现金股利，借记"应收股利"科目，贷记"投资收益"科目。

在债务人应付利息日，按照分期付息、一次还本债券投资的票面利率计算的利息收入，借记"应收利息"科目，贷记"投资收益"科目。

（三）出售短期投资，应当按照实际收到的出售价款，借记"银行存款"或"库存现金"科目，按照该项短期投资的账面余额，贷记本科目，按照尚未收到的现金股利或债券利息，贷记"应收股利"或"应收利息"科目，按照其差额，贷记或借记"投资收益"科目。

四、本科目期末借方余额，反映小企业持有的短期投资成本。

1121 应收票据

一、本科目核算小企业因销售商品（产成品或材料，下同）、提供劳务等日常生产经营活动而收到的商业汇票（银行承兑汇票和商业承兑汇票）。

二、本科目应按照开出、承兑商业汇票的单位进行明细核算。

三、应收票据的主要账务处理。

（一）小企业因销售商品、提供劳务等而收到开出、承兑的商业汇票，按照商业汇票的票面金额，借记本科目，按照确认的营业收入，贷记"主营业务收入"等科目。涉及增值税销项税额的，还应当贷记"应交税费——应交增值税（销项税额）"科目。

（二）持未到期的商业汇票向银行贴现，应按照实际收到的金额（即减去贴现息后的净额），借记"银行存款"科目，按照贴现息，借记"财务费用"科目，按照商业汇票的票面金额，贷记本科目（银行无追索权情况下）或"短期借款"科目（银行有追索权情况下）。

（三）将持有的商业汇票背书转让以取得所需物资，按照应计入取得物资成本的金额，借记"材料采购"或"原材料"、"库存商品"等科目，按照商业汇票的票面金额，贷记本科目，如有差额，借记或贷记"银行存款"等科目。涉及按照税法规定可抵扣的增值税进项税额的，还应当借记"应交税费——应交增值税（进项税额）"科目。

（四）商业汇票到期，应按照实际收到的金额，借记"银行存款"科目，贷记本科目。

因付款人无力支付票款，或到期不能收回应收票据，应按照商业汇票的票面金额，借记"应收账款"科目，贷记本科目。

四、小企业应当设置"应收票据备查簿"，逐笔登记商业汇票的种类、号数和出票日、票面金额、交易合同号和付款人、承兑人、背书人的姓名或单位名称、到期日、背书转让日、贴现日、贴现率和贴现净额以及收款日期和收回金额、退票情况等资料。商业汇票到期结清票款或退票后，在备查簿中应予注销。

五、本科目期末借方余额，反映小企业持有的商业汇票的票面金额。

1122 应收账款

一、本科目核算小企业因销售商品、提供劳务等日常生产经营活动应收取的款项。

二、本科目应按照对方单位（或个人）进行明细核算。

三、应收账款的主要账务处理。

（一）小企业因销售商品或提供劳务形成应收账款，应当按照应收金额，借记本科目，按照税法规定应交纳的增值税销项税额，贷记"应交税费——应交增值税（销项税额）"科目，按照其差额，贷记"主营业务收入"或"其他业务收入"科目。

（二）收回应收账款，借记"银行存款"或"库存现金"科目，贷记本科目。

（三）按照小企业会计准则规定确认应收账款实际发生的坏账损失，应当按照可收回的金额，借记"银行存款"等科目，按照其账面余额，贷记本科目，按照其差额，借记"营业外支出"科目。

四、本科目期末借方余额，反映小企业尚未收回的应收账款。

1123 预付账款

一、本科目核算小企业按照合同规定预付的款项。包括：根据合同规定预付的购货款、租金、工程款等。

预付款项情况不多的小企业，也可以不设置本科目，将预付的款项直接记入"应付账款"科目借方。

小企业进行在建工程预付的工程价款，也通过本科目核算。

二、本科目应按照对方单位（或个人）进行明细核算。

三、预付账款的主要账务处理。

（一）小企业因购货而预付的款项，借记本科目，贷记"银行存款"等科目。

收到所购物资，按照应计入购入物资成本的金额，借记"在途物资"或"原材料"、"库存商品"等科目，按照税法规定可抵扣的增值税进项税额，借记"应交税费——应交增值税（进项税额）"科目，按照应支付的金额，贷记本科目。补付的款项，借记本科目，贷记"银行存款"等科目；退回多付的款项，做相反的会计分录。

（二）出包工程按照合同规定预付的工程价款，借记本科目，贷记"银行存款"等科目。按照工程进度和合同规定结算的工程价款，借记"在建工程"科目，贷记本科目、"银行存款"等科目。

（三）按照小企业会计准则规定确认预付账款实际发生的坏账损失，应当按照可收回的金额，借记"银行存款"等科目，按照其账面余额，贷记本科目，按照其差额，借记"营业外支出"科目。

四、本科目期末借方余额，反映小企业预付的各种款项。

1131 应收股利

一、本科目核算小企业应收取的现金股利或利润。

二、本科目应按照被投资单位进行明细核算。

三、应收股利的主要账务处理。

（一）小企业购入股票，如果实际支付的购买价款中包含已宣告但尚未发放的现金股利，应当按照实际支付的购买价款和相关税费扣除已宣告但尚未发放的现金股利后的金额，借记"短期投资"或"长期股权投资"科目，按照应收的现金股利，借记本科目，按照实际支付的购买价款和相关税费，贷记"银行存款"科目。

（二）在短期投资或长期股权投资持有期间，被投资单位宣告分派现金股利或利润，应当按照本企业应享有的金额，借记本科目，贷记"投资收益"科目。

（三）小企业实际收到现金股利或利润，借记"银行存款"等科目，贷记本科目。

四、本科目期末借方余额，反映小企业尚未收到的现金股利或利润。

1132　应收利息

一、本科目核算小企业债券投资应收取的利息。

购入的一次还本付息债券投资持有期间的利息收入，在"长期债券投资"科目核算，不在本科目核算。

二、本科目应按照被投资单位进行明细核算。

三、应收利息的主要账务处理。

（一）小企业购入债券，如果实际支付的购买价款中包含已到付息期但尚未领取的债券利息，应当按照实际支付的购买价款和相关税费扣除应收的债券利息后的金额，借记"短期投资"或"长期债券投资"科目，按照应收的债券利息，借记本科目，按照实际支付的购买价款和相关税费，贷记"银行存款"科目。

（二）在长期债券投资持有期间，在债务人应付利息日，按照分期付息、一次还本债券投资的票面利率计算的利息收入，借记本科目，贷记"投资收益"科目；按照一次还本付息债券投资的票面利率计算的利息收入，借记"长期债券投资——应计利息"科目，贷记"投资收益"科目。

（三）实际收到债券利息，借记"银行存款"等科目，贷记本科目。

四、本科目期末借方余额，反映小企业尚未收到的债券利息。

1221　其他应收款

一、本科目核算小企业除应收票据、应收账款、预付账款、应收股利、应收利息等以外的其他各种应收及暂付款项。包括：各种应收的赔款、应向职工收取的各种垫付款项等。

小企业出口产品或商品按照税法规定应予退回的增值税款，也通过本科目核算。

二、本科目应按照对方单位（或个人）进行明细核算。

三、其他应收款的主要账务处理。

（一）小企业发生的其他各种应收款项，借记本科目，贷记"库存现金"、"银行存款"、"固定资产清理"等科目。

出口产品或商品按照税法规定应予退回的增值税款，借记本科目，贷记"应交税费——应交增值税（出口退税）"科目。

（二）收回其他各种应收款项，借记"库存现金"、"银行存款"、"应付职工薪酬"等科目，贷记本科目。

（三）按照小企业会计准则规定确认其他应收款实际发生的坏账损失，应当按照可收回的金额，借记"银行存款"等科目，按照其账面余额，贷记本科目，按照其差额，借记"营业外支出"科目。

四、本科目期末借方余额，反映小企业尚未收回的其他应收款项。

1401　材料采购

一、本科目核算小企业采用计划成本进行材料日常核算、购入材料的采购成本。

采用实际成本进行材料日常核算的，购入材料的采购成本，在"在途物资"科目核算。委托外单位加工材料、商品的加工成本，在"委托加工物资"科目核算。

二、本科目应按照供应单位和材料品种进行明细核算。

三、材料采购的主要账务处理。

（一）小企业外购材料，应当按照发票账单所列购买价款、运输费、装卸费、保险费以及在外购材料过程发生的其他直接费用，借记本科目，按照税法规定可抵扣的增值税进项税额，借记"应交税费——应交增值税（进项税额）"科目，按照购买价款、相关税费、运输费、装卸费、保险费以及在外购材料过程发生的其他直接费用，贷记"库存现金"、"银行存款"、"其他货币资金"、"预付账款"、"应付账款"等科目。

材料已经收到、但尚未办理结算手续的，可暂不作会计分录；待办理结算手续后，再根据所付金额或发票账单的应付金额，借记本科目，贷记"银行存款"等科目。

应向供应单位、运输机构等收回的材料短缺或其他应冲减材料采购成本的赔偿款项，应根据有关的索赔凭证，借记"应付账款"或"其他应收款"科目，贷记本科目。因自然灾害等发生的损失和尚待查明原因的途中损耗，先记入"待处理财产损溢"科目，查明原因后再作处理。

（二）月末，应将仓库转来的外购收料凭证，分别下列不同情况进行处理：

1. 对于收到发票账单的收料凭证（包括本月付款或开出、承兑商业汇票的上月收料凭证），应按照实际成本和计划成本分别汇总，并按照计划成本，借记"原材料"、"周转材料"等科目，贷记本科目；将实际成本大于计划成本的差异，借记"材料成本差异"科目，贷记本科目；实际成本小于计划成本的差异做相反的会计分录。

2. 对于尚未收到发票账单的收料凭证，应按照计划成本暂估入账，借记"原材料"、"周转材料"等科目，贷记"应付账款——暂估应付账款"科目，下月初用红字做同样的会计分录予以冲回，以便下月收到发票账单等结算凭证时，按照正常程序进行账务处理。

四、本科目期末借方余额，反映小企业已经收到发票账单、但材料尚未到达或尚未验收入库的在途材料的采购成本。

1402 在途物资

一、本科目核算小企业采用实际成本进行材料、商品等物资的日常核算、尚未到达或尚未验收入库的各种物资的实际采购成本。

小企业（批发业、零售业）在购买商品过程中发生的费用（包括：运输费、装卸费、包装费、保险费、运输途中的合理损耗和入库前的挑选整理费等），在"销售费用"科目核算，不在本科目核算。

二、本科目应按照供应单位和物资品种进行明细核算。

三、在途物资的主要账务处理。

（一）小企业外购材料、商品等物资，应当按照发票账单所列购买价款、运输费、装卸费、保险费以及在外购材料过程发生的其他直接费用，借记本科目，按照税法规定可抵扣的增值税进项税额，借记"应交税费——应交增值税（进项税额）"科目，按照购买价款、相关税费、运输费、装卸费、保险费以及在外购物资过程发生的其他直接费用，贷记"库存现金"、"银行存款"、"其他货币资金"、"预付账款"、"应付账款"等科目。

材料已经收到、但尚未办理结算手续的，可暂不作会计分录；待办理结算手续后，再根据所付金额或发票账单的应付金额，借记本科目，贷记"银行存款"等科目。

应向供应单位、外部运输机构等收回的材料或商品短缺或其他应冲减材料或商品采购成本的赔偿款项，应根据有关的索赔凭证，借记"应付账款"或"其他应收款"科目，贷记本科目。因自然灾害等发生的损失和尚待查明原因的途中损耗，先记入"待处理财产损溢"科目，查明原因后再作处理。

（二）月末，应将仓库转来的外购材料或商品收料凭证，按照材料或商品并分别下列不同情况进行汇总：

1. 对于收到发票账单的收料凭证（包括本月付款或开出、承兑商业汇票的上月收料凭证），应当按照汇总金额，借记"原材料"、"周转材料"、"库存商品"等科目，贷记本科目。

2. 对于尚未收到发票账单的收料凭证，应分别材料或商品，并按照估计金额暂估入账，借记"原材料"、"周转材料"、"库存商品"等科目，贷记"应付账款——暂估应付账款"科目，下月初用红字做同样的会计分录予以冲回，以便下月收到发票账单等结算凭证时，按照正常程序进行账务处理。

四、本科目期末借方余额，反映小企业已经收到发票账单、但材料或商品尚未到达或尚未验收入库的在途材料、商品等物资的采购成本。

1403　原材料

一、本科目核算小企业库存的各种材料。包括：原料及主要材料、辅助材料、外购半成品（外购件）、修理用备件（备品备件）、包装材料、燃料等的实际成本或计划成本。

购入的工程用材料，在"工程物资"科目核算，不在本科目核算。

二、本科目应按照材料的保管地点（仓库）、材料的类别、品种和规格等进行明细核算。

三、原材料的主要账务处理。

（一）小企业购入并已验收入库的材料，按照实际成本，借记本科目，贷记"在途物资"、"应付账款"等科目。涉及按照税法规定可抵扣的增值税进项税额的，还应当借记"应交税费——应交增值税（进项税额）"科目。

购入的材料已经到达并已验收入库，但在月末尚未办理结算手续的，可按照暂估价值入账，借记本科目、"周转材料"等科目，贷记"应付账款——暂估应付账款"科目；下月初用红字做同样的会计分录予以冲回，以便下月收到发票账单等结算凭证时，按照正常程序进行账务处理。

（二）自制并已验收入库的材料，按照实际成本，借记本科目，贷记"生产成本"科目。

（三）取得投资者投入的原材料，应当按照评估价值，借记本科目，贷记"实收资本"、"资本公积"科目。涉及增值税进项税额的，还应进行相应的账务处理。

（四）生产经营领用材料，按照实际成本，借记"生产成本"、"制造费用"、"销售费用"、"管理费用"等科目，贷记本科目。

出售材料结转成本，按照实际成本，借记"其他业务成本"科目，贷记本科目。

发给外单位加工的材料，按照实际成本，借记"委托加工物资"科目，贷记本科目。外单位加工完成并已验收入库的材料，按照加工收回材料的实际成本，借记本科目，贷记"委托加工物资"科目。

（五）清查盘点，发现盘盈、盘亏、毁损的原材料，按照实际成本（或估计价值），借记或贷记本科目，贷记或借记"待处理财产损溢——待处理流动资产损溢"科目。

（六）采用计划成本进行材料日常核算的小企业，日常领用、发出原材料均按照计划成本记账。

月末，按照发出各种原材料的计划成本计算应负担的成本差异，借记"生产成本"、"制造费用"、"销售费用"、"管理费用"、"委托加工物资"、"其他业务成本"等科目，贷记"材料成本差异"科目；实际成本小于计划成本的差异做相反的会计分录。

四、本科目期末借方余额，反映小企业库存材料的实际成本或计划成本。

1404　材料成本差异

一、本科目核算小企业采用计划成本进行日常核算的材料计划成本与实际成本的差额。

小企业也可以在"原材料"、"周转材料"等科目设置"成本差异"明细科目。

二、本科目可以分别"原材料"、"周转材料"等，按照类别或品种进行明细核算。

三、材料成本差异的主要账务处理。

（一）小企业验收入库材料发生的材料成本差异，实际成本大于计划成本的差异，借记本科目，贷记"材料采购"科目；实际成本小于计划成本的差异做相反的会计分录。

入库材料的计划成本应当尽可能接近实际成本。除特殊情况外，计划成本在年度内不得随意变更。

（二）结转发出材料应负担的材料成本差异，按照实际成本大于计划成本的差异，借记"生产成本"、"管理费用"、"销售费用"、"委托加工物资"、"其他业务成本"等科目，贷记本科目；实际成本小于计划成本的差异做相反的会计分录。

发出材料应负担的成本差异应当按月分摊，不得在季末或年末一次计算。发出材料应负担的成本差异，除委托外部加工发出材料可按照月初成本差异率计算外，应使用本月的实际成本差异率；月初成本差异率与本月实际成本差异率相差不大的，也可按照月初成本差异率计算。计算方法一经确定，不得随意变更。

材料成本差异率的计算公式如下：

$$\text{本月材料成本差异率} = \frac{\text{月初结存材料的成本差异} + \text{本月验收入库材料的成本差异}}{\text{月初结存材料的计划成本} + \text{本月验收入库材料的计划成本}} \times 100\%$$

$$\text{月初材料成本差异率} = \frac{\text{月初结存材料的成本差异}}{\text{月初结存材料的计划成本}} \times 100\%$$

发出材料应负担的成本差异＝发出材料的计划成本×材料成本差异率

四、本科目期末借方余额，反映小企业库存材料等的实际成本大于计划成本的差异；贷方余额反映小企业库存材料等的实际成本小于计划成本的差异。

1405　库存商品

一、本科目核算小企业库存的各种商品的实际成本或售价。包括：库存产成品、外购商品、存放在门市部准备出售的商品、发出展览的商品以及寄存在外的商品等。

接受来料加工制造的代制品和为外单位加工修理的代修品，在制造和修理完成验收入库后，视同小企业的产成品，也通过本科目核算。

可以降价出售的不合格品，也在本科目核算，但应与合格产品分开记账。

已经完成销售手续，但购买单位在月末未提取的库存产成品，应作为代管产品处理，单独设置代管产品备查簿，不再在本科目核算。

小企业（农、林、牧、渔业）可将本科目改为"1405 农产品"科目。

小企业（批发业、零售业）在购买商品过程中发生的费用（包括：运输费、装卸费、包装费、保险费、运输途中的合理损耗和入库前的挑选整理费等），在"销售费用"科目核算，不在本科目核算。

二、本科目应按照库存商品的种类、品种和规格等进行明细核算。

三、库存商品的主要账务处理。

（一）小企业生产的产成品的入库和出库，平时只记数量不记金额，月末计算入库产成品的实际成本。生产完成验收入库的产成品，按照其实际成本，借记本科目，贷记"生产成本"等科目。

对外销售产成品，借记"主营业务成本"科目，贷记本科目。

（二）购入商品到达验收入库后，按照商品的实际成本或售价，借记本科目，贷记"库存现金"、"银行存款"、"在途物资"等科目。涉及增值税进项税额的，还应进行相应的处理。按照售价与进价之间的差额，贷记"商品进销差价"科目。

购入的商品已经到达并已验收入库，但尚未办理结算手续的，可按照暂估价值入账，借记本科目，贷记"应付账款——暂估应付账款"科目；下月初用红字做同样的会计分录予以冲回，以便下月收到发票账单等结算凭证时，按照正常程序进行账务处理。

对外销售商品结转销售成本或售价，借记"主营业务成本"科目，贷记本科目。月末，分摊已销商品的进销差价，借记"商品进销差价"科目，贷记"主营业务成本"科目。

四、本科目期末借方余额，反映小企业库存商品的实际成本或售价。

1407 商品进销差价

一、本科目核算小企业采用售价进行日常核算的商品售价与进价之间的差额。

二、本科目应按照库存商品的种类、品种和规格等进行明细核算。

三、商品进销差价的主要账务处理。

（一）小企业购入、加工收回以及销售退回等增加的库存商品，按照商品售价，借记"库存商品"科目，按照商品进价，贷记"银行存款"、"委托加工物资"等科目，按照售价与进价之间的差额，贷记本科目。

（二）月末，分摊已销商品的进销差价，借记本科目，贷记"主营业务成本"科目。

销售商品应分摊的商品进销差价，按照以下公式计算：

$$\text{商品进销差价率} = \text{月末分摊前本科目贷方余额} \div \left(\text{"库存商品"科目月末借方余额} + \text{本月"主营业务收入"科目贷方发生额} \right) \times 100\%$$

$$\text{本月销售商品应分摊的商品进销差价} = \text{本月"主营业务收入"科目贷方发生额} \times \text{商品进销差价率}$$

小企业的商品进销差价率各月之间比较均衡的，也可以采用上月商品进销差价率计算分摊本月的商品进销差价。年度终了，应对商品进销差价进行复核调整。

四、本科目的期末贷方余额，反映小企业库存商品的商品进销差价。

1408 委托加工物资

一、本科目核算小企业委托外单位加工的各种材料、商品等物资的实际成本。

二、本科目应按照加工合同、受托加工单位以及加工物资的品种等进行明细核算。

三、委托加工物资的主要账务处理。

（一）小企业发给外单位加工的物资，按照实际成本，借记本科目，贷记"原材料"、"库存商品"等科目；按照计划成本或售价核算的，还应同时结转材料成本差异或商品进销差价。

（二）支付加工费、运杂费等，借记本科目，贷记"银行存款"等科目；需要交纳消费税的委托加工物资，由受托方代收代缴的消费税，借记本科目（收回后用于直接销售的）或"应交税费——应交消费税"科目（收回后用于继续加工的），贷记"应付账款"、"银行存款"等科目。

（三）加工完成验收入库的物资和剩余的物资，按照加工收回物资的实际成本和剩余物资的实际成本，借记"原材料"、"库存商品"等科目，贷记本科目。

（四）采用计划成本或售价核算的，按照计划成本或售价，借记"原材料"或"库存商品"科目，按照实际成本，贷记本科目，按照实际成本与计划成本或售价之间的差额，借记或贷记"材料成本差异"或贷记"商品进销差价"科目。

采用计划成本或售价核算的，也可以采用上月材料成本差异率或商品进销差价率计算分摊本月应分摊的材料成本差异或商品进销差价。

四、本科目期末借方余额，反映小企业委托外单位加工尚未完成物资的实际成本。

1411 周转材料

一、本科目核算小企业库存的周转材料的实际成本或计划成本。包括：包装物、低值易耗品，以及小企业（建筑业）的钢模板、木模板、脚手架等。

各种包装材料，如纸、绳、铁丝、铁皮等，应在"原材料"科目内核算；用于储存和保管产品、材料而不对外出售的包装物，应按照价值大小和使用年限长短，分别在"固定资产"科目或本科目核算。

小企业的包装物、低值易耗品，也可以单独设置"1412 包装物"、"1413 低值易耗品"科目。

包装物数量不多的小企业，也可以不设置本科目，将包装物并入"原材料"科目核算。

二、本科目应按照周转材料的种类，分别"在库"、"在用"和"摊销"进行明细核算。

三、周转材料的主要账务处理。

（一）小企业购入、自制、委托外单位加工完成并验收入库的周转材料，以及对周转材料的清查盘点，比照"原材料"科目的相关规定进行账务处理。

（二）生产、施工领用周转材料，通常采用一次转销法，按照其成本，借记"生产成本"、"管理费用"、"工程施工"等科目，贷记本科目。

随同产品出售但不单独计价的包装物，按照其成本，借记"销售费用"科目，贷记本科目。

随同产品出售并单独计价的包装物，按照其成本，借记"其他业务成本"科目，贷记本科目。

金额较大的周转材料，也可以采用分次摊销法，领用时应按照其成本，借记本科目（在用），贷记本科目（在库）；按照使用次数摊销时，应按照其摊销额，借记"生产成本"、"管理费用"、"工程施工"等科目，贷记本科目（摊销）。

（三）周转材料采用计划成本进行日常核算的，领用等发出周转材料，还应结转应分摊的成本差异。

四、本科目的期末余额，反映小企业在库、出租、出借周转材料的实际成本或计划成本以及在用周转材料的摊余价值。

1421　消耗性生物资产

一、本科目核算小企业（农、林、牧、渔业）持有的消耗性生物资产的实际成本。

二、本科目应按照消耗性生物资产的种类、群别等进行明细核算。

三、消耗性生物资产的主要账务处理。

（一）外购的消耗性生物资产，按照应计入消耗性生物资产成本的金额，借记本科目，贷记"银行存款"、"应付账款"等科目。

（二）自行栽培的大田作物和蔬菜，应按照收获前发生的必要支出，借记本科目，贷记"银行存款"等科目。

自行营造的林木类消耗性生物资产，应按照郁闭前发生的必要支出，借记本科目，贷记"银行存款"等科目。

自行繁殖的育肥畜、水产养殖的动植物，应按照出售前发生的必要支出，借记本科目，贷记"银行存款"等科目。

（三）产畜或役畜淘汰转为育肥畜的，应按照转群时的账面价值，借记本科目，按照已计提的累计折旧，借记"生产性生物资产累计折旧"科目，按照其账面余额，贷记"生产性生物资产"科目。

育肥畜转为产畜或役畜的，应按照其账面余额，借记"生产性生物资产"科目，贷记本科目。

（四）择伐、间伐或抚育更新性质采伐而补植林木类消耗性生物资产发生的后续支出，借记本科目，贷记"银行存款"等科目。

林木类消耗性生物资产达到郁闭后发生的管护费用等后续支出，借记"管理费用"科目，贷记"银行存款"等科目。

（五）农业生产过程中发生的应归属于消耗性生物资产的费用，按照应分配的金额，借记本科目，贷记"生产成本"科目。

（六）消耗性生物资产收获为农产品时，应按照其账面余额，借记"农产品"科目，贷记本科目。

（七）出售消耗性生物资产，应按照实际收到的金额，借记"银行存款"等科目，贷记"主营业务收入"等科目。按照其账面余额，借记"主营业务成本"等科目，贷记本科目。

四、本科目期末借方余额，反映小企业（农、林、牧、渔业）消耗性生物资产的实际成本。

1501　长期债券投资

一、本科目核算小企业准备长期（在1年以上，下同）持有的债券投资。

二、本科目应按照债券种类和被投资单位，分别"面值"、"溢折价"、"应计利息"进行明细核算。

三、长期债券投资的主要账务处理。

（一）小企业购入债券作为长期投资，应当按照债券票面价值，借记本科目（面值），按照实际支付的购买价款和相关税费，贷记"银行存款"科目，按照其差额，借记或贷记本科目（溢折价）。

如果实际支付的购买价款中包含已到付息期但尚未领取的债券利息，应当按照债券票面价值，借记本科目（面值），按照应收的债券利息，借记"应收利息"科目，按照实际支付的购买价款和相关税费，贷记"银行存款"科目，按照其差额，借记或贷记本科目（溢折价）。

（二）在长期债券投资持有期间，在债务人应付利息日，按照分期付息、一次还本的长期债券投资票面利率计算的利息收入，借记"应收利息"科目，贷记"投资收益"科目；按照一次还本付息的长期债券投资票面利率计算的利息收入，借记本科目（应计利息），贷记"投资收益"科目。

在债务人应付利息日，按照应分摊的债券溢折价金额，借记或贷记"投资收益"科目，贷记或借记本科目（溢折价）。

（三）长期债券投资到期，收回长期债券投资，应当按照收回的债券本金或本息，借记"银行存款"等科目，按照其账面余额，贷记本科目（成本、溢折价、应计利息），按照应收未收的利息收入，贷记"应收利息"科目。

处置长期债券投资，应当按照处置收入，借记"银行存款"等科目，按照其账面余额，贷记本科目（成本、溢折价），按照应收未收的利息收入，贷记"应收利息"科目，按照其差额，贷记或借记"投资收益"科目。

（四）按照小企业会计准则规定确认实际发生的长期债券投资损失，应当按照可收回的金额，借记"银行存款"等科目，按照其账面余额，贷记本科目（成本、溢折价），按照其差额，借记"营业外支出"科目。

四、本科目期末借方余额，反映小企业持有的分期付息、一次还本债券投资的成本和到期一次还本付息债券投资的本息。

1511　长期股权投资

一、本科目核算小企业准备长期持有的权益性投资。

二、本科目应按照被投资单位进行明细核算。

三、长期股权投资的主要账务处理。

（一）小企业以支付现金取得的长期股权投资，如果实际支付的购买价款中包含已宣告但尚未发放的现金股利，应当按照实际支付的购买价款和相关税费扣除已宣告但尚未发放的现金股利后的金额，借记本科目，按照应收的现金股利，借记"应收股利"科目，按照实际支付的购买价款和相关税费，贷记"银行存款"科目。

通过非货币性资产交换取得的长期股权投资，应当按照非货币性资产的评估价值与相关税费之和，借记本科目，按照换出非货币性资产的账面价值，贷记"固定资产清理"、"无形资产"等科目，按照支付的相关税费，贷记"应交税费"等科目，按照其差额，贷记"营业外收入"或借记"营业外支出"等科目。

（二）在长期股权投资持有期间，被投资单位宣告分派的现金股利或利润，应当按照应分得的金额，借记"应收股利"科目，贷记"投资收益"科目。

（三）处置长期股权投资，应当按照处置价款，借记"银行存款"等科目，按照其成本，贷记本科目，按照应收未收的现金股利或利润，贷记"应收股利"科目，按照其差额，贷记或借记"投资收益"科目。

（四）根据小企业会计准则规定确认实际发生的长期股权投资损失，应当按照可收回的金额，借记"银行存款"等科目，按照其账面余额，贷记本科目，按照其差额，借记"营业外支出"科目。

四、本科目期末借方余额，反映小企业持有的长期股权投资的成本。

1601　固定资产

一、本科目核算小企业固定资产的原价（成本）。

小企业应当根据小企业会计准则规定的固定资产标准，结合本企业的具体情况，制定固定资产目录，作为核算依据。

小企业购置计算机硬件所附带的、未单独计价的软件，也通过本科目核算。

小企业临时租入的固定资产和以经营租赁租入的固定资产，应另设备查簿进行登记，不在本科目核算。

二、本科目应按照固定资产类别和项目进行明细核算。

小企业根据实际情况设置"固定资产登记簿"和"固定资产卡片"。

三、固定资产的主要账务处理。

（一）小企业购入（含以分期付款方式购入）不需要安装的固定资产，应当按照实际支付的购买价款、相关税费（不包括按照税法规定可抵扣的增值税进项税额）、运输费、装卸费、保险费等，借记本科目，按照税法规定可抵扣的增值税进项税额，借记"应交税费——应交增值税（进项税额）"科目，贷记"银行存款"、"长期应付款"等科目。

购入需要安装的固定资产，先记入"在建工程"科目，安装完成后再转入本科目。

自行建造固定资产完成竣工决算，按照竣工决算前发生相关支出，借记本科目，贷记"在建工程"科目。

取得投资者投入的固定资产，应当按照评估价值和相关税费，借记本科目或"在建工程"科目，贷记"实收资本"、"资本公积"科目。

融资租入的固定资产，在租赁期开始日，按照租赁合同约定的付款总额和在签订租赁合同过程中发生的相关税费等，借记本科目或"在建工程"科目，贷记"长期应付款"等科目。

盘盈的固定资产，按照同类或类似固定资产的市场价格或评估价值扣除按照新旧程度估计的折旧后的余额，借记本科目，贷记"待处理财产损溢——待处理非流动资产损溢"科目。

（二）在固定资产使用过程中发生的修理费，应当按照固定资产的受益对象，借记"制造费用"、"管理费用"等科目，贷记"银行存款"等科目。

固定资产的大修理支出，借记"长期待摊费用"科目，贷记"银行存款"等科目。

（三）对固定资产进行改扩建时，应当按照该项固定资产账面价值，借记"在建工程"科目，按照其已计提的累计折旧，借记"累计折旧"科目，按照其原价，贷记本科目。

（四）因出售、报废、毁损、对外投资等原因处置固定资产，应当按照该项固定资产账面价值，借记"固定资产清理"科目，按照其已计提的累计折旧，借记"累计折旧"科目，按照其原价，贷记本科目。

盘亏的固定资产，按照该项固定资产的账面价值，借记"待处理财产损溢——待处理非流动资产损溢"科目，按照已计提的折旧，借记"累计折旧"科目，按照其原价，贷记本科目。

四、本科目期末借方余额，反映小企业固定资产的原价（成本）。

1602 累计折旧

一、本科目核算小企业固定资产的累计折旧。

二、本科目可以进行总分类核算，也可以进行明细核算。

需要查明某项固定资产的已计提折旧，可以根据"固定资产卡片"上所记载的该项固定资产原价、折旧率和实际使用年数等资料进行计算。

三、累计折旧的主要账务处理。

（一）小企业按月计提固定资产的折旧费，应当按照固定资产的受益对象，借记"制造费用"、"管理费用"等科目，贷记本科目。

（二）因出售、报废、毁损、对外投资等原因处置固定资产，应当按照该项固定资产账面价值，借记"固定资产清理"科目，按照其已计提的累计折旧，借记本科目，按照其原价，贷记"固定资产"科目。

四、本科目期末贷方余额，反映小企业固定资产的累计折旧额。

1604 在建工程

一、本科目核算小企业需要安装的固定资产、固定资产新建工程、改扩建等所发生的成本。

小企业购入不需要安装的固定资产，在"固定资产"科目核算，不在本科目核算。

小企业已提足折旧的固定资产的改建支出和经营租入固定资产的改建支出，在"长期待摊费用"科目核算，不在本科目核算。

二、本科目应按照在建工程项目进行明细核算。

三、在建工程的主要账务处理。

（一）小企业购入需要安装的固定资产，应当按照实际支付的购买价款、相关税费（不包括按照税法规定可抵扣的增值税进项税额）、运输费、装卸费、保险费、安装费等，借记本科目，按照税法规定可抵扣的增值税进项税额，借记"应交税费——应交增值税（进项税额）"科目，贷记"银行存款"等科目。

融资租入的固定资产，在租赁期开始日，按照租赁合同约定的付款总额和在签订租赁合同过程中发生的相关税费等，借记本科目或"固定资产"科目，贷记"长期应付款"科目。

固定资产安装完成，借记"固定资产"科目，贷记本科目。

（二）自营工程领用工程物资，借记本科目，贷记"工程物资"科目。

在建工程应负担的职工薪酬，借记本科目，贷记"应付职工薪酬"科目。

在建工程使用本企业的产品或商品，应当按照成本，借记本科目，贷记"库存商品"科目。同时，按照税法规定应交纳的增值税额，借记本科目，贷记"应交税费——应交增值税（销项税额）"科目。

在建工程在竣工决算前发生的借款利息，在应付利息日应当根据借款合同利率计算确定的利息费用，借记本科目，贷记"应付利息"科目。办理竣工决算后发生的利息费用，在应付利息日，借记"财务费用"科目，贷记"应付利息"等科目。

在建工程在试运转过程中发生的支出，借记本科目，贷记"银行存款"等科目；形成的产品或者副产品对外销售或转为库存商品的，借记"银行存款"、"库存商品"等科目，贷记本科目。

自营工程办理竣工决算，借记"固定资产"科目，贷记本科目。

（三）出包工程，按照工程进度和合同规定结算的工程价款，借记本科目，贷记"银行存款"、"预付账款"等科目。

工程完工收到承包单位提供的账单，借记"固定资产"科目，贷记本科目。

（四）对固定资产进行改扩建时，应当按照该项固定资产账面价值，借记本科目，按照其已计提的累计折旧，借记"累计折旧"科目，按照其原价，贷记"固定资产"科目。

在改扩建过程中发生的相关支出，借记本科目，贷记相关科目。

改扩建完成办理竣工决算，借记"固定资产"科目，贷记本科目。

四、本科目期末借方余额，反映小企业尚未完工或虽已完工，但尚未办理竣工决算的工程成本。

1605　工程物资

一、本科目核算小企业为在建工程准备的各种物资的成本。包括：工程用材料、尚未安装的设备以及为生产准备的工器具等。

二、本科目应按照"专用材料"、"专用设备"、"工器具"等进行明细核算。

三、工程物资的主要账务处理。

（一）小企业购入为工程准备的物资，应当按照实际支付的购买价款和相关税费，借记本科目，贷记"银行存款"等科目。

（二）工程领用工程物资，借记"在建工程"科目，贷记本科目。工程完工后将领出的剩余物资退库时做相反的会计分录。

工程完工后剩余的工程物资转作本企业存货的，借记"原材料"等科目，贷记本科目。

四、本科目期末借方余额，反映小企业为在建工程准备的各种物资的成本。

1606　固定资产清理

一、本科目核算小企业因出售、报废、毁损、对外投资等原因处置固定资产所转出的固定资产账面价值以及在清理过程中发生的费用等。

二、本科目应按照被清理的固定资产项目进行明细核算。

三、固定资产清理的主要账务处理。

（一）小企业因出售、报废、毁损、对外投资等原因处置固定资产，应当按照该项固定资产的账面价值，借记本科目，按照其已计提的累计折旧，借记"累计折旧"科目，按照其原价，贷记"固定资产"科目。

同时，按照税法规定不得从增值税销项税额中抵扣的进项税额，借记本科目，贷记"应交税费——应交增值税（进项税额转出）"科目。

（二）清理过程中应支付的相关税费及其他费用，借记本科目，贷记"银行存款"、"应交税费"等科目。取得出售固定资产的价款、残料价值和变价收入等处置收入，借记"银行存款"、"原材料"等科目，贷记本科目。应由保险公司或过失人赔偿的损失，借记"其他应收款"等科目，贷记本科目。

（三）固定资产清理完成后，如为借方余额，借记"营业外支出——非流动资产处置净损失"科目，贷记本科目。如为贷方余额，借记本科目，贷记"营业外收入——非流动资产处置净收益"科目。

四、本科目期末借方余额，反映小企业尚未清理完毕的固定资产清理净损失；本科目期末贷方余额，反映小企业尚未清理完毕的固定资产清理净收益。

1621 生产性生物资产

一、本科目核算小企业（农、林、牧、渔业）持有的生产性生物资产的原价（成本）。

二、本科目应按照"未成熟生产性生物资产"和"成熟生产性生物资产"，分别生物资产的种类、群别等进行明细核算。

三、生产性生物资产的主要账务处理。

（一）小企业外购的生产性生物资产，按照购买价款和相关税费，借记本科目，贷记"银行存款"等科目。涉及按照税法规定可抵扣的增值税进项税额的，还应当借记"应交税费——应交增值税（进项税额）"科目。

（二）自行营造的林木类生产性生物资产，达到预定生产经营目的前发生的造林费、抚育费、营林设施费、良种试验费、调查设计费和应分摊的间接费用等必要支出，借记本科目（未成熟生产性生物资产），贷记"原材料"、"银行存款"、"应付利息"等科目。

（三）自行繁殖的产畜和役畜，达到预定生产经营目的前发生的饲料费、人工费和应分摊的间接费用等必要支出，借记本科目（未成熟生产性生物资产），贷记"原材料"、"银行存款"、"应付利息"等科目。

（四）未成熟生产性生物资产达到预定生产经营目的时，按照其账面余额，借记本科目（成熟生产性生物资产），贷记本科目（未成熟生产性生物资产）。

（五）育肥畜转为产畜或役畜，应当按照其账面余额，借记本科目，贷记"消耗性生物资产"科目。

产畜或役畜淘汰转为育肥畜，应按照转群时其账面价值，借记"消耗性生物资产"科目，按照已计提的累计折旧，借记"生产性生物资产累计折旧"科目，按照其原价，贷记本科目。

（六）择伐、间伐或抚育更新等生产性采伐而补植林木类生产性生物资产发生的后续支出，借记本科目（未成熟生产性生物资产），贷记"银行存款"等科目。

生产性生物资产发生的管护、饲养费用等后续支出，借记"管理费用"科目，贷记"银行存款"等科目。

（七）因出售、报废、毁损、对外投资等原因处置生产性生物资产，应按照取得的出售生产性生物资产的价款、残料价值和变价收入等处置收入，借记"银行存款"等科目，按照已计提的累计折旧，借记"生产性生物资产累计折旧"科目，按照其原价，贷记本科目，按照其差额，借记"营业外支出——非流动资产处置净损失"科目或贷记"营业外收入——处置非流动资产处置净收益"科目。

四、本科目期末借方余额，反映小企业（农、林、牧、渔业）生产性生物资产的原价（成本）。

1622 生产性生物资产累计折旧

一、本科目核算小企业（农、林、牧、渔业）成熟生产性生物资产的累计折旧。

二、本科目应按照生产性生物资产的种类、群别等进行明细核算。

三、生产性生物资产累计折旧的主要账务处理。

小企业按月计提成熟生产性生物资产的折旧，借记"生产成本"、"管理费用"等科目，贷记本科目。

处置生产性生物资产还应同时结转生产性生物资产累计折旧。

四、本科目期末贷方余额，反映小企业成熟生产性生物资产的累计折旧额。

1701　无形资产

一、本科目核算小企业持有的无形资产成本。

二、本科目应按照无形资产项目进行明细核算。

三、无形资产的主要账务处理。

（一）小企业外购无形资产，应当按照实际支付的购买价款、相关税费和相关的其他支出（含相关的利息费用），借记本科目，贷记"银行存款"、"应付利息"等科目。

（二）自行开发建造厂房等建筑物，外购土地及建筑物支付的价款应当在建筑物与土地使用权之间按照合理的方法进行分配，其中属于土地使用权的部分，借记本科目，贷记"银行存款"等科目。

（三）收到投资者投入的无形资产，应当按照评估价值和相关税费，借记本科目，贷记"实收资本"、"资本公积"科目。

（四）开发项目达到预定用途形成无形资产的，按照应予资本化的支出，借记本科目，贷记"研发支出"科目。

（五）因出售、报废、对外投资等原因处置无形资产，应当按照取得的出售无形资产的价款等处置收入，借记"银行存款"等科目，按照其已计提的累计摊销，借记"累计摊销"科目，按照应支付的相关税费及其他费用，贷记"应交税费——应交营业税"、"银行存款"等科目，按照其成本，贷记本科目，按照其差额，贷记"营业外收入——非流动资产处置净收益"科目或借记"营业外支出——非流动资产处置净损失"科目。

四、本科目期末借方余额，反映小企业无形资产的成本。

1702　累计摊销

一、本科目核算小企业对无形资产计提的累计摊销。

二、本科目应按照无形资产项目进行明细核算。

三、累计摊销的主要账务处理。

小企业按月采用年限平均法计提无形资产的摊销，应当按照无形资产的受益对象，借记"制造费用"、"管理费用"等科目，贷记本科目。

处置无形资产还应同时结转累计摊销。

四、本科目期末借方余额，反映小企业无形资产的累计摊销额。

1801　长期待摊费用

一、本科目核算小企业已提足折旧的固定资产的改建支出、经营租入固定资产的改建支出、固定资产的大修理支出和其他长期待摊费用等。

二、本科目应按照支出项目进行明细核算。

三、长期待摊费用的主要账务处理。

（一）小企业发生的长期待摊费用，借记本科目，贷记"银行存款"、"原材料"等科目。

（二）按月采用年限平均法摊销长期待摊费用，应当按照长期待摊费用的受益对象，借记"制造费用"、"管理费用"等科目，贷记本科目。

四、本科目期末借方余额，反映小企业尚未摊销完毕的长期待摊费用。

1901 待处理财产损溢

一、本科目核算小企业在清查财产过程中查明的各种财产盘盈、盘亏和毁损的价值。

所采购物资在运输途中因自然灾害等发生的损失或尚待查明的损耗，也通过本科目核算。

二、本科目应按照待处理流动资产损溢和待处理非流动资产损溢进行明细核算。

三、待处理财产损溢的主要账务处理。

（一）盘盈的各种材料、产成品、商品、现金等，应当按照同类或类似存货的市场价格或评估价值，借记"原材料"、"库存商品"、"库存现金"等科目，贷记本科目（待处理流动资产损溢）。盘亏、毁损、短缺的各种材料、产成品、商品、现金等，应当按照其账面余额，借记本科目（待处理流动资产损溢），贷记"材料采购"或"在途物资"、"原材料"、"库存商品"、"库存现金"等科目。涉及增值税进项税额的，还应进行相应的账务处理。

盘盈的固定资产，按照同类或类似固定资产的市场价格或评估价值扣除按照该项固定资产新旧程度估计的折旧后的余额，借记"固定资产"科目，贷记本科目（待处理非流动资产损溢）。盘亏的固定资产，按照该项固定资产的账面价值，借记本科目（待处理非流动资产损溢），按照已计提的累计折旧，借记"累计折旧"科目，按照其原价，贷记"固定资产"科目。

（二）盘亏、毁损、报废的各项资产，按照管理权限经批准后处理时，按照残料价值，借记"原材料"等科目，按照可收回的保险赔偿或过失人赔偿，借记"其他应收款"科目，按照本科目余额，贷记本科目（待处理流动资产损溢、待处理非流动资产损溢），按照其借方差额，借记"营业外支出"科目。

盘盈的各种材料、产成品、商品、固定资产、现金等，按照管理权限经批准后处理时，按照本科目余额，借记本科目（待处理流动资产损溢、待处理非流动资产损溢），贷记"营业外收入"科目。

四、小企业的财产损溢，应当查明原因，在年末结账前处理完毕，处理后本科目应无余额。

负债类

2001 短期借款

一、本科目核算小企业向银行或其他金融机构等借入的期限在 1 年内的各种借款。

二、本科目应按照借款种类、贷款人和币种进行明细核算。

三、短期借款的主要账务处理。

（一）小企业借入的各种短期借款，借记"银行存款"科目，贷记本科目；偿还借款，做相反的会计分录。

银行承兑汇票到期，小企业无力支付票款的，按照银行承兑汇票的票面金额，借记"应付票据"科目，贷记本科目。

持未到期的商业汇票向银行贴现，应当按照实际收到的金额（即减去贴现息后的净额），借记"银行存款"科目，按照贴现息，借记"财务费用"科目，按照商业汇票的票面金额，贷记"应收票据"科目（银行无追索权情况下）或本科目（银行有追索权情况下）。

（二）在应付利息日，应当按照短期借款合同利率计算确定的利息费用，借记"财务费用"科目，贷记"应付利息"等科目。

四、本科目期末贷方余额，反映小企业尚未偿还的短期借款本金。

2201 应付票据

一、本科目核算小企业因购买材料、商品和接受劳务等日常生产经营活动开出、承兑的商业汇票（银行承兑汇票和商业承兑汇票）。

二、本科目应按照债权人进行明细核算。

三、应付票据的主要账务处理。

（一）小企业开出、承兑商业汇票或以承兑商业汇票抵付货款、应付账款等，借记"材料采购"或"在途物资"、"库存商品"等科目，贷记本科目。涉及增值税进项税额的，还应进行相应的账务处理。

（二）支付银行承兑汇票的手续费，借记"财务费用"科目，贷记"银行存款"科目。支付票款，借记本科目，贷记"银行存款"科目。

（三）银行承兑汇票到期，小企业无力支付票款的，按照银行承兑汇票的票面金额，借记本科目，贷记"短期借款"科目。

四、小企业应当设置"应付票据备查簿"，详细登记商业汇票的种类、号数和出票日期、到期日、票面金额、交易合同号和收款人姓名或单位名称以及付款日期和金额等资料，商业汇票到期结清票款后，在备查簿中应予注销。

五、本科目期末贷方余额，反映小企业开出、承兑的尚未到期的商业汇票的票面金额。

2202 应付账款

一、本科目核算小企业因购买材料、商品和接受劳务等日常生产经营活动应支付的款项。

二、本科目应按照对方单位（或个人）进行明细核算。

三、应付账款的主要账务处理。

（一）小企业购入材料、商品等未验收入库，货款尚未支付，应当根据有关凭证（发票账单、随货同行发票上记载的实际价款或暂估价值），借记"在途物资"科目，按照可抵扣的增值税进项税额，借记"应交税费——应交增值税（进项税额）"科目，按照应付的价款，贷记本科目。

接受供应单位提供劳务而发生的应付未付款项，应当根据供应单位的发票账单，借记"生产成本"、"管理费用"等科目，贷记本科目。

（二）偿付应付账款，借记本科目，贷记"银行存款"等科目。

小企业确实无法偿付的应付账款，借记本科目，贷记"营业外收入"科目。

四、本科目期末贷方余额，反映小企业尚未支付的应付账款。

2203 预收账款

一、本科目核算小企业按照合同规定预收的款项。包括：预收的购货款、工程款等。

预收账款情况不多的，也可以不设置本科目，将预收的款项直接记入"应收账款"科目贷方。

二、本科目应按照对方单位（或个人）进行明细核算。

三、预收账款的主要账务处理。

（一）小企业向购货单位预收的款项，借记"银行存款"等科目，贷记本科目。

（二）销售收入实现时，按照实现的收入金额，借记本科目，贷记"主营业务收入"科目。涉及增值税销项税额的，还应进行相应的账务处理。

四、本科目期末贷方余额，反映小企业预收的款项；期末如为借方余额，反映小企业尚未转销的款项。

2211　应付职工薪酬

一、本科目核算小企业根据有关规定应付给职工的各种薪酬。

小企业（外商投资）按照规定从净利润中提取的职工奖励及福利基金，也通过本科目核算。

二、本科目应按照"职工工资"、"奖金、津贴和补贴"、"职工福利费"、"社会保险费"、"住房公积金"、"工会经费"、"职工教育经费"、"非货币性福利"、"辞退福利"等进行明细核算。

三、应付职工薪酬的主要账务处理。

（一）月末，小企业应当将本月发生的职工薪酬区分以下情况进行分配：

1. 生产部门（提供劳务）人员的职工薪酬，借记"生产成本"、"制造费用"等科目，贷记本科目。

2. 应由在建工程、无形资产开发项目负担的职工薪酬，借记"在建工程"、"研发支出"等科目，贷记本科目。

3. 管理部门人员的职工薪酬和因解除与职工的劳动关系给予的补偿，借记"管理费用"科目，贷记本科目。

4. 销售人员的职工薪酬，借记"销售费用"科目，贷记本科目。

（二）小企业发放职工薪酬应当区分以下情况进行处理：

1. 向职工支付工资、奖金、津贴、福利费等，从应付职工薪酬中扣还的各种款项（代垫的家属药费、个人所得税等）等，借记本科目，贷记"库存现金"、"银行存款"、"其他应收款"、"应交税费——应交个人所得税"等科目。

2. 支付工会经费和职工教育经费用于工会活动和职工培训，借记本科目，贷记"银行存款"等科目。

3. 按照国家有关规定缴纳的社会保险费和住房公积金，借记本科目，贷记"银行存款"科目。

4. 以其自产产品发放给职工的，按照其销售价格，借记本科目，贷记"主营业务收入"科目；同时，还应结转产成品的成本。涉及增值税销项税额的，还应进行相应的账务处理。

5. 支付的因解除与职工的劳动关系给予职工的补偿，借记本科目，贷记"库存现金"、"银行存款"等科目。

四、本科目期末贷方余额，反映小企业应付未付的职工薪酬。

2221　应交税费

一、本科目核算小企业按照税法等规定计算应交纳的各种税费。包括：增值税、消费税、营业税、城市维护建设税、企业所得税、资源税、土地增值税、城镇土地使用税、房产税、车船税和教育费附加、矿产资源补偿费、排污费等。

小企业代扣代缴的个人所得税等，也通过本科目核算。

二、本科目应按照应交的税费项目进行明细核算。

应交增值税还应当分别"进项税额"、"销项税额"、"出口退税"、"进项税额转出"、"已交税金"等设置专栏。

小规模纳税人只需设置"应交增值税"明细科目，不需要在"应交增值税"明细科目中设置上述专栏。

三、应交税费的主要账务处理。

（一）应交增值税的主要账务处理。

1. 小企业采购物资等，按照应计入采购成本的金额，借记"材料采购"或"在途物资"、"原材料"、"库存商品"等科目，按照税法规定可抵扣的增值税进项税额，借记本科目（应交增值税——进项税额），按照应付或实际支付的金额，贷记"应付账款"、"银行存款"等科目。购入物资发生退货的，做相反的会计分录。

购进免税农业产品，按照购入农业产品的买价和税法规定的税率计算的增值税进项税额，借记本科目（应交增值税——进项税额），按照买价减去按照税法规定计算的增值税进项税额后的金额，借记"材料采购"或"在途物资"等科目，按照应付或实际支付的价款，贷记"应付账款"、"库存现金"、"银行存款"等科目。

2. 销售商品（提供劳务），按照收入金额和应收取的增值税销项税额，借记"应收账款"、"银行存款"等科目，按照税法规定应交纳的增值税销项税额，贷记本科目（应交增值税——销项税额），按照确认的营业收入金额，贷记"主营业务收入"、"其他业务收入"等科目。发生销售退回的，做相反的会计分录。

随同商品出售但单独计价的包装物，应当按照实际收到或应收的金额，借记"银行存款"、"应收账款"等科目，按照税法规定应交纳的增值税销项税额，贷记本科目（应交增值税——销项税额），按照确认的其他业务收入金额，贷记"其他业务收入"科目。

3. 有出口产品的小企业，其出口退税的账务处理如下：

（1）实行"免、抵、退"管理办法的小企业，按照税法规定计算的当期出口产品不予免征、抵扣和退税的增值税额，借记"主营业务成本"科目，贷记本科目（应交增值税——进项税额转出）。按照税法规定计算的当期应予抵扣的增值税额，借记本科目（应交增值税——出口抵减内销产品应纳税额），贷记本科目（应交增值税——出口退税）。

出口产品按照税法规定应予退回的增值税款，借记"其他应收款"科目，贷记本科目（应交增值税——出口退税）。

（2）未实行"免、抵、退"管理办法的小企业，出口产品实现销售收入时，应当按照应收的金额，借记"应收账款"等科目，按照税法规定应收的出口退税，借记"其他应收款"科目，按照税法规定不予退回的增值税额，借记"主营业务成本"科目，按照确认的销售商品收入，贷记"主营业务收入"科目，按照税法规定应交纳的增值税额，贷记本科目（应交增值税——销项税额）。

4. 购入材料等按照税法规定不得从增值税销项税额中抵扣的进项税额，其进项税额应计入材料等的成本，借记"材料采购"或"在途物资"等科目，贷记"银行存款"等科目，不通过本科目（应交增值税——进项税额）核算。

5. 将自产的产品等用作福利发放给职工，应视同产品销售计算应交增值税的，借记"应付职工薪酬"科目，贷记"主营业务收入"、本科目（应交增值税——销项税额）等科目。

6. 购进的物资、在产品、产成品因盘亏、毁损、报废、被盗，以及购进物资改变用途等原因按照税法规定不得从增值税销项税额中抵扣的进项税额，其进项税额应转入有关科目，借记"待处理财产损溢"等科目，贷记本科目（应交增值税——进项税额转出）。

由于工程而使用本企业的产品或商品，应当按照成本，借记"在建工程"科目，贷记"库存商品"科目。同时，按照税法规定应交纳的增值税销项税额，借记"在建工程"科目，贷记本科目（应交增值税——销项税额）。

7. 交纳的增值税，借记本科目（应交增值税——已交税金），贷记"银行存款"科目。

（二）应交消费税的主要账务处理。

1. 销售需要交纳消费税的物资应交的消费税，借记"营业税金及附加"等科目，贷记本科目（应交消费税）。

2. 以生产的产品用于在建工程、非生产机构等，按照税法规定应交纳的消费税，借记"在建工程"、"管理费用"等科目，贷记本科目（应交消费税）。

随同商品出售但单独计价的包装物，按照税法规定应交纳的消费税，借记"营业税金及附加"科目，贷记本科目（应交消费税）。出租、出借包装物逾期未收回没收的押金应交的消费税，借记"营业税金及附加"科目，贷记本科目（应交消费税）。

3. 需要交纳消费税的委托加工物资，由受托方代收代缴税款（除受托加工或翻新改制金银首饰按照税法规定由受托方交纳消费税外）。小企业（受托方）按照应交税款金额，借记"应收账款"、"银行存款"等科目，贷记本科目（应交消费税）。

委托加工物资收回后，直接用于销售的，小企业（委托方）应将代收代缴的消费税计入委托加工物资的成本，借记"库存商品"等科目，贷记"应付账款"、"银行存款"等科目；委托加工物资收回后用于连续生产，按照税法规定准予抵扣的，按照代收代缴的消费税，借记本科目（应交消费税），贷记"应付账款"、"银行存款"等科目。

4. 有金银首饰零售业务的以及采用以旧换新方式销售金银首饰的小企业，在营业收入实现时，按照应交的消费税，借记"营业税金及附加"科目，贷记本科目（应交消费税）。有金银首饰零售业务的小企业因受托代销金银首饰按照税法规定应交纳的消费税，借记"营业税金及附加"科目，贷记本科目（应交消费税）；以其他方式代销金银首饰的，其交纳的消费税，借记"营业税金及附加"科目，贷记本科目（应交消费税）。

有金银首饰批发、零售业务的小企业将金银首饰用于馈赠、赞助、广告、职工福利、奖励等方面的，应于物资移送时，按照应交的消费税，借记"营业外支出"、"销售费用"、"应付职工薪酬"等科目，贷记本科目（应交消费税）。

随同金银首饰出售但单独计价的包装物，按照税法规定应交纳的消费税，借记"营业税金及附加"科目，贷记本科目（应交消费税）。

小企业因受托加工或翻新改制金银首饰按照税法规定应交纳的消费税，于向委托方交货时，借记"营业税金及附加"科目，贷记本科目（应交消费税）。

5. 需要交纳消费税的进口物资，其交纳的消费税应计入该项物资的成本，借记"材料采购"或"在途物资"、"库存商品"、"固定资产"等科目，贷记"银行存款"等科目。

6. 小企业（生产性）直接出口或通过外贸企业出口的物资，按照税法规定直接予以免征消费税的，可不计算应交消费税。

7. 交纳的消费税，借记本科目（应交消费税），贷记"银行存款"科目。

（三）应交营业税的主要账务处理。

1. 小企业按照营业额和税法规定的税率，计算应交纳的营业税，借记"营业税金及附加"等科目，贷记本科目（应交营业税）。

2. 出售原作为固定资产管理的不动产应交纳的营业税，借记"固定资产清理"等科目，贷记本科目（应交营业税）。

3. 交纳的营业税，借记本科目（应交营业税），贷记"银行存款"科目。

（四）应交城市维护建设税和教育费附加的主要账务处理。

1. 小企业按照税法规定应交的城市维护建设税、教育费附加，借记"营业税金及附加"科目，贷记本科目（应交城市维护建设税、应交教育费附加）。

2. 交纳的城市维护建设税和教育费附加，借记本科目（应交城市维护建设税、应交教育费附加），贷记"银行存款"科目。

（五）应交企业所得税的主要账务处理。

1. 小企业按照税法规定应交的企业所得税，借记"所得税费用"科目，贷记本科目（应交企业所得税）。

2. 交纳的企业所得税，借记本科目（应交企业所得税），贷记"银行存款"科目。

（六）应交资源税的主要账务处理。

1. 小企业销售商品按照税法规定应交纳的资源税，借记"营业税金及附加"科目，贷记本科目（应交资源税）。

2. 自产自用的物资应交纳的资源税，借记"生产成本"科目，贷记本科目（应交资源税）。

3. 收购未税矿产品，按照实际支付的价款，借记"材料采购"或"在途物资"等科目，贷记"银行存款"等科目，按照代扣代缴的资源税，借记"材料采购"或"在途物资"等科目，贷记本科目（应交资源税）。

4. 外购液体盐加工固体盐：在购入液体盐时，按照税法规定所允许抵扣的资源税，借记本科目（应交资源税），按照购买价款减去允许抵扣的资源税后的金额，借记"材料采购"或"在途物资"、"原材料"等科目，按照应支付的购买价款，贷记"银行存款"、"应付账款"等科目；加工成固体盐后，在销售时，按照销售固体盐应交纳的资源税，借记"营业税金及附加"科目，贷记本科目（应交资源税）；将销售固体盐应交资源税抵扣液体盐已交资源税后的差额上交时，借记本科目（应交资源税），贷记"银行存款"科目。

5. 交纳的资源税，借记本科目（应交资源税），贷记"银行存款"科目。

（七）应交土地增值税的主要账务处理。

1. 小企业转让土地使用权应交纳的土地增值税，土地使用权与地上建筑物及其附着物一并在"固定资产"科目核算的，借记"固定资产清理"科目，贷记本科目（应交土地增值税）。

土地使用权在"无形资产"科目核算的，按照实际收到的金额，借记"银行存款"科目，按照应交纳的土地增值税，贷记本科目（应交土地增值税），按照已计提的累计摊销，借记"累计摊销"科目，按照其成本，贷记"无形资产"科目，按照其差额，贷记"营业外收入——非流动资产处置净收益"科目或借记"营业外支出——非流动资产处置净损失"科目。

2. 小企业（房地产开发经营）销售房地产应交纳的土地增值税，借记"营业税金及附加"科目，贷记本科目（应交土地增值税）。

3. 交纳的土地增值税，借记本科目（应交土地增值税），贷记"银行存款"科目。

（八）应交城镇土地使用税、房产税、车船税、矿产资源补偿费、排污费的主要账务处理。

1. 小企业按照规定应交纳的城镇土地使用税、房产税、车船税、矿产资源补偿费、排污费，借记"营业税金及附加"科目，贷记本科目（应交城镇土地使用税、应交房产税、应交车船税、应交矿产资源补偿费、应交排污费）。

2. 交纳的城镇土地使用税、房产税、车船税、矿产资源补偿费、排污费，借记本科目（应交城镇土地使用税、应交房产税、应交车船税、应交矿产资源补偿费、应交排污费），贷记"银行存款"科目。

（九）应交个人所得税的主要账务处理。

1. 小企业按照税法规定应代扣代缴的职工个人所得税，借记"应付职工薪酬"科目，贷记本科目（应交个人所得税）。

2. 交纳的个人所得税，借记本科目（应交个人所得税），贷记"银行存款"科目。

（十）小企业按照规定实行企业所得税、增值税、消费税、营业税等先征后返的，应当在实际收到返还的企业所得税、增值税（不含出口退税）、消费税、营业税等时，借记"银行存款"科目，贷记"营业外收入"科目。

四、本科目期末贷方余额，反映小企业尚未交纳的税费；期末如为借方余额，反映小企业多交或尚未抵扣的税费。

2231　应付利息

一、本科目核算小企业按照合同约定应支付的利息费用。

二、本科目应按照贷款人等进行明细核算。

三、应付利息的主要账务处理。

（一）在应付利息日，小企业应当按照合同利率计算确定的利息费用，借记"财务费用"、"在建工程"等科目，贷记本科目。

（二）实际支付的利息，借记本科目，贷记"银行存款"等科目。

四、本科目期末贷方余额，反映小企业应付未付的利息费用。

2232　应付利润

一、本科目核算小企业向投资者分配的利润。

二、本科目应按照投资者进行明细核算。

三、应付利润的主要账务处理。

（一）小企业根据规定或协议确定的应分配给投资者的利润，借记"利润分配"科目，贷记本科目。

（二）向投资者实际支付利润，借记本科目，贷记"库存现金"、"银行存款"科目。

四、本科目期末贷方余额，反映小企业应付未付的利润。

2241　其他应付款

一、本科目核算小企业除应付账款、预收账款、应付职工薪酬、应交税费、应付利息、应付利润等以外的其他各项应付、暂收的款项，如应付租入固定资产和包装物的租金、存入保证金等。

二、本科目应按照其他应付款的项目和对方单位（或个人）进行明细核算。

三、其他应付款的主要账务处理。

（一）小企业发生的其他各种应付、暂收款项，借记"管理费用"等科目，贷记本科目。

（二）支付的其他各种应付、暂收款项，借记本科目，贷记"银行存款"等科目。

小企业无法支付的其他应付款，借记本科目，贷记"营业外收入"科目。

四、本科目期末贷方余额，反映小企业应付未付的其他应付款项。

2401　递延收益

一、本科目核算小企业已经收到、应在以后期间计入损益的政府补助。

二、本科目应按照相关项目进行明细核算。

三、递延收益的主要账务处理。

（一）小企业收到与资产相关的政府补助，借记"银行存款"等科目，贷记本科目。

在相关资产的使用寿命内平均分配递延收益，借记本科目，贷记"营业外收入"科目。

（二）收到的其他政府补助，用于补偿本企业以后期间的相关费用或亏损的，应当按照收到的金额，借记"银行存款"等科目，贷记本科目。在发生相关费用或亏损的未来期间，应当按照应补偿的金额，借记本科目，贷记"营业外收入"科目。

用于补偿本企业已发生的相关费用或亏损的，应当按照收到的金额，借记"银行存款"等科目，贷记"营业外收入"科目。

四、本科目期末贷方余额，反映小企业已经收到、但应在以后期间计入损益的政府补助。

2501　长期借款

一、本科目核算小企业向银行或其他金融机构借入的期限在1年以上的各项借款本金。

二、本科目应按照借款种类、贷款人和币种进行明细核算。

三、长期借款的主要账务处理。

（一）小企业借入长期借款，借记"银行存款"科目，贷记本科目。

（二）在应付利息日，应当按照借款本金和借款合同利率计提利息费用，借记"财务费用"、"在建工程"等科目，贷记"应付利息"科目。

（三）偿还长期借款本金，借记本科目，贷记"银行存款"科目。

四、本科目期末贷方余额，反映小企业尚未偿还的长期借款本金。

2701　长期应付款

一、本科目核算小企业除长期借款以外的其他各种长期应付款项。包括：应付融资租入固定资产的租赁费、以分期付款方式购入固定资产发生的应付款项等。

二、本科目应按照长期应付款的种类和债权人进行明细核算。

三、长期应付款的主要账务处理。

（一）小企业融资租入固定资产，在租赁期开始日，按照租赁合同约定的付款总额和在签订租赁合同过程中发生的相关税费等，借记"固定资产"或"在建工程"科目，贷记本科目等科目。

（二）以分期付款方式购入固定资产，应当按照实际支付的购买价款和相关税费（不包括按照税法规定可抵扣的增值税进项税额），借记"固定资产"或"在建工程"科目，按照税法规定可抵扣的增值税进项税额，借记"应交税费——应交增值税（进项税额）"科目，贷记本科目。

四、本科目期末贷方余额，反映小企业应付未付的长期应付款项。

所有者权益类

3001 实收资本

一、本科目核算小企业收到投资者按照合同协议约定或相关规定投入的、构成注册资本的部分。

小企业（股份有限公司）应当将本科目的名称改为"3001 股本"科目。

小企业收到投资者出资超过其在注册资本中所占份额的部分，作为资本溢价，在"资本公积"科目核算，不在本科目核算。

二、本科目应按照投资者进行明细核算。

小企业（中外合作经营）根据合同规定在合作期间归还投资者的投资，应在本科目设置"已归还投资"明细科目进行核算。

三、实收资本的主要账务处理。

（一）小企业收到投资者的出资，借记"银行存款"、"其他应收款"、"固定资产"、"无形资产"等科目，按照其在注册资本中所占的份额，贷记本科目，按照其差额，贷记"资本公积"科目。

（二）根据有关规定增加注册资本，借记"银行存款"、"资本公积"、"盈余公积"等科目，贷记本科目。

根据有关规定减少注册资本，借记本科目、"资本公积"等科目，贷记"库存现金"、"银行存款"等科目。

小企业（中外合作经营）根据合同规定在合作期间归还投资者的投资，应当按照实际归还投资的金额，借记本科目（已归还投资），贷记"银行存款"等科目；同时，借记"利润分配——利润归还投资"科目，贷记"盈余公积——利润归还投资"科目。

四、本科目期末贷方余额，反映小企业实收资本总额。

3002 资本公积

一、本科目核算小企业收到投资者出资超出其在注册资本中所占份额的部分。

二、资本公积的主要账务处理。

（一）小企业收到投资者的出资，借记"银行存款"、"其他应收款"、"固定资产"、"无形资产"等科目，按照其在注册资本中所占的份额，贷记"实收资本"科目，按照其差额，贷记本科目。

（二）根据有关规定用资本公积转增资本，借记本科目，贷记"实收资本"科目。

根据有关规定减少注册资本，借记"实收资本"科目、本科目等科目，贷记"库存现金"、"银行存款"等科目。

三、本科目期末贷方余额，反映小企业资本公积总额。

3101 盈余公积

一、本科目核算小企业（公司制）按照公司法规定在税后利润中提取的法定公积金和任意公积金。

小企业（外商投资）按照法律规定在税后利润中提取储备基金和企业发展基金也在本科目核算。

二、本科目应当分别"法定盈余公积"、"任意盈余公积"进行明细核算。

小企业（外商投资）还应当分别"储备基金"、"企业发展基金"进行明细核算。

小企业（中外合作经营）根据合同规定在合作期间归还投资者的投资，应在本科目设置"利润归还投资"明细科目进行核算。

三、盈余公积的主要账务处理。

（一）小企业（公司制）按照公司法规定提取法定公积金和任意公积金，借记"利润分配——提取法定盈余公积、提取任意盈余公积"科目，贷记本科目（法定盈余公积、任意盈余公积）。

小企业（外商投资）按照规定提取储备基金、企业发展基金、职工奖励及福利基金，借记"利润分配——提取储备基金、提取企业发展基金、提取职工奖励及福利基金"科目，贷记本科目（储备基金、企业发展基金）、"应付职工薪酬"科目。

（二）用盈余公积弥补亏损或者转增资本，借记本科目，贷记"利润分配——盈余公积补亏"或"实收资本"科目。

小企业（中外合作经营）根据合同规定在合作期间归还投资者的投资，应当按照实际归还投资的金额，借记"实收资本——已归还投资"科目，贷记"银行存款"等科目；同时，借记"利润分配——利润归还投资"科目，贷记本科目（利润归还投资）。

四、本科目期末贷方余额，反映小企业（公司制）的法定公积金和任意公积金总额，小企业（外商投资）的储备基金和企业发展基金总额。

3103 本年利润

一、本科目核算小企业当期实现的净利润（或发生的净亏损）。

二、本年利润的主要账务处理。

（一）期（月）末结转利润时，小企业可以将"主营业务收入"、"其他业务收入"、"营业外收入"科目的余额，转入本科目，借记"主营业务收入"、"其他业务收入"、"营业外收入"科目，贷记本科目；将"主营业务成本"、"其他业务成本"、"营业税金及附加"、"销售费用"、"管理费用"、"财务费用"、"营业外支出"、"所得税费用"科目的余额，转入本科目，借记本科目，贷记"主营业务成本"、"其他业务成本"、"营业税金及附加"、"销售费用"、"管理费用"、"财务费用"、"营业外支出"、"所得税费用"科目。将"投资收益"科目的贷方余额，转入本科目，借记"投资收益"科目，贷记本科目；如为借方余额，做相反的会计分录。

结转后本科目的贷方余额为当期实现的净利润；借方余额为当期发生的净亏损。

（二）年度终了，应当将本年收入和支出相抵后结出的本年实现的净利润，转入"利润分配"科目，借记本科目，贷记"利润分配——未分配利润"科目；如为净亏损，做相反的会计分录。

结转后本科目应无余额。

3104 利润分配

一、本科目核算小企业利润的分配（或亏损的弥补）和历年分配（或弥补）后的余额。

二、本科目应按照"应付利润"、"未分配利润"等进行明细核算。

三、利润分配的主要账务处理。

（一）小企业根据有关规定分配给投资者的利润，借记本科目（应付利润），贷记"应付利润"科目。

（二）用盈余公积弥补亏损，借记"盈余公积"科目，贷记本科目（盈余公积补亏）。

小企业（中外合作经营）根据合同规定在合作期间归还投资者的投资，应按照实际归还投资的金额，借记"实收资本——已归还投资"科目，贷记"银行存款"等科目；同时，借记本科目（利润归还投资），贷记"盈余公积——利润归还投资"科目。

四、年度终了，小企业应当将本年实现的净利润，自"本年利润"科目转入本科目，借记"本年利润"科目，贷记本科目（未分配利润）；为净亏损的，做相反的会计分录。同时，将"利润分配"科目所属明细科目（应付利润、盈余公积补亏）的余额转入本科目明细科目（未分配利润）。结转后，本科目除"未分配利润"明细科目外，其他明细科目应无余额。

五、本科目年末余额，反映小企业的未分配利润（或未弥补亏损）。

成本类

4001　生产成本

一、本科目核算小企业进行工业性生产发生的各项生产成本。包括：生产各种产品（产成品、自制半成品等）、自制材料、自制工具、自制设备等。

小企业对外提供劳务发生的成本，可将本科目改为"4001　劳务成本"科目，或单独设置"4002　劳务成本"科目进行核算。

二、本科目可按照基本生产成本和辅助生产成本进行明细核算。

三、生产成本的主要账务处理。

（一）小企业发生的各项直接生产成本，借记本科目（基本生产成本、辅助生产成本），贷记"原材料"、"库存现金"、"银行存款"、"应付职工薪酬"等科目。

各生产车间应负担的制造费用，借记本科目（基本生产成本、辅助生产成本），贷记"制造费用"科目。

（二）辅助生产车间为基本生产车间、管理部门和其他部门提供的劳务和产品，可在月末按照一定的分配标准分配给各受益对象，借记本科目（基本生产成本）、"销售费用"、"管理费用"、"其他业务成本"、"在建工程"等科目，贷记本科目（辅助生产成本）；也可在提供相关劳务和产品时，借记本科目、"销售费用"、"管理费用"、"其他业务成本"、"在建工程"等科目，贷记"原材料"、"库存现金"、"银行存款"、"应付职工薪酬"等科目。

（三）小企业已经生产完成并已验收入库的产成品以及入库的自制半成品，可在月末，借记"库存商品"等科目，贷记本科目（基本生产成本）。

四、本科目期末借方余额，反映小企业尚未加工完成的在产品成本。

4101　制造费用

一、本科目核算小企业生产车间（部门）为生产产品和提供劳务而发生的各项间接费用。

小企业经过 1 年期以上的制造才能达到预定可销售状态的产品发生的借款费用，也在本科目核算。

小企业行政管理部门为组织和管理生产经营活动而发生的管理费用，在"管理费用"科目核算，不在本科目核算。

二、本科目应按照不同的生产车间、部门和费用项目进行明细核算。

三、制造费用的主要账务处理。

（一）生产车间发生的机物料消耗和固定资产修理费，借记本科目，贷记"原材料"、"银行存款"等科目。

（二）发生的生产车间管理人员的工资等职工薪酬，借记本科目，贷记"应付职工薪酬"科目。

（三）生产车间计提的固定资产折旧费，借记本科目，贷记"累计折旧"科目。

（四）生产车间支付的办公费、水电费等，借记本科目，贷记"银行存款"、"应付利息"等科目。

（五）发生季节性和修理期间的停工损失，借记本科目，贷记"原材料"、"应付职工薪酬"、"银行存款"等科目。

（六）小企业经过1年期以上的制造才能达到预定可销售状态的产品在制造完成之前发生的借款利息，在应付利息日根据借款合同利率计算确定的利息费用，借记本科目，贷记"应付利息"科目。制造完成之后发生的利息费用，借记"财务费用"科目，贷记"应付利息"科目。

（七）将制造费用分配计入有关的成本核算对象，借记"生产成本——基本生产成本、辅助生产成本"等科目，贷记本科目。

（八）季节性生产小企业制造费用全年实际发生额与分配额的差额，除其中属于为下一年开工生产做准备的可留待下一年分配外，其余部分实际发生额大于分配额的差额，借记"生产成本——基本生产成本"科目，贷记本科目；实际发生额小于分配额的差额，做相反的会计分录。

四、除季节性的生产性小企业外，本科目期末应无余额。

4301 研发支出

一、本科目核算小企业进行研究与开发无形资产过程中发生的各项支出。

二、本科目应按照研究开发项目，分别"费用化支出"、"资本化支出"进行明细核算。

三、研发支出的主要账务处理。

（一）小企业自行研究开发无形资产发生的研发支出，不满足资本化条件的，借记本科目（费用化支出），满足资本化条件的，借记本科目（资本化支出），贷记"原材料"、"银行存款"、"应付职工薪酬"、"应付利息"等科目。

（二）研究开发项目达到预定用途形成无形资产的，应按本科目（资本化支出）的余额，借记"无形资产"科目，贷记本科目（资本化支出）。

月末，应将本科目归集的费用化支出金额转入"管理费用"科目，借记"管理费用"科目，贷记本科目（费用化支出）。

四、本科目期末借方余额，反映小企业正在进行的无形资产开发项目满足资本化条件的支出。

4401 工程施工

一、本科目核算小企业（建筑业）实际发生的各种工程成本。

二、本科目应按照建造合同项目分别"合同成本"和"间接费用"进行明细核算。

三、工程施工的主要账务处理。

（一）小企业进行合同建造时发生的人工费、材料费、机械使用费以及施工现场材料的二次搬运费、生产工具和用具使用费、检验试验费、临时设施折旧费等其他直接费用，借记本科目（合同成本），贷记"应付职工薪酬"、"原材料"等科目。

发生的施工、生产单位管理人员职工薪酬、财产保险费、工程保修费、固定资产折旧费等间接费用，借记本科目（间接费用），贷记"累计折旧"、"银行存款"等科目。

期（月）末，将间接费用分配计入有关合同成本，借记本科目（合同成本），贷记本科目（间接费用）。

（二）确认合同收入和合同费用时，借记"应收账款"、"预收账款"等科目，贷记"主营业务收入"科目；按照应结转的合同成本，借记"主营业务成本"科目，贷记本科目（合同成本）。

四、本科目期末借方余额，反映小企业尚未完工的建造合同成本和合同毛利。

4403 机械作业

一、本科目核算小企业（建筑业）及其内部独立核算的施工单位、机械站和运输队使用自有施工机械和运输设备进行机械作业（含机械化施工和运输作业等）所发生的各项费用。

小企业及其内部独立核算的施工单位，从外单位或本企业其他内部独立核算的机械站租入施工机械发生的机械租赁费，在"工程施工"科目核算，不在本科目核算。

二、本科目应按照施工机械或运输设备的种类等进行明细核算。

小企业内部独立核算的机械施工、运输单位使用自有施工机械或运输设备进行机械作业所发生的各项费用，应按照成本核算对象和成本项目进行归集。

成本项目一般分为：职工薪酬、燃料及动力费、折旧及修理费、其他直接费用、间接费用（为组织和管理机械作业生产所发生的费用）。

三、机械作业的主要账务处理。

（一）小企业发生的机械作业支出，借记本科目，贷记"原材料"、"应付职工薪酬"、"累计折旧"等科目。

（二）期（月）末，小企业及其内部独立核算的施工单位、机械站和运输队为本企业承包的工程进行机械化施工和运输作业的成本，应转入承包工程的成本，借记"工程施工"科目，贷记本科目。

对外单位、专项工程等提供机械作业（含运输设备）的成本，借记"生产成本（或劳务成本）"科目，贷记本科目。

四、本科目期末应无余额。

损益类

5001 主营业务收入

一、本科目核算小企业确认的销售商品或提供劳务等主营业务的收入。

二、本科目应按照主营业务的种类进行明细核算。

三、主营业务收入的主要账务处理。

小企业销售商品或提供劳务实现的收入，应当按照实际收到或应收的金额，借记"银行存款"、"应收账款"等科目，按照税法规定应交纳的增值税额，贷记"应交税费——应交增值税（销项税额）"科目，按照确认的销售商品收入，贷记本科目。

发生销货退回（不论属于本年度还是属于以前年度的销售），按照应冲减销售商品收入的金额，借记本科目，按照实际支付或应退还的金额，贷记"银行存款"、"应收账款"等科目。涉及增值税销项税额的，还应进行相应的账务处理。

四、月末，可将本科目的余额转入"本年利润"科目，结转后本科目应无余额。

5051 其他业务收入

一、本科目核算小企业确认的除主营业务活动以外的其他日常生产经营活动实现的收入。包括：出租固定资产、出租无形资产、销售材料等实现的收入。

二、本科目应按照其他业务收入种类进行明细核算。

三、其他业务收入的主要账务处理。

小企业确认的其他业务收入，借记"银行存款"、"其他应收款"等科目，贷记本科目。涉及增值税销项税额的，还应进行相应的账务处理。

四、月末，可将本科目余额转入"本年利润"科目，结转后本科目应无余额。

5111 投资收益

一、本科目核算小企业确认的投资收益或投资损失。

二、本科目应按照投资项目进行明细核算。

三、投资收益的主要账务处理。

（一）对于短期股票投资、短期基金投资和长期股权投资，小企业应当按照被投资单位宣告分派的现金股利或利润中属于本企业的部分，借记"应收股利"科目，贷记本科目。

（二）在长期债券投资或短期债券投资持有期间，在债务人应付利息日，按照分期付息、一次还本的长期债券投资或短期债券投资的票面利率计算的利息收入，借记"应收利息"科目，贷记本科目；按照一次还本付息的长期债券投资票面利率计算的利息收入，借记"长期债券投资——应计利息"科目，贷记本科目。

在债务人应付利息日，按照应分摊的债券溢折价金额，借记或贷记本科目，贷记或借记"长期债券投资——溢折价"科目。

（三）出售短期投资、处置长期股权投资和长期债券投资，应当按照实际收到的价款或收回的金额，借记"银行存款"或"库存现金"科目，按照其账面余额，贷记"短期投资"、"长期股权投资"、"长期债券投资"科目，按照尚未领取的现金股利或利润、债券利息收入，贷记"应收股利"、"应收利息"科目，按照其差额，贷记或借记本科目。

四、月末，可将本科目余额转入"本年利润"科目，本科目结转后应无余额。

5301 营业外收入

一、本科目核算小企业实现的各项营业外收入。包括：非流动资产处置净收益、政府补助、捐赠收益、盘盈收益、汇兑收益、出租包装物和商品的租金收入、逾期未退包装物押金收益、确实无法偿付的应付款项、已作坏账损失处理后又收回的应收款项、违约金收益等。

小企业收到出口产品或商品按照规定退回的增值税款，在"其他应收款"科目核算，不在本科目核算。

二、本科目应按照营业外收入项目进行明细核算。

三、营业外收入的主要账务处理。

（一）小企业确认非流动资产处置净收益，比照"固定资产清理"、"无形资产"等科目的相关规定进行账务处理。

（二）确认的政府补助收入，借记"银行存款"或"递延收益"科目，贷记本科目。

（三）小企业按照规定实行企业所得税、增值税（不含出口退税）、消费税、营业税等先征后返的，应当在实际收到返还的企业所得税、增值税、消费税、营业税等时，借记"银行存款"科目，贷记本科目。

（四）确认的捐赠收益，借记"银行存款"、"固定资产"等科目，贷记本科目。

（五）确认的盘盈收益，借记"待处理财产损溢——待处理流动资产损溢、待处理非流动资产损溢"科目，贷记本科目。

（六）确认的汇兑收益，借记有关科目，贷记本科目。

（七）确认的出租包装物和商品的租金收入、逾期未退包装物押金收益、确实无法偿付的应付款项、违约金收益等，借记"其他应收款"、"应付账款"、"其他应付款"等科目，贷记本科目。

（八）确认的已作坏账损失处理后又收回的应收款项，借记"银行存款"等科目，贷记本科目。

四、月末，可将本科目余额转入"本年利润"科目，结转后本科目应无余额。

5401　主营业务成本

一、本科目核算小企业确认销售商品或提供劳务等主营业务收入应结转的成本。

二、本科目应按照主营业务的种类进行明细核算。

三、主营业务成本的主要账务处理。

（一）月末，小企业可根据本月销售各种商品或提供各种劳务实际成本，计算应结转的主营业务成本，借记本科目，贷记"库存商品"、"生产成本"、"工程施工"等科目。

（二）本月发生的销售退回，可以直接从本月的销售数量中减去，得出本月销售的净数量，然后计算应结转的主营业务成本，也可以单独计算本月销售退回成本，借记"库存商品"等科目，贷记本科目。

四、月末，可将本科目的余额转入"本年利润"科目，结转后本科目应无余额。

5402　其他业务成本

一、本科目核算小企业确认的除主营业务活动以外的其他日常生产经营活动所发生的支出。包括：销售材料的成本、出租固定资产的折旧费、出租无形资产的摊销额等。

二、本科目应按照其他业务成本的种类进行明细核算。

三、其他业务成本的主要账务处理。

小企业发生的其他业务成本，借记本科目，贷记"原材料"、"周转材料"、"累计折旧"、"累计摊销"、"银行存款"等科目。

四、月末，可将本科目余额转入"本年利润"科目，结转后本科目应无余额。

5403　营业税金及附加

一、本科目核算小企业开展日常生产经营活动应负担的消费税、营业税、城市维护建设税、资源税、土地增值税、城镇土地使用税、房产税、车船税、印花税和教育费附加、矿产资源补偿费、排污费等相关税费。

与最终确认营业外收入或营业外支出相关的税费，在"固定资产清理"、"无形资产"等科目核算，不在本科目核算。

二、本科目应按照税费种类进行明细核算。

三、营业税金及附加的主要账务处理。

小企业按照规定计算确定的与其日常生产经营活动相关的税费，借记本科目，贷记"应交税费"等科目。

四、月末，可将本科目余额转入"本年利润"科目，结转后本科目应无余额。

5601 销售费用

一、本科目核算小企业在销售商品或提供劳务过程中发生的各种费用。包括：销售人员的职工薪酬、商品维修费、运输费、装卸费、包装费、保险费、广告费和业务宣传费、展览费等费用。

小企业（批发业、零售业）在购买商品过程中发生的费用（包括：运输费、装卸费、包装费、保险费、运输途中的合理损耗和入库前的挑选整理费等），也在本科目核算。

二、本科目应按照费用项目进行明细核算。

三、销售费用的主要账务处理。

小企业在销售商品或提供劳务过程中发生的销售人员的职工薪酬、商品维修费、运输费、装卸费、包装费、保险费、广告费、业务宣传费、展览费等费用，借记本科目，贷记"库存现金"、"银行存款"等科目。

小企业（批发业、零售业）在购买商品过程中发生的运输费、装卸费、包装费、保险费、运输途中的合理损耗和入库前的挑选整理费等，借记本科目，贷记"库存现金"、"银行存款"、"应付账款"等科目。

四、月末，可将本科目余额转入"本年利润"科目，结转后本科目应无余额。

5602 管理费用

一、本科目核算小企业为组织和管理生产经营发生的其他费用。包括：小企业在筹建期间内发生的开办费、行政管理部门发生的费用（包括：固定资产折旧费、修理费、办公费、水电费、差旅费、管理人员的职工薪酬等）、业务招待费、研究费用、技术转让费、相关长期待摊费用摊销、财产保险费、聘请中介机构费、咨询费（含顾问费）、诉讼费等费用。

小企业（批发业、零售业）管理费用不多的，可不设置本科目，本科目的核算内容可并入"销售费用"科目核算。

二、本科目应按照费用项目进行明细核算。

三、管理费用的主要账务处理。

（一）小企业在筹建期间内发生的开办费（包括：相关人员的职工薪酬、办公费、培训费、差旅费、印刷费、注册登记费以及不计入固定资产成本的借款费用等费用），在实际发生时，借记本科目，贷记"银行存款"等科目。

（二）行政管理部门人员的职工薪酬，借记本科目，贷记"应付职工薪酬"科目。

（三）行政管理部门计提的固定资产折旧费和发生的修理费，借记本科目，贷记"累计折旧"、"银行存款"等科目。

（四）行政管理部门发生的办公费、水电费、差旅费，借记本科目，贷记"银行存款"等科目。

（五）小企业发生的业务招待费、相关长期待摊费用摊销、技术转让费、财产保险费、聘请中介机构费、咨询费（含顾问费）、诉讼费等，借记本科目，贷记"银行存款"、"长期待摊费用"等科目。

（六）小企业自行研究无形资产发生的研究费用，借记本科目，贷记"研发支出"科目。

四、月末，可将本科目的余额转入"本年利润"科目，结转后本科目应无余额。

5603 财务费用

一、本科目核算小企业为筹集生产经营所需资金发生的筹资费用。包括：利息费用（减利息收入）、汇兑损失、银行相关手续费、小企业给予的现金折扣（减享受的现金折扣）等费用。

小企业为购建固定资产、无形资产和经过 1 年期以上的制造才能达到预定可销售状态的存货发生的借款费用，在"在建工程"、"研发支出"、"制造费用"等科目核算，不在本科目核算。

小企业发生的汇兑收益，在"营业外收入"科目核算，不在本科目核算。

二、本科目应按照费用项目进行明细核算。

三、财务费用的主要账务处理。

（一）小企业发生的利息费用、汇兑损失、银行相关手续费、给予的现金折扣等，借记本科目，贷记"应付利息"、"银行存款"等科目。

（二）持未到期的商业汇票向银行贴现，应当按照实际收到的金额（即减去贴现息后的净额），借记"银行存款"科目，按照贴现息，借记本科目，按照商业汇票的票面金额，贷记"应收票据"科目（银行无追索权情况下）或"短期借款"科目（银行有追索权情况下）。

（三）发生的应冲减财务费用的利息收入、享受的现金折扣等，借记"银行存款"等科目，贷记本科目。

四、月末，可将本科目余额转入"本年利润"科目，结转后本科目应无余额。

5711 营业外支出

一、本科目核算小企业发生的各项营业外支出。包括：存货的盘亏、毁损、报废损失，非流动资产处置净损失，坏账损失，无法收回的长期债券投资损失，无法收回的长期股权投资损失，自然灾害等不可抗力因素造成的损失，税收滞纳金，罚金，罚款，被没收财物的损失，捐赠支出，赞助支出等。

二、本科目应按照支出项目进行明细核算。

三、营业外支出的主要账务处理。

（一）小企业确认存货的盘亏、毁损、报废损失，非流动资产处置净损失，自然灾害等不可抗力因素造成的损失，借记本科目、"生产性生物资产累计折旧"、"累计摊销"等科目，贷记"待处理财产损溢——待处理流动资产损溢、待处理非流动资产损溢"、"固定资产清理"、"生产性生物资产"、"无形资产"等科目。

（二）根据小企业会计准则规定确认实际发生的坏账损失、长期债券投资损失，应当按照可收回的金额，借记"银行存款"等科目，按照应收账款、预付账款、其他应收款、长期债券投资的账面余额，贷记"应收账款"、"预付账款"、"其他应收款"、"长期债券投资"等科目，按照其差额，借记本科目。

（三）根据小企业会计准则规定确认实际发生的长期股权投资损失，按照可收回的金额，借记"银行存款"等科目，按照长期股权投资的账面余额，贷记"长期股权投资"科目，按照其差额，借记本科目。

（四）支付的税收滞纳金、罚金、罚款，借记本科目，贷记"银行存款"等科目。

（五）确认被没收财物的损失、捐赠支出、赞助支出，借记本科目，贷记"银行存款"等科目。

四、月末，可将本科目余额转入"本年利润"科目，结转后本科目应无余额。

5801 所得税费用

一、本科目核算小企业根据企业所得税法确定的应从当期利润总额中扣除的所得税费用。

小企业根据企业所得税法规定补交的所得税，也通过本科目核算。

小企业按照规定实行企业所得税先征后返的，实际收到返还的企业所得税，在"营业外收入"科目核算，不在本科目核算。

二、所得税费用的主要账务处理。

年度终了，小企业按照企业所得税法规定计算确定的当期应纳税税额，借记本科目，贷记"应交税费——应交企业所得税"科目。

三、年度终了，应将本科目的余额转入"本年利润"科目，结转后本科目应无余额。

三、财务报表

小企业的财务报表包括资产负债表、利润表、现金流量表和附注。

（一）财务报表种类和格式

编号	报表名称	编报期
会小企 01 表	资产负债表	月报、年报
会小企 02 表	利润表	月报、年报
现金流量表		月报、年报

（二）小企业资产负债表格式及编制说明

资产负债表

会小企 01 表

编制单位：　　　　　　　　　　年　月　日　　　　　　　　　　单位：元

资产	行次	期末余额	期初余额	负债和所有者权益	行次	期末余额	期初余额
流动资产：				流动负债：			
货币资金	1			短期借款	31		
短期投资	2			应付票据	32		
应收票据	3			应付账款	33		
应收账款	4			预收账款	34		
预付账款	5			应付职工薪酬	35		
应收股利	6			应交税费	36		
应收利息	7			应付利息	37		
其他应收款	8			应付利润	38		
存货	9			其他应付款	39		
其中：原材料	10			其他流动负债	40		

续表

资产	行次	期末余额	期初余额	负债和所有者权益	行次	期末余额	期初余额
在产品	11			流动负债合计	41		
库存商品	12			非流动负债：			
周转材料	13			长期借款	42		
其他流动资产	14			长期应付款	43		
流动资产合计	15			递延收益	44		
非流动资产：				其他非流动负债	45		
长期债券投资	16			非流动负债合计	46		
长期股权投资	17			负债合计	47		
固定资产原价	18						
减：累计折旧	19						
固定资产账面价值	20						
在建工程	21						
工程物资	22						
固定资产清理	23						
生产性生物资产	24			所有者权益（或股东权益）：			
无形资产	25			实收资本（或股本）	48		
开发支出	26			资本公积	49		
长期待摊费用	27			盈余公积	50		
其他非流动资产	28			未分配利润	51		
非流动资产合计	29			所有者权益（或股东权益）合计	52		
资产总计	30			负债和所有者权益（或股东权益）总计	53		

小企业（中外合作经营）根据合同规定在合作期间归还投资者的投资，应在"实收资本（或股本）"项目下增加"减：已归还投资"项目单独列示。

1. 本表反映小企业某一特定日期全部资产、负债和所有者权益的情况。

2. 本表"年初余额"栏内各项数字，应根据上年末资产负债表"期末余额"栏内所列数字填列。

3. 本表"期末余额"各项目的内容和填列方法：

（1）"货币资金"项目，反映小企业库存现金、银行存款、其他货币资金的合计数。本项目应根据"库存现金"、"银行存款"和"其他货币资金"科目的期末余额合计填列。

（2）"短期投资"项目，反映小企业购入的能随时变现并且持有时间不准备超过1年的股票、债券和基金投资的余额。本项目应根据"短期投资"科目的期末余额填列。

（3）"应收票据"项目，反映小企业收到的未到期收款也未向银行贴现的应收票据（银行承兑汇票和商业承兑汇票）。本项目应根据"应收票据"科目的期末余额填列。

（4）"应收账款"项目，反映小企业因销售商品、提供劳务等日常生产经营活动应收取的款项。本项目应根据"应收账款"的期末余额分析填列。如"应收账款"科目期末为贷方余额，应当在"预收账款"项目列示。

（5）"预付账款"项目，反映小企业按照合同规定预付的款项。包括：根据合同规定预付的购货款、租金、工程款等。本项目应根据"预付账款"科目的期末借方余额填列；如"预付账款"科目期末为贷方余额，应当在"应付账款"项目列示。

属于超过1年期以上的预付账款的借方余额应当在"其他非流动资产"项目列示。

（6）"应收股利"项目，反映小企业应收取的现金股利或利润。本项目应根据"应收股利"科目的期末余额填列。

（7）"应收利息"项目，反映小企业债券投资应收取的利息。小企业购入一次还本付息债券应收的利息，不包括在本项目内。本项目应根据"应收利息"科目的期末余额填列。

（8）"其他应收款"项目，反映小企业除应收票据、应收账款、预付账款、应收股利、应收利息等以外的其他各种应收及暂付款项。包括：各种应收的赔款、应向职工收取的各种垫付款项等。本项目应根据"其他应收款"科目的期末余额填列。

（9）"存货"项目，反映小企业期末在库、在途和在加工中的各项存货的成本。包括：各种原材料、在产品、半成品、产成品、商品、周转材料（包装物、低值易耗品等）、消耗性生物资产等。本项目应根据"材料采购"、"在途物资"、"原材料"、"材料成本差异"、"生产成本"、"库存商品"、"商品进销差价"、"委托加工物资"、"周转材料"、"消耗性生物资产"等科目的期末余额分析填列。

（10）"其他流动资产"项目，反映小企业除以上流动资产项目外的其他流动资产（含1年内到期的非流动资产）。本项目应根据有关科目的期末余额分析填列。

（11）"长期债券投资"项目，反映小企业准备长期持有的债券投资的本息。本项目应根据"长期债券投资"科目的期末余额分析填列。

（12）"长期股权投资"项目，反映小企业准备长期持有的权益性投资的成本。本项目应根据"长期股权投资"科目的期末余额填列。

（13）"固定资产原价"和"累计折旧"项目，反映小企业固定资产的原价（成本）及累计折旧。这两个项目应根据"固定资产"科目和"累计折旧"科目的期末余额填列。

（14）"固定资产账面价值"项目，反映小企业固定资产原价扣除累计折旧后的余额。本项目应根据"固定资产"科目的期末余额减去"累计折旧"科目的期末余额后的金额填列。

（15）"在建工程"项目，反映小企业尚未完工或虽已完工，但尚未办理竣工决算的工程成本。本项目应根据"在建工程"科目的期末余额填列。

（16）"工程物资"项目，反映小企业为在建工程准备的各种物资的成本。本项目应根据"工程物资"科目的期末余额填列。

（17）"固定资产清理"项目，反映小企业因出售、报废、毁损、对外投资等原因处置固定资产所转出的固定资产账面价值以及在清理过程中发生的费用等。本项目应根据"固定资产清理"科目的期末借方余额填列；如"固定资产清理"科目期末为贷方余额，以"－"号填列。

（18）"生产性生物资产"项目，反映小企业生产性生物资产的账面价值。本项目应根据"生产性生物资产"科目的期末余额减去"生产性生物资产累计折旧"科目的期末余额后的金额填列。

(19)"无形资产"项目，反映小企业无形资产的账面价值。本项目应根据"无形资产"科目的期末余额减去"累计摊销"科目的期末余额后的金额填列。

(20)"开发支出"项目，反映小企业正在进行的无形资产研究开发项目满足资本化条件的支出。本项目应根据"研发支出"科目的期末余额填列。

(21)"长期待摊费用"项目，反映小企业尚未摊销完毕的已提足折旧的固定资产的改建支出、经营租入固定资产的改建支出、固定资产的大修理支出和其他长期待摊费用。本项目应根据"长期待摊费用"科目的期末余额分析填列。

(22)"其他非流动资产"项目，反映小企业除以上非流动资产以外的其他非流动资产。本项目应根据有关科目的期末余额分析填列。

(23)"短期借款"项目，反映小企业向银行或其他金融机构等借入的期限在1年内的、尚未偿还的各种借款本金。本项目应根据"短期借款"科目的期末余额填列。

(24)"应付票据"项目，反映小企业因购买材料、商品和接受劳务等日常生产经营活动开出、承兑的商业汇票（银行承兑汇票和商业承兑汇票）尚未到期的票面金额。本项目应根据"应付票据"科目的期末余额填列。

(25)"应付账款"项目，反映小企业因购买材料、商品和接受劳务等日常生产经营活动尚未支付的款项。本项目应根据"应付账款"科目的期末余额填列。如"应付账款"科目期末为借方余额，应当在"预付账款"项目列示。

(26)"预收账款"项目，反映小企业根据合同规定预收的款项。包括：预收的购货款、工程款等。本项目应根据"预收账款"科目的期末贷方余额填列；如"预收账款"科目期末为借方余额，应当在"应收账款"项目列示。

属于超过1年期以上的预收账款的贷方余额应当在"其他非流动负债"项目列示。

(27)"应付职工薪酬"项目，反映小企业应付未付的职工薪酬。本项目应根据"应付职工薪酬"科目期末余额填列。

(28)"应交税费"项目，反映小企业期末未交、多交或尚未抵扣的各种税费。本项目应根据"应交税费"科目的期末贷方余额填列；如"应交税费"科目期末为借方余额，以"—"号填列。

(29)"应付利息"项目，反映小企业尚未支付的利息费用。本项目应根据"应付利息"科目的期末余额填列。

(30)"应付利润"项目，反映小企业尚未向投资者支付的利润。本项目应根据"应付利润"科目的期末余额填列。

(31)"其他应付款"项目，反映小企业除应付账款、预收账款、应付职工薪酬、应交税费、应付利息、应付利润等以外的其他各项应付、暂收的款项。包括：应付租入固定资产和包装物的租金、存入保证金等。本项目应根据"其他应付款"科目的期末余额填列。

(32)"其他流动负债"项目，反映小企业除以上流动负债以外的其他流动负债（含1年内到期的非流动负债）。本项目应根据有关科目的期末余额填列。

(33)"长期借款"项目，反映小企业向银行或其他金融机构借入的期限在1年以上的、尚未偿还的各项借款本金。本项目应根据"长期借款"科目的期末余额分析填列。

(34)"长期应付款"项目，反映小企业除长期借款以外的其他各种应付未付的长期应付款项。包括：应付融资租入固定资产的租赁费、以分期付款方式购入固定资产发生的应付款项等。本项目应根据"长期应付款"科目的期末余额分析填列。

（35）"递延收益"项目，反映小企业收到的、应在以后期间计入损益的政府补助。本项目应根据"递延收益"科目的期末余额分析填列。

（36）"其他非流动负债"项目，反映小企业除以上非流动负债项目以外的其他非流动负债。本项目应根据有关科目的期末余额分析填列。

（37）"实收资本（或股本）"项目，反映小企业收到投资者按照合同协议约定或相关规定投入的、构成小企业注册资本的部分。本项目应根据"实收资本（或股本）"科目的期末余额分析填列。

（38）"资本公积"项目，反映小企业收到投资者投入资本超出其在注册资本中所占份额的部分。本项目应根据"资本公积"科目的期末余额填列。

（39）"盈余公积"项目，反映反映小企业（公司制）的法定公积金和任意公积金，小企业（外商投资）的储备基金和企业发展基金。本项目应根据"盈余公积"科目的期末余额填列。

（40）"未分配利润"项目，反映小企业尚未分配的历年结存的利润。本项目应根据"利润分配"科目的期末余额填列。未弥补的亏损，在本项目内以"－"号填列。

4．本表中各项目之间的勾稽关系为：

行 15＝行 1＋行 2＋行 3＋行 4＋行 5＋行 6＋行 7＋行 8＋行 9＋行 14；

行 9＝行 10＋行 11＋行 12＋行 13；

行 29＝行 16＋行 17＋行 20＋行 21＋行 22＋行 23＋行 24＋行 25＋行 26＋行 27＋行 28；

行 20＝行 18－行 19；

行 30＝行 15＋行 29；

行 41＝行 31＋行 32＋行 33＋行 34＋行 35＋行 36＋行 37＋行 38＋行 39＋行 40；

行 46＝行 42＋行 43＋行 44＋行 45；

行 47＝行 41＋行 46；

行 52＝行 48＋行 49＋行 50＋行 51；

行 53＝行 47＋行 52＝行 30。

（三）小企业利润表格式及编制说明

利润表

会小企 02 表

编制单位：　　　　　　　　　　　年　　月　　　　　　　　　　　单位：元

项目	行次	本年累计金额	本月金额
一、营业收入	1		
减：营业成本	2		
营业税金及附加	3		
其中：消费税	4		
营业税	5		
城市维护建设税	6		
资源税	7		

项目	行次	本年累计金额	本月金额
土地增值税	8		
城镇土地使用税、房产税、车船税、印花税	9		
教育费附加、矿产资源补偿费、排污费	10		
销售费用	11		
其中：商品维修费	12		
广告费和业务宣传费	13		
管理费用	14		
其中：开办费	15		
业务招待费	16		
研究费用	17		
财务费用	18		
其中：利息费用（收入以"一"号填列）	19		
加：投资收益（损失以"一"号填列）	20		
二、营业利润（亏损以"一"号填列）	21		
加：营业外收入	22		
其中：政府补助	23		
减：营业外支出	24		
其中：坏账损失	25		
无法收回的长期债券投资损失	26		
无法收回的长期股权投资损失	27		
自然灾害等不可抗力因素造成的损失	28		
税收滞纳金	29		
三、利润总额（亏损总额以"一"号填列）	30		
减：所得税费用	31		
四、净利润（净亏损以"一"号填列）	32		

1. 本表反映小企业在一定会计期间内利润（亏损）的实现情况。

2. 本表"本年累计金额"栏反映各项目自年初起至报告期末止的累计实际发生额。

本表"本月金额"栏反映各项目的本月实际发生额；在编报年度财务报表时，应将"本月金额"栏改为"上年金额"栏，填列上年全年实际发生额。

3. 本表各项目的内容及其填列方法：

（1）"营业收入"项目，反映小企业销售商品和提供劳务所实现的收入总额。本项目应根据"主营业务收入"科目和"其他业务收入"科目的发生额合计填列。

（2）"营业成本"项目，反映小企业所销售商品的成本和所提供劳务的成本。本项目应根据"主营业务成本"科目和"其他业务成本"科目的发生额合计填列。

（3）"营业税金及附加"项目，反映小企业开展日常生产活动应负担的消费税、营业税、城市维护建设税、资源税、土地增值税、城镇土地使用税、房产税、车船税、印花税和教育费附加、矿产资源补偿费、排污费等。本项目应根据"营业税金及附加"科目的发生额填列。

（4）"销售费用"项目，反映小企业销售商品或提供劳务过程中发生的费用。本项目应根据"销售费用"科目的发生额填列。

（5）"管理费用"项目，反映小企业为组织和管理生产经营发生的其他费用。本项目应根据"管理费用"科目的发生额填列。

（6）"财务费用"项目，反映小企业为筹集生产经营所需资金发生的筹资费用。本项目应根据"财务费用"科目的发生额填列。

（7）"投资收益"项目，反映小企业股权投资取得的现金股利（或利润）、债券投资取得的利息收入和处置股权投资和债券投资取得的处置价款扣除成本或账面余额、相关税费后的净额。本项目应根据"投资收益"科目的发生额填列；如为投资损失，以"－"号填列。

（8）"营业利润"项目，反映小企业当期开展日常生产经营活动实现的利润。本项目应根据营业收入扣除营业成本、营业税金及附加、销售费用、管理费用和财务费用，加上投资收益后的金额填列。如为亏损，以"－"号填列。

（9）"营业外收入"项目，反映小企业实现的各项营业外收入金额。包括：非流动资产处置净收益、政府补助、捐赠收益、盘盈收益、汇兑收益、出租包装物和商品的租金收入、逾期未退包装物押金收益、确实无法偿付的应付款项、已作坏账损失处理后又收回的应收款项、违约金收益等。本项目应根据"营业外收入"科目的发生额填列。

（10）"营业外支出"项目，反映小企业发生的各项营业外支出金额。包括：存货的盘亏、毁损、报废损失，非流动资产处置净损失，坏账损失，无法收回的长期债券投资损失，无法收回的长期股权投资损失，自然灾害等不可抗力因素造成的损失，税收滞纳金，罚金，罚款，被没收财物的损失，捐赠支出，赞助支出等。本项目应根据"营业外支出"科目的发生额填列。

（11）"利润总额"项目，反映小企业当期实现的利润总额。本项目应根据营业利润加上营业外收入减去营业外支出后的金额填列。如为亏损总额，以"－"号填列。

（12）"所得税费用"项目，反映小企业根据企业所得税法确定的应从当期利润总额中扣除的所得税费用。本项目应根据"所得税费用"科目的发生额填列。

（13）"净利润"项目，反映小企业当期实现的净利润。本项目应根据利润总额扣除所得税费用后的金额填列。如为净亏损，以"－"号填列。

4. 本表中各项目之间的勾稽关系为：

行 21＝行 1－行 2－行 3－行 11－行 14－行 18＋行 20；

行 3＝行 4＋行 5＋行 6＋行 7＋行 8＋行 9＋行 10；

行 11＝行 12＋行 13；

行 14＝行 15＋行 16＋行 17；

行 18＝行 19；

行 30＝行 21＋行 22－行 24；

行 22＝行 23；

行 24＝行 25＋行 26＋行 27＋行 28＋行 29；

行 32＝行 30－行 31。

（四）小企业现金流量表格式及编制说明

现金流量表

会小企 03 表

编制单位：   年   月   单位：元

项目	行次	本年累计金额	本月金额
一、经营活动产生的现金流量：			
销售产成品、商品、提供劳务收到的现金	1		
收到其他与经营活动有关的现金	2		
购买原材料、商品、接受劳务支付的现金	3		
支付的职工薪酬	4		
支付的税费	5		
支付其他与经营活动有关的现金	6		
经营活动产生的现金流量净额	7		
二、投资活动产生的现金流量：			
收回短期投资、长期债券投资和长期股权投资收到的现金	8		
取得投资收益收到的现金	9		
处置固定资产、无形资产和其他非流动资产收回的现金净额	10		
短期投资、长期债券投资和长期股权投资支付的现金	11		
购建固定资产、无形资产和其他非流动资产支付的现金	12		
投资活动产生的现金流量净额	13		
三、筹资活动产生的现金流量：			
取得借款收到的现金	14		
吸收投资者投资收到的现金	15		
偿还借款本金支付的现金	16		
偿还借款利息支付的现金	17		
分配利润支付的现金	18		
筹资活动产生的现金流量净额	19		
四、现金净增加额	20		
加：期初现金余额	21		
五、期末现金余额	22		

1. 本表反映小企业一定会计期间内有关现金流入和流出的信息。

2. 本表"本年累计金额"栏反映各项目自年初起至报告期末止的累计实际发生额。

本表"本月金额"栏反映各项目的本月实际发生额；在编报年度财务报表时，应将"本月金额"栏改为"上年金额"栏，填列上年全年实际发生额。

3. 本表各项目的内容及填列方法如下：

（1）经营活动产生的现金流量

①"销售产成品、商品、提供劳务收到的现金"项目，反映小企业本期销售产成品、商品、提供劳务收到的现金。本项目可以根据"库存现金"、"银行存款"和"主营业务收入"等科目的本期发生额分析填列。

②"收到其他与经营活动有关的现金"项目，反映小企业本期收到的其他与经营活动有关的现金。本项目可以根据"库存现金"和"银行存款"等科目的本期发生额分析填列。

③"购买原材料、商品、接受劳务支付的现金"项目，反映小企业本期购买原材料、商品、接受劳务支付的现金。本项目可以根据"库存现金"、"银行存款"、"其他货币资金"、"原材料"、"库存商品"等科目的本期发生额分析填列。

④"支付的职工薪酬"项目，反映小企业本期向职工支付的薪酬。本项目可以根据"库存现金"、"银行存款"、"应付职工薪酬"科目的本期发生额填列。

⑤"支付的税费"项目，反映小企业本期支付的税费。本项目可以根据"库存现金"、"银行存款"、"应交税费"等科目的本期发生额填列。

⑥"支付其他与经营活动有关的现金"项目，反映小企业本期支付的其他与经营活动有关的现金。本项目可以根据"库存现金"、"银行存款"等科目的本期发生额分析填列。

（2）投资活动产生的现金流量

①"收回短期投资、长期债券投资和长期股权投资收到的现金"项目，反映小企业出售、转让或到期收回短期投资、长期股权投资而收到的现金，以及收回长期债券投资本金而收到的现金，不包括长期债券投资收回的利息。本项目可以根据"库存现金"、"银行存款"、"短期投资"、"长期股权投资"、"长期债券投资"等科目的本期发生额分析填列。

②"取得投资收益收到的现金"项目，反映小企业因权益性投资和债权性投资取得的现金股利或利润和利息收入。本项目可以根据"库存现金"、"银行存款"、"投资收益"等科目的本期发生额分析填列。

③"处置固定资产、无形资产和其他非流动资产收回的现金净额"项目，反映小企业处置固定资产、无形资产和其他非流动资产取得的现金，减去为处置这些资产而支付的有关税费等后的净额。本项目可以根据"库存现金"、"银行存款"、"固定资产清理"、"无形资产"、"生产性生物资产"等科目的本期发生额分析填列。

④"短期投资、长期债券投资和长期股权投资支付的现金"项目，反映小企业进行权益性投资和债权性投资支付的现金。包括：企业取得短期股票投资、短期债券投资、短期基金投资、长期债券投资、长期股权投资支付的现金。本项目可以根据"库存现金"、"银行存款"、"短期投资"、"长期债券投资"、"长期股权投资"等科目的本期发生额分析填列。

⑤"购建固定资产、无形资产和其他非流动资产支付的现金"项目，反映小企业购建固定资产、无形资产和其他非流动资产支付的现金。包括：购买机器设备、无形资产、生产性生物资产支付的现金、建造工程支付的现金等现金支出，不包括为购建固定资产、无形资产和其他非流动资产而发生的借款费用资本化部分和支付给在建工程和无形资产开发项目人员的薪酬。为购建固定资产、无形资产和其他非流动资产而发生借款费用资本化部分，在"偿还借款利息支付的现金"项目反映；支付给在建工程和无形资产开发项目人员的薪酬，在"支付的职工薪酬"项目反映。本项目可以根据"库存现金"、"银行存款"、"固定资产"、

"在建工程"、"无形资产"、"研发支出"、"生产性生物资产"、"应付职工薪酬"等科目的本期发生额分析填列。

（3）筹资活动产生的现金流量

①"取得借款收到的现金"项目，反映小企业举借各种短期、长期借款收到的现金。本项目可以根据"库存现金"、"银行存款"、"短期借款"、"长期借款"等科目的本期发生额分析填列。

②"吸收投资者投资收到的现金"项目，反映小企业收到的投资者作为资本投入的现金。本项目可以根据"库存现金"、"银行存款"、"实收资本"、"资本公积"等科目的本期发生额分析填列。

③"偿还借款本金支付的现金"项目，反映小企业以现金偿还各种短期、长期借款的本金。本项目可以根据"库存现金"、"银行存款"、"短期借款"、"长期借款"等科目的本期发生额分析填列。

④"偿还借款利息支付的现金"项目，反映小企业以现金偿还各种短期、长期借款的利息。本项目可以根据"库存现金"、"银行存款"、"应付利息"等科目的本期发生额分析填列。

⑤"分配利润支付的现金"项目，反映小企业向投资者实际支付的利润。本项目可以根据"库存现金"、"银行存款"、"应付利润"等科目的本期发生额分析填列。

4．本表中各项目之间的勾稽关系为：

行 7＝行 1＋行 2－行 3－行 4－行 5－行 6；

行 13＝行 8＋行 9＋行 10－行 11－行 12；

行 19＝行 14＋行 15－行 16－行 17－行 18；

行 20＝行 7＋行 13＋行 19；

行 22＝行 20＋行 21。

（五）附注

附注是财务报表的重要组成部分。小企业应当按照小企业会计准则规定披露附注信息，主要包括下列内容：

1．遵循小企业会计准则的声明

小企业应当声明编制的财务报表符合小企业会计准则的要求，真实、完整地反映了小企业的财务状况、经营成果和现金流量等有关信息。

2．短期投资、应收账款、存货、固定资产项目的说明。

（1）短期投资的披露格式如下：

项目	期末账面余额	期末市价	期末账面余额与期末市价的差额
1．股票			
2．债券			
3．基金			
4．其他			
合计			

（2）应收账款按账龄结构披露的格式如下：

账龄结构	期末账面余额	年初账面余额
1 年以内（含 1 年）		
1 年至 2 年（含 2 年）		
2 年至 3 年（含 3 年）		
3 年以上		
合计		

（3）存货的披露格式如下：

项目	期末账面余额	期末市价	期末账面余额与期末市价的差额
1. 原材料			
2. 在产品			
3. 库存商品			
4. 周转材料			
5. 消耗性生物资产			
……			
合计			

（4）固定资产的披露格式如下：

项目	原价	累计折旧	期末账面价值
1. 房屋、建筑物			
2. 机器			
3. 机械			
4. 运输工具			
5. 设备			
6. 器具			
7. 工具			
……			
合计			

3. 应付职工薪酬、应交税费项目的说明。

（1）应付职工薪酬的披露格式如下：

应付职工薪酬明细表　　　　　　　　　　会小企 01 表附表 1

编制单位：　　　　　　　　　　年　月　　　　　　　　　　单位：元

项目	期末账面余额	年初账面余额
1. 职工工资		
2. 奖金、津贴和补贴		
3. 职工福利费		
4. 社会保险费		
5. 住房公积金		
6. 工会经费		
7. 职工教育经费		
8. 非货币性福利		
9. 辞退福利		
10. 其他		
合计		

（2）应交税费的披露格式如下：

应交税费明细表　　　　　　　　　　会小企 01 表附表 2

编制单位：　　　　　　　　　　年　月　　　　　　　　　　单位：元

项目	期末账面余额	年初账面余额
1. 增值税		
2. 消费税		
3. 营业税		
4. 城市维护建设税		
5. 企业所得税		
6. 资源税		
7. 土地增值税		
8. 城镇土地使用税		
9. 房产税		
10. 车船税		
11. 教育费附加		
12. 矿产资源补偿费		
13. 排污费		
14. 代扣代缴的个人所得税		
……		
合计		

4. 利润分配的说明。

利润分配表

编制单位：　　　　　　　　　　　　　　年　月　　　　　　　　　　会小企 01 表附表 3

单位：元

项目	行次	本年金额	上年金额
一、净利润	1		
加：年初未分配利润	2		
其他转入	3		
二、可供分配的利润	4		
减：提取法定盈余公积	5		
提取任意盈余公积	6		
提取职工奖励及福利基金*	7		
提取储备基金*	8		
提取企业发展基金*	9		
利润归还投资**	10		
三、可供投资者分配的利润	11		
减：应付利润	12		
四、未分配利润	13		

　＊提取职工奖励及福利基金、提取储备基金、提取企业发展基金这 3 个项目仅适用于小企业（外商投资）按照相关法律规定提取的 3 项基金。

　＊＊利润归还投资这个项目仅适用于小企业（中外合作经营）根据合同规定在合作期间归还投资者的投资。

5. 用于对外担保的资产名称、账面余额及形成的原因；未决诉讼、未决仲裁以及对外提供担保所涉及的金额。

6. 发生严重亏损的，应当披露持续经营的计划、未来经营的方案。

7. 对已在资产负债表和利润表中列示项目与企业所得税法规定存在差异的纳税调整过程。

参见《中华人民共和国企业所得税年度纳税申报表》。

8. 其他需要说明的事项。

附录三 有关小企业的相关税收政策规定

财政部、国家税务总局关于企业资产损失税前扣除政策的通知

(财税〔2009〕57号)

各省、自治区、直辖市、计划单列市财政厅（局）、国家税务局、地方税务局，新疆生产建设兵团财务局：

根据《中华人民共和国企业所得税法》和《中华人民共和国企业所得税法实施条例》（国务院令第512号）的有关规定，现就企业资产损失在计算企业所得税应纳税所得额时的扣除政策通知如下：

一、本通知所称资产损失，是指企业在生产经营活动中实际发生的、与取得应税收入有关的资产损失，包括现金损失，存款损失，坏账损失，贷款损失，股权投资损失，固定资产和存货的盘亏、毁损、报废、被盗损失，自然灾害等不可抗力因素造成的损失以及其他损失。

二、企业清查出的现金短缺减除责任人赔偿后的余额，作为现金损失在计算应纳税所得额时扣除。

三、企业将货币性资金存入法定具有吸收存款职能的机构，因该机构依法破产、清算，或者政府责令停业、关闭等原因，确实不能收回的部分，作为存款损失在计算应纳税所得额时扣除。

四、企业除贷款类债权外的应收、预付账款符合下列条件之一的，减除可收回金额后确认的无法收回的应收、预付款项，可以作为坏账损失在计算应纳税所得额时扣除：

（一）债务人依法宣告破产、关闭、解散、被撤销，或者被依法注销、吊销营业执照，其清算财产不足清偿的；

（二）债务人死亡，或者依法被宣告失踪、死亡，其财产或者遗产不足清偿的；

（三）债务人逾期3年以上未清偿，且有确凿证据证明已无力清偿债务的；

（四）与债务人达成债务重组协议或法院批准破产重整计划后，无法追偿的；

（五）因自然灾害、战争等不可抗力导致无法收回的；

（六）国务院财政、税务主管部门规定的其他条件。

五、企业经采取所有可能的措施和实施必要的程序之后，符合下列条件之一的贷款类债权，可以作为贷款损失在计算应纳税所得额时扣除：

（一）借款人和担保人依法宣告破产、关闭、解散、被撤销，并终止法人资格，或者已完全停止经营活动，被依法注销、吊销营业执照，对借款人和担保人进行追偿后，未能收回的债权；

（二）借款人死亡，或者依法被宣告失踪、死亡，依法对其财产或者遗产进行清偿，并对担保人进行追偿后，未能收回的债权；

（三）借款人遭受重大自然灾害或者意外事故，损失巨大且不能获得保险补偿，或者以保险赔偿后，确实无力偿还部分或者全部债务，对借款人财产进行清偿和对担保人进行追偿后，未能收回的债权；

（四）借款人触犯刑律，依法受到制裁，其财产不足归还所借债务，又无其他债务承担者，经追偿后确实无法收回的债权；

（五）由于借款人和担保人不能偿还到期债务，企业诉诸法律，经法院对借款人和担保人强制执行，借款人和担保人均无财产可执行，法院裁定执行程序终结或终止（中止）后，仍无法收回的债权；

（六）由于借款人和担保人不能偿还到期债务，企业诉诸法律后，经法院调解或经债权人会议通过，与借款人和担保人达成和解协议或重整协议，在借款人和担保人履行完还款义务后，无法追偿的剩余债权；

（七）由于上述（一）至（六）项原因借款人不能偿还到期债务，企业依法取得抵债资产，抵债金额小于贷款本息的差额，经追偿后仍无法收回的债权；

（八）开立信用证、办理承兑汇票、开具保函等发生垫款时，凡开证申请人和保证人由于上述（一）至（七）项原因，无法偿还垫款，金融企业经追偿后仍无法收回的垫款；

（九）银行卡持卡人和担保人由于上述（一）至（七）项原因，未能还清透支款项，金融企业经追偿后仍无法收回的透支款项；

（十）助学贷款逾期后，在金融企业确定的有效追索期限内，依法处置助学贷款抵押物（质押物），并向担保人追索连带责任后，仍无法收回的贷款；

（十一）经国务院专案批准核销的贷款类债权；

（十二）国务院财政、税务主管部门规定的其他条件。

六、企业的股权投资符合下列条件之一的，减除可收回金额后确认的无法收回的股权投资，可以作为股权投资损失在计算应纳税所得额时扣除：

（一）被投资方依法宣告破产、关闭、解散、被撤销，或者被依法注销、吊销营业执照的；

（二）被投资方财务状况严重恶化，累计发生巨额亏损，已连续停止经营 3 年以上，且无重新恢复经营改组计划的；

（三）对被投资方不具有控制权，投资期限届满或者投资期限已超过 10 年，且被投资单位因连续 3 年经营亏损导致资不抵债的；

（四）被投资方财务状况严重恶化，累计发生巨额亏损，已完成清算或清算期超过 3 年以上的；

（五）国务院财政、税务主管部门规定的其他条件。

七、对企业盘亏的固定资产或存货，以该固定资产的账面净值或存货的成本减除责任人赔偿后的余额，作为固定资产或存货盘亏损失在计算应纳税所得额时扣除。

八、对企业毁损、报废的固定资产或存货，以该固定资产的账面净值或存货的成本减除残值、保险赔款和责任人赔偿后的余额，作为固定资产或存货毁损、报废损失在计算应纳税所得额时扣除。

九、对企业被盗的固定资产或存货，以该固定资产的账面净值或存货的成本减除保险赔款和责任人赔偿后的余额，作为固定资产或存货被盗损失在计算应纳税所得额时扣除。

十、企业因存货盘亏、毁损、报废、被盗等原因不得从增值税销项税额中抵扣的进项税额，可以与存货损失一起在计算应纳税所得额时扣除。

十一、企业在计算应纳税所得额时已经扣除的资产损失，在以后纳税年度全部或者部分收回时，其收回部分应当作为收入计入收回当期的应纳税所得额。

十二、企业境内、境外营业机构发生的资产损失应分开核算，对境外营业机构由于发生资产损失而产生的亏损，不得在计算境内应纳税所得额时扣除。

十三、企业对其扣除的各项资产损失，应当提供能够证明资产损失确属已实际发生的合法证据，包括具有法律效力的外部证据、具有法定资质的中介机构的经济鉴证证明、具有法定资质的专业机构的技术鉴定证明等。

十四、本通知自 2008 年 1 月 1 日起执行。

国家税务总局关于发布
《企业资产损失所得税税前扣除管理办法》的公告
（国家税务总局公告 2011 年第 25 号　2011-03-31）

现将《企业资产损失所得税税前扣除管理办法》予以发布，自 2011 年 1 月 1 日起施行。特此公告。

企业资产损失所得税税前扣除管理办法

第一章　总　则

第一条　根据《中华人民共和国企业所得税法》（以下简称企业所得税法）及其实施条例、《中华人民共和国税收征收管理法》（以下简称征管法）及其实施细则、《财政部、国家税务总局关于企业资产损失税前扣除政策的通知》（财税〔2009〕57 号）（以下简称《通知》）的规定，制定本办法。

第二条　本办法所称资产是指企业拥有或者控制的、用于经营管理活动相关的资产，包括现金、银行存款、应收及预付款项（包括应收票据、各类垫款、企业之间往来款项）等货币性资产，存货、固定资产、无形资产、在建工程、生产性生物资产等非货币性资产，以及债权性投资和股权（权益）性投资。

第三条　准予在企业所得税税前扣除的资产损失，是指企业在实际处置、转让上述资产过程中发生的合理损失（以下简称实际资产损失），以及企业虽未实际处置、转让上述资产，但符合《通知》和本办法规定条件计算确认的损失（以下简称法定资产损失）。

第四条　企业实际资产损失，应当在其实际发生且会计上已作损失处理的年度申报扣除；法定资产损失，应当在企业向主管税务机关提供证据资料证明该项资产已符合法定资产损失确认条件，且会计上已作损失处理的年度申报扣除。

第五条　企业发生的资产损失，应按规定的程序和要求向主管税务机关申报后方能在税前扣除。未经申报的损失，不得在税前扣除。

第六条　企业以前年度发生的资产损失未能在当年税前扣除的，可以按照本办法的规定，向税务机关说明并进行专项申报扣除。其中，属于实际资产损失，准予追补至该项损失发生年度扣除，其追补确认期限一般不得超过五年，但因计划经济体制转轨过程中遗留的资产损失、企业重组上市过程中因权属不清出现争议而未能及时扣除的资产损失、因承担国家政策性任务而形成的资产损失以及政策定性不明确而形成资产损失等特殊原因形成的资产损失，其追补确认期限经国家税务总局批准后可适当延长。属于法定资产损失，应在申报年度扣除。

企业因以前年度实际资产损失未在税前扣除而多缴的企业所得税税款，可在追补确认年度企业所得税应纳税款中予以抵扣，不足抵扣的，向以后年度递延抵扣。

企业实际资产损失发生年度扣除追补确认的损失后出现亏损的，应先调整资产损失发生年度的亏损额，再按弥补亏损的原则计算以后年度多缴的企业所得税税款，并按前款办法进行税务处理。

第二章　申报管理

第七条　企业在进行企业所得税年度汇算清缴申报时，可将资产损失申报材料和纳税资料作为企业所得税年度纳税申报表的附件一并向税务机关报送。

第八条　企业资产损失按其申报内容和要求的不同，分为清单申报和专项申报两种申报形式。其中，属于清单申报的资产损失，企业可按会计核算科目进行归类、汇总，然后再将汇总清单报送税务机关，有关会计核算资料和纳税资料留存备查；属于专项申报的资产损失，企业应逐项（或逐笔）报送申请报告，同时附送会计核算资料及其他相关的纳税资料。

企业在申报资产损失税前扣除过程中不符合上述要求的，税务机关应当要求其改正，企业拒绝改正的，税务机关有权不予受理。

第九条　下列资产损失，应以清单申报的方式向税务机关申报扣除：

（一）企业在正常经营管理活动中，按照公允价格销售、转让、变卖非货币资产的损失；

（二）企业各项存货发生的正常损耗；

（三）企业固定资产达到或超过使用年限而正常报废清理的损失；

（四）企业生产性生物资产达到或超过使用年限而正常死亡发生的资产损失；

（五）企业按照市场公平交易原则，通过各种交易场所、市场等买卖债券、股票、期货、基金以及金融衍生产品等发生的损失。

第十条　前条以外的资产损失，应以专项申报的方式向税务机关申报扣除。企业无法准确判别是否属于清单申报扣除的资产损失，可以采取专项申报的形式申报扣除。

第十一条　在中国境内跨地区经营的汇总纳税企业发生的资产损失，应按以下规定申报扣除：

（一）总机构及其分支机构发生的资产损失，除应按专项申报和清单申报的有关规定，各自向当地主管税务机关申报外，各分支机构同时还应上报总机构；

（二）总机构对各分支机构上报的资产损失，除税务机关另有规定外，应以清单申报的形式向当地主管税务机关进行申报；

（三）总机构将跨地区分支机构所属资产捆绑打包转让所发生的资产损失，由总机构向当地主管税务机关进行专项申报。

第十二条 企业因国务院决定事项形成的资产损失，应向国家税务总局提供有关资料。国家税务总局审核有关情况后，将损失情况通知相关税务机关。企业应按本办法的要求进行专项申报。

第十三条 属于专项申报的资产损失，企业因特殊原因不能在规定的时限内报送相关资料的，可以向主管税务机关提出申请，经主管税务机关同意后，可适当延期申报。

第十四条 企业应当建立健全资产损失内部核销管理制度，及时收集、整理、编制、审核、申报、保存资产损失税前扣除证据材料，方便税务机关检查。

第十五条 税务机关应按分项建档、分级管理的原则，建立企业资产损失税前扣除管理台账和纳税档案，及时进行评估。对资产损失金额较大或经评估后发现不符合资产损失税前扣除规定、或存有疑点、异常情况的资产损失，应及时进行核查。对有证据证明申报扣除的资产损失不真实、不合法的，应依法作出税收处理。

第三章 资产损失确认证据

第十六条 企业资产损失相关的证据包括具有法律效力的外部证据和特定事项的企业内部证据。

第十七条 具有法律效力的外部证据，是指司法机关、行政机关、专业技术鉴定部门等依法出具的与本企业资产损失相关的具有法律效力的书面文件，主要包括：

（一）司法机关的判决或者裁定；

（二）公安机关的立案结案证明、回复；

（三）工商部门出具的注销、吊销及停业证明；

（四）企业的破产清算公告或清偿文件；

（五）行政机关的公文；

（六）专业技术部门的鉴定报告；

（七）具有法定资质的中介机构的经济鉴定证明；

（八）仲裁机构的仲裁文书；

（九）保险公司对投保资产出具的出险调查单、理赔计算单等保险单据；

（十）符合法律规定的其他证据。

第十八条 特定事项的企业内部证据，是指会计核算制度健全、内部控制制度完善的企业，对各项资产发生毁损、报废、盘亏、死亡、变质等内部证明或承担责任的声明，主要包括：

（一）有关会计核算资料和原始凭证；

（二）资产盘点表；

（三）相关经济行为的业务合同；

（四）企业内部技术鉴定部门的鉴定文件或资料；

（五）企业内部核批文件及有关情况说明；

（六）对责任人由于经营管理责任造成损失的责任认定及赔偿情况说明；

（七）法定代表人、企业负责人和企业财务负责人对特定事项真实性承担法律责任的声明。

第四章 货币资产损失的确认

第十九条 企业货币资产损失包括现金损失、银行存款损失和应收及预付款项损失等。

第二十条 现金损失应依据以下证据材料确认：

（一）现金保管人确认的现金盘点表（包括倒推至基准日的记录）；

（二）现金保管人对于短缺的说明及相关核准文件；

（三）对责任人由于管理责任造成损失的责任认定及赔偿情况的说明；

（四）涉及刑事犯罪的，应有司法机关出具的相关材料；

（五）金融机构出具的假币收缴证明。

第二十一条 企业因金融机构清算而发生的存款类资产损失应依据以下证据材料确认：

（一）企业存款类资产的原始凭据；

（二）金融机构破产、清算的法律文件；

（三）金融机构清算后剩余资产分配情况资料。

金融机构应清算而未清算超过三年的，企业可将该款项确认为资产损失，但应有法院或破产清算管理人出具的未完成清算证明。

第二十二条 企业应收及预付款项坏账损失应依据以下相关证据材料确认：

（一）相关事项合同、协议或说明；

（二）属于债务人破产清算的，应有人民法院的破产、清算公告；

（三）属于诉讼案件的，应出具人民法院的判决书或裁决书或仲裁机构的仲裁书，或者被法院裁定终（中）止执行的法律文书；

（四）属于债务人停止营业的，应有工商部门注销、吊销营业执照证明；

（五）属于债务人死亡、失踪的，应有公安机关等有关部门对债务人个人的死亡、失踪证明；

（六）属于债务重组的，应有债务重组协议及其债务人重组收益纳税情况说明；

（七）属于自然灾害、战争等不可抗力而无法收回的，应有债务人受灾情况说明以及放弃债权申明。

第二十三条 企业逾期三年以上的应收款项在会计上已作为损失处理的，可以作为坏账损失，但应说明情况，并出具专项报告。

第二十四条 企业逾期一年以上，单笔数额不超过五万或者不超过企业年度收入总额万分之一的应收款项，会计上已经作为损失处理的，可以作为坏账损失，但应说明情况，并出具专项报告。

第五章 非货币资产损失的确认

第二十五条 企业非货币资产损失包括存货损失、固定资产损失、无形资产损失、在建工程损失、生产性生物资产损失等。

第二十六条　存货盘亏损失，为其盘亏金额扣除责任人赔偿后的余额，应依据以下证据材料确认：

（一）存货计税成本确定依据；

（二）企业内部有关责任认定、责任人赔偿说明和内部核批文件；

（三）存货盘点表；

（四）存货保管人对于盘亏的情况说明。

第二十七条　存货报废、毁损或变质损失，为其计税成本扣除残值及责任人赔偿后的余额，应依据以下证据材料确认：

（一）存货计税成本的确定依据；

（二）企业内部关于存货报废、毁损、变质、残值情况说明及核销资料；

（三）涉及责任人赔偿的，应当有赔偿情况说明；

（四）该项损失数额较大的（指占企业该类资产计税成本 10％以上，或减少当年应纳税所得、增加亏损 10％以上，下同），应有专业技术鉴定意见或法定资质中介机构出具的专项报告等。

第二十八条　存货被盗损失，为其计税成本扣除保险理赔以及责任人赔偿后的余额，应依据以下证据材料确认：

（一）存货计税成本的确定依据；

（二）向公安机关的报案记录；

（三）涉及责任人和保险公司赔偿的，应有赔偿情况说明等。

第二十九条　固定资产盘亏、丢失损失，为其账面净值扣除责任人赔偿后的余额，应依据以下证据材料确认：

（一）企业内部有关责任认定和核销资料；

（二）固定资产盘点表；

（三）固定资产的计税基础相关资料；

（四）固定资产盘亏、丢失情况说明；

（五）损失金额较大的，应有专业技术鉴定报告或法定资质中介机构出具的专项报告等。

第三十条　固定资产报废、毁损损失，为其账面净值扣除残值和责任人赔偿后的余额，应依据以下证据材料确认：

（一）固定资产的计税基础相关资料；

（二）企业内部有关责任认定和核销资料；

（三）企业内部有关部门出具的鉴定材料；

（四）涉及责任赔偿的，应当有赔偿情况的说明；

（五）损失金额较大的或自然灾害等不可抗力原因造成固定资产毁损、报废的，应有专业技术鉴定意见或法定资质中介机构出具的专项报告等。

第三十一条　固定资产被盗损失，为其账面净值扣除责任人赔偿后的余额，应依据以下证据材料确认：

（一）固定资产计税基础相关资料；

（二）公安机关的报案记录，公安机关立案、破案和结案的证明材料；

（三）涉及责任赔偿的，应有赔偿责任的认定及赔偿情况的说明等。

第三十二条　在建工程停建、报废损失，为其工程项目投资账面价值扣除残值后的余额，应依据以下证据材料确认：

（一）工程项目投资账面价值确定依据；

（二）工程项目停建原因说明及相关材料；

（三）因质量原因停建、报废的工程项目和因自然灾害和意外事故停建、报废的工程项目，应出具专业技术鉴定意见和责任认定、赔偿情况的说明等。

第三十三条　工程物资发生损失，可比照本办法存货损失的规定确认。

第三十四条　生产性生物资产盘亏损失，为其账面净值扣除责任人赔偿后的余额，应依据以下证据材料确认：

（一）生产性生物资产盘点表；

（二）生产性生物资产盘亏情况说明；

（三）生产性生物资产损失金额较大的，企业应有专业技术鉴定意见和责任认定、赔偿情况的说明等。

第三十五条　因森林病虫害、疫情、死亡而产生的生产性生物资产损失，为其账面净值扣除残值、保险赔偿和责任人赔偿后的余额，应依据以下证据材料确认：

（一）损失情况说明；

（二）责任认定及其赔偿情况的说明；

（三）损失金额较大的，应有专业技术鉴定意见。

第三十六条　对被盗伐、被盗、丢失而产生的生产性生物资产损失，为其账面净值扣除保险赔偿以及责任人赔偿后的余额，应依据以下证据材料确认：

（一）生产性生物资产被盗后，向公安机关的报案记录或公安机关立案、破案和结案的证明材料；

（二）责任认定及其赔偿情况的说明。

第三十七条　企业由于未能按期赎回抵押资产，使抵押资产被拍卖或变卖，其账面净值大于变卖价值的差额，可认定为资产损失，按以下证据材料确认：

（一）抵押合同或协议书；

（二）拍卖或变卖证明、清单；

（三）会计核算资料等其他相关证据材料。

第三十八条　被其他新技术所代替或已经超过法律保护期限，已经丧失使用价值和转让价值，尚未摊销的无形资产损失，应提交以下证据备案：

（一）会计核算资料；

（二）企业内部核批文件及有关情况说明；

（三）技术鉴定意见和企业法定代表人、主要负责人和财务负责人签章证实无形资产已无使用价值或转让价值的书面申明；

（四）无形资产的法律保护期限文件。

第六章　投资损失的确认

第三十九条　企业投资损失包括债权性投资损失和股权（权益）性投资损失。

第四十条　企业债权投资损失应依据投资的原始凭证、合同或协议、会计核算资料等相关证据材料确认。下列情况债权投资损失的，还应出具相关证据材料：

（一）债务人或担保人依法被宣告破产、关闭、被解散或撤销、被吊销营业执照、失踪或者死亡等，应出具资产清偿证明或者遗产清偿证明。无法出具资产清偿证明或者遗产清偿证明，且上述事项超过三年以上的，或债权投资（包括信用卡透支和助学贷款）余额在三百万元以下的，应出具对应的债务人和担保人破产、关闭、解散证明、撤销文件、工商行政管理部门注销证明或查询证明以及追索记录等（包括司法追索、电话追索、信件追索和上门追索等原始记录）；

（二）债务人遭受重大自然灾害或意外事故，企业对其资产进行清偿和对担保人进行追偿后，未能收回的债权，应出具债务人遭受重大自然灾害或意外事故证明、保险赔偿证明、资产清偿证明等；

（三）债务人因承担法律责任，其资产不足归还所借债务，又无其他债务承担者的，应出具法院裁定证明和资产清偿证明；

（四）债务人和担保人不能偿还到期债务，企业提出诉讼或仲裁的，经人民法院对债务人和担保人强制执行，债务人和担保人均无资产可执行，人民法院裁定终结或终止（中止）执行的，应出具人民法院裁定文书；

（五）债务人和担保人不能偿还到期债务，企业提出诉讼后被驳回起诉的、人民法院不予受理或不予支持的，或经仲裁机构裁决免除（或部分免除）债务人责任，经追偿后无法收回的债权，应提交法院驳回起诉的证明，或法院不予受理或不予支持证明，或仲裁机构裁决免除债务人责任的文书；

（六）经国务院专案批准核销的债权，应提供国务院批准文件或经国务院同意后由国务院有关部门批准的文件。

第四十一条　企业股权投资损失应依据以下相关证据材料确认：

（一）股权投资计税基础证明材料；

（二）被投资企业破产公告、破产清偿文件；

（三）工商行政管理部门注销、吊销被投资单位营业执照文件；

（四）政府有关部门对被投资单位的行政处理决定文件；

（五）被投资企业终止经营、停止交易的法律或其他证明文件；

（六）被投资企业资产处置方案、成交及入账材料；

（七）企业法定代表人、主要负责人和财务负责人签章证实有关投资（权益）性损失的书面申明；

（八）会计核算资料等其他相关证据材料。

第四十二条　被投资企业依法宣告破产、关闭、解散或撤销、吊销营业执照、停止生产经营活动、失踪等，应出具资产清偿证明或者遗产清偿证明。

上述事项超过三年以上且未能完成清算的，应出具被投资企业破产、关闭、解散或撤销、吊销等的证明以及不能清算的原因说明。

第四十三条　企业委托金融机构向其他单位贷款，或委托其他经营机构进行理财，到期不能收回贷款或理财款项，按照本办法第六章有关规定进行处理。

第四十四条　企业对外提供与本企业生产经营活动有关的担保，因被担保人不能按期偿还债务而承担连带责任，经追索，被担保人无偿还能力，对无法追回的金额，比照本办法规定的应收款项损失进行处理。

与本企业生产经营活动有关的担保是指企业对外提供的与本企业应税收入、投资、融资、材料采购、产品销售等生产经营活动相关的担保。

第四十五条 企业按独立交易原则向关联企业转让资产而发生的损失，或向关联企业提供借款、担保而形成的债权损失，准予扣除，但企业应作专项说明，同时出具中介机构出具的专项报告及其相关的证明材料。

第四十六条 下列股权和债权不得作为损失在税前扣除：

（一）债务人或者担保人有经济偿还能力，未按期偿还的企业债权；

（二）违反法律、法规的规定，以各种形式、借口逃废或悬空的企业债权；

（三）行政干预逃废或悬空的企业债权；

（四）企业未向债务人和担保人追偿的债权；

（五）企业发生非经营活动的债权；

（六）其他不应当核销的企业债权和股权。

第七章 其他资产损失的确认

第四十七条 企业将不同类别的资产捆绑（打包），以拍卖、询价、竞争性谈判、招标等市场方式出售，其出售价格低于计税成本的差额，可以作为资产损失并准予在税前申报扣除，但应出具资产处置方案、各类资产作价依据、出售过程的情况说明、出售合同或协议、成交及入账证明、资产计税基础等确定依据。

第四十八条 企业正常经营业务因内部控制制度不健全而出现操作不当、不规范或因业务创新但政策不明确、不配套等原因形成的资产损失，应由企业承担的金额，可以作为资产损失并准予在税前申报扣除，但应出具损失原因证明材料或业务监管部门定性证明、损失专项说明。

第四十九条 企业因刑事案件原因形成的损失，应由企业承担的金额，或经公安机关立案侦查两年以上仍未追回的金额，可以作为资产损失并准予在税前申报扣除，但应出具公安机关、人民检察院的立案侦查情况或人民法院的判决书等损失原因证明材料。

第八章 附 则

第五十条 本办法没有涉及的资产损失事项，只要符合企业所得税法及其实施条例等法律、法规规定的，也可以向税务机关申报扣除。

第五十一条 省、自治区、直辖市和计划单列市国家税务局、地方税务局可以根据本办法制定具体实施办法。

第五十二条 本办法自 2011 年 1 月 1 日起施行，《国家税务总局关于印发〈企业资产损失税前扣除管理办法〉的通知》（国税发〔2009〕88 号）、《国家税务总局关于企业以前年度未扣除资产损失企业所得税处理问题的通知》（国税函〔2009〕772 号）、《国家税务总局关于电信企业坏账损失税前扣除问题的通知》（国税函〔2010〕196 号）同时废止。本办法生效之日前尚未进行税务处理的资产损失事项，也应按本办法执行。

特此公告。

附录四 有关小企业的财税政策

国务院关于进一步支持小型微型企业健康发展的意见

（国发〔2012〕14号）

各省、自治区、直辖市人民政府，国务院各部委、各直属机构：

小型微型企业在增加就业、促进经济增长、科技创新与社会和谐稳定等方面具有不可替代的作用，对国民经济和社会发展具有重要的战略意义。党中央、国务院高度重视小型微型企业的发展，出台了一系列财税金融扶持政策，取得了积极成效。但受国内外复杂多变的经济形势影响，当前，小型微型企业经营压力大、成本上升、融资困难和税费偏重等问题仍很突出，必须引起高度重视。为进一步支持小型微型企业健康发展，现提出以下意见。

一、充分认识进一步支持小型微型企业健康发展的重要意义

（一）增强做好小型微型企业工作的信心。各级政府和有关部门对当前小型微型企业发展面临的新情况、新问题要高度重视，增强信心，加大支持力度，把支持小型微型企业健康发展作为巩固和扩大应对国际金融危机冲击成果、保持经济平稳较快发展的重要举措，放在更加重要的位置上。要科学分析，正确把握，积极研究采取更有针对性的政策措施，帮助小型微型企业提振信心，稳健经营，提高盈利水平和发展后劲，增强企业的可持续发展能力。

二、进一步加大对小型微型企业的财税支持力度

（二）落实支持小型微型企业发展的各项税收优惠政策。提高增值税和营业税起征点；将小型微利企业减半征收企业所得税政策，延长到2015年底并扩大范围；将符合条件的国家中小企业公共服务示范平台中的技术类服务平台纳入现行科技开发用品进口税收优惠政策范围；自2011年11月1日至2014年10月31日，对金融机构与小型微型企业签订的借款合同免征印花税，将金融企业涉农贷款和中小企业贷款损失准备金税前扣除政策延长至2013年底，将符合条件的农村金融机构金融保险收入减按3％的税率征收营业税的政策延长至2015年底。加快推进营业税改征增值税试点，逐步解决服务业营业税重复征税问题。结合深化税收体制改革，完善结构性减税政策，研究进一步支持小型微型企业发展的税收制度。

（三）完善财政资金支持政策。充分发挥现有中小企业专项资金的支持引导作用，2012年将资金总规模由128.7亿元扩大至141.7亿元，以后逐年增加。专项资金要体现政策导向，增强针对性、连续性和可操作性，突出资金使用重点，向小型微型企业和中西部地区倾斜。

（四）依法设立国家中小企业发展基金。基金的资金来源包括中央财政预算安排、基金收益、捐赠等。中央财政安排资金150亿元，分5年到位，2012年安排30亿元。基金主要用于引导地方、创业投资机构及其他社会资金支持处于初创期的小型微型企业等。鼓励向基金捐赠资金。对企事业单位、社会团体和个人等向基金捐赠资金的，企业在年度利润总额12%以内的部分，个人在申报个人所得税应纳税所得额30%以内的部分，准予在计算缴纳所得税税前扣除。

（五）政府采购支持小型微型企业发展。负有编制部门预算职责的各部门，应当安排不低于年度政府采购项目预算总额18%的份额专门面向小型微型企业采购。在政府采购评审中，对小型微型企业产品可视不同行业情况给予6%～10%的价格扣除。鼓励大中型企业与小型微型企业组成联合体共同参加政府采购，小型微型企业占联合体份额达到30%以上的，可给予联合体2%～3%的价格扣除。推进政府采购信用担保试点，鼓励为小型微型企业参与政府采购提供投标担保、履约担保和融资担保等服务。

（六）继续减免部分涉企收费并清理取消各种不合规收费。落实中央和省级财政、价格主管部门已公布取消的行政事业性收费。自2012年1月1日至2014年12月31日三年内对小型微型企业免征部分管理类、登记类和证照类行政事业性收费。清理取消一批各省（区、市）设立的涉企行政事业性收费。规范涉及行政许可和强制准入的经营服务性收费。继续做好收费公路专项清理工作，降低企业物流成本。加大对向企业乱收费、乱罚款和各种摊派行为监督检查的力度，严格执行收费公示制度，加强社会和舆论监督。完善涉企收费维权机制。

三、努力缓解小型微型企业融资困难

（七）落实支持小型微型企业发展的各项金融政策。银行业金融机构对小型微型企业贷款的增速不低于全部贷款平均增速，增量高于上年同期水平，对达到要求的小金融机构继续执行较低存款准备金率。商业银行应对符合国家产业政策和信贷政策的小型微型企业给予信贷支持。鼓励金融机构建立科学合理的小型微型企业贷款定价机制，在合法、合规和风险可控前提下，由商业银行自主确定贷款利率，对创新型和创业型小型微型企业可优先予以支持。建立小企业信贷奖励考核制度，落实已出台的小型微型企业金融服务的差异化监管政策，适当提高对小型微型企业贷款不良率的容忍度。进一步研究完善小企业贷款呆账核销有关规定，简化呆账核销程序，提高小型微型企业贷款呆账核销效率。优先支持符合条件的商业银行发行专项用于小型微型企业贷款的金融债。支持商业银行开发适合小型微型企业特点的各类金融产品和服务，积极发展商圈融资、供应链融资等融资方式。加强对小型微型企业贷款的统计监测。

（八）加快发展小金融机构。在加强监管和防范风险的前提下，适当放宽民间资本、外资、国际组织资金参股设立小金融机构的条件。适当放宽小额贷款公司单一投资者持股比例限制。支持和鼓励符合条件的银行业金融机构重点到中西部设立村镇银行。强化小金融机构

主要为小型微型企业服务的市场定位，创新金融产品和服务方式，优化业务流程，提高服务效率。引导小金融机构增加服务网点，向县域和乡镇延伸。符合条件的小额贷款公司可根据有关规定改制为村镇银行。

（九）拓宽融资渠道。搭建方便快捷的融资平台，支持符合条件的小企业上市融资、发行债券。推进多层次债券市场建设，发挥债券市场对微观主体的资金支持作用。加快统一监管的场外交易市场建设步伐，为尚不符合上市条件的小型微型企业提供资本市场配置资源的服务。逐步扩大小型微型企业集合票据、集合债券、集合信托和短期融资券等发行规模。积极稳妥发展私募股权投资和创业投资等融资工具，完善创业投资扶持机制，支持初创型和创新型小型微型企业发展。支持小型微型企业采取知识产权质押、仓单质押、商铺经营权质押、商业信用保险保单质押、商业保理、典当等多种方式融资。鼓励为小型微型企业提供设备融资租赁服务。积极发展小型微型企业贷款保证保险和信用保险。加快小型微型企业融资服务体系建设。深入开展科技和金融结合试点，为创新型小型微型企业创造良好的投融资环境。

（十）加强对小型微型企业的信用担保服务。大力推进中小企业信用担保体系建设，继续执行对符合条件的信用担保机构免征营业税政策，加大中央财政资金的引导支持力度，鼓励担保机构提高小型微型企业担保业务规模，降低对小型微型企业的担保收费。引导外资设立面向小型微型企业的担保机构，加快推进利用外资设立担保公司试点工作。积极发展再担保机构，强化分散风险、增加信用功能。改善信用保险服务，定制符合小型微型企业需求的保险产品，扩大服务覆盖面。推动建立担保机构与银行业金融机构间的风险分担机制。加快推进企业信用体系建设，切实开展企业信用信息征集和信用等级评价工作。

（十一）规范对小型微型企业的融资服务。除银团贷款外，禁止金融机构对小型微型企业贷款收取承诺费、资金管理费。开展商业银行服务收费检查。严格限制金融机构向小型微型企业收取财务顾问费、咨询费等费用，清理纠正金融服务不合理收费。有效遏制民间借贷高利贷化倾向以及大型企业变相转贷现象，依法打击非法集资、金融传销等违法活动。严格禁止金融从业人员参与民间借贷。研究制定防止大企业长期拖欠小型微型企业资金的政策措施。

四、进一步推动小型微型企业创新发展和结构调整

（十二）支持小型微型企业技术改造。中央预算内投资扩大安排用于中小企业技术进步和技术改造资金规模，重点支持小型企业开发和应用新技术、新工艺、新材料、新装备，提高自主创新能力、促进节能减排、提高产品和服务质量、改善安全生产与经营条件等。各地也要加大对小型微型企业技术改造的支持力度。

（十三）提升小型微型企业创新能力。完善企业研究开发费用所得税前加计扣除政策，支持企业技术创新。实施中小企业创新能力建设计划，鼓励有条件的小型微型企业建立研发机构，参与产业共性关键技术研发、国家和地方科技计划项目以及标准制定。鼓励产业技术创新战略联盟向小型微型企业转移扩散技术创新成果。支持在小型微型企业集聚的区域建立健全技术服务平台，集中优势科技资源，为小型微型企业技术创新提供支撑服务。鼓励大专院校、科研机构和大企业向小型微型企业开放研发试验设施。实施中小企业信息化推进工程，重点提高小型微型企业生产制造、运营管理和市场开拓的信息化应用水平，鼓励信息技

术企业、通信运营商为小型微型企业提供信息化应用平台。加快新技术和先进适用技术在小型微型企业的推广应用，鼓励各类技术服务机构、技术市场和研究院所为小型微型企业提供优质服务。

（十四）提高小型微型企业知识产权创造、运用、保护和管理水平。中小企业知识产权战略推进工程以培育具有自主知识产权优势小型微型企业为重点，加强宣传和培训，普及知识产权知识，推进重点区域和重点企业试点，开展面向小型微型企业的专利辅导、专利代理、专利预警等服务。加大对侵犯知识产权和制售假冒伪劣产品的打击力度，维护市场秩序，保护创新积极性。

（十五）支持创新型、创业型和劳动密集型的小型微型企业发展。鼓励小型微型企业发展现代服务业、战略性新兴产业、现代农业和文化产业，走"专精特新"和与大企业协作配套发展的道路，加快从要素驱动向创新驱动的转变。充分利用国家科技资源支持小型微型企业技术创新，鼓励科技人员利用科技成果创办小型微型企业，促进科技成果转化。实施创办小企业计划，培育和支持 3 000 家小企业创业基地，大力开展创业培训和辅导，鼓励创办小企业，努力扩大社会就业。积极发展各类科技孵化器，到 2015 年，在孵企业规模达到 10 万家以上。支持劳动密集型企业稳定就业岗位，推动产业升级，加快调整产品结构和服务方式。

（十六）切实拓宽民间投资领域。要尽快出台贯彻落实国家有关鼓励和引导民间投资健康发展政策的实施细则，促进民间投资便利化、规范化，鼓励和引导小型微型企业进入教育、社会福利、科技、文化、旅游、体育、商贸流通等领域。各类政府性资金要对包括民间投资在内的各类投资主体同等对待。

（十七）加快淘汰落后产能。严格控制高污染、高耗能和资源浪费严重的小型微型企业发展，防止落后产能异地转移。严格执行国家有关法律法规，综合运用财税、金融、环保、土地、产业政策等手段，支持小型微型企业加快淘汰落后技术、工艺和装备，通过收购、兼并、重组、联营和产业转移等获得新的发展机会。

五、加大支持小型微型企业开拓市场的力度

（十八）创新营销和商业模式。鼓励小型微型企业运用电子商务、信用销售和信用保险，大力拓展经营领域。研究创新中国国际中小企业博览会办展机制，促进在国际化、市场化、专业化等方面取得突破。支持小型微型企业参加国内外展览展销活动，加强工贸结合、农贸结合和内外贸结合。建设集中采购分销平台，支持小型微型企业通过联合采购、集中配送，降低采购成本。引导小型微型企业采取抱团方式"走出去"。培育商贸企业集聚区，发展专业市场和特色商业街，推广连锁经营、特许经营、物流配送等现代流通方式。加强对小型微型企业出口产品标准的培训。

（十九）改善通关服务。推进分类通关改革，积极研究为符合条件的小型微型企业提供担保验放、集中申报、24 小时预约通关和不实行加工贸易保证金台账制度等便利通关措施。扩大"属地申报，口岸验放"通关模式适用范围。扩大进出口企业享受预归类、预审价、原产地预确定等措施的范围，提高企业通关效率，降低物流通关成本。

（二十）简化加工贸易内销手续。进一步落实好促进小型微型加工贸易企业内销便利化相关措施，允许联网企业"多次内销、一次申报"，并可在内销当月内集中办理内销申报手续，缩短企业办理时间。

（二十一）开展集成电路产业链保税监管模式试点。允许符合条件的小型微型集成电路设计企业作为加工贸易经营单位开展加工贸易业务，将集成电路产业链中的设计、芯片制造、封装测试企业等全部纳入保税监管范围。

六、切实帮助小型微型企业提高经营管理水平

（二十二）支持管理创新。实施中小企业管理提升计划，重点帮助和引导小型微型企业加强财务、安全、节能、环保、用工等管理。开展企业管理创新成果推广和标杆示范活动。实施小企业会计准则，开展培训和会计代理服务。建立小型微型企业管理咨询服务制度，支持管理咨询机构和志愿者面向小型微型企业开展管理咨询服务。

（二十三）提高质量管理水平。落实小型微型企业产品质量主体责任，加强质量诚信体系建设，开展质量承诺活动。督促和指导小型微型企业建立健全质量管理体系，严格执行生产许可、经营许可、强制认证等准入管理，不断增强质量安全保障能力。大力推广先进的质量管理理念和方法，严格执行国家标准和进口国标准。加强品牌建设指导，引导小型微型企业创建自主品牌。鼓励制定先进企业联盟标准，带动小型微型企业提升质量保证能力和专业化协作配套水平。充分发挥国家质检机构和重点实验室的辐射支撑作用，加快质量检验检疫公共服务平台建设。

（二十四）加强人力资源开发。加强对小型微型企业劳动用工的指导与服务，拓宽企业用工渠道。实施国家中小企业银河培训工程和企业经营管理人才素质提升工程，以小型微型企业为重点，每年培训50万名经营管理人员和创业者。指导小型微型企业积极参与高技能人才振兴计划，加强技能人才队伍建设工作，国家专业技术人才知识更新工程等重大人才工程要向小型微型企业倾斜。围绕《国家中长期人才发展规划纲要（2010—2020年）》确定的重点领域，开展面向小型微型企业创新型专业技术人才的培训。完善小型微型企业职工社会保障政策。

（二十五）制定和完善鼓励高校毕业生到小型微型企业就业的政策。对小型微型企业新招用高校毕业生并组织开展岗前培训的，按规定给予培训费补贴，并适当提高培训费补贴标准，具体标准由省级财政、人力资源和社会保障部门确定。对小型微型企业新招用毕业年度高校毕业生，签订1年以上劳动合同并按时足额缴纳社会保险费的，给予1年的社会保险补贴，政策执行期限截至2014年底。改善企业人力资源结构，实施大学生创业引领计划，切实落实已出台的鼓励高校毕业生自主创业的税费减免、小额担保贷款等扶持政策，加大公共就业服务力度，提高高校毕业生创办小型微型企业成功率。

七、促进小型微型企业集聚发展

（二十六）统筹安排产业集群发展用地。规划建设小企业创业基地、科技孵化器、商贸企业集聚区等，地方各级政府要优先安排用地计划指标。经济技术开发区、高新技术开发区以及工业园区等各类园区要集中建设标准厂房，积极为小型微型企业提供生产经营场地。对创办三年内租用经营场地和店铺的小型微型企业，符合条件的，给予一定比例的租金补贴。

（二十七）改善小型微型企业集聚发展环境。建立完善产业集聚区技术、电子商务、物流、信息等服务平台。发挥龙头骨干企业的引领和带动作用，推动上下游企业分工协作、品

牌建设和专业市场发展，促进产业集群转型升级。以培育农村二、三产业小型微型企业为重点，大力发展县域经济。开展创新型产业集群试点建设工作。支持能源供应、排污综合治理等基础设施建设，加强节能管理和"三废"集中治理。

八、加强对小型微型企业的公共服务

（二十八）大力推进服务体系建设。到 2015 年，支持建立和完善 4 000 个为小型微型企业服务的公共服务平台，重点培育认定 500 个国家中小企业公共服务示范平台，发挥示范带动作用。实施中小企业公共服务平台网络建设工程，支持各省（区、市）统筹建设资源共享、服务协同的公共服务平台网络，建立健全服务规范、服务评价和激励机制，调动和优化配置服务资源，增强政策咨询、创业创新、知识产权、投资融资、管理诊断、检验检测、人才培训、市场开拓、财务指导、信息化服务等各类服务功能，重点为小型微型企业提供质优价惠的服务。充分发挥行业协会（商会）的桥梁纽带作用，提高行业自律和组织水平。

（二十九）加强指导协调和统计监测。充分发挥国务院促进中小企业发展工作领导小组的统筹规划、组织领导和政策协调作用，明确部门分工和责任，加强监督检查和政策评估，将小型微型企业有关工作列入各地区、各有关部门年度考核范围。统计及有关部门要进一步加强对小型微型企业的调查统计工作，尽快建立和完善小型微型企业统计调查、监测分析和定期发布制度。

各地区、各部门要结合实际，研究制定本意见的具体贯彻落实办法，加大对小型微型企业的扶持力度，创造有利于小型微型企业发展的良好环境。

国务院

二〇一二年四月十九日

财政部 国家税务总局
关于小型微利企业所得税优惠政策有关问题的通知
（财税〔2011〕117 号）

各省、自治区、直辖市、计划单列市财政厅（局）、国家税务局、地方税务局，新疆生产建设兵团财务局：

为了进一步支持小型微利企业发展，经国务院批准，现就小型微利企业所得税政策通知如下：

一、自 2012 年 1 月 1 日至 2015 年 12 月 31 日，对年应纳税所得额低于 6 万元（含 6 万元）的小型微利企业，其所得减按 50％计入应纳税所得额，按 20％的税率缴纳企业所得税。

二、本通知所称小型微利企业，是指符合《中华人民共和国企业所得税法》及其实施条例，以及相关税收政策规定的小型微利企业。

请遵照执行。

财政部 国家税务总局

二〇一一年十一月二十九日

财政部　国家发展改革委
关于免征小型微型企业部分行政事业性收费的通知
(财综〔2011〕104号)

工业和信息化部、国家工商行政管理总局、国家税务总局、海关总署、商务部、国家质量监督检验检疫总局、中国贸促会、国土资源部、国家新闻出版总署、农业部、国家林业局、国家旅游局、国家宗教事务局，各省、自治区、直辖市财政厅（局）、发展改革委、物价局，新疆生产建设兵团财务局、发展改革委：

为切实减轻小型微型企业负担，促进小型微型企业健康发展，现决定对小型微型企业暂免征收部分行政事业性收费。现将有关事项通知如下：

一、对依照工业和信息化部、国家统计局、国家发展改革委、财政部《关于印发中小企业划型标准规定的通知》（工信部联企业〔2011〕300号）认定的小型和微型企业，免征管理类、登记类和证照类等有关行政事业性收费。

二、上述免征的行政事业性收费项目包括：

（一）工商行政管理部门收取的企业注册登记费。

（二）税务部门收取的税务发票工本费。

（三）海关部门收取的海关监管手续费。

（四）商务部门收取的装船证费、手工制品证书费、纺织品原产地证明书费。

（五）质检部门收取的签发一般原产地证书费、一般原产地证工本费和组织机构代码证书工本费。

（六）贸促会收取的货物原产地证明书费、ATA单证册收费。

（七）国土资源部门收取的土地登记费。

（八）新闻出版部门收取的计算机软件著作权登记费。

（九）农业部门收取的农机监理费（含牌证工本费、安全技术检验费、驾驶许可考试费等）、新兽药审批费、《进口兽药许可证》审批费和已生产兽药品种注册登记费。

（十）林业部门收取的林权证工本费。

（十一）旅游部门收取的星级标牌（含星级证书）工本费、A级旅游景区标牌（含证书）工本费、工农业旅游示范点标牌（含证书）工本费。

（十二）中国伊斯兰教协会收取的清真食品认证费。

（十三）各省、自治区、直辖市人民政府及其财政、价格主管部门按照管理权限批准设立的管理类、登记类和证照类行政事业性收费。

三、免征上述行政事业性收费后，同级财政部门应统筹安排相关部门的经费预算，保证其正常履行职责。

四、国务院有关部门要督促本系统内相关收费单位认真落实本通知的规定，加强对小型微型企业享受收费优惠政策的登记备案管理，确保符合条件的小型微型企业享受收费优惠政策。

五、各省、自治区、直辖市财政、价格主管部门要通过多种新闻媒体，向社会公布对小型微型企业免征的各项行政事业性收费，使小型微型企业充分了解和享受收费优惠政策。同时，要加强监督检查，对不按规定落实本通知免征行政事业性收费政策的部门和单位，要按规定给予处罚，并追究责任人员的行政责任。

六、本通知自 2012 年 1 月 1 日起执行，有效期至 2014 年 12 月 31 日。

关于金融机构与小型微型企业签订借款合同免征印花税的通知

（财税〔2011〕105 号）

各省、自治区、直辖市、计划单列市财政厅（局）、地方税务局，新疆生产建设兵团财务局：

经国务院批准，为鼓励金融机构对小型、微型企业提供金融支持，促进小型、微型企业发展，自 2011 年 11 月 1 日起至 2014 年 10 月 31 日止，对金融机构与小型、微型企业签订的借款合同免征印花税。

上述小型、微型企业的认定，按照《工业和信息化部　国家统计局　国家发展和改革委员会　财政部关于印发中小企业划型标准规定的通知》（工信部联企业〔2011〕300 号）的有关规定执行。

财政部　国家税务总局
二〇一一年十月十七日

财政部　工业和信息化部
关于印发《中小企业发展专项资金管理办法》的通知

（财企〔2008〕179 号）

各省、自治区、直辖市、计划单列市财政厅（局）、发展改革委、经委（经贸委）、中小企业局（厅、办），新疆生产建设兵团财务局、发展改革委：

为了促进中小企业健康发展，进一步规范和完善中小企业发展专项资金管理，我们对《中小企业发展专项资金管理办法》进行了修改。现将修改后的《中小企业发展专项资金管理办法》印发给你们，请遵照执行。执行中有何问题，请及时向我们反映。

财政部　工业和信息化部
二〇〇八年九月三日

中小企业发展专项资金管理办法

第一章　总　则

第一条　为了促进中小企业健康发展，规范中小企业发展专项资金的管理，提高资金使用效率，根据《中华人民共和国预算法》和财政预算管理的有关规定，制定本办法。

第二条　中小企业发展专项资金（以下简称专项资金）是根据《中华人民共和国中小企

业促进法》，由中央财政预算安排主要用于支持中小企业结构调整、产业升级、综合利用、专业化发展、与大企业协作配套、技术进步，品牌建设，以及中小企业信用担保体系、市场开拓等中小企业发展环境建设等方面的专项资金（不含科技型中小企业技术创新基金）。

第三条 中小企业的划分标准，按照原国家经贸委、原国家发展计划委员会、财政部、国家统计局联合下发的《中小企业标准暂行规定》（国经贸中小企〔2003〕143 号）执行。

第四条 专项资金的管理和使用应当符合国家宏观经济政策、产业政策和区域发展政策，坚持公开、公正、公平的原则，确保专项资金的规范、安全和高效使用。

第五条 财政部负责专项资金的预算管理、项目资金分配和资金拨付，并对资金的使用情况进行监督检查。

工业和信息化部负责确定专项资金的年度支持方向和支持重点，会同财政部对申报的项目进行审核，并对项目实施情况进行监督检查。

第二章 支持方式及额度

第六条 专项资金的支持方式采用无偿资助、贷款贴息和资本金注入方式。项目单位可选择其中一种支持方式，不得同时以多种方式申请专项资金。

以自有资金为主投资的固定资产建设项目，一般采取无偿资助方式；以金融机构贷款为主投资的固定资产建设项目，一般采取贷款贴息方式。

中小企业信用担保体系建设项目，一般采取无偿资助方式，特殊情况可采取资本金注入方式。

市场开拓等项目，一般采取无偿资助方式。

第七条 专项资金无偿资助的额度，每个项目一般控制在 300 万元以内。

专项资金贷款贴息的额度，根据项目贷款额度及人民银行公布的同期贷款利率确定。每个项目的贴息期限一般不超过 2 年，贴息额度最多不超过 300 万元。

第八条 已通过其他渠道获取中央财政资金支持的项目，专项资金不再予以支持。

第三章 项目资金的申请

第九条 申请专项资金的企业或单位必须同时具备下列资格条件：

（一）具有独立的法人资格；

（二）财务管理制度健全；

（三）经济效益良好；

（四）会计信用、纳税信用和银行信用良好；

（五）申报项目符合专项资金年度支持方向和重点。

第十条 申请专项资金的企业或单位应同时提供下列资料：

（一）法人执照副本及章程（复印件）；

（二）生产经营情况或业务开展情况；

（三）经会计师事务所审计的上一年度会计报表和审计报告（复印件）。

（四）其他需提供的资料。

第四章 项目资金的申报、审核及审批

第十一条 各省、自治区、直辖市及计划单列市财政部门和同级中小企业管理部门（以

下简称省级财政部门和省级中小企业管理部门）负责本地区项目资金的申请审核工作。

第十二条　省级中小企业管理部门应会同同级财政部门在本地区范围内公开组织项目资金的申请工作，并对申请企业的资格条件及相关资料进行审核。

第十三条　省级中小企业管理部门应会同同级财政部门建立专家评审制度，组织相关技术、财务、市场等方面的专家，依据本办法第三章的规定和当年专项资金的支持方向和支持重点，对申请项目进行评审。

第十四条　省级财政部门应会同同级中小企业管理部门依据专家评审意见确定申报的项目，并在规定的时间内，将《中小企业发展专项资金申请书》、专家评审意见底稿和项目资金申请报告报送财政部、工业和信息化部。

申报专项资金的项目应按照项目的重要性排列顺序。

第十五条　工业和信息化部会同财政部对各地上报的申请报告及项目情况进行审核，并提出项目计划。

第十六条　财政部根据审核后的项目计划，确定项目资金支持方式，审定资金使用计划，将项目支出预算指标下达到省级财政部门，并根据预算规定及时拨付专项资金。

第十七条　企业收到专项资金后，应按照《企业财务通则》（财政部令第 41 号）第二十条的相关规定进行财务处理。

第五章　监督检查

第十八条　省级财政部门负责对专项资金的使用情况进行管理和监督；省级中小企业管理部门负责对项目实施情况进行管理和监督。财政部驻各地财政监察专员办事处，对专项资金的拨付使用情况及项目实施情况进行不定期的监督检查。

第十九条　承担固定资产投资项目的企业，应在项目建成后 1 个月内向省级财政部门和同级中小企业管理部门报送项目建设情况及专项资金的使用情况，不能按期完成的项目，需在原定项目建成期前书面说明不能按期完成的理由和预计完成日期。

承担中小企业信用担保体系和市场开拓等改善中小企业发展环境建设项目的企业或单位，应于年底前向省级财政部门和同级中小企业管理部门报送专项资金的使用情况。

第二十条　省级财政部门应会同同级中小企业管理部门每年对本地区中小企业使用专项资金的总体情况和项目建设情况进行总结，并于年度终了 1 个月内上报财政部、工业和信息化部。

第二十一条　财政部和地方财政部门对专项资金的管理和使用进行监督检查，也可委托审计部门或社会审计机构进行审计。

对于违反本办法规定截留、挤占、挪用专项资金的单位或个人，按照《财政违法行为处罚处分条例》（国务院令第 427 号）进行处罚，并追究有关责任人员的责任。

第六章　附　则

第二十二条　省级财政部门和中小企业管理部门可根据本地实际情况，比照本办法制定具体的实施办法。

第二十三条　本办法由财政部会同工业和信息化部负责解释。

第二十四条　本办法自发布之日起施行。《财政部、国家发展改革委关于印发〈中小企业发展专项资金管理暂行办法〉的通知》（财企〔2006〕226号）同时停止执行。

关于印发《中小企业信用担保资金管理暂行办法》的通知

（财企〔2010〕72号）

各省、自治区、直辖市、计划单列市财政厅（局）、工业和信息化主管部门、中小企业主管部门，新疆生产建设兵团财务局、中小企业主管部门：

为规范和加强中小企业信用担保资金管理，提高资金使用效率，财政部、工业和信息化部研究制定了《中小企业信用担保资金管理暂行办法》。现印发给你们，请遵照执行。

财政部　工业和信息化部

二〇一〇年四月三十日

中小企业信用担保资金管理暂行办法

第一章　总　则

第一条　为规范和加强中小企业信用担保资金管理，提高资金使用效率，根据《中华人民共和国预算法》等法律、法规的有关规定，制定本办法。

第二条　中小企业信用担保资金（以下简称担保资金）是根据《中华人民共和国中小企业促进法》、《国务院关于进一步促进中小企业发展的若干意见》（国发〔2009〕36号），由中央财政预算安排，专门用于支持中小企业信用担保机构（以下简称担保机构）、中小企业信用再担保机构（以下简称再担保机构）增强业务能力，扩大中小企业担保业务，改善中小企业融资环境的资金。

第三条　担保资金的管理应当遵循公开透明、定向使用、科学管理、加强监督的原则，确保资金使用规范、安全和高效。

第四条　财政部负责担保资金的预算管理、项目资金分配和资金拨付，并对资金的使用情况进行监督检查。

工业和信息化部负责确定担保资金的年度支持方向和重点，会同财政部对申报的项目进行审核，并对项目实施情况进行监督检查。

第二章　支持方式及额度

第五条　担保资金采取以下几种支持方式：

（一）业务补助，鼓励担保机构和再担保机构为中小企业特别是小企业提供融资担保（再担保）服务。对符合条件的担保机构开展的中小企业融资担保业务，按照不超过年担保额的2%给予补助；对符合条件的再担保机构开展的中小企业融资再担保业务，按照不超过年再担保额的0.5%给予补助。

（二）保费补助，鼓励担保机构为中小企业提供低费率担保服务。在不提高其他费用标准的前提下，对担保机构开展的担保费率低于银行同期贷款基准利率50%的中小企业融资担保业务给予补助，补助比例不超过银行同期贷款基准利率50％与实际担保费率之差。

（三）资本金投入，鼓励担保机构扩大资本规模，提高信用水平，增强业务能力。特殊情况下，对符合条件的担保机构、再担保机构，按照不超过新增出资额的30％给予注资支持。

（四）其他。用于鼓励和引导担保机构、再担保机构开展中小企业信用担保（再担保）业务的其他支持方式。

第六条 符合条件的担保机构、再担保机构可以同时享受以上不限于一项支持方式的资助，但单个担保机构、再担保机构当年获得担保资金的资助额，除特殊情况外，一般不超过3 000万元。

第三章 申请条件及要件

第七条 申请担保资金的担保机构必须同时具备下列条件：

（一）依据国家有关法律、法规设立和经营，具有独立企业法人资格。

（二）经营担保业务1年以上（含1年），无不良信用记录。

（三）担保业务符合国家有关法律、法规、业务管理规定及产业政策，当年新增中小企业担保业务额占新增担保业务总额的70％以上；新增单笔担保责任金额1 500万元以下（含1 500万元，下同）担保业务占新增担保业务总额的70％以上，或新增单笔担保责任金额1 500万元以下担保业务额在3亿元以上。

（四）对单个企业提供的担保责任金额不超过担保机构净资产的10％。

（五）当年新增担保业务额达净资产的3倍以上，且代偿率低于3％。

（六）平均年担保费率不超过银行同期贷款基准利率的50％。

（七）内部管理制度健全，运作规范，按规定提取准备金。

（八）其他。

第八条 申请担保资金的再担保机构必须同时具备下列条件：

（一）依据国家有关法律、法规设立和经营，具有独立企业法人资格。

（二）以担保机构为主要服务对象，经营中小企业再担保业务1年以上（含1年）。

（三）再担保业务符合国家有关法律、法规、业务管理规定及产业政策，当年新增中小企业再担保业务额占新增再担保业务总额的70％以上；新增单笔再担保金额1 500万元以下的再担保业务额占新增再担保业务总额的70％以上，或新增单笔再担保金额1 500万元以下的再担保业务额在20亿元以上。

（四）当年新增再担保业务额达净资产的5倍以上。

（五）平均年再担保费率不超过银行同期贷款基准利率的15％。

（六）内部制度健全，管理规范。

（七）其他。

第九条 申请担保资金的担保机构、再担保机构应同时提供下列资料：

（一）法人执照副本及章程（复印件）。

（二）经注册会计师审计的年度会计报表。

（三）经注册会计师专项审计的担保业务情况（包括担保业务明细和风险准备金提取等）。

（四）担保业务收费凭证复印件。

（五）其他需提供的资料。

第四章　资金申请、审核及拨付

第十条　工业和信息化部、财政部每年按照本办法规定，联合下发申报通知，明确当年担保资金支持重点、资助比例、具体条件、申报组织等内容。

第十一条　各省、自治区、直辖市、计划单列市财政部门和同级中小企业管理部门（以下简称省级财政部门和省级中小企业管理部门）负责本地区项目资金的申请审核工作。

第十二条　省级中小企业管理部门会同同级财政部门在本地区范围内公开组织担保资金的申请工作。

第十三条　省级中小企业管理部门会同同级财政部门建立专家评审制度，依据本办法规定和当年申报通知的要求，对申请项目进行评审。

第十四条　省级财政部门会同同级中小企业管理部门依据专家评审意见确定申报的项目，并在规定时间内，将担保资金申请报告、专家评审意见底稿和其他相关资料上报财政部、工业和信息化部。

第十五条　工业和信息化部会同财政部对各地上报的申请报告及项目情况进行审核，并提出项目计划。

第十六条　财政部根据审核后的项目计划，确定项目资金支持方式，审定资金使用计划，将项目支出预算指标下达到省级财政部门，并根据预算管理规定及时拨付担保资金。

第十七条　担保机构、再担保机构收到担保资金后，应按照有关财务会计规章制度进行财务处理。

第五章　监督检查

第十八条　省级财政部门和同级中小企业管理部门对担保资金申报、审核及使用共同实施管理和监督。财政部驻各地财政监察专员办事处，对担保资金的拨付使用情况进行不定期监督检查。

第十九条　获得担保资金支持的担保机构、再担保机构应按有关财务规定妥善保存有关原始票据及凭证备查。对各级财政部门、财政部驻各地财政监察专员办事处和中小企业管理部门的专项检查，应积极配合并提供有关资料。

第二十条　获得担保资金支持的担保机构、再担保机构应于每年1月底前向省级中小企业管理部门和省级财政部门报送上一年度有关资产财务、担保资金使用、绩效等情况的材料，同时将以上材料的电子文档上报工业和信息化部、财政部。

第二十一条　省级中小企业管理部门和省级财政部门应建立担保资金使用跟踪问效和绩效评估机制，并于每年2月底前向工业和信息化部、财政部上报资金使用汇总报告及本地区中小企业信用担保机构发展报告。

第二十二条　担保资金必须专款专用，对违反规定使用、骗取担保资金的行为，一经查实，财政部将收回已安排的担保资金，并按照《财政违法行为处罚处分条例》（国务院令第427号）的相关规定进行处理。

第六章　附　则

第二十三条　省级财政部门和省级中小企业管理部门可根据本办法并结合实际，制定具体的实施办法。

第二十四条　本办法由财政部会同工业和信息化部负责解释。

第二十五条　本办法自印发之日起施行。